Les grandes seigneuries
de Haute-Bretagne

Les Grandes seigneuries de Haute-Bretagne

Première série :
Les châtellenies
comprises dans le territoire actuel du département d'Ille-et-Vilaine

PAR

l'Abbé Guillotin de Corson

Chanoine honoraire de l'Église métropolitaine de Rennes,
Ancien président de la Société Archéologique d'Ille-et-Vilaine.

Texte identique à l'édition de 1897.

Du même auteur dans la même collection :

- *Les grandes seigneuries de Haute-Bretagne*, 2ᵉ série, *Les baronnies, marquisats, comtés et vicomtés compris dans le territoire actuel du département d'Ille-et-Vilaine*, 334 pages, 2023 (édition originale 1898).

À paraître

- *Les grandes seigneuries de Haute-Bretagne*, 3ᵉ série, *Les duchés, baronnies, marquisats, comtés, vicomtés et châtellenies compris dans le territoire actuel du département de Loire-Inférieure*, fin 2023 (édition originale 1899).
- *Les petites seigneuries de Haute-Bretagne*, fin 2023 (édition originale 1922).

Édition originale :
J. Plihon et L. Hommay, 5 rue Motte-Fablet, Rennes, 1897.

Cette édition : Collection Histoire, A. de la Pinsonnais,
6 rue des Folies Chaillou, Nantes.

ISBN : 978-2-494653-16-0

Dépôt légal : juillet 2023

Avant-propos

Voici un essai d'études historiques sur la féodalité en Haute Bretagne. Nous nous proposons d'y faire connaître la composition et l'étendue des grandes seigneuries de notre pays, – leurs anciens droits féodaux, parfois si pleins d'originalité et moins effrayants en réalité que ne le supposent aujourd'hui certaines gens, – la description de leurs châteaux et de leurs principaux manoirs, – enfin, la suite généalogique des seigneurs qui les possédèrent.

Nous embrassons dans ces études le territoire qu'occupent aujourd'hui les départements de l'Ille-et-Vilaine et de la Loire-Inférieure, c'est-à-dire à peu près les anciens comtés de Rennes et de Nantes, représentant la plus grande partie de ce qu'on nomme la Haute-Bretagne, par opposition au pays Bas-Breton.

Nous divisons les grandes seigneuries de Haute-Bretagne en trois séries qui formeront trois volumes : 1° les châtellenies comprises dans le territoire actuel de l'Ille-et-Vilaine ; 2° les baronnies, marquisats, comtés et vicomtés se trouvant sur ce même territoire ; 3° les baronnies, duchés, marquisats, comtés, vicomtés et châtellenies appartenant au pays nantais, aujourd'hui département de la Loire-Inférieure.

Dans ce premier volume nous ne nous occupons donc que des châtellenies d'Ille-et-Vilaine.

À ce propos, il n'est peut-être pas inutile de rappeler ici ce qu'était une châtellenie. D'après le droit féodal, on appelait ainsi au Moyen Âge une terre ou un fief nobles, élevés en dignité au-dessus du commun des seigneuries, ayant haute justice, droit de foires et marchés, prééminences d'église et maison fortifiée avec douves et pont-levis ; ses possesseurs devaient également être d'origine noble et ancienne.

On ne connaît pas les dates de l'érection par les souverains de toutes nos châtellenies ; plusieurs d'entre elles sont dites châtellenies d'ancienneté, parce que leur origine se perd dans la nuit des temps. Un certain nombre d'autres sont ainsi qualifiées par leurs possesseurs dans les actes publics, notamment dans les Aveux, sans preuves à l'appui ; nous les avons néanmoins admises comme telles toutes les fois que nous n'avons pas trouvé de signes certains d'usurpation, parce qu'en définitive, au siècle dernier surtout, toute seigneurie importante était considérée comme une châtellenie.

Quant aux sources auxquelles nous avons puisé pour faire ces études sur les grandes seigneuries de Haute-Bretagne, ce sont le dépôt des Archives nationales, et surtout les dépôts d'Archives départementales et municipales de l'Ille-et-Vilaine et de la Loire-Inférieure ; nous avons aussi consulté avec fruit les archives particulières heureusement conservées dans certains châteaux tels que Combour, Châteauneuf, Laillé, la Magnane, etc., dont les propriétaires ont bien voulu nous ouvrir gracieusement les portes ; nous prions ces derniers, ainsi que MM. les archivistes, de recevoir ici l'expression de notre gratitude.

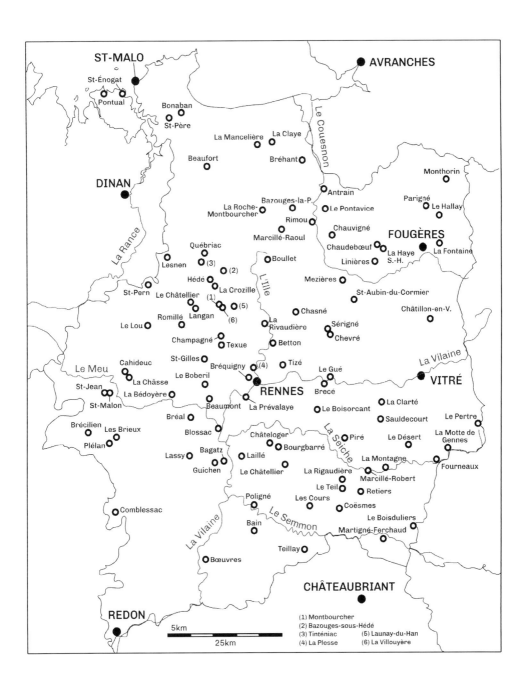

Châtellenies d'Ille-et-Vilaine étudiées dans cet ouvrage
(*carte A. de la Pinsonnais*).

Châtellenies d'Ille-et-Vilaine

Antrain

ès le XIe siècle, la petite ville d'Antrain[1] semble être le chef-lieu d'une région appelée l'Antrenois, représentant à peu près ce qu'on nomma plus tard la châtellenie d'Antrain. Cette seigneurie était un grand fief s'étendant, en l'an 1105, dans les quatre paroisses d'Antrain, Tremblay, Romazy et Saint-Léger, et dont jouissait alors Hervé, fils de Burchard, seigneur qui fit don à l'abbaye de Marmoutiers de la moitié de l'église d'Antrain.

Il est bien difficile, dit M. Maupillé[2], de décider si, dès lors, le territoire d'Antrain faisait partie de la baronnie de Fougères. Sa position en dehors des cinq grandes vairies qui paraissent avoir formé la division primitive de cette terre, l'absence de l'intervention des seigneurs de Fougères dans les actes qui concernent les paroisses de sa circonscription ; l'intervention, au contraire, des seigneurs de Combour, plus d'une fois constatée dans ces mêmes actes ; enfin, l'adjonction bien certaine de la paroisse de Saint-Léger à ce groupe féodal, semblent autant de faits qui sont de nature à faire supposer que ses relations de dépendance le rattachaient à Combour plutôt qu'à Fougères.

Mais vers l'an 1140 Raoul II, baron de Fougères, épousa Jeanne de Dol, sœur de Jean, sire de Combour ; rien ne s'oppose à l'hypothèse que le territoire d'Antrain ait constitué la dot de la dame de Fougères et que son union à la baronnie de ce nom ait été la conséquence de ce mariage. Depuis cette époque et dans tout le cours de son existence, la châtellenie d'Antrain suivit assez ordinairement la destinée de la baronnie de Fougères, dont elle forma une des principales annexes. Cependant nous l'en voyons une fois détachée au commencement du XVIIe siècle et en demeurer séparée pendant l'espace de vingt et un ans.

Henri IV, voulant récompenser les services signalés que lui avait rendus Charles de Cossé, duc de Brissac et maréchal de France, lui donna, par lettres patentes du 13 mars 1600, la jouissance durant sa vie de la châtellenie d'Antrain. Mais à la mort du maréchal, arrivée en 1621, cette seigneurie fit retour à la baronnie de Fougères et n'en fut plus séparée de-

---
1. Chef-lieu de canton, arrondissement de Fougères.
2. *Notices historiques et archéologiques sur les paroisses du canton d'Antrain*, p. 3.

puis.

À cette époque la châtellenie d'Antrain s'étendait en cinq paroisses : Antrain, Chauvigné, Saint-Mard-le-Blanc, Romazy et le Tiercent. Ses revenus en argent atteignaient en 1672 le total de 849 livres 2 sols ; ses revenus en grains consistaient en 752 boisseaux d'avoine, mesure de Fougères ; 350 boisseaux également d'avoine, mesure d'Antrain, et 32 boisseaux de froment, aussi mesure d'Antrain : ce que M. Maupillé évalue à environ 824 hectolitres d'avoine et 30 hectolitres de froment.

La juridiction seigneuriale d'Antrain était importante ; parmi les terres qui en relevaient on comptait huit hautes justices, savoir les baronnies de Bonnefontaine et du Tiercent, le marquisat de la Balue, le comté de Montmoron, la vicomté de la Belinaye, le prieuré de Tremblay et les seigneuries de la Chattière et des Portes, et deux moyennes justices, les seigneuries du Pontavice et de la Vairie.

A quinze cents mètres d'Antrain, sur le bord et en aval du Couesnon, on retrouve au village de la Motte les derniers vestiges du château de la seigneurie. C'est un pan de muraille faisant partie d'un ancien ouvrage de fortification. « Son épaisseur, son mode de construction, et mieux que cela encore, une meurtrière ou plutôt une archière, car ce n'est qu'une fente très étroite et allongée que l'on remarque sur l'un de ses côtés, ne permettent pas le plus léger doute à cet égard. Cette archière témoigne de l'antiquité de cette construction et semble devoir la faire remonter à une époque antérieure à l'invention du canon.

« Du reste, si l'on juge de l'importance de cette forteresse par la surface qui semble déterminée par un mamelon de forme quasi circulaire dont l'aspect, au milieu des prairies, rappelle assez celui d'un château à motte sans donjon, son étendue devait être considérable et ne pas s'éloigner beaucoup d'un hectare. Le pan de muraille qui a échappé à la destruction se trouve dans la partie basse et la plus rapprochée de la rivière. Il y a tout lieu de supposer qu'il faisait partie d'une tour élevée à cet endroit[1]. »

Malheureusement l'histoire reste muette au sujet de cette forteresse de la châtellenie d'Antrain, et aucun fait d'armes s'y rattachant n'est venu à notre connaissance. Il y a bien des siècles évidemment qu'elle dut être ruinée.

Bagatz

e manoir seigneurial de Bagatz, en la paroisse de Guichen[2], a donné son nom à une noble famille portant *d'argent au sautoir de gueules*. Alain de Bagatz, seigneur dudit lieu, épousa au XIVe siècle Marie de la Rivière. Raoul de Bagatz était connétable

---

1. *Ibidem*, 14.
2. Chef-lieu de canton, arrondissement de Redon.

de Rennes en 1451 et Guillaume de Bagatz servait dans l'armée du duc de Bretagne en 1452 avec un archer, et en 1464 avec deux archers l'accompagnant[1].

En ce même xve siècle la branche aînée de Bagatz se trouva représentée dans la personne de Renée de Bagatz, fille, selon du Paz, de Guillaume de Bagatz, seigneur dudit lieu en 1427, et de Jeanne du Houx. Renée de Bagatz épousa : 1° Jean du Perrier, seigneur du Plessix-Balisson, dont elle ne laissa point d'enfants ; 2° Henri de Villeblanche, seigneur de Broons, gouverneur de Rennes et grand-maître de Bretagne. Cette dame mourut en 1477 et fut inhumée dans une chapelle qu'elle avait fait construire, de concert avec son second mari, dans la cathédrale de Rennes. Henri de Villeblanche fut inhumé près d'elle, et l'on voyait encore au siècle dernier leur tombeau-arcade orné de leurs statues de grandeur naturelle et d'écussons portant écartelées les armes de Villeblanche et de Bagatz.

La seigneurie de Bagatz appartenait dès 1446 à Henri de Villeblanche et à sa femme, et en 1510 à leur fils Pierre de Villeblanche, sire de Broons, qui épousa Jeanne du Perrier. Ce dernier seigneur mourut le 3 décembre 1515, laissant Bagatz à son petit-fils Claude de Villeblanche, né de feu Jean de Villeblanche et de Catherine du Chastellier d'Éréac.

Claude de Villeblanche, grand panetier de la reine Anne et mari d'Anne Vernon, servit les rois de France « ès guerres qu'ils eurent en Hainault et en Savoie et aux voyages que le roi François fit contre la seigneurie de Venise, et fut fait chevalier de l'Ordre du roi à cause de sa valeur, hardiesse et dextérité aux armes[2] ». Ce seigneur, accusé de prodigalité par son neveu et unique héritier Guy d'Espinay, fils de sa sœur, le déshérita et vendit ou donna tous ses biens vers 1540.

C'est à cette époque que Bagatz passa aux mains de Philippe de Pan, seigneur dudit lieu en Bruz, qui rendit aveu pour cette terre au seigneur des Huguetières en 1547[3].

Philippe de Pan eut pour héritière Perronnelle de Pan, qui épousa Bertrand Glé, seigneur de la Costardaye en Médréac. De cette union naquit Guy Glé, seigneur de Bagatz, qui, ayant perdu sa mère, était encore mineur en 1574 ; il épousa Jeanne de Bouillé et en eut deux fils, François et Jean Glé, qui furent successivement seigneurs de Bagatz. François Glé avait épousé Marguerite de Quistinic et décéda sans postérité en 1645 ; Jean Glé s'était uni à Marie de Montigny et mourut dès 1649.

De ce dernier mariage sortit Gabrielle Glé, mariée en 1663 à Jean-François de la Baume Le Blanc, marquis de la Vallière, frère de la célèbre duchesse de ce nom. Gabrielle Glé apporta à son époux la terre de Bagatz et plusieurs autres seigneuries : dame d'honneur de la reine, elle mourut à

---

1. Dom Morice, *Preuves de l'Histoire de Bretagne*, II, 1559 et 1613.
2. Du Paz, *Histoire généalogique de Bretagne*, 93.
3. Archives de la Loire-Inférieure, v° Chartres.

Paris en mai 1707 et légua la terre de Bagatz à sa petite-fille, née de l'union du duc de Choiseul et de Marie-Louise de la Baume Le Blanc. Mais Mlle de Choiseul céda Bagatz à son oncle Maximilien de la Baume Le Blanc, marquis de la Vallière. Le 9 décembre 1736, ce dernier étant mort, Charles de la Baume Le Blanc, duc de la Vallière, son frère aîné, époux de Marie-Thérèse de Noailles, hérita de lui ; il devint à ce titre propriétaire de Bagatz, qu'il vendit vers 1740 à Louis-Alexandre de la Bouexière et à Marquise de Guéhenneuc, sa femme.

Ces derniers seigneurs vinrent habiter Bagatz, abandonné depuis longtemps par ses précédents maîtres ; ils y perdirent leur fils, Louis de la Bouexière, décédé à l'âge de quinze ans, en septembre 1744. M. de la Bouexière mourut lui-même vers 1760, et son héritier fut son neveu. Celui-ci, François de la Bouexière, était né à Saint-Malo en 1731 de François de la Bouexière et de Perrine Grout ; reçu conseiller au parlement de Bretagne en 1760, il avait épousé deux ans après Jeanne Bonne Fleuriot de la Sauldraye ; il décéda à Beauregard, en Saint-Méloir-des-Ondes, le 11 août 1774[1].

Quand vint la Révolution, Mme de la Bouexière émigra avec ses trois filles, dont l'aînée, Jeanne-Catherine, avait épousé en 1782 Aristide-Gaston de Rosnyvinen. Le château de Bagatz et les terres en dépendant furent vendus nationalement, en juillet et août 1796, comme biens appartenant à Mme de Rosnyvinen, émigrée alors à Jersey[2].

La seigneurie de Bagatz relevait « à debvoir de foy, hommage et rachapt », partie de la châtellenie de Bréal, partie de celle des Huguetières. Elle est elle-même qualifiée de châtellenie dans les actes du XVIIIe siècle. C'était une haute justice qui s'exerçait à Pontréan et dont la juridiction s'étendait dans les six paroisses de Guichen, Guignen, Goven, Saint-Senou, Bourg-des-Comptes et Laillé.

Par lettres patentes d'avril 1673, Louis XIV accorda au marquis de la Vallière, seigneur de Bagatz, le droit de tenir à Pontréan un marché tous les lundis et deux foires par an, aux jours du lundi de la Pentecôte et de la fête Saint-Gilles (1er septembre). Ces lettres furent enregistrées au parlement de Bretagne le 27 octobre 1683[3].

Le seigneur de Bagatz avait toutes les prééminences de fondateur dans la chapelle frairienne de Pontréan, dédiée à saint Gilles ; il présentait aussi les prêtres chargés des fondations pieuses faites tant en ce sanctuaire qu'en la chapelle du manoir de Bagatz. Il avait encore, au moins primitivement, un enfeu et quelques prééminences en l'église paroissiale de Guichen.

La terre seigneuriale de Bagatz se composait du manoir de ce nom et de ses dépendances, telles que chapelle, colombier, avenues, bois, etc. ;

---

1. Kerviler, *Bio-bibliographie bretonne*, V, 96.
2. *Archives d'Ille-et-Vilaine*, 1 Q, 84.
3. *Archives du parlement de Bretagne*.

– des métairies de la Basse-Cour, de la Porte, de la Quancerue et de la Trincaudaye ; – des moulins « à draps et à blé » de Pontréan, construits sur la Vilaine, avec droit de pêche prohibitive en cette rivière ; enfin, de fiefs assez nombreux s'étendant dans les six paroisses que nous avons précédemment nommées.

Actuellement, Bagatz, manoir du XVe siècle, conserve encore en partie sa physionomie du Moyen Âge. Il domine du haut de ses tourelles le ravissant panorama qui se développe autour de lui ; c'est l'habitation de son propriétaire, M. Sévère de Talhouët de Boisorhant.

Bain

e premier seigneur de Bain[1] venu à notre connaissance est Senebrun de Bain, qui assista en 1127 à la réconciliation de l'église de Redon ; c'était un personnage d'une certaine importance, car son nom est inscrit dans la charte relatant le fait immédiatement après celui du baron de Châteaubriant et avant ceux des sires de la Guerche et de Montfort[2].

Mathieu de Bain apparaît ensuite, comme témoin de donations pieuses faites en 1184, et Guillaume de Bain se montre à nous en 1199.

Le fils de ce dernier seigneur, Pierre de Bain, chevalier, fit précisément cette année-là une donation aux moines du prieuré de Béré, près Châteaubriant, à l'occasion des funérailles de sa femme Julienne, ensevelie dans ce monastère. Il donna aux Bénédictins 35 sous de rente sur les 60 sous qu'il touchait annuellement dans le bourg de Béré, – la remise des devoirs de foinage et d'avenage que les moines lui devaient en leur métairie de la Rosselerie, enfin 35 sous de rente perçue à Rougé pour droit sur la boucherie du lieu. Le sire de Bain scella l'acte de cette donation de son sceau portant ses armoiries : *losangé d'argent et de gueules*.

Bérard de Bain eut la gloire de combattre à Bouvines en 1214 et se distingua par ses largesses envers les monastères ; il gratifia en particulier les Cisterciens de l'abbaye de Melleray et les Bénédictins de l'abbaye de Saint-Melaine de Rennes ; ceux-ci possédaient, en effet, près de Bain un petit prieuré.

Un autre seigneur de Bain ne montra pas le même bon vouloir envers les moines : ce fut Pierre de Bain. Il empêcha les religieux du prieuré de Béré de lever une dîme leur appartenant sur certaine coutume de Châteaubriant appelée coutume de Senebrun de Bain. Bien plus, il prétendit avoir dans leur monastère un droit de gîte une fois l'an et un droit de breuvage pour ses chevaux toutes les fois qu'il lui plairait de les y envoyer. Les moines refusant de se soumettre à des exigences que rien ne justifiait, Pierre de Bain fit une incursion à Châteaubriant et causa de grands dom-

---

1. Chef-lieu de canton, arrondissement de Redon.
2. Dom Morice, *Preuves de l'Histoire de Bretagne*, I, 558.

mages au prieuré de Béré et au bourg en dépendant. Cette conduite lui valut d'être excommunié ; mais en 1243 le seigneur de Bain reconnut enfin ses torts, fit la paix avec le prieur de Saint-Sauveur de Béré et fut relevé de son excommunication[1].

Tels sont les seuls seigneurs de Bain de la maison de ce nom que nous connaissions. Ils disparurent dans le courant du XIIIe siècle et leur châtellenie tomba alors entre les mains des barons de Châteaubriant, sans que nous sachions comment s'opéra cette transmission.

À partir de cette époque et jusqu'en 1543 les barons de Châteaubriant jouirent de Bain. Voici quels furent les noms de ces grands seigneurs : Geoffroy V de Châteaubriant † 1284, Geoffroy VI de Châteaubriant † 1301, Geoffroy VII de Châteaubriant † 1336, Geoffroy VIII de Châteaubriant, tué à la bataille de la Roche-Derrien en 1347, Louise de Châteaubriant, femme de Guy XII baron de Laval ; elle mourut en 1383 et avec elle s'éteignit la branche aînée de la maison de Châteaubriant.

Charles de Dinan, arrière-neveu de Louise de Châteaubriant, hérita d'elle et mourut en 1418, Rolland de Dinan † 1419, Robert de Dinan se fit Cordelier à Saint-Martin en la forêt de Teillay en 1428, Bertrand de Dinan † 1444, Françoise de Dinan, enlevée d'abord par le prince Gilles de Bretagne puis mariée à Guy XIV comte de Laval, † 1500, François de Laval, son fils † 1503, Jean de Laval, l'un des plus riches seigneurs de son temps, lieutenant général pour le roi en Bretagne, † 1543. Ce fut le dernier baron de Châteaubriant seigneur de Bain.

Comme Jean de Laval ne laissait point d'enfant, sa cousine Philippette de Montespedon, arrière-petite-fille de Charles de Dinan, baron de Châteaubriant, hérita de la châtellenie de Bain. Cette dame ne laissa point non plus de postérité de ses deux unions avec René de Montejean et Charles de Bourbon ; elle mourut vers 1578 et sa succession passa à son cousin Guy de Scepeaux, descendant lui-même de Charles de Dinan.

Ce dernier seigneur de Bain épousa Charlotte de la Marzelière et eut la douleur de voir tuer en duel, en 1593, son fils aîné Guy de Scepeaux, duc de Beaupréau, époux de Marie de Rieux. Celui-ci ne laissait qu'une fille, Jeanne de Scepeaux, qui succéda en 1605 à son grand-père en qualité de dame de Bain et épousa Henri de Gondy, duc de Retz.

Le 26 novembre 1615, le duc et la duchesse de Retz vendirent, moyennant 60,000 livres tournois, la châtellenie de Bain à François de la Marzelière, seigneur dudit lieu en Bain. Ce dernier obtint du roi dès 1618 l'union des trois seigneuries de Bain, la Marzelière et le Fretay et leur érection en marquisat sous le nom de la Marzelière. Il épousa Gilonne d'Harcourt et laissa en mourant ses seigneuries à sa fille Françoise de la Marzelière, femme de Malo de Coëtquen, marquis dudit lieu ; cette dame mourut elle-même le 14 juillet 1677.

La châtellenie de Bain passa, après le décès de Françoise de la Marze-

---

1. *Archives de la Loire-Inférieure*, H, 113.

lière, d'abord à son fils Malo de Coëtquen, mari de Marguerite de Rohan-Chabot, mort dès 1679, puis à son petit-fils Malo-Auguste de Coëtquen ; mais celui-ci l'abandonna à son cousin Jean de Coëtquen, tué à la guerre dès l'âge de dix-sept ans, puis à la sœur de ce jeune homme, Françoise de Coëtquen, femme de Charles de Mornay, comte dudit lieu.

À la mort de Mme de Mornay, décédée le 19 mai 1743, la seigneurie de Bain échut à sa nièce (à la mode de Bretagne) Louise de Coëtquen, femme d'Emmanuel de Durfort, duc de Duras.

Le 8 août 1769, le duc et la duchesse de Duras vendirent Bain à Louis de la Bourdonnaye, comte de Montluc. Celui-ci mourut à Paris le 15 juillet 1775, laissant de son union avec Renée de Boiséon un fils, Charles de la Bourdonnaye, marquis de Montluc, qui épousa Renée Berthou de Kerversio et fut le dernier seigneur de Bain. Il émigra au moment de la Révolution et les biens composant la châtellenie de Bain furent vendus nationalement.

Châtellenie d'ancienneté remontant vraisemblablement au XIe siècle, la seigneurie de Bain s'étendait, aux derniers siècles, dans une douzaine de paroisses Bain, Pléchâtel, Messac, Saulnières, Le Sel, Pancé, Chanteloup, Ercé-en-la-Mée, Poligné, Guichen et Saint-Senou[1]. Dans ces paroisses se trouvaient une quarantaine de fiefs ou tenues groupés tous au XVIIe siècle en quatorze grands bailliages ayant haute justice.

Le domaine proche de la châtellenie se composait à la même époque des trois étangs de Bain, Gravot et Rolland, de quatre moulins à eau et d'un moulin à vent, des bois et landes de Cogueneuc, du Ruffray, de la Ferté, du Coudray et du Bois-aux-Moines.

On voit que dans cette énumération il n'est point fait mention de la demeure ou château du seigneur de Bain, mais il faut remarquer que dans ces bois il existe des traces d'enceintes fortifiées. Celle qui se trouve dans le bois du Coudray n'est signalée dans aucun écrit ancien et la tradition est muette à son sujet ; mais elle consiste maintenant en une motte circulaire entourée d'un fossé large et profond et précédée d'une sorte de barbacane en demi-lune. Placée au sommet d'une haute colline, elle est voisine de la voie gallo-romaine qui traversait Bain, allant de Châteaubriant à Lohéac, et qu'on regarde comme la route primitive d'Angers à Carhaix.

L'autre enceinte s'aperçoit dans le bois de Cogueneuc ; elle forme une sorte de trapèze arrondi sur deux de ses angles et présentant une largeur de 60 mètres environ ; quoique peu profondes, ses douves apparaissent encore tout autour. L'aveu rendu au roi en 1639 par François de la Marzelière nous apprend ce qu'on pensait alors de cette enceinte. C'est, dit-il, « le chasteau de Bain, anciennement basty dans le bois de

---

1. À l'origine, la seigneurie de Bain était bien plus étendue, puisque nous venons de voir que son possesseur avait au XIe siècle des droits à Rougé et à Châteaubriant même ; peut-être eut-elle un jour la même extension que l'antique doyenné de Bain, qui ne comprenait pas moins de vingt-deux paroisses.

Cobeneuc, et dont maintenant il ne reste que les mazières et fossez ». Un autre aveu, fourni en 1682 par Malo de Coëtquen, dit également : « La terre de Bain, composée d'un chasteau dans le bois de Cogueneuc ». Un troisième aveu rendu par Françoise de Coëtquen en 1694 décrit à son tour « les bois taillis de Cogueneuc, dans lesquels sont les ruines du chasteau de Bain, lesdicts bois contenant 140 journaux ». Enfin, le procès-verbal de la prise de possession de la châtellenie de Bain en 1769 renferme ce qui suit : « Entré dans le bois taillis de Cogueneuc et sur la motte où estoit très anciennement le chasteau de Bain, dont il ne reste plus de vestiges que des douves comblées[1] ».

C'était donc la tradition constante aux derniers siècles que la demeure des premiers seigneurs de Bain se trouvait sur cette colline de Cogueneuc qui domine le pays au sud-est de la petite ville, au-dessus du vallon qu'occupe le bel étang de Bain.

Cependant il existe à Bain même certaines substructions qui ont fait penser à plusieurs que le château de Bain devait plutôt se trouver au centre même de la ville qui donnait son nom à la seigneurie. Outre le souvenir d'une motte depuis longtemps disparue, mais dont le nom est encore porté par une place, on a découvert près des halles, en 1853, de singuliers souterrains ; c'était une galerie voûtée en briques, d'environ 10 mètres de longueur sur une largeur de 2m 80 ; elle était coupée de distance en distance par six cellules latérales et symétriques ayant environ 2 mètres de profondeur chacune. Les extrémités de la galerie étaient obstruées par des éboulements, et comme ce souterrain a été trop promptement refermé, l'on ignore d'où il partait et où il aboutissait. Mais il est à remarquer que dans les caves de certaines maisons d'une rue voisine on retrouve encore plusieurs ouvertures souterraines qui demeurent inexpliquées. Ne sont-ce point là les substructions de l'ancien château de Bain ? Peut-être bien. Toujours est-il que nous hésitons entre les ruines de Cogueneuc et les souterrains de Bain pour déterminer l'emplacement du château de ce nom.

Parmi les droits féodaux appartenant au seigneur de Bain, signalons celui de « ban et estanche » ; il permettait à ce seigneur de faire fermer tous les cabarets et débits de boissons pendant la semaine de la Pentecôte et les quinze derniers jours du mois d'août ; mais ses vassaux n'étaient pas pour cela privés de la jouissance trop chère aux Bretons de boire dans les auberges, seulement ces auberges étaient, durant ces trois semaines, au compte du seigneur de Bain, qui les affermait en 1541 environ 9 livres.

Il y avait dès cette époque à Bain un marché tous les lundis et deux foires par an au lundi de la Quasimodo et à la Saint-Martin d'hiver. Les droits perçus en ces marchés et foires appartenaient naturellement au seigneur de Bain, qui avait aussi dans sa ville un four banal et un droit de coutume, outre celui du port de Messac. Enfin, haut-justicier, pouvant

---

1. *Archives d'Ille-et-Vilaine*, fonds de Laillé.

condamner à mort certains malfaiteurs, le sire de Bain avait fait élever un gibet dans sa ville même, au bout des halles, sur la place Saint-Nicolas.

Quant aux prééminences dont jouissait le seigneur de Bain, elles consistaient en les droits de supériorité dans les églises de Bain et de Messac, où il avait ses bancs et ses enfeus.

Terminons en disant que les mouvances nobles de la châtellenie de Bain étaient assez nombreuses.

Relevaient du sire de Bain les seigneurs de la Marzelière, Bœuvres, le Vautenet, la Robinaye, Pontmeniac, le Plessix-Bardoul, la Pommeraye, etc. Ce qui formait au seigneur de Bain un assez beau cortège de nobles vassaux.

BAZOUGES-LA-PÉROUSE

out porte à croire que la petite ville de Bazouges-la-Pérouse[1] est très ancienne. « Dès la fin du XIe siècle, elle nous apparaît avec un cortège d'institutions qui annoncent une organisation administrative que l'on ne rencontre pas ordinairement au berceau des agglomérations qui ont donné naissance à nos bourgs. Ainsi, dès cette époque, Bazouges avait son moulin seigneurial, son four, son marché et même sa coutume[2]. »

Durant tout le Moyen Âge, Bazouges fut le chef-lieu d'une châtellenie à laquelle elle donnait son nom. Il semble qu'à l'origine cette seigneurie fût limitée à la paroisse de Bazouges, mais elle devint plus tard le siège d'une juridiction s'étendant en plusieurs autres paroisses voisines.

Bazouges eut-elle des seigneurs particuliers ? Sauf un cas dont nous parlerons plus loin, M. Maupillé ne le croit pas ; pour lui, la châtellenie de Bazouges appartint au baron de Fougères « dès l'instant de sa création ». Cette châtellenie suivit donc assez généralement la destinée de la baronnie de Fougères, dont elle formait une importante annexe. Cependant nous l'en voyons détachée trois fois dans le cours de notre histoire.

Ce fut d'abord en 1498 : la duchesse Anne la donna alors à Philippe de Montauban, chancelier de Bretagne, pour reconnaître les importants services qu'il lui avait rendus, surtout en empêchant son mariage avec le duc d'Albret. Puis, en 1524, le roi François Ier disposa de Bazouges, après la mort de Philippe de Montauban, en faveur de René de Montejean, à qui, un an plus tard, il donna la baronnie de Fougères tout entière[3]. Enfin, en 1600, Henri IV en gratifia Charles de Cossé, duc de Brissac, en même temps que de la châtellenie d'Antrain ; mais à la mort de ce dernier, arrivée en 1621, Bazouges fit retour à la terre de Fougères, dont elle ne fut

---

1. Commune du canton d'Antrain, arrondissement de Fougères.
2. Maupillé, *Notices historiques et archéologiques sur les paroisses du canton d'Antrain*, 35.
3. Dom Morice, *Preuves de l'Histoire de Bretagne*, III, 792 et 891.

plus séparée dans la suite.

Les revenus fixes de la châtellenie de Bazouges, à la fin du XVIIe siècle, pouvaient s'élever en argent à la somme de 722 livres et en grains à 54 hectolitres de froment ; à quoi il faut ajouter le produit des droits seigneuriaux et les autres revenus casuels.

La seigneurie de Bazouges jouissait d'une haute justice dont les fourches patibulaires se dressaient à la Carrée de Landeroux, à la bifurcation des routes de Vieuxviel et de la Fontenelle, en Bazouges.

Le ressort de la juridiction de Bazouges était fort étendu ; il ne comprenait pas moins de douze paroisses, savoir : Bazouges-la-Pérouse, Marcillé-Raoul, Rimou, Saint-Rémy-du-Plain, Sens, Sougeal, Vieuxviel, Vieuxvy, Noyal-sous-Bazouges, la Fontenelle, Roz-sur-Couasnon et Tremblay[1].

Les mouvances nobles de la châtellenie n'étaient pas moins considérables ; on comptait dix hautes justices et deux moyennes justices relevant de Bazouges : les principales étaient les seigneuries du Boisbaudry, de Bréhant, de Bouessay, de Beauvais-Moulines, de la Ballue, de la Haye d'Iré, du Plessix de Marcillé, des Portes, d'Orange, etc.

Y eut-il jamais un château à Bazouges ? L'histoire n'en parle point et la tradition reste également muette à son sujet. Il faut cependant remarquer qu'il existe encore à Bazouges, près de l'église paroissiale et dans un jardin, une butte de terre faite de main d'homme et appelée la Motte. Vers 1638 on planta par ordre du roi seize ormeaux sur « la Motte de la ville ». Peut-être cette motte rappelle-t-elle l'antique demeure féodale de Matfroy de Bazouges, le seul seigneur que l'on connaisse portant le nom de la petite ville ; il vivait à la fin du XIe siècle et, selon M. Maupillé, se trouvait beau-frère de Raoul Ier, baron de Fougères, ayant épousé Godeheust, sœur de ce seigneur. D'après le même auteur, c'était par suite de son mariage avec cette dame que Matfroy était devenu seigneur de Bazouges ; mais il ne dut point laisser de postérité, puisque la châtellenie de Bazouges se retrouve, dès cette époque reculée, entre les mains des barons de Fougères, qui s'en dessaisirent rarement, comme nous l'avons vu.

BAZOUGE-SOUS-HÉDÉ

l existait au Moyen Âge en Bretagne plusieurs familles portant le nom de Bazouge ; l'une d'elles était même assez richement possessionnée dans l'évêché de Nantes ; on ne croit toutefois pas que cette dernière tirât son origine de Bazouge-sous-Hédé[2]. Mais le vieux château, portant ce nom chez nous, semble néanmoins avoir donné naissance à une noble race, à laquelle devaient appartenir Robert de Bazouge, fait prisonnier par Henri II, roi d'Angleterre, au siège de Dol en

---

1. *Archives d'Ille-et-Vilaine*.
2. Commune du canton de Hédé, arrondissement de Rennes.

1173, et Regnaud de Bazouge, gouverneur du comté de Montfort en 1415 et chambellan du duc Jean V.

Peut-être par suite d'une alliance de famille[1], dès la fin du XIVe siècle, la seigneurie de Bazouge-sous-Hédé était passée des mains des sires de Bazouge en celles des sires de Bintin, et en 1394 elle appartenait à Bertrand de Bintin, chevalier, qui mourut le 1er novembre 1413[2]. Ce seigneur avait épousé Marie de Beaumont et avait eu la douleur de perdre son fils aîné Jean de Bintin, mari de Jeanne de Beloczac ; il laissa donc la terre de Bazouge à son petit-fils Pierre de Bintin, enfant encore mineur placé sous la tutelle de Thibaud de Bintin. Aussi, en 1437, Pierre de Bintin possédait-il « le manoir de la Cour de Bazouge et l'hostel de Bazouge » ; il vivait encore en 1482 et eut pour successeur Geffroy et Jean de Bintin, seigneurs de Bazouge, l'un en 1494, l'autre en 1496 ; ce dernier épousa : 1° Mathurine du Bourgneuf, 2° Jeanne de la Ferrière. Le manuscrit de la réformation de 1513 nous dit que ce Jean de Bintin possédait à cette époque, outre la terre seigneuriale de Bazouge, les manoirs nobles voisins « de la Magdeleine, du Boismaigné, de la Guéhardière, de la Gorrière, de la Peschetière, de l'Estang, de Bonrepos, de la Planche, de la Haye et des Haut et Bas-Brignerault ». René de Bintin, fils du précédent seigneur et de Jeanne de la Ferrière, lui succéda en 1532 et épousa Françoise de Tournemine ; il mourut en septembre 1549, ne laissant que des fils bâtards qui prirent le nom de Bazouge[3].

La seigneurie de Bazouge passa alors à Christophe de la Motte, seigneur de Vauclair, mari de Jeanne de Bintin, sœur du dernier seigneur de Bazouge ; mais Christophe de la Motte semble n'avoir survécu que peu d'années à son beau-frère. Il laissa trois fils qui passèrent successivement à Bazouge : Laurent de la Motte, époux de Catherine de Tournemine, était seigneur de Bazouge en 1551, Joseph de la Motte, protonotaire apostolique, en 1556, et Jean de la Motte l'année suivante. Mais ce dernier ne conserva point la terre de Bazouge, pour laquelle en 1559 firent hommage François du Plessix et Françoise Melléart, sa femme, sieur et dame de la Touche. Peu de temps après ceux-ci vendirent à leur tour la seigneurie de Bazouge à Mathurin Gédouin, seigneur de la Dobiaye, qui mourut peu après l'acquisition[4]. Le fils de ce seigneur, Claude Gédouin, seigneur de la Dobiaye, époux de Marguerite du Bellay, décéda vers 1590. Leur fils Julien Gédouin, époux de Françoise Frotet, mort en 1630, et leur petit-fils René Gédouin, mari de Madeleine de Monteclair, furent ensuite seigneurs de Bazouge. Après la mort de René Gédouin, marquis de la Dobiaye, la terre de Bazouge fut saisie sur sa veuve et son fils mineur, nommé Urbain, et vendue judiciellement le 27 juin 1671[5].

1. Regnaud de Bazouge avait épousé Jeanne de Bintin.
2. *Archives de la Loire-Inférieure*, v° Saint-Symphorien.
3. *Archives d'Ille-et-Vilaine et de la Loire-Inférieure*.
4. Anne Duportal, *Terres nobles de la paroisse Saint-Symphorien*.
5. *Archives d'Ille-et-Vilaine*, B, 1024.

La seigneurie de Bazouge fut alors achetée par Françoise Le Mintier de Carmené, doublement veuve de Jean de Rollée, seigneur du Boislouët, et de Jacques Le Gonidec, seigneur des Aulnays. L'héritier de cette dame, décédée le 30 novembre 1673 et inhumée en l'église de Hédé, fut son frère Thibaud Le Mintier, seigneur de Carmené[1], qui rendit aveu au roi pour Bazouge le 3 mars 1681. Ce seigneur avait épousé à Rennes, en 1650, Françoise de Coëtlogon ; son fils aîné, Jacques Le Mintier de Carmené, lui succéda dès 1684. Habitant son manoir des Essarts en Langast, ce dernier seigneur vendit le 31 août 1707 les terre et seigneurie de Bazouge, moyennant 30,800 livres, à Jacques-Regnault de la Bourdonnaye, seigneur de Blossac, mari de Louise Le Gonidec des Aulnays[2].

Le fils de ce seigneur, Louis-Gabriel de la Bourdonnaye, seigneur de Blossac, succéda à son père en la seigneurie de Bazouge ; il épousa Françoise Ferret et décéda le 26 août 1729. Le célèbre intendant de Poitiers Paul-Esprit de la Bourdonnaye, fils des précédents, époux de Magdeleine Le Pelletier de la Houssaye et, comte de Blossac, fut le dernier seigneur de Bazouge ; il émigra en Angleterre en 1792 et revint mourir en son château de Blossac le 18 février 1800.

L'importance primitive de la seigneurie de Bazouge est prouvée par la place qu'occupait son possesseur aux États de Bretagne du temps de nos ducs. En 1451, en effet, le sire de Bazouge fut appelé aux États de Vannes à siéger parmi les bannerets de Bretagne[3] ; aussi M. de Courcy range-t-il parmi nos châtellenies d'ancienneté la seigneurie de Bazouge. Celle-ci perdit toutefois, dans la suite, quelque chose de cette importance, car dans les derniers siècles ce n'était plus qu'une moyenne justice.

La seigneurie de Bazouge relevait en grande partie du roi sous son domaine de Hédé et, pour quelques fiefs, de la châtellenie de Tinténiac. Elle s'étendait en six paroisses : Hédé, Bazouge-sous-Hédé, Guipel, Saint-Symphorien, Vignoc et Tinténiac ; ses cep et collier se trouvaient au bourg de Bazouge ; ses principaux bailliages étaient ceux de Bazouge, Montdidier, la Haplaye, la Pulleraye et la Palfrérière[4].

Le domaine proche se composait du manoir de Bazouge, appelé la Cour de Bazouge, avec son colombier, ses douves et son pont « allant à l'église paroissiale dudit Bazouge » – de la retenue de ce manoir, – des deux métairies de Bazouge et de la Magdeleine, – de l'étang de Bazouge et de trois moulins. En 1681, le manoir de Bazouge était en mauvais état, ne consistant plus qu'en « un vieil corps de logix où il y a salles basse et haute, et un galetail au-dessus, de vieilles murailles dans la cornière desquelles y a un cul-de-lampe et une vieille tour presque ruisnée, appelée la

---

1. Ils étaient issus de Lancelot Le Mintier et Catherine Visdelou, seigneur et dame de Carmené.
2. *Archives de la Loire-Inférieure*, v° Bazouge-sous-Hédé.
3. Dom Morice, *Preuves de l'Histoire de Bretagne*, II, 1571.
4. *Archives nationales*, P, 1613. – *Archives de la Loire-Inférieure*.

Tour-des-Moines[1] ». Ces derniers débris de la demeure des sires de Bazouge semblent bien prouver qu'à l'origine ce manoir était assez sérieusement fortifié. Actuellement il n'en reste rien, les murailles subsistant encore au commencement de notre siècle furent alors rasées lorsqu'on creusa le canal d'Ille-et-Rance.

Le seigneur de Bazouge était fondateur de l'église et du presbytère de sa paroisse, ainsi que de la chapelle de Sainte-Magdeleine, en Bazouge, dont il était en même temps présentateur. Aussi avait-il en l'église de Bazouge toutes les prééminences après le roi, ayant son banc et son enfeu dans le chanceau, du côté de l'évangile, et une litre ornée de ses armes. Maintenant encore l'on retrouve en cette église plusieurs écussons peints dans les anciennes verrières ou sculptées sur les murailles ; on les remarque surtout au-dessus de deux jolies portes ogivales de style fleuri. Ce sont tantôt les armes des de Bintin : *d'or à la croix engreslée de sable*, tantôt celles des Le Mintier : *de gueules à la croix engreslée d'argent*. Mais il faut avant tout signaler dans le chœur l'enfeu des sires de Bintin : c'est un grand et beau tombeau placé sous une arcade en ogive ouverte dans l'épaisseur du mur. « À la jonction des arcs sont sculptées des armoiries timbrées d'un heaume soutenu par deux lions. Sur l'écu placé en biais est une *croix engreslée*. Sur le tombeau même une statue couchée représente un chevalier revêtu de son armure et ceint de son épée ; sa tête nue repose sur un coussin que deux petits anges soutiennent de chaque côté, ses mains sont jointes, son bras gauche porte un écu et ses pieds reposent sur un lion. Le tout est sculpté en grand relief sur la pierre de granit qui recouvre le tombeau. Il existe sous le monument une crypte qui, sans doute, servait de caveau à la famille seigneuriale[2]. » Il n'y a point d'inscription à ce tombeau, que la tradition locale attribue à un Le Mintier, mais cette attribution est erronée, car nous avons vu que les Le Mintier ne vinrent qu'en 1671 à Bazouge ; or, ce monument est évidemment beaucoup plus ancien ; c'est donc un sire de Bintin qui repose en ce lieu.

BEAUFORT

i l'on en juge d'après la pittoresque position qu'occupait, au sommet d'un abrupt rocher baigné à sa base par un vaste étang, le château de Beaufort, en la paroisse de Plerguer[3], peu de forteresses furent mieux nommées. Maintenant encore l'on reconnaît facilement le plan de ce château au milieu des hautes futaies du bois de Beaufort : c'était un donjon de forme carrée, accompagné de quatre tours rondes et précédé d'un vaste bayle dont les profondes douves subsistent toujours ; du donjon et de ses tours il ne reste toutefois que les fonda-

---

1. *Ibidem. – Ibidem.*
2. Abbé Brune, *Cours d'Archéologie religieuse*, 402.
3. Plerguer, commune du canton de Châteauneuf, arrondissement de Saint-Malo.

tions, car depuis bien des siècles la vieille forteresse a complètement été rasée.

Les seigneurs de ce château devaient être certes de vaillants chevaliers ; par malheur, l'on ne connaît que le dernier d'entre eux, Alain de Beaufort, mari d'Havoise d'Avaugour. En 1222, il fit don de la dîme de Taden aux moines du prieuré de Saint-Malo de Dinan ; il scella l'acte de sa donation d'un sceau portant ses armoiries : *de gueules à trois écus d'hermines*. Le même seigneur reconnut en 1226 et 1247 qu'il devait fournir à l'armée de l'évêque de Dol un chevalier pour sa terre de Beaufort[1].

Alain de Beaufort ne laissa en mourant qu'une fille, Jeanne de Beaufort ; elle apporta la châtellenie paternelle à son mari, Briand de Châteaubriant, fils cadet de Geoffroy V, baron de Châteaubriant, et de Belle-Assez de Thouars.

De cette union sortit Guy de Châteaubriant, seigneur de Beaufort, qui fonda une nouvelle famille illustrée par les armes au Moyen Âge et dont devait sortir de nos jours le grand écrivain Châteaubriant. On ne connaît pas le nom de la femme de Guy de Châteaubriant, qui alla à Rome en 1309 ; mais son fils, seigneur de Beaufort après lui, fut Briand Ier de Châteaubriant, qui épousa Marie de Beaumanoir[2] ; le sceau de ce dernier seigneur présente les armes de Châteaubriant : *de gueules semé de fleurs de lis d'or* avec *un lambel* pour brisure ; Briand Ier ratifia le traité de Guérande en 1381. Son fils, Bertrand Ier de Châteaubriant, seigneur de Beaufort en 1386, épousa d'abord Tiphaine du Guesclin, puis Jeanne du Mesnil, morte veuve le 26 août 1406[3] ; il laissa de sa seconde union un fils mineur, Briand II de Châteaubriant, sire de Beaufort. Celui-ci fut chambellan du roi de France en 1439 et amiral de Bretagne ; il épousa Marguerite de Téhillac, hérita de la seigneurie du Plessix-Bertrand à la mort de sa cousine, Tiphaine du Guesclin, décédée en 1417, et mourut lui-même le 8 juillet 1462.

Bertrand II de Châteaubriant, fils des précédents et seigneur de Beaufort, s'unit à Marie d'Orange, dame dudit lieu, et mourut en juin 1479. Son fils et successeur fut Jean Ier de Châteaubriant, chambellan du duc de Bretagne en 1482 et mari de Jeanne d'Espinay. De cette union sortirent Guillaume et Jean II de Châteaubriant ; Guillaume, sire de Beaufort en 1509 et 1513, ne laissa point d'enfants de son union avec Guyonne Le Porc ; il mourut le 20 juillet 1530 et son frère Jean II peu de temps après, de sorte que la seigneurie de Beaufort passa à l'enfant mineur de ce dernier, François de Châteaubriant, dont la mère, Marguerite des Planches, fut curatrice[4].

---

1. Dom Morice, *Preuves de l'Histoire de Bretagne*, I, 848, 857, 931.
2. Ou, suivant d'autres généalogistes, Isabelle du Chastellier.
3. *Archives de la Loire-Inférieure*, v° Dinan.
4. *Ibidem*.

François de Châteaubriant, seigneur de Beaufort, épousa Jeanne de Tréal et en eut Christophe et Georges, qui lui succédèrent l'un après l'autre ; lui-même fut inhumé en l'église de Saint-Coulomb le 14 octobre 1562. Ses fils, Christophe de Châteaubriant en 1563, et Georges de Châteaubriant en 1580, rendirent aveu au seigneur de Combour pour leur terre de Beaufort[1]. Toutefois, quoique Christophe se fût marié deux fois, 1° avec Jeanne de Sévigné, 2° avec Charlotte de Montgommery, il ne laissa point de postérité. Mais Georges, son frère, ayant épousé en 1574 Gabrielle Bruslon, en eut Pierre de Châteaubriant, sire de Beaufort après lui, marié en 1607 à Françoise de Saint-Gilles. Cette dame était veuve en 1631 ; son fils, Gabriel de Châteaubriant, devint alors sire de Beaufort et épousa Marie de Montigny, mais il mourut sans postérité en 1653.

La seigneurie de Beaufort échut à la sœur du défunt, Renée de Châteaubriant, femme de François du Bourblanc, qui la vendit, le 14 janvier 1666, à Maurille de Forsanz et Marie de Romelin, seigneur et dame des Loges, en la Mézière. Mais ces derniers ne conservèrent point cette belle terre, qu'ils revendirent dès le mois de février 1675 à Claude Gouyon, seigneur de Touraude en Baguer-Morvan, et à Anne de Lespinay, sa femme. Le nouveau sire de Beaufort mourut dès l'année suivante, âgé de cinquante ans, le 31 mars 1676, laissant pour successeur son fils, Amaury Gouyon, seigneur de Beaufort, marié en 1691 à sa cousine Anne de Lespinay. Ceux-ci donnèrent le jour à un garçon, François Gouyon, présenté en 1714 pour être page du roi, mais décédé jeune encore, sans alliance, et à deux filles, qui possédèrent l'une après l'autre la seigneurie de Beaufort l'une, Catherine Gouyon, épousa dans la chapelle de Beaufort, le 30 juillet 1726, Barthélemy d'Espinay, marquis d'Espinay, mais elle mourut en 1733 et fut inhumée le 23 mai en l'église Saint-Étienne de Rennes ; l'autre, Françoise Gouyon, se maria 1° le 6 février 1719 à Alexis Freslon, marquis d'Acigné, 2° le 4 août 1751 avec Jean-Luc Gouyon, fils du seigneur de Beauvais ; elle-même mourut en 1766 sans postérité. Jean-Luc Gouyon, devenu seigneur de Beaufort par suite de son mariage, contracta une seconde union, le 23 septembre 1766, avec Aubine-Louise Gouyon, fille du seigneur de Launay-Comatz, et en eut dix-sept enfants. Au mois de mai 1793, M. de Beaufort fut arrêté, étant accusé « d'avoir fourni à ses fils émigrés les fonds nécessaires pour leur voyage et séjour à l'étranger[2] ». Conduit à Paris, il y fut condamné à mort et décapité le 20 juin 1794 ; l'année suivante, son second fils, Casimir Gouyon de Beaufort, débarqué à Quiberon, fut arrêté lui-même et fusillé à Vannes le 25 août 1795. Les descendants de ces nobles victimes de la Révolution continuent de posséder et d'habiter la belle terre de Beaufort.

Châtellenie d'ancienneté, Beaufort relevait du comté de Combour et pour quelques fiefs du marquis de Châteauneuf et de l'évêque de Dol. Ce-

---

1. *Archives du château de Combour.*
2. *Bulletin de Rennes*, XIX, 380.

la n'empêchait pas le sire de Beaufort de siéger aux parlements ou États des ducs de Bretagne au premier rang des bannerets du duché[1]. Le domaine proche de Beaufort se composait en 1547 de « la maison et forteresse de Beaufort, avec ses bois, étangs, moulins et 2,500 journaux de terre ». Les métairies nobles de Rohéart, du Mesnil, des Alliez et de Landeamy en dépendaient aussi. Lorsque le château de Beaufort eut été ruiné, les seigneurs construisirent plus bas dans leur vaste bois et au bord de leur bel étang un manoir dépourvu de style mais gracieusement posé ; c'est encore aujourd'hui l'habitation des propriétaires. La haute justice de Beaufort s'exerçait au bourg de Plerguer, où l'on voyait près du cimetière son auditoire, ses ceps et son collier pour punir les malfaiteurs. Le sire de Beaufort ne devait au seigneur de Combour qu'une rente de 5 sols de garde payable à l'Angevine et le devoir de foi, hommage et chambellenage[2]. En 1446, le duc François Ier accorda à Briand de Châteaubriant le droit de tenir une foire chaque année au bourg de Plerguer.

Le seigneur de Beaufort était fondateur de l'église de Plerguer et de la chapelle Sainte-Catherine bâtie à côté de son manoir. Mais au XVIIe siècle l'abbé du Tronchet, dont le monastère se trouvait en Plerguer, entreprit de lui disputer les prééminences dans l'église paroissiale. Cependant, dès 1542, François de Châteaubriant avait obtenu de l'évêque de Dol la reconnaissance de ses privilèges. En 1666, voici en quoi consistaient les prééminences de Beaufort en l'église de Plerguer dans une grande vitre posée derrière le maître-autel étaient les armoiries des sires de Beaufort avec leurs alliances. Au bas du marchepied de cet autel se trouvait une tombe sur laquelle on voyait en relief sculpté un écusson *écartelé de Châteaubriant et du Guesclin, sur le tout de Beaufort.*

Dans le chanceau, du côté de l'évangile, étaient deux bancs à queue blasonnés des mêmes armes et remplissant une arcature pratiquée dans la côtale du chœur ; près de ces bancs paraissait une autre pierre tombale également armoriée, et au-dessus des bancs, dans le fond de l'arcature, étaient sculptées les armes de Beaufort : *de gueules à trois écussons d'hermines.* Enfin, tout le chanceau demeurait prohibitif au seigneur de Beaufort.

Mais, outre cela, il y avait « une grande chapelle séparée du chanceau par une arcade » dépendant aussi de la terre de Beaufort. On y voyait partout, sculptées ou peintes, les armoiries des sires de Beaufort ; il s'y trouvait également un tombeau élevé de deux pieds de terre, placé sous une arcade dans la muraille et chargé d'écussons aux armes de Beaufort. Enfin, au dedans et au-dehors de l'église était peinte une litre seigneuriale présentant les blasons de *Beaufort* et de *Châteaubriant.*

Malgré tous ces intersignes plaidant en faveur des sires de Beaufort, l'abbé du Tronchet n'en maintenait pas moins ses prétentions au droit de

---

1. Dom Morice, *Preuves de l'Histoire de Bretagne*, II, 1568 et 1673.
2. *Archives du château de Combour.*

fondateur de l'église de Plerguer. Après d'interminables procédures qui durèrent près d'un siècle, un arrêt du parlement de Bretagne lui donna tort en 1732 et maintint définitivement le seigneur de Beaufort dans la pleine possession de ses droits[1].

Mais les privilèges des sires de Beaufort ne se bornaient pas à l'église de leur paroisse ; ils jouissaient, en outre, du droit d'avoir une stalle dans le chœur de la cathédrale de Dol. Cette stalle était même la troisième parmi celles qu'occupaient les dignitaires, le seigneur de Beaufort se plaçant immédiatement après l'évêque de Dol, en face du premier chanoine dignitaire, le grand chantre de Dol.

Cette haute distinction avait été accordée au commencement du XVIe siècle à Guillaume de Châteaubriant, seigneur de Beaufort, bienfaiteur insigne de l'église de Dol. La stalle était ornée d'un écusson en bannière portant les armes pleines de Châteaubriant : *de gueules semé de fleurs de lis d'or* ; derrière se trouvait un autel où l'on célébrait deux messes chaque semaine pour les seigneurs de Beaufort[2].

Tous ces faits prouvent bien l'importance qu'avaient dans la contrée les possesseurs de la châtellenie de Beaufort.

BEAUMONT

e manoir de Beaumont, chef-lieu de l'ancienne châtellenie de ce nom, se trouve dans la paroisse de Mordelles[3]. Comme il existait aux environs de Rennes plusieurs seigneuries portant le nom de Beaumont, il est presque impossible de connaître les premiers possesseurs certains de cette châtellenie. Il est toutefois indubitable qu'un certain chevalier appelé Raoul de Beaumont mourut le lundi après la mi-carême 1405. Il laissait une veuve, Isabeau de Montfort, et un fils nommé Jean de Beaumont, dont nous connaissons les armes en 1406 : c'étaient *trois pots surmontés d'un lambel*[4]. Cette Isabeau de Montfort, que du Paz nomme à tort Jeanne, était, d'après cet auteur, fille de Raoul, sire de Montfort, et d'Isabeau de Lohéac ; elle avait reçu en dot, dit-il, la seigneurie de Beaumont ; toujours est-il qu'elle porta cette terre à un troisième mari, Georges Chesnel, qui en rendit avec elle aveu au duc de Bretagne en 1407. Car il paraît bien qu'antérieurement à son mariage avec Raoul de Beaumont elle avait déjà contracté une union avec Guillaume Raguenel, vicomte de la Bellière ; aussi lorsqu'elle mourut, le 17 février 1422, laissa-t-elle sa seigneurie de Beaumont à son petit-fils Jean Raguenel, vicomte de la Bellière, qui en fournit le minu le 31 janvier 1424. Ce seigneur mourut lui-même en 1436, léguant Beaumont à son fils aîné, qui

1. *Archives d'Ille-et-Vilaine.*
2. *Archives du château de Châteauneuf.*
3. Chef-lieu de canton, arrondissement de Rennes.
4. Dom Morice, *Preuves de l'Histoire de Bretagne*, sceau n° 89.

prit le nom de Malestroit[1] ; ce Jean de Malestroit, vicomte dudit lieu, rendit aveu pour Beaumont l'année même de la mort de son père[2].

Il épousa Gillette de Châteaugiron et décéda la veille de Noël 1471. Sa fille, Françoise de Malestroit, femme de Jean, sire de Rieux, hérita de Beaumont, qu'elle transmit à sa mort, arrivée le 18 janvier 1479, à sa propre fille, Françoise de Rieux. Jean de Rieux, tuteur de son enfant, rendit aveu pour Beaumont en 1482. Françoise de Rieux épousa François de Laval, baron de Châteaubriant, et elle possédait encore en 1513 le manoir et la châtellenie de Beaumont, qu'elle dut vendre peu de temps après à Jacquette du Pontrouaud, femme de Pierre Thierry, seigneur du Boisorcant. Ce dernier seigneur, en effet, rendit aveu au roi pour Beaumont en 1522, au nom de son fils Julien Thierry, héritier de sa mère depuis peu défunte. Mais Julien Thierry étant mort sans postérité, Beaumont advint à sa sœur Jacquette Thierry, femme de François Bruslon, seigneur de la Muce. Cette dame était morte lorsqu'en 1540 son mari, tuteur de leur fils Pierre, rendit aveu pour la seigneurie de Beaumont échue à cet enfant par le décès de sa mère[3].

Pierre Bruslon, seigneur de la Muce et de Beaumont, épousa d'abord Bonne de Texue, puis Françoise de Sanzay, et mourut le 24 janvier 1594. Son fils Saldebreuil Bruslon, sire de la Muce, rendit aveu pour Beaumont en 1636 ; il épousa Jeanne de Penmarc'h et laissa sa seigneurie à son fils Anne Bruslon, comte de la Muce.

Ce fut ce dernier seigneur qui démembra la châtellenie de Beaumont ; il sépara les fiefs la composant, en vendit une partie en 1648 à Charles Champion, baron de Cicé ; une autre, vers le même temps, à René de la Porte, seigneur d'Artois[4] ; une troisième à Pierre du Boberil, seigneur de Cherville, etc. Quant au vieux manoir de Beaumont et à son domaine proche, il le vendit avec un petit fief, en 1654, à François Greffier et Gillette Caud, sa femme[5].

À la mort de ces derniers, Beaumont fut encore vendu par leurs héritiers à Jean Drouet, sieur du Tertre, et à Julienne Jamois, sa femme ; mais, par retrait lignager, cette terre fut acquise définitivement, le 6 avril 1686, par François Guibert, sieur de la Coursonnière, avocat à la Cour. Celui-ci mourut en octobre 1706, laissant Beaumont à son fils Jean-François Guibert, prêtre et recteur de Mordelles en 1747, époque à laquelle il fit hommage au roi pour cette seigneurie. À la mort de ce prêtre, décédé en 1763, Beaumont passa à ses frères et sœur Pierre-André, Jean-Baptiste et Françoise Guibert, qui y demeuraient alors. Il est vraisemblable que ce furent

1. Sa mère était Jeanne de Malestroit, dame dudit lieu.
2. *Archives de la Loire-Inférieure*, v° Mordelles.
3. *Ibidem*. – Pierre Bruslon n'était donc ni le fils ni l'héritier d'une Hélène de Beaumont, comme le dit du Paz, p. 784.
4. Les fiefs de Beaumont furent unis par le roi à la baronnie de Cicé et à la vicomté d'Artois.
5. *Archives nationales*, P, 1712.

eux qui vendirent cette propriété à Charles de Farcy, seigneur de la Villedubois. Celui-ci en dota un de ses fils, Joachim-Joseph de Farcy, né en 1777, qui prit le dernier le titre de seigneur de Beaumont. Émigré en 1794, ce jeune homme épousa en 1803 Pauline de Plouays et fonda la branche des Farcy de Beaumont ; il n'est mort qu'en 1859[1], et ses descendants habitent encore aujourd'hui le manoir de Beaumont.

La châtellenie de Beaumont, importante seigneurie au Moyen Âge, s'étendait alors dans dix paroisses Mordelles, Le Rheu, Pacé, Bréal, Chavagne, Saint-Étienne de Rennes, Moigné, Maure, Loutehel et Bruc ; en 1436, ses revenus atteignaient la somme considérable de plus de 338 livres[2]. Elle levait des dîmes en Mordelles, Chavagne et Bréal.

Les tenanciers du grand bailliage de Beaumont devaient à leur seigneur 105 livres d'argent, deux paires de gants blancs, 8 mines 2 boisseaux de froment et 10 mines 3 boisseaux d'avoine. La haute justice seigneuriale s'exerçait au bourg de Mordelles.

Le sire de Beaumont lançait le jour des rois une soule que devait lui présenter en son banc seigneurial, en l'église de Moigné, le dernier marié de l'année en cette paroisse. Cette soule fut remplacée plus tard par l'offrande d'un cierge. Enfin, le seigneur de Beaumont avait des prééminences, avec bancs et enfeus, dans les églises de Mordelles, Chavagne et Moigné, ainsi que la présentation de la chapellenie Saint-André de Beaumont.

Le domaine proche de la châtellenie se composait en 1468 et 1541 des « motte, manoir, chapelle et douves de Beaumont », – de l'étang de Beaumont, – des deux moulins de Mordelles et du moulin de Cramou, – de la métairie noble de Cramou, bois de la Toucheronde, contenant 200 journaux, des bois et garennes de Beaumont et de Cramou, – du droit de pêche dans la rivière du Meu, etc. Mais en 1636 la vieille demeure des sires de Beaumont n'existait plus : on ne voyait alors à Beaumont que « l'emplacement d'un vieil chasteau tout ruiné auquel il n'y a plus qu'un portail aussi fort ruiné avec les douves alentour[3] ».

Après le démembrement de la châtellenie de Beaumont, la terre seigneuriale de ce nom ne se composa plus que d'une « petite partie du fief de Beaumont » en Mordelles, avec seulement une moyenne justice. Mais les nouveaux acquéreurs construisirent un autre manoir « basti à la moderne », dit l'aveu de 1686. À côté se trouvèrent conservés le colombier, l'ancien pressoir banal et les bâtiments de la métairie. L'on ne voyait toutefois plus que l'emplacement de la vieille chapelle du château, dédiée à saint André. Dans le bois voisin on apercevait aussi « une motte élevée en rond et cernée de douves[4] ». Cette motte, signe de l'antique juridiction de

---

1. *Généalogie de la maison de Farcy*, 330.
2. *Archives de la Loire-Inférieure*.
3. *Archives de la Loire-Inférieure*.
4. *Ibidem*.

la châtellenie, subsiste encore et rappelle de nos jours l'importance primitive de Beaumont.

LA BÉDOYÈRE

a famille de la Bédoyère, portant *d'azur à six billettes percées d'argent*, tirait son origine du manoir de ce nom situé en la paroisse de Talensac[1]. Jean de la Bédoyère, seigneur dudit lieu, prit en 1420 les armes pour la délivrance du duc Jean V ; il épousa Gillette de Saint-Jean, dont il eut Pierre de la Bédoyère, habitant en 1427 le manoir paternel. Ce dernier seigneur épousa Alix des Salles, dont il ne laissa qu'une fille, Jeanne de la Bédoyère, mariée à Bertrand Huchet, secrétaire d'État et du Conseil du duc de Bretagne en 1421, plus tard garde des sceaux et ambassadeur en Angleterre[2].

Bertrand Huchet habitait la Bédoyère en 1444 avec sa femme ; ils furent les auteurs de la noble famille Huchet de la Bédoyère, qui conserva jusqu'à la Révolution la seigneurie de ce nom et qui subsiste encore. Bertrand Huchet mourut vers 1463, laissant pour fils et héritier Raoul Huchet, seigneur de la Bédoyère, marié 1° en 1457 à Françoise de la Bintinaye, 2° en 1463 à Charlotte de Cahideuc et 3° à Perrine Cojallu. Raoul mourut en 1494, après avoir comparu aux montres de 1479 et 1484[3].

Jean Huchet, fils du précédent, seigneur de la Bédoyère en 1494, épousa Françoise de Bellouan, dont il eut autre Jean Huchet, son successeur. Ce dernier seigneur de la Bédoyère s'unit d'abord à Julienne de Quédillac, puis à Marie de Cleuz, dame de Redillac ; il mourut en 1549.

Vinrent ensuite Rolland Huchet, seigneur de la Bédoyère, mari de Rollande Téhel de la Bouvais, mort avant septembre 1571 ; – François Huchet, seigneur de la Bédoyère, leur fils, marié en 1597 à Perronnelle de Trécesson, reçu deux ans après conseiller au parlement de Bretagne et décédé en 1622, – et Gilles Huchet, fils des précédents, marié, en novembre 1622, à Louise Barrin, fille du seigneur du Boisgeffroy, puis en secondes noces à Anne Le Pelletier ; nommé procureur général en 1631, il devint conseiller d'État.

Le fils aîné de Gilles Huchet fut André Huchet, qualifié comte de la Bédoyère, son père ayant obtenu en 1643 l'érection de cette terre en châtellenie. André Huchet épousa Marie Le Duc en 1649 et fut, l'année suivante, procureur général. Plus tard, il se remaria à Vannes 1° en 1682 avec Françoise Le Chevoir, et 2° en 1687 avec Jacquine Morice. Il mourut l'année suivante et fut inhumé, le 20 novembre 1688, en l'église des Cordeliers de Vannes. Son fils Charles-Marie Huchet, seigneur de la Bédoyère après lui, fut marié, le 24 août 1677, dans la cathédrale de Rennes

---

1. Commune du canton et de l'arrondissement de Montfort.
2. De Courcy, *Nobiliaire de Bretagne*.
3. *Généalogie historique de la famille Huchet*.

par Mgr de Coëtlogon, évêque de Quimper, avec Éléonore du Puy de Murinais, l'amie de Mme de Sévigné[1] ; il fut aussi nommé en 1674 procureur général au parlement de Bretagne.

Charles Huchet, fils des précédents, né en 1683 et seigneur de la Bédoyère, reçu conseiller au parlement de Bretagne en 1707, épousa en 1708 Marie-Anne Danycan. Il succéda à son père en 1710 dans la charge de procureur général qu'il remplit jusqu'à sa mort, arrivée en 1754. Son fils Charles-Marguerite Huchet, qualifié marquis de la Bédoyère, fut en 1733 avocat général à la cour des aides à Paris et épousa Agathe Sticotti. Il mourut à Rennes en 1786 et sa veuve le suivit l'année suivante dans la tombe.

Corentin-Marie Huchet, fils des précédents, fut le dernier seigneur de la Bédoyère ; il épousa 1° le 17 mars 1779 Reine-Modeste Rado, fille du seigneur de Cournon, qui mourut au château de Talhouët en Pluherlin le 14 octobre 1783 ; 2° le 28 mars 1784 Marie-Charlotte du Hérissier. De cette seconde union naquit en 1785 Louis-Charles Huchet, marquis de la Bédoyère, époux d'Olympe de Gondrecourt, dont la petite-fille, Mme de Saint-Meleuc, possède encore la terre de la Bédoyère. En effet, Corentin Huchet ayant émigré, ses biens furent mis en vente par la nation ; mais son frère Charles Huchet de la Besneraye, qui n'avait pas quitté la France, acheta la Bédoyère et la conserva ainsi à sa famille.

La Bédoyère relevait du comté de Montfort ; ce n'était à l'origine qu'une petite seigneurie, mais en 1642 Gilles Huchet, seigneur de la Bédoyère, acquit d'avec Henry, duc de la Trémoille, plusieurs fiefs faisant partie de sa seigneurie de Montfort ; le plus important était le fief de la Prévoté de la Rigadelaye, qui comprenait toute la paroisse de Talensac ; il possédait par ailleurs la terre de la Bouëxière en Bréal ; aussi obtint-il du roi Louis XIII des lettres patentes datées de janvier 1643, unissant à la seigneurie de la Bédoyère celle de la Bouëxière et les fiefs de Talensac, distraits du comté de Montfort, et érigeant le tout en châtellenie sous le nom de la Bédoyère. Le roi accorda en même temps au seigneur de la Bédoyère une haute justice, un marché à Talensac tous les mardis et trois foires par an, savoir les 1er et 2 juillet et le 26 du même mois au bourg de Talensac, et le 29 juin au bourg du Verger, trêve de Talensac. Les lettres royales constataient aussi que le seigneur de la Bédoyère avait droit de prééminences, banc et enfeu armoriés dans le chanceau de l'église de Talensac, qu'il était seigneur fondateur de l'église du Verger, et qu'enfin en l'église de Bréal lui appartenait une chapelle prohibitive touchant le chanceau du côté de l'épitre[2].

Le seigneur de la Bédoyère était aussi présentateur des chapellenies desservies dans la chapelle de son manoir de la Bédoyère, où l'on voit encore une pierre tombale ; il avait également deux enfeus à Rennes, l'un en

---

1. Voyez les *Lettres de Mme de Sévigné*, v° Murinais.
2. *Archives du parlement de Bretagne*.

l'église des Pères Minimes, et l'autre en l'église du couvent de Bonne-Nouvelle. Ayant renoncé en 1643 à l'exercice à Talensac des droits féodaux de triage des communs, établissement de pressoirs banaux et devoir de guet, il voulut, entre autres choses, que les paroissiens s'obligeassent par reconnaissance à se rendre processionnellement chaque année à Notre-Dame-de-Bonne-Nouvelle, conduits par leur recteur, et allassent chanter un *De profundis* sur les tombes de ses ancêtres dans les deux églises de Rennes qui les renfermaient, ce qu'accepta le général de la paroisse de Talensac[1].

Enfin, plusieurs maisons nobles du pays relevèrent féodalement de la Bédoyère après 1643 ; telles furent le Bois-de-Bintin, le Houx, le Guerne, la Touche-Rolland et autres manoirs de Talensac.

En 1715, Charles Huchet augmenta encore l'importance de sa seigneurie de la Bédoyère en achetant d'avec Charles, duc de la Trémoille, une portion de la forêt de Montfort, plus « la seigneurie et fondation de l'église et paroisse de Coulon, les fiefs, rentes foncières et féodales dues tant en grains que par argent en ladite paroisse, le droit de présentation au prieuré de Saint-Lazare de Montfort, le droit de pêche dans la rivière du Meu, etc.[2] ».

Par suite de cette nouvelle acquisition, le seigneur de la Bédoyère eut alors un droit de chevauchée à la foire du 10 août, qui se tenait autour de la chapelle Saint-Laurent des Guérêts, en Talensac, dépendant du prieuré de Saint-Lazare. Ce jour-là, en effet, disent les aveux, « tous les gardes des eaux, bois et forêts de la Bédoyère, et les sergents collecteurs des rolles des fiefs dépendant de ladite seigneurie doivent accompagner à cheval le sénéchal de la juridiction et faire avec lui le tour de la foire » pour y maintenir bonne police[3].

Le domaine proche de la Bédoyère se composait du vieux manoir de ce nom, encore debout quoique inhabité, et de ses dépendances, comme chapelle, colombier, bois, étang et retenue, – des métairies de la Rigadelaye, la Dahouaye, la Frohardière et le Correlet, – des moulins de la Bédoyère et du Coudray, – de la forêt de la Bédoyère, etc.

BETTON

a seigneurie de Betton[4] appartint de bonne heure et pendant plusieurs siècles à la famille de Saint-Gilles, qui tirait son origine de la paroisse de ce nom. En 1222, Tison de Saint-Gilles était à la fois seigneur de Saint-Gilles et de Betton ; il avait épousé Agathe de la Barre, veuve de lui en 1272, et laissa plusieurs enfants, entre autres

---

1. *Archives paroissiales de Talensac.*
2. Abbé Oresve, *Histoire de Montfort*, 234.
3. *Archives d'Ille-et-Vilaine*, B, 370.
4. Commune du canton Nord-Est de Rennes.

Bertrand, seigneur de Saint-Gilles, et Tison, seigneur de Betton et de Mouazé ; ce dernier confirma en 1276 une donation faite à l'abbaye de Saint-Sulpice-des-Bois[1]. Son fils ou petit-fils, Georges de Saint-Gilles, seigneur de Betton et mari de Jeanne Chesnel, jura en 1379 l'association bretonne et mourut en août 1398. Peu après son fils, Jean de Saint-Gilles, fournit au duc le minu de la seigneurie de Betton. En 1424, Jean V, duc de Bretagne, nomma Jean de Saint-Gilles gouverneur de Rennes et le chargea d'augmenter les fortifications de cette ville. Ce seigneur se trouvait l'année suivante chambellan et conseiller du prince ; il mourut le 17 octobre 1435, laissant veuve Jeanne de Montauban. La succession fut recueillie par sa fille, Bonne de Saint-Gilles, alors mariée à Guillaume de Rochefort. Devenue veuve vers 1447, la dame de Betton se remaria 1° à Charles de la Feuillée, seigneur de la Ribaudière, décédé en 1456 ; 2° à René Chandrier, seigneur de la Poissonnière ; elle mourut le 15 octobre 1487, léguant sa seigneurie de Betton à son fils, Pierre Chandrier. Celui-ci prit le nom de sa mère, devint Pierre de Saint-Gilles, épousa Catherine Grimault et fonda une nouvelle famille.

Écuyer de la reine Anne de Bretagne en 1495, Pierre de Saint-Gilles mourut le 25 novembre 1537, laissant Betton à son fils, Georges de Saint-Gilles[2]. À la montre de 1541, ce dernier se présenta comme seigneur de Betton ; « en robe, estant à pied, il présenta pour lui un homme bien monté et armé en habillement d'homme d'armes, accompagné d'un homme bien armé et monté en archer, et d'un page à cheval, et déclara ledit seigneur de Betton son revenu noble valoir environ 800 livres, tant en ce pays que en Normandie[3] ».

Georges de Saint-Gilles décéda sans postérité le 22 juillet 1552, laissant la seigneurie de Betton à Catherine de Saint-Gilles, sa sœur, femme de François de Denée, seigneur de la Motte de Gennes. De cette union sortit Nicolas de Denée, seigneur de Betton, qui épousa Louise de Malestroit et mourut à la fête Saint-Jean 1560, sans laisser d'enfants. Sa succession fut recueillie par un cousin éloigné, Jean de Rieux[4], marquis d'Assérac, mari de Philippette de Saint-Amadour. Celle-ci, devenue veuve, tenait en 1578 la châtellenie de Betton en douaire, mais cette terre appartenait alors à sa fille, Gabrielle de Rieux ; elle se remaria peu après à Charles de Bretagne, comte de Vertus. Quant à Gabrielle de Rieux, dame de Betton, elle mourut sans s'être mariée, en 1595, et eut pour héritier son cousin, René de Rieux, marquis d'Assérac, qui, âgé de dix-sept ans, se

---

1. *Cartulari Sancti Melanii et Sancti Sulpicii.*
2. *Archives de la Loire-Inférieure*, v° Betton.
3. Ms. de Missirien (Bibliothèque de Rennes).
4. Ce seigneur était fils de François de Rieux et de Renée de la Feuillée, fille de François de la Feuillée et de Cyprienne de Rohan, laquelle était fille de François de Rohan, fils de Jean de Rohan et de Gillette de Rochefort, cette dernière fille de Guillaume de Rochefort et de Bonne de Saint-Gilles, dame de Betton (*Archives nationales*, P, 1709).

noya dans le Tibre, à Rome, le 13 août 1609, en voulant sauver un de ses pages qui se noyait lui-même[1].

La seigneurie de Betton fut ensuite saisie et vendue judiciairement ; les acquéreurs furent Charles d'Argentré, seigneur de la Bouëxière, et Catherine Boutin, sa femme, qui prirent possession le 5 novembre 1618. En 1635, Charles d'Argentré était mort et sa veuve, remariée à Charles de Maillé, jouissait en douaire de la terre de Betton. Son fils, Hippolyte d'Argentré, né en 1608 et seigneur de Betton, y épousa le 18 novembre 1642 Françoise Martin. Ils donnèrent le jour à Pierre d'Argentré, seigneur de Betton, qui épousa à Betton, le 2 mars 1683, malgré sa mère alors veuve, Renée Savary, veuve de Claude Mengin[2].

Le 22 juillet 1695, la châtellenie de Betton fut de nouveau vendue judiciairement et passa des mains de Pierre d'Argentré à Gabriel de Montbourcher, seigneur de la Magnane[3]. Ce dernier seigneur, président au parlement de Bretagne, avait épousé Madeleine Briand ; il mourut en mai 1728 et sa femme en juin 1742. Son successeur à Betton fut son fils, René-Claude de Montbourcher, seigneur de la Magnane, président au parlement de Bretagne, époux de Marie-Rosalie de Montaudouin. Ce seigneur de Betton, ayant perdu sa femme en 1765, mourut lui-même en juillet 1776. Comme il ne laissait point d'enfants, la seigneurie de Betton passa à son neveu, René-François, marquis de Montbourcher, fils de Guy-Amador de Montbourcher et de Jeanne de Saint-Gilles. Le marquis de Montbourcher, époux de Marie-Joséphine de Kersauson, fut le dernier seigneur de Betton ; pendant son émigration, la terre de Betton fut, en janvier 1799, vendue nationalement ; mais Mme de Caradeuc, sa sœur, en racheta la plus grande partie, qui appartient aujourd'hui à M. de Chavagnac, petit-fils par alliance de M. de Montbourcher.

Châtellenie d'ancienneté, la seigneurie de Betton, relevant directement du duc, puis du roi, se composait de deux groupes de fiefs : ceux de Moigné et l'Hermitage, qui semblent un démembrement de la seigneurie de Saint-Gilles, et ceux de Betton et Mouazé, qu'un aveu prétend avoir été apportés à un seigneur de la maison de Saint-Gilles par sa femme, nommée Jeanne de Tilly. En 1398, les fiefs de cette seigneurie s'étendaient déjà en Betton, Chevaigné, Mouazé, Moigné, l'Hermitage, Pacé, Saint-Gilles, Saint-Rémy-du-Plain, Saint-Aubin-d'Aubigné et Saint-Sulpice-des-Bois ; plus tard, la châtellenie s'agrandit encore en Saint-Grégoire, Melesse, Cesson, Mordelles, Mont-Dol, Baguer-Pican et Saint-Broladre[4] ; ce qui donne un total de dix-sept paroisses, sur parties desquelles s'exerçait la juridiction de Betton.

Cette haute justice siégeait en 1777 au présidial de Rennes trois fois

1. Moreri, *Dictionnaire Historique*.
2. *Registre paroissial de Betton*, publié par M. l'abbé Paris-Jallobert.
3. *Archives du château de la Magnane*.
4. Les fiefs de ces trois dernières paroisses formaient une juridiction à part exercée à Dol et nommée Betton-à-Dol.

par semaine, les mardi, jeudi et samedi, et tous les quinze jours au bourg même de Betton, où se trouvaient un auditoire et une prison. Les fourches patibulaires s'élevaient « à quatre pots » sur la lande de la Mainuraye ; les tenanciers du Vauchallet étaient tenus d'y conduire les condamnés à mort et ceux de la Plesse de « porter et lever l'échelle de ladicte justice ». C'est là que fut pendue Jeanne Millau en 1586. Au siècle dernier, le sénéchal de Betton condamnait encore à mort ; ainsi fit-il en 1725 à l'égard d'un assassin nommé Jean Picault, et en 1764 à l'égard de Jean Biette et Mathurin Garel, autres malfaiteurs, les condamnant à être conduits « la corde au col, teste et pieds nus, au lieu public pour y estre pendus et étranglés à la potence eslevée à cet effet jusqu'à ce que mort s'ensuive », et confisquant leurs biens meubles au profit du seigneur de Betton[1]. En 1555, le sceau de la juridiction de Betton présentait un écusson aux armes des Saint-Gilles : *d'azur à six fleurs de lis d'argent, posées 3, 2, 1*, avec la légende : s. des actes de la court de becton[2].

La châtellenie de Betton avait de nombreuses et importantes mouvances nobles : relevaient, en effet, de Betton les seigneuries de la Rivaudière et du Boisgeffroy (à l'origine au moins), de la Boulaye, la Busnelaye, le Vaurozé, la Villegeffroy, le Gahil, le Margat, Cherville, etc. ; l'abbaye de Saint-Sulpice en relevait aussi pour tout ce qu'elle possédait en Mouazé.

Le seigneur de Betton avait à Betton un droit de bouteillage, un marché tous les lundis et trois foires, le lundi de la Pentecôte et aux fêtes de saint Mathieu et de saint Yves, et à Mouazé une foire à la Saint-Éloy ; ce jour-là, le sire de Betton pouvait entrer en l'église de Mouazé et prendre sur l'autel Saint-Éloy, dans le plat aux offrandes, cinq sols pour se payer une paire de gants qu'il portait à la foire.

Au seigneur de Betton appartenait un droit d'usage en la forêt de Rennes, droit qu'avait accordé le duc de Bretagne à Georges de Saint-Gilles et que confirma en 1489 la duchesse Anne en faveur de Pierre de Saint-Gilles. À lui aussi était réservée la pêche dans la rivière d'Ille, depuis le ruisseau de la Ville-Asselin en Saint-Grégoire jusqu'au moulin de Gahil en Mouazé.

Dès 1398 le sire de Betton faisait courir quintaine tous les nouveaux mariés de la paroisse de Betton ; cette course avait lieu le mardi de la Pentecôte au bourg même, et le seigneur de la Sauldraye en Saint-Grégoire était obligé d'entretenir convenablement l'écusson que frappaient de leurs gaules les coureurs de quintaine.

On offrait au seigneur de Betton des œufs de Pâques ; le propriétaire de la maison des Brosses lui en devait quarante-trois et celui de la Grande-Touche quatorze seulement ; ces œufs devaient être apportés par les tenanciers le jour de Pâques, à l'issue de la grand-messe, et déposés

---

1. *Archives de la Magnane.*
2. *Ibidem.*

au pied de la croix Bouessée, dans le cimetière de Betton.

Le jour de la Fête-Dieu, certains vassaux du bourg de Betton devaient présenter à leur seigneur « un bouquet de roses blanches et vermeilles, auparavant porter le *Corpus Domini* ».

À la fête de l'Assomption, « au jour de Nostre-Dame de My-Aoust », les villageois de la Tertrée étaient tenus d'offrir au même seigneur « une paire de gants blancs ». Au jour des Innocents, les vassaux des Nouvelles Baillées lui devaient présenter une bécasse[1].

Le sire de Betton était seigneur fondateur des églises de Betton et de Mouazé, et prétendait avoir droit à des prééminences en celles de l'Hermitage et de Moigné. En l'église de Betton, récemment démolie, on voyait encore naguère dans la grande fenêtre du chanceau une verrière contenant les portraits des sires et dames de Betton, de la maison de Saint-Gilles, reconnaissables aux armoiries ornant leurs vêtements ; le même blason des Saint-Gilles se retrouvait sculpté en divers endroits du sanctuaire.

Les seigneurs de Betton étaient, au reste, les bienfaiteurs de cette église Pierre de Saint-Gilles avait donné à la fabrique à perpétuité chaque année « une pipe de vin breton pour le service de la messe et pour la communion du peuple aux festes de Pasques ». Un autre seigneur avait fondé la messe matinale du dimanche et abandonné une dîme pour l'entretien du luminaire ; il voulut, en revanche, qu'au jour de la Chandeleur, la fabrique offrit des cierges au sire de Betton, à sa femme et à leurs enfants, et que « le reste des chandelles » fût distribué « aux paroissiens se trouvant en l'église[2] ».

Il existait une demeure seigneuriale à Betton ; en 1398 c'était simplement « un manoir ô ses appartenances, contenant 50 journaux de terre, plus 29 journaux de prées ». À côté se trouvait, à la même date, une vigne de quatre journaux qui était « de peu de revenu », car on n'y avait fait cette année-là que « quatre pipes de vin breton, appréciez 8 livres, rabattus la faczon et les sacs[3] ».

Le manoir de Betton se trouvait à l'entrée du bourg, « joignant d'un costé à la rivière d'Ille et d'aultre au chemin par où on descend du bourg de Betton à ladicte rivière ». Il semble avoir été ruiné pendant les guerres de la Ligue ; en 1618 c'était « un vieil logis desmoly, descouvert et ruisné, fors une tour au bas vers Orient ». Hippolyte d'Argentré le reconstruisit en partie, car, est-il dit en son *aveu* de 1680 : « Le chasteau de Betton, ruisné depuis les quatre-vingts ans », a été « rebasty en partie depuis quelques années par ledit seigneur d'Argentré ». Toutefois cette reconstruction ne dut pas être bien importante, et actuellement il n'en demeure aucune trace. On montre seulement son emplacement près de la ferme ap-

---

1. *Archives de la Loire-Inférieure*, v° Betton.
2. *Archives de la Magnane.*
3. *Archives d'Ille-et-Vilaine.*

pelée la Grande Métairie du Bourg ; on voit encore quelques vestiges des douves qui l'entouraient et la place qu'occupait le colombier ; un pâtis voisin garde le nom de Quintaine ; c'était là que s'escrimaient les jeunes gens mariés à Betton ; une motte s'élevait à côté, dit-on, mais elle a été rasée ; on prétend que les nouvelles mariées devaient y monter pour sauter en l'honneur du sire de Betton, mais rien dans les *aveux* ne fait allusion à ce droit féodal.

Le domaine proche de la châtellenie de Betton se composait, en outre du vieux manoir, de ce qui suit la retenue et les métairies de la Porte et du Chesneflos, quatre moulins sur les rivières d'Ille et d'Islet, des bois et landes, contenant 514 journaux de terre, etc. Le revenu de toute la seigneurie, domaines et fiefs, n'était évalué que 2,525 livres en l'année 1750[1].

BLOSSAC

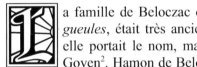a famille de Beloczac ou Blossac, portant *de vair à la fasce de gueules*, était très ancienne et tirait son origine du manoir dont elle portait le nom, manoir existant encore dans la paroisse de Goven[2]. Hamon de Beloczac fut dès 1163 témoin d'une donation faite par Pierre de Lohéac à l'abbaye de Montfort. La similitude des armes du seigneur de Blossac avec celles des sires de Lohéac, qui portaient *de vair plein*, permet de supposer que les seigneurs de Blossac ont pu sortir des puissants barons de Lohéac, dont ils relevèrent longtemps. Il est fait mention en 1202 du fief de Robert de Beloczac, et en 1248 Hervé de Beloczac prit part à la croisade de saint Louis. En 1255, Hamon de Beloczac fit l'aumône de 20 livres de rente, sur sa terre de Blossac, aux religieuses de Saint-Sulpice établies au prieuré de Saint-Nicolas près Lohéac[3]. Thébault de Beloczac ratifia en 1364 le traité de Guérande ; il figura, âgé de quarante ans, dans l'enquête faite pour la canonisation de Charles de Blois ; il y raconta qu'ayant été, au combat de la Roche-Derrien, si grièvement blessé à la jambe que le nerf avait été coupé, il fut guéri par l'intercession du saint prince breton. René de Beloczac ratifia à son tour le traité de Guérande en 1371, jura l'association bretonne en 1379, fut un des chevaliers de la compagnie du connétable Olivier de Clisson et devint en 1406 capitaine de Rennes. Jean de Beloczac épousa Marguerite d'Acigné, qui était veuve de lui dès 1415 ; il laissait deux enfants encore jeunes, Jean et Jeanne de Beloczac[4]. Son fils lui succéda, ratifia en 1427 le traité de Troyes et épousa Jacquette de Malestroit, qui, devenue veuve, se remaria avec Guy de Saint-Amadour.

1. *Archives du château de la Magnane.*
2. Commune du canton de Guichen, arrondissement de Redon.
3. Archives d'Ille-et-Vilaine, 27 H, 102.
4. *Archives de la Loire-Inférieure*, v° Goven.

Ce Jean de Beloczac étant mort sans postérité, sa seigneurie échut à sa nièce, Jeanne de Montbourcher, fille de sa sœur Jeanne de Beloczac, qui avait épousé Bertrand de Montbourcher, seigneur de Champagné. Ce dernier, alors veuf, rendit aveu en 1431 pour la terre de Blossac au nom de sa fille encore mineure. Celle-ci épousa Thomas de Québriac, seigneur dudit lieu, et lui apporta la seigneurie de Blossac ; elle mourut le 9 novembre 1461. Leur fils, autre Thomas de Québriac, rendit aveu pour Blossac en 1502 ; il avait épousé Renée d'Espinay, fille du sire d'Espinay et veuve en 1513. Ils laissèrent Blossac à leur fils, nommé aussi Thomas de Québriac, qui mourut le 11 juin 1553. Celui-ci avait épousé Marguerite de Guitté et ne laissait d'elle qu'une fille, Marguerite de Québriac, mariée en 1539 à François du Guémadeuc, seigneur dudit lieu ; cette dame décéda en 1559, léguant Blossac à son fils, Thomas du Guémadeuc, qui rendit hommage au roi pour Blossac en 1572. Ce dernier seigneur du Guémadeuc et de Blossac épousa Jacquemine de Beaumanoir et mourut le 11 juin 1592. Il laissait deux fils, qui lui succédèrent l'un après l'autre Toussaint du Guémadeuc, seigneur de Blossac, tué en duel par son cousin, René de Tournemine, en 1604, et mort sans postérité, et Thomas du Guémadeuc, gouverneur de Fougères, décapité en place de Grève à Paris le 27 septembre 1617.

Ce malheureux seigneur de Blossac avait épousé Jeanne Ruellan, dont il laissait une fille unique, Marie-Françoise du Guémadeuc ; elle épousa : 1° en 1626 François de Vignerot, marquis de Pont-Courlay, 2° en 1647 Gabriel de Grivel de Gamaches, comte d'Ourouer. Cette dame vendit Blossac le 24 novembre 1655 à François Loaisel, seigneur de Brie, au prix de 78,800 livres ; mais celui-ci ne conserva point cette seigneurie, qui appartenait en 1666 à Marie de Montigny, veuve de Gabriel de Châteaubriant, sire de Beaufort. De cette dame, Blossac passa au sieur Amproux de Lorme, intendant des finances[1] ; enfin, en 1671, cette seigneurie fut acquise par Louis de la Bourdonnaye, seigneur de Couëtion (7 février 1699), et Louise Le Tresle, sa femme (1er novembre 1703). Leur fils, Jacques-Renault de la Bourdonnaye, né le 30 décembre 1660, fut seigneur de Blossac ; conseiller en 1686, puis en 1711 président au parlement de Bretagne, il avait épousé en la cathédrale de Rennes, le 30 octobre 1681, Louise Le Gonidec, fille du seigneur des Aulnays ; il devint veuf le 22 décembre 1723 et mourut un an plus tard, le 14 septembre 1724.

Louis-Gabriel de la Bourdonnaye, leur fils, qualifié comte de Blossac, né le 9 février 1691, fut en 1713 conseiller et en 1722 président au parlement de Bretagne ; il épousa en 1713 Françoise-Charlotte Ferret, fille du marquis du Tymeur ; il mourut le 26 août 1729 et sa veuve se remaria avec Barthélemy, marquis d'Espinay. Paul-Esprit de la Bourdonnaye, fils aîné des précédents, épousa en 1740 Magdeleine Le Pelletier de la Hous-

---

1. Trévédy, *Revue historique de l'Ouest*, Mémoires, VII, 122.

saye. Ce dernier seigneur de Blossac fut conseiller au parlement de Paris, maître des requêtes, intendant de Poitiers, puis de Soissons ; il laissa un souvenir impérissable de justice et de bonté. Émigré en 1792 en Angleterre, il revint en 1797 à son château de Blossac, où il mourut le 14 septembre 1800.

Châtellenie qualifiée même parfois de baronnie, la seigneurie de Blossac relevait à l'origine de la baronnie de Lohéac, comme le prouve l'*aveu* rendu en 1431 par Bertrand de Montbourcher ; mais aux siècles derniers elle relevait directement du roi et pour quelques fiefs de la châtellenie de Bréal. Aux États de Bretagne tenus par nos ducs au XVe siècle, les seigneurs de Blossac siégeaient parmi les bannerets.

Par lettres patentes d'octobre 1677, Louis XIV concéda à Louis de la Bourdonnaye le droit de tenir au port de Blossac un marché tous les lundis et trois foires par an, à la dernière férie de Pâques, le lendemain de la Trinité et à la fête Saint-Louis (25 août) ; il lui permit, en outre, d'avoir une foire au bourg de Goven à la Saint-Martin d'hiver (11 novembre)[1]. Il se pourrait bien faire que cette date 1677 fût celle de l'érection de Blossac en châtellenie. Les fiefs de Blossac formaient une haute justice exercée au bourg de Goven. Le sire de Blossac était seigneur fondateur et prééminencier de l'église de Goven, où il avait son banc et son enfeu.

L'ancien manoir de Blossac qu'habitait la famille de Beloczac se trouvait au bord de l'eau, au confluent de la Vilaine et du Meu[2]. Mais, vers 1672, Louis de la Bourdonnaye et sa femme firent déraciner une partie du bois de Blossac, à l'ombre duquel se trouvait une antique chapelle dédiée au Sauveur du monde ; sur ce terrain ils construisirent un nouveau manoir, où ils demeuraient dès 1678, « attendu la vieillesse et caducité de l'ancien, proche et vis-à-vis, n'y ayant que le port et l'abord du bac entre les deux ». Le nouvel édifice était précédé de deux cours, en l'une desquelles se trouva conservée la chapelle Saint-Sauveur[3]. Autour de ce sanctuaire se tenait à la Trinité une assemblée très fréquentée ; le seigneur de Blossac avait droit de lever un droit de bouteillage sur ceux qui y vendaient à boire et de tenir le lendemain les plaids généraux de sa châtellenie[4].

L'ancien manoir avait aussi sa chapelle, dédiée à sainte Catherine, mais en 1678 on n'en voyait plus que l'emplacement « en un enclos entre les douves et fossés dudit vieil chasteau ». Ces chapelles étaient fondées de messes et le seigneur nommait naturellement le prêtre chargé d'y desservir les fondations.

1. *Archives du parlement de Bretagne.*
2. Aussi le seigneur de Blossac avait-il droit de pêche prohibitive, de bac et chalan, etc., en ces deux rivières. En 1431 on cultivait encore la vigne et on récoltait du vin à Blossac.
3. Une autre chapelle fut bénite en 1769 dans le château même ; elle subsiste seule aujourd'hui.
4. *Archives de la Loire-Inférieure.*

En 1730, la terre de Blossac se composait du manoir de ce nom avec ses chapelle, colombier, retenue et bois, – de deux moulins à eau et d'un moulin à vent, – des métairies nobles de Baulac, Lampastre, la Rivière, le Pressouer et la Miaye[1].

Présentement Blossac, propriété de M. le marquis de la Bourdonnaye, mérite d'être visité : « Les eaux vives, les jardins, les prés et les beaux massifs de verdure qui l'entourent en font une ravissante demeure ; de grands bois séculaires lui forment une imposante ceinture. Le tout offre un ensemble plein de charme, de fraîcheur et de noblesse[2]. »

LE BOBERIL

e Boberil, en la paroisse de l'Hermitage[3], est une des rares maisons nobles appartenant depuis le XIIe siècle à la famille qui porte son nom. Dès l'an 1284 Geoffroy du Boberil paraissait dans une montre ou revue de soldats nobles passée à Ploërmel ; en 1294 il déclarait devoir à l'armée du duc de Bretagne un demi-chevalier, à cause de sa seigneurie du Boberil.

Jean Ier du Boberil, seigneur dudit lieu, jura l'association pour garder la ville de Rennes en 1379 ; il rendit aveu au duc le 1er juin 1404 pour sa terre du Boberil et mourut en 1411.

Jean II du Boberil, petit-fils du précédent, lui succéda ; il était issu d'Olivier du Boberil et de Mahault Baudouin ; Jean du Boberil fut en 1437 échanson du duc Jean V et épousa Olive de Bintin ; il décéda le 18 janvier 1439. Il laissait sa seigneurie à son enfant, âgé d'environ trois ans, Olivier du Boberil, qui eut pour tuteur son grand-père maternel, Raoul de Bintin[4]. Olivier du Boberil devenu grand, fut pannetier du duc de Bretagne en 1459 et épousa Jeanne Chausson, fille du pannetier du roi de France. Son fils, Galhaut du Boberil, était en 1503 seigneur du Boberil. Il épousa Yvonne de Chantelou et parut en 1513 à une montre d'armes avec un archer et un page ; il mourut au mois de janvier 1536.

Vincent Ier du Boberil, fils aîné du précédent, rendit aveu pour le Boberil en 1539. Deux ans plus tard, il se présenta à une montre « monté et armé en estat d'archer, et sur ce que il luy a esté dit qu'il souloit faire un homme d'arme, un archer et un page, a répondu qu'il avoit depuis la dernière monstre poyé ses juveigneurs et diminué son bien, et a déclaré ne tenir en fié noble que 200 livres de rente[5] ». Ce seigneur épousa Françoise de la Magnane et dut mourir vers 1550, laissant deux fils, Pierre du Boberil, l'aîné, qui mourut encore jeune en 1554, et Vincent II du Boberil, qui

---

1. *Ibidem.*
2. *Bretagne contemporaine*, Ille-et-Vilaine, 89.
3. Commune du canton de Mordelles, arrondissement de Rennes.
4. *Archives de la Loire-Inférieure*, v° l'Hermitage.
5. Ms. de Missirien (Bibliothèque de Rennes).

hérita de la seigneurie de ce nom, pour laquelle il fit aveu en 1557.

Le 30 août 1562, Vincent du Boberil épousa Françoise d'Ust, dame du Molant en Bréal-sous-Montfort ; ce mariage lui procura le manoir seigneurial du Molant, où il vint se fixer et qu'habitèrent dans la suite la plupart des seigneurs du Boberil. Vincent du Boberil fut créé chevalier de l'ordre du roi. Son fils, Jacques du Boberil, était seigneur dudit lieu en 1592, marié alors à Marguerite de Coëtlogon, fille du seigneur de Méjusseaume. Ces derniers vendirent le 18 décembre 1607 les manoir, terre et seigneurie du Boberil à Pierre Henry, seigneur de la Chesnaye, qui rendit aveu pour le Boberil en 1609. Mais cette même année Jean du Boberil, fils aîné de Jacques, épousa Hélène du Bouëxic, fille du seigneur de la Chapelle-Bouëxic, et son père racheta, le 30 mai 1609, la seigneurie du Boberil. Jacques du Boberil mourut vers 1614, gentilhomme de la Chambre du roi[1].

Jean III du Boberil, seigneur dudit lieu, était lui-même décédé en 1639, et sa veuve, Hélène du Bouëxic, était alors tutrice de leurs enfants : l'aîné de ceux-ci, Louis du Boberil, épousa en janvier 1650 Marie de Kerboudel, fille du seigneur de la Courpéan, et deux ans après il fit hommage au roi pour sa seigneurie du Boberil ; il mourut le 1er février 1706. René du Boberil, fils et successeur du précédent, avait épousé en octobre 1687 Julienne Hévin, fille du célèbre jurisconsulte Pierre Hévin ; en 1719, il commandait la noblesse de l'évêché de Rennes. Il mourut avant sa femme, décédée à Rennes le 23 novembre 1749 ; le corps de celle-ci fut transféré en l'église de Bréal et inhumé en la chapelle prohibitive des seigneurs du Molant.

Leur fils, René-Marie du Boberil, seigneur dudit lieu, reçu en 1729 conseiller au parlement de Bretagne, s'unit à Jeanne-Émilie Pinot de la Gaudinaye ; il mourut le 14 janvier 1750, et sa veuve se remaria avec André d'Antigny, seigneur de Frignicourt. René-Henry du Boberil succéda au précédent, son père ; né en 1730, il servit dans les chevau-légers de la garde du roi ; il épousa d'abord Victoire Le Vacher de la Chaize, puis Charlotte Valette de Champfleury ; il vivait encore en 1788, mais dut mourir peu de temps après, car quand vint la Révolution la seigneurie du Boberil appartenait à son fils, René-Joseph du Boberil, né en 1761 de son premier mariage. Ce dernier émigra et son château du Molant fut vendu nationalement, mais racheté par sa sœur, Mme de Kergu ; nous ignorons si la terre du Boberil eut le même sort.

La seigneurie du Boberil fut érigée en châtellenie par Henri III, en 1578[2], en faveur de Vincent du Boberil. Quoique le seigneur de Betton prétendît qu'à l'origine le Boberil relevait de lui à cause de son grand fief de l'Hermitage, tous les aveux de cette seigneurie étaient rendus directement au duc dès le commencement du XVe siècle ; ils furent ensuite rendus

---

1. *Archives de la Loire-Inférieure.*
2. *Ms. de la réformation de la noblesse de Bretagne.*

au roi.

Les fiefs du Boberil s'étendaient en trois paroisses : l'Hermitage, Mordelles et le Rheu ; leur haute justice s'exerçait au bourg de l'Hermitage, où se trouvaient les cep et collier pour attacher les malfaiteurs et blasphémateurs. Le seigneur du Boberil avait droit de tenir en ce même bourg un marché tous les jeudis et trois foires par an, plus une assemblée le jour Saint-Marc, près de la chapelle du Boberil. Il se disait, aux derniers siècles, seigneur fondateur, supérieur et prééminencier de l'église de l'Hermitage, où il avait en 1678, dans le chanceau, son banc, son enfeu et une litre à ses armes : *d'argent à trois ancolies d'azur, la tige en haut*[1]. À la fête de la Purification, les trésoriers de l'Hermitage présentaient au seigneur et à la dame du Boberil, en leur banc, deux cierges pour la procession. Après les vêpres, le même jour, le dernier marié de la paroisse apportait une soule au même seigneur, et celui-ci la jetait au peuple assemblé autour de l'église.

Le seigneur du Boberil était aussi fondateur et prééminencier de la chapelle Notre-Dame de Montual en Mordelles, devenue plus tard l'église tréviale de la Chapelle-Thouarault.

Le domaine proche du Boberil se composait du manoir de ce nom, avec son colombier et sa chapelle fondée de trois messes par semaine, dédiée à saint Marc et bâtie dans la rabine, – des métairies nobles de la Porte et du Pontdouet en l'Hermitage, du Boisgirouet, de la Garrelière et de la Mascheraye en Mordelles, – du moulin à eau du Boisgirouet, avec droit de pêche prohibitive sur le Flumel, etc.

Présentement l'ancien manoir du Boberil n'est plus qu'une maison de ferme appartenant à M. du Boberil du Molant ; mais les douves qui l'entourent rappellent encore que ce fut originairement le berceau d'une noble et vieille famille.

Bœuvres

a plus importante des terres nobles relevant de la vieille seigneurie de Bain était celle de Bœuvres en Messac[2]. Décorée d'un manoir rebâti aux XVI et XVIIe siècles, d'une haute justice et de plusieurs autres beaux droits, tels que celui de ban et étanche à Bain même pendant huit jours chaque année, châtellenie d'ancienneté, Bœuvres relevait en partie du roi, en partie des seigneuries de Bain, de Lohéac, de Bossac et de Guichen. Mais le manoir lui-même et ses dépendances, ainsi que les deux grands fiefs du Port de Messac et de Bœuvres-à-Bain, les métairies nobles de Rollain, la Rebintinais, Chastre et Beaudouin, les moulins de Rollain, des Minières, de Bodel, du Breilhardy et du Pontauroux, et autres dépendances, relevaient de Bain, et lorsqu'au

---

1. *Archives nationales*, P, 1714.
2. Messac, commune du canton de Bain, arrondissement de Redon.

siècle dernier le seigneur de Bœuvres eut acheté la seigneurie du Vautenet, également en Messac, il se trouva à posséder 9,165 livres de rente sous la mouvance de Bain[1].

Un ancien acte de 1541 nous apprend qu'à cette époque le seigneur de Bœuvres devait à celui de Bain un devoir de « mangier » montant à 23 deniers obolle payables le premier jour de l'an, plus une rente de 6 sols.

Le seigneur de Bœuvres avait dans l'église de Messac une chapelle prohibitive dédiée à saint Pierre et placée au Midi du chanceau ; dans cette chapelle se trouvait l'enfeu de la maison de Bœuvres et en 1770 « le mausolée d'une femme sur un tombeau élevé de deux pieds ».

Il est très difficile d'établir la succession des premiers seigneurs de Bœuvres, parce qu'il existait au Moyen Âge deux seigneuries de ce nom dans la même contrée : Bœuvres en Messac et Bœuvres en Béré, près de Châteaubriant ; ces deux terres, qui ont appartenu pendant un certain temps à la même famille, avaient-elles une origine commune ? Leur nom primitif, Beufves, venait-il des Le Bœuf, cadets de Châteaubriant et seigneurs de Fougeray ? Si ces terres ont été séparées de bonne heure, laquelle d'entre elles a donné son nom à la famille de Bœuvres ? Autant de questions auxquelles on ne peut répondre avec assurance. Ce qui paraît certain, c'est que la famille de Bœuvres s'éteignit vers 1280 en la personne d'Aliénor de Bœuvres, qui épousa Geffroy Giffart, seigneur de la Roche-Giffart[2]. Il est également sûr que la terre de Bœuvres en Messac passa des mains des Giffart en celles des sires de la Chapelle, par suite d'une alliance. Du Paz dit que cette alliance se fit par les deux unions successives d'Agaïsse Giffart avec Guillaume de la Lande, seigneur du Pontrouaud, et de Martine de la Lande avec Guillaume de la Chapelle[3] ; mais, d'après certaines *Notes généalogiques ms.* de la famille Champion de Cicé[4], ce serait plutôt un Arthur de la Chapelle qui épousa une Giffart, dame de Bœuvres. Quoi qu'il en soit, en 1427 Arthur de la Chapelle, seigneur de la Roche-Giffart et de Bœuvres, obtint du baron de Châteaubriant la confirmation des droits dont jouissaient les seigneurs de la Roche depuis 1148 dans la forêt de Teillay. En 1451, Jean de la Chapelle parut aux États de Vannes en qualité de « sire de Beuves[5] ». Le 25 août 1469 décéda Marie de la Bouëxière, dame de Bœuvres ; Jean de la Chapelle, son petit-fils, eut de sa succession la seigneurie des Loges en Chantepic. Jean de la Chapelle, seigneur de Bœuvres, et Jeanne de Saint-Gilles, sa femme, reçurent en 1487 un sauf-conduit pour se rendre au Pont-Hus, chez Françoise de la Muce. Ce même seigneur reçut un béguin à l'occasion des obsèques du duc François II et du roi Charles VIII.

1. *Minu de Bœuvres en 1753* (*Archives d'Ille-et-Vilaine*, fonds de Laillé).
2. Du Paz, *Histoire généalogique de Bretagne*, 680.
3. *Histoire généalogique de Bretagne*, 678-680.
4. Communiquées par M. le comte de Palys.
5. Dom Lobineau, *Preuves de l'Histoire de Bretagne*, 1141.

En 1505, Jacqueline de Proisy se trouvait veuve et tutrice de son fils aîné, Jean de la Chapelle, seigneur de Bœuvres[1] ; c'est ce dernier qui figure en cette qualité dans la réformation de la noblesse faite en la paroisse de Messac en 1513.

Hélène de la Chapelle, fille d'Hervé de la Chapelle, seigneur de Bœuvres[2], épousa vers 1561 François du Guémadeuc, seigneur dudit lieu, veuf de Marguerite de Québriac. Les deux époux rendirent aveu le 1er juin 1567 pour la terre de Bœuvres à Philippette de Montespedon, dame de Bain, et Mme de Bœuvres fit son testament le 9 mars 1596. Leur fille, Anne du Guémadeuc, se maria avec 1° Toussaint de Beaumanoir, vicomte du Besso, et 2° Renaud de la Marzelière, seigneur dudit lieu. De la première union naquit Hélène de Beaumanoir, femme de Charles de Cossé, marquis d'Acigné.

Ces derniers vendirent le 11 mai 1619 à François Huart, sieur de la Noë, conseiller secrétaire du roi et greffier criminel au parlement de Bretagne, la terre et châtellenie de Bœuvres, consistant en : manoir, bois, terres, etc., patronage et fondation en l'église de Messac, chapelle et auditoire au port de Messac, haute, moyenne et basse justice ; bailliages de Bœuvres, Richebourg, l'Échange, le Plessix ; grand bailliage de Bœuvres à Bain, bailliage de Guipry, petits fiefs de Guignen et de Guichen, métairies nobles de Rollain et Beaudouin, moulins du Pontauroux, de Rollain, de Cahot et du Breilhardy ; présentation des mesureurs de sel au port de Messac, pêche en la Vilaine, four à ban, bouteillage, ban et étanche à Bain, etc. ; le tout relevant de la seigneurie de Bain.

François Huart paya cette belle terre seigneuriale en argent et en biens fonds ; il donna au marquis d'Acigné une somme de 16,000 livres et lui abandonna la propriété de la vicomté de Pacé, paroisse de ce nom ; des manoir et métairie de la Grand'Rivière en Saint-Aubin-d'Aubigné, de la métairie noble de la Chesre en Aubigné et des métairies de Touriel et de la Petite-Chesre, également en Aubigné[3].

Le nouveau seigneur de Bœuvres, François Huart, avait épousé Louise Gouault, dont il avait eu deux fils l'un d'eux, nommé François comme son père, trésorier et chanoine de Rennes, aumônier du roi et protonotaire apostolique, reçut Bœuvres en partage et ce fut lui qui termina, le 14 novembre 1631, la discussion élevée entre sa famille et François de la Marzelière, marquis dudit lieu. Ce dernier voulait, en effet, profiter de la vente de Bœuvres pour retirer féodalement cette terre qui relevait de son marquisat[4]. Après de longs pourparlers, l'affaire s'arrangea moyennant l'abandon que l'abbé Huart fit au marquis de la Marzelière de la tenue de Bœuvres à Bain et des droits féodaux de Bœuvres sur la terre sei-

---

1. *Archives d'Ille-et-Vilaine*, fonds de Laillé.
2. Trévédy, *Mémoires de la Société d'Émulation des Côtes-du-Nord*, XXVI, 175.
3. *Archives d'Ille-et-Vilaine*, fonds de la Marzelière.
4. Le marquisat de la Marzelière comprenait la seigneurie de Bain.

gneuriale de Pontmeniac.

Le trésorier François Huart mourut en 1658, mais il semble avoir longtemps avant cédé Bœuvres à son neveu, autre François Huart, fils de Gervais Huart, sieur de la Grand'Rivière. Ce François Huart, seigneur de Bœuvres dès 1648, épousa Renée Petau de Manneville et mourut le 24 décembre 1691 ; il laissait entre autres enfants Pierre et Jacques Huart.

Pierre Huart se fit prêtre et devint chanoine et trésorier de Rennes ; en qualité d'aîné, il fut seigneur de Bœuvres et acheta en 1678, d'avec Charles du Pas et Claire du Hardaz, les fiefs du Fief-au-Duc, de la Baronnie, de Couescon, de la Raimbaudière, de la Houssaye, de la Noë et de la Gaudinaye, ainsi que les moulins de Fauxfiot. Mais son frère, Jacques Huart, mari de Françoise Ferret, étant venu à mourir le 4 février 1679, il se démit de ses droits et abandonna Bœuvres à sa belle-sœur ; il décéda lui-même en 1690.

L'un de ces trésoriers de Rennes, et plus probablement le premier, François Huart, fit sculpter les armoiries subsistant encore sur la cheminée d'une des salles de Bœuvres ; cet écusson, surmonté d'un chapeau de protonotaire, porte *d'argent au corbeau de sable, becqué et membré d'azur*, qui est Huart.

En 1695, Françoise Ferret rendit aveu au marquisat de la Marzelière pour sa seigneurie de Bœuvres ; elle habitait alors à Rennes l'hôtel de Bœuvres, situé près du Champ-Jacquet. Elle n'avait qu'une fille, Françoise Huart, qui épousa en 1710 Jacques-Claude Raoul de la Guibourgère, conseiller au parlement de Bretagne, et lui apporta en dot la châtellenie de Bœuvres. De cette union sortit Louise-Françoise Raoul de la Guibourgère, dame de Bœuvres, mariée en 1736 à Jean-Baptiste-Élie Camus de Pontcarré, seigneur de Viarmes, veuf de Geneviève Paulmier de la Bucaille.

M. de Viarmes, ancien prévôt des marchands de Paris, était devenu intendant de Bretagne en 1735. Il mourut longtemps avant sa femme, qui, habitant ordinairement Bœuvres, a laissé un profond souvenir dans la population de Messac. Cette dame, âgée de soixante-dix ans, décéda à Bœuvres le 6 décembre 1782 et fut inhumée deux jours après dans l'enfeu des seigneurs de Bœuvres en l'église de Messac. Elle laissait deux fils, qui possédaient encore par indivis en 1786 la seigneurie de Bœuvres : Louis-François-Élie Camus de Pontcarré, premier président au parlement de Normandie, et Louis-Jean-Népomucène Camus de la Guibourgère, conseiller au parlement de Paris, qui épousa Marie Thunot. Ils furent les derniers seigneurs de Bœuvres. Le 13 pluviose an V (1er février 1797), on vendit nationalement les biens de M. de Pontcarré, qui avait émigré ; la terre de Bœuvres[1] fut rachetée par les enfants de son frère dé-

---

1. La terre de Bœuvres se composait alors des château et retenue de Bœuvres, – des métairies de Rollain, Chastre, Baudouin, le Vautenet et la Pipelaie, qui étaient autant d'anciens manoirs, – et de six moulins à eau et à vent (*Archives*

funt, M. de la Guibourgère. Elle appartient aujourd'hui à M. de Cornulier.

LE BOISDULIERS

D'après M. de Courcy, le manoir du Boisduliers en la paroisse de Chelun[1] donna son nom à une famille noble existant encore en 1513 et portant pour armes : *de sable au chef d'argent denché de gueules, chargé de trois coquilles de même*[2] ; mais à cette époque il y avait longtemps déjà que la seigneurie du Boisduliers était sortie d'entre ses mains.

Le premier seigneur du Boisduliers que nous connaissions est, en effet, Simon d'Espinay, seigneur dudit lieu, vivant en 1390. Celui-ci épousa Marie de la Frète, dont il eut plusieurs enfants ; le second de ses fils, Guy d'Espinay, reçut en partage la seigneurie du Boisduliers. Ce Guy d'Espinay fut un vaillant chevalier et devint grand écuyer du duc Jean V, qui reconnut publiquement ses services en 1431 ; mais il mourut sans postérité et le Boisduliers passa après sa mort à son neveu Robert II, sire d'Espinay, qui en dota un de ses fils, André d'Espinay. Ce dernier suivit d'abord le parti des armes, puis se fit d'église, dit du Paz, et devint scholastique de la cathédrale de Rennes. À son décès le Boisduliers revint à son neveu Guy, sire d'Espinay, époux d'Isabeau Gouyon, qui laissa cette terre à son fils unique Henri, sire d'Espinay, mari de Catherine d'Estouteville. Ceux-ci eurent, entre autres enfants, deux garçons, Guy, sire d'Espinay, et Jean, seigneur du Boisduliers[3] ; ce fut Guy qui fonda le 24 mars 1512 la chapelle du manoir du Boisduliers.

Jean d'Espinay, seigneur du Boisduliers, épousa Radegonde des Déserts, fille du seigneur de Bréquigny ; il mourut le 15 octobre 1537 et fut inhumé en l'église conventuelle des Cordeliers de Rennes. Sa veuve fut tutrice de leurs enfants, Claude et Louise d'Espinay. En 1541, cette dame se fit représenter à une montre par Christophe Thomasse, qui vint « bien monté et armé en estat d'homme d'armes, accompagné d'un coustilleur très bien armé et d'un page garny de lance » et déclara se présenter pour « damoiselle Radegonde des Déserts, tutrice de son fils, Claude d'Espinay, seigneur du Boisduliers » ; il montra aussi, au nom de cette dame, une déclaration de biens nobles montant à 1,500 livres de rente[4].

Claude d'Espinay mourut sans postérité, après 1561, et laissa la seigneurie du Boisduliers à sa sœur, Louise d'Espinay, femme de René de Téhillac, seigneur dudit lieu et du Pordo. Le fils de ceux-ci, Jean de Téhillac, seigneur du Pordo et du Boisduliers, épousa Jacquemine de Bour-

---

d'Ille-et-Vilaine, 1 Q, 87).
1. Commune du canton de la Guerche, arrondissement de Vitré.
2. *Nobiliaire de Bretagne*.
3. Du Paz, *Histoire généalogique de Bretagne*.
4. *Ms. de Missirien*. (Bibliothèque de Rennes.)

gneuf de Cucé ; cette dame joua un assez grand rôle pendant la Ligue à Châteaubriant, où le seigneur du Boisduliers avait un hôtel. De ce mariage naquit Gabrielle de Téhillac, dame du Boisduliers, qui s'unit en 1609 à Balthasard Le Breton, marquis de Villandry.

Les enfants de ces derniers durent vendre la terre du Boisduliers, qui appartenait en 1654 à Jean du Boisadam, second fils de Jacques du Boisadam, chevalier des Ordres du roi, et de Marguerite Martin de la Balluère. Jean du Boisadam, seigneur du Boisduliers, épousa 1° en 1654 Bonaventure de Coëtlogon, veuve de Louis Le Roux, seigneur de Kerninon ; 2° à Saint-Étienne de Rennes, le 9 avril 1687, Françoise Godart, fille du seigneur de la Jarsaye. En 1680, de concert avec sa première femme, il fonda une messe en la chapelle du Boisduliers.

Il paraît que Jean du Boisadam n'eut point de postérité et qu'il laissa la seigneurie du Boisduliers à un fils de sa première femme, Jean Le Roux, seigneur de Kerninon ; né le 28 juin 1653, marié en 1677 à Marie-Charlotte Lesparler, ce dernier décéda le 5 juin 1725 et fut inhumé en l'église de Ploulec'h. Son fils, Joseph Le Roux, qualifié comte de Kerninon et vicomte du Boisduliers, né en 1685, épousa en janvier 1714 Jeanne-Marie Pastour et décéda le 17 février 1715, ne laissant qu'un fils posthume, Jean-Baptiste Le Roux, comte de Kerninon, marié en 1738 à Gillette de Saint-Pern, fille du seigneur du Lattay.

Mais à cette dernière date la terre du Boisduliers avait encore changé de mains ; elle appartenait à Jean-Vincent de Larlan de Kercado, comte de Rochefort, qui l'afferma, par bail du 26 juillet 1740, au prix de 1,800 livres, plus 100 livres au chapelain[1].

Le seigneur de Rochefort, époux de Marie-Thérèse de Brancas, ne conserva pas longtemps la seigneurie du Boisduliers, qu'acheta Jean-Guy Gardin du Boishamon, seigneur de la Marchée, contrôleur général des domaines et bois du roi en Bretagne. Marié à Sainte-Marie-Louise du Boispéan, ce seigneur du Boisduliers mourut à Paris avant 1782 et fut inhumé en cette ville, dans l'église Saint-André-des-Arts ; sa veuve décéda à Martigné le 27 août 1785, et son corps y fut enterré dans la chapelle Saint-Thomas.

Le dernier seigneur du Boisduliers fut Guy-René Gardin, président à la chambre des comptes de Bretagne, marié à Fercé, le 20 août 1776, à Élisabeth du Boispéan ; il émigra, et pendant son absence le Boisduliers fut vendu nationalement. Rentré en France, il mourut en 1808.

La seigneurie du Boisduliers, qualifiée de châtellenie aux derniers siècles, avait une haute justice exercée à Chelun. Au grand fief du Boisduliers était alors uni le fief seigneurial de Chelun. Aussi le seigneur du Boisduliers était-il regardé comme fondateur et prééminencier de l'église de Chelun, autour de laquelle on voyait encore peinte naguère sa litre seigneuriale.

---

1. *Archives d'Ille-et-Vilaine*, E, 125.

En 1740 comme en 1750 le domaine proche du Boisduliers se composait du manoir du Boisduliers avec sa chapelle et son colombier, – de la retenue et des bois, – des métairies de la Marre, de la Tréhallière, des Prés, de la Trécouyère et de l'Épinerie.

LE BOISORCANT

La famille Orcant, éteinte depuis bien longtemps, donna son nom au manoir seigneurial du Boisorcant en la paroisse de Noyal-sur-Vilaine[1]. En 1382 mourut Pierre Orcant, laissant sa seigneurie du Boisorcant à son fils, Jean Orcant ; ce dernier décéda lui-même en août 1398, léguant ses terres du Boisorcant et de l'Estanchet à sa fille, Jamette Orcant, femme d'Alain du Pé, qui mourut avant le 2 février 1406, époque à laquelle Alain du Pé fournit au duc le minu du Boisorcant, au nom de ses enfants mineurs[2]. Plus tard, en 1416, l'un de ces derniers, Placidas du Pé, rendit aveu au duc pour le Boisorcant ; en 1438, il fit don aux religieux de l'abbaye de Saint-Melaine de sa portion des dîmes de Villiers ; ce seigneur vivait encore en 1460. Mais peu de temps après le Boisorcant changea de maître, car en 1475 Julien Thierry s'en trouvait seigneur[3].

Julien Thierry fit beaucoup d'acquisitions en Noyal pour arrondir sa terre du Boisorcant ; il épousa en 1490 Raoulette Pâris, qui dut être sa seconde femme, car en 1492 son fils, Pierre Thierry, était assez âgé pour le représenter dans un acte public.

En 1502, Julien Thierry fonda une messe chaque dimanche en la chapelle de son manoir du Boisorcant. Pierre Thierry, son fils aîné, lui succéda comme seigneur du Boisorcant et épousa, avant 1502, Jacquette du Pontrouault, mais il perdit celle-ci en 1522, et durant son veuvage entra dans les ordres sacrés et décéda le 27 mai 1527. Il avait eu de son mariage deux garçons, Julien et François. Julien Thierry, seigneur du Boisorcant et échanson ordinaire du roi, épousa en 1525 Louise de Châteaubriant, fille du sire de Beaufort, mais il mourut peu de temps après, en juin 1528, sans laisser d'enfants, et sa veuve se remaria en 1529 à Jacques Gouyon, baron de la Moussaye.

François Thierry hérita du Boisorcant à la mort de son frère et rendit aveu pour cette terre en 1531. Il fut gouverneur de Rennes, chevalier des

1. Commune du canton de Châteaugiron, arrondissement de Rennes.
2. La famille Orcant était encore représentée à Rennes, en 1412, par Agnès, veuve de Robin Orcant ; cette dame fit alors testament, choisissant sa sépulture aux Cordeliers de Rennes, léguant 12 deniers à chacun des hôpitaux de cette ville Saint-Thomas, Saint-Yves et Sainte-Anne, et la même somme à chacune des trois béguines de Rennes, voulant qu'on envoyât pour elle un pèlerin au Mont Saint-Michel, et laissant quelque chose à chacune des neuf églises paroissiales de Rennes (*Archives d'Ille-et-Vilaine*, 9 G, 56).
3. *Archives de la Loire-Inférieure*, v° Noyal-sur-Vilaine.

ordres du roi et mourut en 1566. Il avait épousé Françoise du Puy du Fou, veuve de Robert de Montalais, qui, après sa mort, convola en troisièmes noces avec Jean de Leaumont, seigneur du Puy-Gaillard.

François Thierry ne laissait que des filles : l'aînée, Marguerite Thierry, épousa avant 1581 Jean d'Angennes, baron de Poigny, chevalier de l'Ordre du roi et ambassadeur en Savoie et en Allemagne ; elle apporta le Boisorcant à son mari, qu'elle perdit en 1593 ; elle lui survécut jusqu'en décembre 1631 et habitait souvent le Boisorcant ; elle y fonda même en sa chapelle une messe quotidienne desservie par deux chapelains.

Le fils aîné de cette dame fut Jean-Jacques d'Angennes, marquis de Poigny et seigneur du Boisorcant ; ambassadeur de France en Angleterre, il mourut près de Londres le 7 janvier 1637. Il laissait un fils, Charles d'Angennes, marquis de Poigny, et une fille, Marguerite d'Angennes, qui épousa en 1660 Jacques de Morais, comte de Brezolles. Charles d'Angennes donna en partage à sa sœur la châtellenie du Boisorcant.

En 1681, M. et Mme de Morais étaient morts, laissant un fils unique, Joseph de Morais, comte de Brezolles, encore mineur, et dont était tuteur Pierre Le Hérici, recteur de Bais. Ce jeune homme devint capitaine de dragons, mais mourut à la fleur de l'âge et sans postérité, vers 1690. Sa succession fut recueillie par son cousin, Charles d'Angennes, marquis de Poigny, qui rendit aveu pour le Boisorcant le 13 novembre 1703. Ce seigneur, marié en 1702 à Henriette Desmaretz, fut tué au combat de Malplaquet, le 11 septembre 1709, à l'âge de trente ans. Marguerite de Morais, femme de Louis Bouttier, seigneur de Château-d'Assy, hérita du Boisorcant et en fit aveu en 1718 ; mais elle dut vendre cette seigneurie, qui appartenait en 1728 à Charles-Antoine de Marguerie, marquis de Vassy, fils de Jacques de Marguerie et de Jeanne de Marbœuf. M. de Marguerie ne conserva pas longtemps lui-même le Boisorcant, qu'acheta Jacques-René Le Prestre, seigneur de Châteaugiron, mari de Louise de Robien. Son fils, René-Jacques Le Prestre, fut à la fois baron de Châteaugiron et seigneur du Boisorcant ; il laissa en mourant ces seigneuries à son fils, René-Joseph Le Prestre, qui fut le dernier seigneur du Boisorcant et mourut le 29 juillet 1802.

La seigneurie du Boisorcant relevait originairement de la baronnie de Châteaugiron, mais de bonne heure elle comprit des fiefs relevant de la couronne, tels que le Fief-sous-le-Duc, et elle finit par relever presqu'entièrement du roi. Ce fut Henri III qui l'érigea en châtellenie par lettres patentes datées de février 1583 et données en faveur de Jean d'Angennes ; le roi unit à cet effet cinq seigneuries appartenant à Marguerite Thierry, femme de ce seigneur, savoir le Boisorcant, Montigny, le Fail, Saint-Aubin-du-Pavail et le Boisdy. Ces lettres royales ne furent enregistrées au parlement de Bretagne que le 10 mars 1611[1].

La châtellenie du Boisorcant, en 1765, ne comprenait pas moins de

---

1. *Archives du parlement de Bretagne.*

cinquante-deux fiefs relevant du roi ; sa haute justice s'étendait en quatorze paroisses Noyal-sur-Vilaine, Ossé, Saint-Aubin-du-Pavail, Veneffles, Domloup, Châteaugiron, Noyal-sur-Seiche, Piré, Saint-Armel, Brécé, Cesson, Nouvoitou, Brie et Louvigné-de-Bais. Son gibet à quatre piliers s'élevait près du Boisorcant, et le seigneur du lieu avait dans l'église de Brécé un banc et ses armoiries dans la maîtresse vitre du chanceau.

Les Thierry possédaient aussi en la ville de Rennes l'hôtel du Boisorcant, joignant, dans la rue de la Laiterie, l'hôtel de la Prévalaye ; l'incendie de 1720 détruisit ces maisons.

Voici, en 1703, la description du château du Boisorcant : « Le chasteau du Boisorcant, avec son jeu de paume, sa chapelle et le pavillon du corps-de-garde à vis ladite chapelle... ledit logis entouré de guérites, bastions, culs-de-lampe, canonières, tourelles et autres défenses, ayant des fossez et douves à fonds de cuve tout à l'entour, oultre trois ponts-levis garnis de leurs chaînes de fer, brancards et autres choses accoustumées, le tout contenant un journal de terre... plus la basse-cour et la cour du Colombier... la maison de la Bidouazière, qui est la chapellenie dudit chasteau et où demeure le chapelain... l'estang des Chesnevières, les bois et rabines, etc.[1] ».

Ce château existe encore en partie ; on croit qu'il avait remplacé une plus ancienne demeure dont on retrouve les substructions dans un bois voisin, ruines que semble désigner un *aveu* de 1531 mentionnant « quantité de place gastée » dans les bois du Boisorcant.

Quoi qu'il en soit, le logis actuel est une remarquable construction de style ogival fleuri il se compose d'un rectangle flanqué à l'origine de quatre tours, dont deux seulement subsistent, et d'une cinquième tourelle centrale renfermant l'escalier. Toutes les portes sont en ogive ou en accolade, toutes les fenêtres sont des croisées sculptées, toutes les cheminées sont à colonnes. Outre une fort belle salle[2], on remarque la Chambre dorée, ainsi nommée parce qu'elle est ornée de peintures du XVIIe siècle ; elle a conservé sa ruelle, fort bien décorée. Malheureusement, ces appartements sont délabrés et le propriétaire actuel, M. Bodin de Boisrenard, en laisse une partie en jouissance à ses fermiers. Dans les tours se trouvent des meurtrières et de petites canonières qui défendent aussi le grand portail fermant la cour d'honneur. Deux enceintes de douves protègent le château, et de chaque côté du pont-levis sont encore le corps-de-garde et la chapelle. Celle-ci, de même style que le manoir, est dédiée à saint Julien et renferme une curieuse statue en bois de son bienheureux patron.

En 1765, la terre seigneuriale du Boisorcant se composait de ce qui suit : le château du Boisorcant, ses cours, jardins, colombier, chapelle,

---

1. *Archives de la Loire-Inférieure.*
2. On y a placé cette inscription de fantaisie *Ancienne salle du duc d'Angennes Poigny en l'an 1403.*

chesnaies et autres bois, – les pièces de terre de l'ancienne vigne du Boisorcant, prisées 200 livres de revenu, – les métairies de la Porte, du Pastis, de Hidouze, de Beauchesne, du Bas-Villiers, de la Terteraye, du Vivier, du Rigolet, de Beaujardin et du Fail, – les moulins du Boisorcant, de l'Étanchet et du Fail, un trait de dîme en Noyal-sur-Vilaine, etc.

À cette époque la châtellenie du Boisorcant fut estimée valoir, tant en terres qu'en fiefs, 9,998 livres 3 sols 7 deniers de revenu annuel[1].

BONABAN

La Révolution a fait disparaître de notre contrée la paroisse de Bonaban, voisine de celle de la Gouesnière, au territoire de laquelle le sien a été réuni depuis lors. Toutefois, le château de Bonaban[2] subsiste encore et c'est même l'une des plus belles habitations de la Haute-Bretagne.

La famille noble de Bonaban est éteinte depuis si longtemps qu'on ne sait presque rien sur son compte : en 1123 vivait Halenaut de Bonaban, et en 1270 Raymonde de Bonaban, épousant Jean II, sire de Maure, lui apporta la seigneurie de Bonaban, qui demeura plusieurs siècles dans la famille de Maure.

Jean II, sire de Maure, mourut en 1306 et fut inhumé en l'église abbatiale de Paimpont, près de sa femme et de son fils aîné, Robert, décédés avant lui. Son fils cadet, Jean de Maure, devenu seigneur de Bonaban à la mort de sa mère, lui succéda en qualité de sire de Maure et devint Jean III ; il épousa Hilarie de Mareil et maria sa fille, Jeanne de Maure, avec Jean Gouyon, seigneur de la Gouesnière. Son fils, Jean IV de Maure, épousa Aliette de Rochefort ; il mourut en 1332 et sa veuve en 1350 ; ils furent inhumés l'un et l'autre dans l'église des Frères Prêcheurs de Nantes. Vinrent ensuite successivement sires de Maure et seigneurs de Bonaban : Jean V, marié en 1330 à Marquise de Fresnay, puis à Plésou de la Roncière, et décédé à soixante et onze ans, en 1385 ; – Jean VI, mort sans postérité en 1413 ; Pierre Ier, neveu du précédent, époux de Jeanne de Fontenay et décédé vers 1430 ; Pierre II, encore mineur à la mort de son père, qui eut pour tuteur Guillaume de la Motte ; celui-ci rendit aveu en son nom l'an 1433, pour la terre de Bonaban, au seigneur de Châteauneuf. Pierre de Maure épousa Jeanne de la Lande et mourut le 28 juin 1465 ; – Jean VII, fils des précédents, rendit aveu pour Bonaban en 1474, épousa 1° Jeanne de la Chapelle, 2° Jeanne du Pont, et décéda en 1500 ; – Jean VIII, son fils, s'unit à 1° Marie Anger, 2° Denise de la Villeaubert, et mourut le 15 juillet 1528.

François de Maure, fils des précédents, né en 1497, fut le premier

---

1. *Archives d'Ille-et-Vilaine*, B, 507.
2. En la Gouesnière, commune du canton de Saint-Servan, arrondissement de Saint-Malo.

comte de Maure ; il épousa 1° Hélène de Rohan, 2° Magdeleine de la Chapelle et 3° Jacquemine Le Hidoux ; il mourut le 27 avril 1557, laissant à son fils Claude les seigneuries de Maure et de Bonaban. Claude, comte de Maure, prit en mariage Françoise de Pompadour et mourut à quarante-six ans, le 25 avril 1564. Il fut le dernier comte de Maure seigneur de Bonaban ; il avait, en effet, une sœur, Françoise de Maure, qui avait épousé Jean du Guiny, seigneur de la Garoulaye. Cette dame étant décédée en 1555, Claude de Maure donna au fils qu'elle laissait, le 4 janvier 1560, la seigneurie de Bonaban[1].

Cet enfant fut Jean du Guiny, seigneur de la Garoulaye et de Bonaban, époux de Jeanne Le Filhux. Il en eut Jacques du Guiny, qui lui succéda en ses seigneuries, rendit aveu en 1602 pour celle de Bonaban, devint chevalier de l'Ordre du roi, épousa en 1604 Perronnelle du Guémadeuc et mourut en 1628. Charles du Guiny, son fils, devint alors seigneur de Bonaban et en rendit aveu en 1630 ; il épousa, en juillet 1648, Marie de Quelen[2].

Le 20 décembre 1664, M. et Mme du Guiny vendirent la seigneurie de Bonaban à François Pépin, seigneur du Bignon, trésorier général de France et grand voyer de la généralité de Paris, et à Servanne Miniac, sa femme. Le nouveau seigneur de Bonaban, qui habitait alors Paris, fit prendre possession de sa terre le 13 janvier suivant, par un procureur, René de Lesquen, seigneur de l'Argentaye[3]. Deux ans plus tard, le 30 décembre 1666, François Pépin acheta, moyennant 116,500 livres, la seigneurie de la Gouesnière, qu'il fit unir à celle de Bonaban. Il mourut le 20 juillet 1679 à Bonaban et fut inhumé le lendemain au chanceau de l'église de la Gouesnière, en son enfeu du côté de l'évangile.

Le seigneur de Bonaban laissait un fils, qui dut mourir jeune et sans postérité, et une fille, Angélique Pépin, qui avait épousé, le 18 avril 1678, Claude de Marbœuf, seigneur de Laillé et président au parlement de Bretagne. La châtellenie de Bonaban échut au garçon, Anonyme Pépin[4], par partage fait en 1684, mais peu de temps après elle passa aux mains de sa sœur. Mme de Marbœuf[5] la vendit en 1719 à Antoine Raudot, intendant de marine, sur lequel elle fut retirée « par premesse de lignage » en 1720 par Hubert de Courtavel, marquis de Pezé, et Nicole de Béringhen, sa femme.

Le marquis de Pezé, lieutenant-général des armées du roi et gouver-

---

1. *Archives du château de Châteauneuf.* – Du Paz, *Histoire généalogique de Bretagne.*
2. Cette dame mourut veuve à Rennes, le 7 juin 1689, âgée de soixante-quatre ans, et fut inhumée dans son enfeu en l'église de Bonne-Nouvelle.
3. *Archives d'Ille-et-Vilaine*, 1 Q, 434.
4. Comme beaucoup d'enfants nobles à cette époque, ce jeune homme n'avait été qu'ondoyé et on ne lui avait pas encore donné un nom ni suppléé les cérémonies du baptême.
5. Cette dame ne mourut que le 19 mai 1734, à Rennes, après avoir perdu son mari et ses deux fils.

neur de Rennes, ne laissa qu'une fille, Louise-Magdeleine de Courtavel, qui épousa Armand, marquis de Vassé. Cette dame hérita donc de Bonaban ; mais étant séparée de biens d'avec son mari, elle vendit cette châtellenie le 19 juillet 1754, au prix de 195,000 livres, à Guillaume Le Fer, sieur de la Sauldre[1], et à Hélène Le Grand de Vergoncey, sa femme[2].

Le nouveau seigneur de Bonaban décéda à Saint-Malo le 8 décembre 1762 ; il eut pour héritier son frère, François Le Fer, sieur de la Sauldre, négociant à Cadix, qui rendit aveu en 1764 pour la châtellenie de Bonaban. Celui-ci épousa Damase-Marguerite Roubaud, qui était veuve de lui en 1792.

Le dernier seigneur de Bonaban vit la Révolution le chasser de son château. Le 23 juillet 1791, les autorités « municipales et militaires » de la Gouesnière « se rendirent en corps à Saint-Malo chez M. de la Sauldre-Le Fer, pour lui offrir le vœu de leurs concitoyens, ainsi qu'à MM. ses enfants, et pour partager la peine qu'il avait reçue avec sa famille, se voyant assiégé dans son château de Bonaban pendant toute une nuit, jusqu'à huit heures du matin, par une foule de personnes trompées et mal intentionnées, jusqu'à être obligé de traiter avec eux et forcé de se retirer à Saint-Malo[3]. » Cette démarche fait également honneur aux habitants de la Gouesnière et à leur seigneur.

La vieille seigneurie de Bonaban relevait tout entière de celle de Châteauneuf ; c'est ce que confirma dès 1442 une sentence du sénéchal de Rennes. En juillet 1667 Louis XIV donna, en faveur de François Pépin, des lettres patentes unissant les deux seigneuries de Bonaban (haute justice) et de la Gouesnière (moyenne justice) et érigeant le tout en châtellenie sous le titre de châtellenie de Bonaban ; les lettres royales furent enregistrées au parlement de Bretagne le 19 octobre 1667[4]. D'autres lettres du même roi, datées de mars 1678, autorisèrent le seigneur de Bonaban à tenir « au bourg de Bonaban-la-Gouesnière » un marché tous les lundis et trois foires par an, aux fêtes de saint Léon (11 avril), saint Fiacre (30 août) et saint Maudet (18 novembre). Le parlement enregistra ces lettres le 17 juin 1678[5].

La châtellenie de Bonaban était importante ; elle s'étendait en quinze paroisses : Bonaban, la Gouesnière, Lillemer, le Vivier, la Fresnaye, Saint-Benoît-des-Ondes, Saint-Méloir-des-Ondes, Cancale, Saint-Coulomb, Saint-Ideuc, Saint-Guinou, Paramé, Saint-Jouan, Saint-Père et Montdol. Nous avons dit qu'elle relevait du marquisat de Châteauneuf à devoir de 6 livres, 19 sols, 9 deniers de rente, plus, « à cause de la prée du Grand-Islot, un épervier dressé, avec ses longes et ses sonnettes d'argent,

1. C'était le fils de Marie Gilbert, parente et héritière de Mme de Marbœuf, qui avait épousé Pierre Le Fer.
2. *Archives du château de Châteauneuf.*
3. Morel, *Notice ms.* sur Bonaban.
4. *Archives du château de Châteauneuf.*
5. *Archives du parlement de Bretagne.*

payable au chasteau de Chasteauneuf le premier jour d'aoust chaque année ».

Le seigneur de Bonaban avait le droit de faire passer ses vassaux les premiers aux plaids généraux du Clos-Poulet, tenus à Châteauneuf. Sa haute justice s'exerçait au bourg de Bonaban, où se trouvaient son auditoire, ses cep et collier, et même ses poteaux patibulaires[1].

Faisaient aussi partie de la châtellenie de Bonaban la grande dîme de la Gouesnière et la dîme de Maure en Saint-Père-Marc-en-Poulet, les pêcheries de Saint-Méloir-des-Ondes, la coutume du Port-Noël en Saint-Guinou, et les coutume et trépas de Bonaban, etc.

Quant aux mouvances nobles de Bonaban, elles étaient nombreuses ; les principales étaient : le Bois-Martin et Langotière en Saint-Père ; le possesseur de ce dernier fief devait à son seigneur « un pain cornu le jour Saint-Étienne, lendemain de Noël » ; – les Chesnes, dont le propriétaire devait au même jour Saint-Étienne « une paire de gants » ; – Launay-Busnel, la Sauldraye, la Motte-Girault et l'Hostellerie en la Gouesnière ; – la seigneurie de Saint-Benoît-des-Ondes ; – les Vairies en Cancale et Paramé, etc.

Le seigneur de Bonaban était fondateur et prééminencier de l'église paroissiale de Bonaban, « bastie dans le parc dudit chasteau », et de l'église de la Gouesnière ; il n'y avait même en 1623 que ses armoiries : *de gueules à un croissant montant de vair* (qui est de Maure), dans la maîtresse vitre du chanceau de Bonaban ; dans cette église, dédiée à saint Léon, se trouvaient aussi son banc à queue et son enfeu. En l'église de la Gouesnière, on voyait son tombeau seigneurial élevé de terre et supportant l'effigie d'un personnage ; à côté se dressait le banc de la seigneurie dont les armoiries brillaient aux verrières. Présentement, tout cela n'existe plus ; mais l'église de la Gouesnière conserve deux belles statues de marbre blanc, représentant la Sainte Vierge et saint François d'Assise, portant l'un et l'autre l'écusson des Le Fer, *échiqueté de gueules et d'or*, et offertes jadis par les derniers seigneurs de Bonaban.

Le domaine proche de la châtellenie de Bonaban se composait ainsi le château de Bonaban et le manoir de la Gouesnière, vulgairement appelé la Grand'Cour, les métairies de la Recette, de la Matignonnière et de la Grand'Cour, les deux étangs de Bonaban avec leurs moulins et les moulins à vent de Bonaban et de la Gouesnière, etc.

Terminons par quelques mots sur le château de Bonaban c'était « une forteresse », dit l'aveu de 1602 ; « un grand corps de logis avec un pavillon et deux tours, fossés, douves et pont-levis », déclare celui de 1664. Il dominait tous les environs, élevé qu'il était sur une colline regardant les vastes marais de Dol. À côté se trouvait un colombier et à ses pieds s'étendaient de beaux étangs ; enfin, de grands bois entouraient cette vraie demeure seigneuriale.

---

1. *Archives du château de Châteauneuf.*

Au XVIIIe siècle, le dernier seigneur de Bonaban rasa complètement l'antique forteresse féodale, dont il ne demeure aucun vestige. M. Le Fer de la Sauldre voulut construire un nouveau château et, en riche armateur qu'il était, il se passa la fantaisie d'employer pour matériaux de sa demeure le marbre de Gênes. Cette opulente construction, bénite solennellement le 7 juin 1777, existe encore, et M. de Kergariou en est actuellement le propriétaire.

Un beau parc, rempli de verdoyants bouquets de bois et de jolis gazons, forme comme une ceinture au nouveau château de Bonaban, sur la terrasse duquel le spectateur jouit d'un admirable panorama.

BOULLET

n sait peu de chose de la seigneurie de Boullet, très ancienne châtellenie dont le château se trouvait en Feins[1]. En 1437, elle appartenait à Geoffroy de Malestroit, seigneur de Combour, qui en rendit aveu à la baronne de Vitré, dame d'Aubigné, déclarant tenir cette terre de Boullet des sires d'Aubigné, comme juveigneur d'aîné[2].

Depuis cette époque et jusqu'à la Révolution, la seigneurie de Boullet demeura entre les mains des barons ou comtes de Combour ; elle fut vendue en 1761, avec le comté de Combour, par Emmanuel de Durfort, duc de Duras, et Louise de Coëtquen, sa femme, à René-Auguste de Châteaubriant, dont le fils, Jean-Baptiste de Châteaubriant, fut tout à la fois le dernier comte de Combour et le dernier seigneur de Boullet.

En 1682, la châtellenie de Boullet était une haute justice s'exerçant au bourg de Feins et composée principalement de deux fiefs appelés les grands bailliages de Boullet et de Feins. De cette seigneurie relevaient plusieurs terres nobles, telles que le Maffay, le Plessix-Maillechat, les Haute et Basse-Bouexière, Luraigne, les Vaux, la Pigeonnière, Bourgouët, le Bois-Hamart et partie du Bois-Geffroy. Le seigneur de Boullet était fondateur et patron de l'église de Feins, dont il avait les prééminences.

Quant au domaine proche de la châtellenie, il était composé de ce qui suit, également en 1682 : « le chasteau de Boullet avec ses douves et fossez », ses bois et son pourpris, – les métairies de Vauguérin et du Bourgouët, – l'étang de Boullet et son moulin, – le bois de la Haye, contenant 300 journaux de terre, – et les landes de Feins[3].

Présentement il ne reste pas pierre sur pierre du château de Boullet, ruiné depuis longtemps ; seul subsiste le magnifique étang au bord duquel il se trouvait et qui porte encore son nom.

---

1. Commune du canton de Saint-Aubin-d'Aubigné, arrondissement de Rennes.
2. *Archives du château de Combour.*
3. *Ibidem.*

BOURGBARRÉ

La seigneurie de Bourgbarré[1] était possédée au commencement du XVe siècle par la famille de la Bouexière, qui tirait son origine de la terre de la Bouexière en Balazé et qui portait pour armes : *un léopard à la bordure engreslée*. Dès cette époque les deux manoirs de la Vairie et de Beauvais en Bourgbarré appartenaient aux La Bouexière ; en 1427, Guy de la Bouexière, seigneur dudit lieu en Balazé, possédait la Vairie et son fils Robert tenait Beauvais. Le 7 octobre 1435 mourut Guy de la Bouexière, seigneur de Bourgbarré ; son fils aîné, Robert de la Bouexière, fournit à cette occasion au duc de Bretagne un minu de la seigneurie de Bourgbarré[2].

Ce dernier seigneur avait épousé Renée du Gué, fille du seigneur du Gué de Servon ; il la laissa veuve le 14 juillet 1450, mais elle mourut elle-même le 9 mai 1453, et Jean de la Bouexière, leur fils mineur, fut placé sous la tutelle de son oncle, Guyon de la Bouexière, seigneur de Beauvais. Ce jeune homme épousa plus tard Marguerite de Saint-Amadour, fille du seigneur de Tizé. En 1481, il figure parmi les seigneurs bretons pensionnés par le duc François II ; il vivait encore en 1503, mais eut pour héritier son petit-fils, Nicolas de la Bouexière, fils de Pierre de la Bouexière. Peu de temps après, la seigneurie de Bourgbarré fut portée par Claude de la Bouexière à son mari, Jacques de Montgommery, seigneur de Lorges, qui, devenu veuf, en rendit aveu en 1538, au nom de ses enfants mineurs, héritiers de leur mère. Comme le sire de Lorges n'habitait point la Bretagne, il chargea de l'administration de sa seigneurie de Bourgbarré un parent de sa défunte femme, Antoine de la Bouexière, seigneur de Beauvais[3].

En 1560 mourut Jacques de Montgommery ; son fils aîné, Gabriel, hérita de Bourgbarré. Ce fut lui qui eut le malheur, en 1559, de frapper à mort dans un tournoi le roi Henri II ; il eut la tête tranchée en place de Grève, à Paris, le 26 juin 1574. Gabriel de Montgommery laissait de sa femme, Élisabeth de la Touche, plusieurs enfants : l'aîné, Jacques de Montgommery, sire de Lorges, rendit aveu pour la terre de Bourgbarré en 1583 et épousa Peronnelle de Champagné. Ce seigneur dut vendre vers cette époque la seigneurie de Bourgbarré, comme son père Gabriel avait déjà vendu la terre de la Vairie en 1570 à Antoine de la Bouexière[4]. Toujours est-il que Jacqueline de la Bouexière, femme de Jean de Beaucé, seigneur du Plessix-Beaucé, devint propriétaire vers 1590 de la seigneurie de Bourgbarré ; mais quelque temps après, cette dame vendit elle-même Bourgbarré à Roch Lezot, sur lequel en 1602 Jacques Berland, seigneur

---

1. Commune du canton Sud-Ouest de Rennes.
2. *Archives de la Loire-Inférieure*, v° Bourgbarré.
3. *Archives de la Loire-Inférieure et de l'Ille-et-Vilaine*.
4. La Vairie revint plus tard aux mains des seigneurs de Bourgbarré.

de la Guitonnière, mari de Judith de Beaucé, fille de Jacqueline de la Bouexière, retira féodalement cette seigneurie au nom de Philippe Berland, leur fils.

Les Berland vinrent habiter Beauvais, et en 1629 Philippe Berland, seigneur de la Guitonnière, rendit aveu au roi pour Bourgbarré ; il épousa le 8 janvier 1632 Françoise Thibault, fille du seigneur de la Carte, et mourut vers 1652 ; sa veuve lui survécut jusqu'au 30 avril 1681, elle fut inhumée dans l'église de Bourgbarré, où l'on voit encore sa pierre tombale. Françoise Berland, fille aînée des précédents, épousa le 17 avril 1666 son cousin germain, François Thibault de la Carte, baron de Beaupuy, auquel elle apporta la seigneurie de Bourgbarré ; ce seigneur en fit hommage au roi en 1684.

Le 2 avril 1708, la châtellenie de Bourgbarré, saisie sur Françoise Berland, fut vendue judiciairement et acquise par François Robert, sieur de la Bellangeraye, grand prévôt de Bretagne. Celui-ci décéda en août 1724, laissant Bourgbarré à sa veuve, Guyonne Jamoays, qui en fit hommage au roi en 1736 ; mais cette dame donna cette seigneurie à son petit-fils, Guy-Alexandre Picquet de Melesse, né du mariage de sa fille Pélagie Robert avec Louis-Alexandre Picquet, seigneur de Melesse, décédé en 1742. Le nouveau seigneur de Bourgbarré, grand prévôt de Bretagne comme son grand-père, mourut dès l'âge de quarante-deux ans, le 28 mars 1767 ; son corps fut apporté de Rennes à Bourgbarré et inhumé dans l'enfeu seigneurial de l'église paroissiale. Il laissait sa veuve, Marie-Marguerite du Vau, chargée de la tutelle de six enfants mineurs, au nom desquels elle fit hommage au roi pour la châtellenie de Bourgbarré le 17 janvier 1778. L'aîné de ces enfants, Louis-Alexandre Picquet de Melesse, épousa en 1784 sa cousine, Adélaïde du Vau ; il fut tout à la fois le dernier grand prévôt de Bretagne et le dernier seigneur de Bourgbarré. Après avoir émigré, il revint mourir à son vieux manoir de la Vairie, que ses ancêtres habitaient préférablement à celui de Beauvais.

La seigneurie de Bourgbarré a subi quelques changements dans le cours des siècles. Ce n'était au xve siècle qu'une certaine réunion de fiefs s'étendant en Bourgbarré, Orgères et Cornuz, et relevant partie du comté de Rennes, partie de la châtellenie du Désert ; la maison d'habitation du seigneur, depuis la ruine du château primitif de Bourgbarré, était à cette époque le manoir de la Vairie. Mais, en 1541, Jacques de Montgommery acheta une grosse portion de la châtellenie du Désert, que son propriétaire, Jean de Laval, sire de Châteaubriant, dispersait à tous les vents. Toutefois, lui et ses successeurs divisèrent à leur tour ce qui avait été acheté et en revendirent plus tard partie au seigneur de Brie, partie à celui de Saint-Jean de Laillé, partie même à celui des Loges en Chantepie.

Mais le siècle qui s'écoula de 1541 à 1640 fut l'époque de la plus grande importance féodale de Bourgbarré ; c'est en ce temps que cette seigneurie prit le titre de châtellenie qui appartenait à la terre du Désert. À Bourgbarré se trouvait alors joint le grand fief du Désert à Janzé, qui embrassait cette petite ville et toutes les paroisses voisines ; mais lorsque ce fief eut été vendu, en 1640, au seigneur de Brie, la terre de Bourgbarré se trouva réduite, quoiqu'elle restât plus étendue qu'avant 1541. Voici, du reste, en quoi consistait en 1684 la châtellenie de Bourgbarré, telle qu'elle subsista jusqu'à la Révolution : c'était d'abord une demi-douzaine d'assez beaux fiefs dont celui appelé l'Alleu constituait le fonds ancien de la seigneurie ; ces fiefs s'étendaient surtout en Bourgbarré, Orgères, Saint-Armel, Nouvoitou et Cornuz ; les vassaux de l'Alleu étaient tenus de labourer, sans salaire, les terres de la Vairie. Le seigneur de Bourgbarré avait une haute justice, avec des fourches patibulaires, une prison et un auditoire au bourg de Bourgbarré ; il avait aussi droit de tenir en ce bourg une foire le jour Saint-André et d'y lever un droit de bouteillage de deux pots par pipe ; il était seigneur fondateur de l'église de Bourgbarré, où il avait sa chapelle prohibitive au côté de l'Évangile et dans celle-ci son enfeu et son banc armoriés ; de plus, il se disait seigneur supérieur des églises d'Orgères et de Saint-Armel.

Le domaine proche se composait des « mottes de la Créolle, proche le bourg, où estoit autrefois l'ancien chasteau de Bourgbarré[1] », – des manoirs de Beauvais et de la Vairie, – des métairies de Beauvais, la Vairie, le Vionnay et la Fretaye, – de deux moulins à eau et de l'étang de la Vairie[2]. C'était en somme une assez jolie terre seigneuriale, et les pavillons du vieux manoir de la Vairie conservent encore grand air de nos jours.

Bréal

l y avait au Moyen Âge à Bréal-sous-Montfort[3] un château et une seigneurie assez importante pour porter le titre de châtellenie. Il est très vraisemblable que cette seigneurie fut un démembrement de la grande baronnie de Lohéac, mais on ignore l'époque à laquelle les sires de Lohéac en dotèrent un de leurs juveigneurs.

Lorsque la maison de Lohéac se fut fondue en 1353 en celle de Montfort, qui prit en 1406 le nom de Laval, les comtes de Laval, seigneurs de Lohéac, continuèrent parfois de laisser à leurs cadets la jouissance de la terre de Bréal. C'est ce que fit Guy XIII de Laval, qui donna en partage la seigneurie de Bréal à son fils André, connu sous le nom de maréchal de Lohéac.

Cet André de Laval, seigneur de Bréal, avait épousé Marie de Laval, dame de Retz ; il mourut sans postérité, en 1486, ayant perdu sa femme dès 1457. Il eut pour successeur à Bréal son frère, Louis de Laval, sire de Châtillon, qui mourut également sans enfants, le 18 août 1489. La terre de Bréal échut alors au neveu du défunt, Guy XV, comte de Laval, qui en

---

1. On voit encore aujourd'hui ces vieilles mottes près du bourg de Bourgbarré.
2. *Archives de la Loire-Inférieure.*
3. Commune du canton de Plélan, arrondissement de Montfort.

rendit aveu à la duchesse Anne de Bretagne le 28 juin 1494. Ce seigneur décéda le 28 janvier 1500, laissant en douaire les terres de Lohéac et de Bréal à sa veuve, Catherine d'Alençon, mais elle-même mourut dès 1505, et, le 3 février 1506, Guy XVI, comte de Laval, présenta un nouvel aveu de la châtellenie de Bréal[1].

Cette seigneurie demeura entre les mains du comte de Laval Guy XVII, époux de Claude de Foix, décédé sans postérité en 1547, puis de sa nièce, Guyonne XVIII, comtesse de Laval (Renée de Rieux, femme de Louis de Sainte-Maure, marquis de Nesle), qui mourut aussi sans enfants, en 1567. Cette dame eut pour héritier son neveu, Guy XIX, comte de Laval (Paul de Coligny, fils de François de Coligny, seigneur d'Andelot, et de Claude de Rieux), qui épousa Anne d'Alègre et mourut le 15 avril 1586. Le fils unique de ce dernier seigneur, François de Coligny, dit Guy XX, comte de Laval, fut tué en Hongrie, faisant la guerre contre les Turcs, le 30 décembre 1605, en sa vingtième année, sans avoir été marié.

La succession des comtes de Laval passa à Henri de la Trémoille, duc de Thouars, par représentation de sa bisaïeule, Anne de Laval. Le nouveau comte de Laval épousa en 1619 Marie de la Tour, fille du duc de Bouillon, mais il vendit vers 1627 sa châtellenie de Bréal à Louise, comtesse de Maure, femme de Gaspard de Rochechouart, marquis de Mortemart. Celui-ci mourut à Paris en 1643 et sa veuve le suivit de près au tombeau, probablement dès 1644. Leur fils aîné, Gabriel de Rochechouart, duc de Mortemart, fut aussi seigneur de Bréal ; il épousa Diane de Grandseigne et mourut en 1675. Ce seigneur ayant dissipé une partie de sa fortune, sa seigneurie de Bréal fut saisie et mise en vente par ses créanciers ; elle fut rachetée par son fils, Louis-Victor de Rochechouart, duc de Mortemart, qui la donna de son vivant à son fils, Louis de Rochechouart, époux de Marie-Anne Colbert. Celle-ci, devenue veuve en 1688, se trouva propriétaire de la terre de Bréal « en paiement de partie de ses deniers dotaux » et en rendit aveu au roi le 29 août 1695.

Mme de Mortemart ne voulut pas conserver la châtellenie de Bréal : en 1701 elle la vendit à Jean Picquet, seigneur de la Motte, qui la revendit deux ans plus tard, moyennant 46,000 livres, à Jacques-Renault de la Bourdonnaye, seigneur de Blossac[2].

Nous connaissons les seigneurs de Blossac qui conservèrent Bréal jusqu'à la Révolution : après Jacques-Renault de la Bourdonnaye, décédé en 1724, ce fut son fils Louis-Gabriel de la Bourdonnaye, mort dès 1729, puis son petit-fils Paul-Esprit de la Bourdonnaye, qui vit la Nation lui confisquer la terre de Bréal parce qu'il avait émigré. Il mourut en 1800.

Châtellenie d'ancienneté, Bréal avait une haute justice s'étendant en six paroisses : Bréal, Goven, Guichen, Baulon, Saint-Thurial et Treffendel. La juridiction s'exerçait au bourg même de Bréal, où se trouvaient un

---

1. *Archives de la Loire-Inférieure*, v° Bréal-sous-Montfort.
2. *Archives d'Ille-et-Vilaine*, fonds de Piré.

auditoire, une prison et des cep et collier ; le gibet était construit « à quatre piliers ».

Les mouvances nobles de la châtellenie étaient : en Baulon : la Muce, – en Goven : Lampastre, la Tourneraye, la Vairie, la Hayrie, la Feuillée, Caffort et la Noë, – en Guichen : la Grezillonnaye, la Lande, Bagatz et la Massaye.

Le seigneur de Bréal tenait en sa « ville de Bréal » un marché le mercredi et trois foires par an, aux fêtes des saints Jacques et Philippe (1er mai), saints Jacques et Christophe (25 juillet), et saint Malo (15 novembre), et il y avait tout droit de coutume et de trépas. Il avait les mêmes droits au Pontréant sur tous les marchands « passant et repassant sur ledit pont ». Le péage de ce pont était en 1695 de 2 sols pour une charrette à bœuf, 1 sol pour une charrette à cheval, 8 deniers pour un cheval chargé, 5 deniers pour un bœuf ou une vache, 4 deniers pour une chèvre, 2 deniers pour une brebis et une obolle pour un âne.

Au seigneur de Bréal appartenait le droit de supériorité et de fondation dans les églises de Bréal et de Goven, et de supériorité seulement dans celles de Guichen, Baulon, Saint-Thurial et Treffendel, et dans les chapelles Saint-Samson et Saint-Vincent en Goven. Il avait un enfeu et un banc « clos à queue et à accoudoir » dans l'église de Bréal comme en celle de Goven, avec « ceinture et lizière, au dedans et au-dehors d'icelles églises, chargées d'écussons aux armes de la seigneurie ».

À Bréal se célébrait alors la fête populaire du mai, et voici comment : « Doivent les deux derniers mariés demeurant en la ville de Bréal, sçavoir le mari et la femme, planter le premier jour de mai sous la halle un mai d'espines blanches fleuries ; après quoy, la messe dicte et célébrée, lesdits mariés comparaissent en l'auditoire, où l'épouse présente au seigneur de Bréal, ou à son procureur fiscal, un bouquet de fleurs et un baiser dont il est dressé procès-verbal. » Cela fait, le mari présente à son tour du pain et du vin au seigneur ou à son représentant, puis la mariée ouvre le bal champêtre, « chantant la première chanson en dansant autour du mai[1] ».

Voilà quelles étaient les obligations des derniers mariés avant le 1er mai ; mais le dernier marié de l'année, habitant « la ville de Bréal », avait aussi lui un devoir à remplir. Le deuxième dimanche de janvier, il était tenu, sous peine de 60 sols d'amende, de se présenter « à l'issue de la grand-messe, proche le cimetière dudit Bréal », et d'offrir au seigneur du lieu ou à ses officiers « une grosse soule de bois pour estre soulée ensuite en ladite ville ».

Notons encore que les tenanciers d'un fief appelé le Fief-au-Bouteiller étaient obligés « deux fois l'an d'aller à la hue et chasse aux bois de la Musse, Caffort et la Boucherie, l'une à cervaison et l'autre à porchaison ». Ils devaient de plus « porter les lettres de la seigneurie de Bréal sous trois lieues », moyennant 2 deniers monnaie par chaque message.

---

1. *Archives de la Loire-Inférieure.*

D'après la tradition, il y avait jadis à Bréal même un château où logea, dit-on, en 1315 le duc de Bretagne, Jean III ; mais il n'en reste aucun vestige et les plus anciens aveux ne mentionnent même pas son emplacement. Suivant ces aveux, le domaine proche de la châtellenie de Bréal ne se composait que de la cohue ou halle de cette ville, des maisons de l'auditoire et de la prison, et, en 1494, des moulins de la Rochelle et de la Folie.

BRECÉ

ous croyons qu'il est convenable de ranger parmi les châtellenies d'ancienneté la terre seigneuriale donnant à son possesseur le titre de grand écuyer de Bretagne[1]. Or, quoi qu'en ait dit Ogée[2], ce glorieux privilège n'appartenait ni au seigneur de Blossac, ni à celui de Québriac, c'était la propriété du seigneur de Brecé.

Lorsqu'au mois de décembre 1442 le duc de Bretagne François Ier et Isabeau d'Écosse, sa femme, firent leur entrée solennelle à Rennes, le sire de Brecé, grand écuyer, porta l'épée ducale dans un fourreau garni de pierreries. Aux États de Vannes, tenus en 1451, Thomas de Québriac siégea à droite du duc, étant « grand et premier écuyer à cause de sa terre de Brecé » ; il fit de même aux États de 1455, « portant, à cause de sa terre de Brecé, l'épée et le chapeau d'armes du seigneur duc ».

Aux États de 1455, le seigneur de Brecé, « premier escuyer d'escurie par privilège hérédital concédé aultrefois à ses prédécesseurs à cause de ladite terre et seigneurie de Brecé par les prédécesseurs du duc, portoit le chapeau de parement de l'escurie et l'espée du duc bien richement garnie d'or et de pierreries ».

Enfin, au couronnement du duc François III, en 1532, se présenta Thomas, sire de Québriac, « grand escuyer par cause de sa terre de Brecé, et fut receu à porter l'espée d'honneur devant ledit seigneur duc à son entrée[3] ».

À ces textes bien clairs en faveur de la seigneurie de Brecé, joignons quelques extraits des aveux rendus au roi par ses possesseurs.

L'aveu de 1678 s'exprime comme il suit : « Au possesseur du fief de Brecé appartient l'office de grand escuyer d'écurie des ducs de Bretagne, et il doit à l'entrée des ducs à Rennes porter l'épée et le chapeau devant ledit prince, prendre et avoir leur haquenée et coursier que montaient ce

---

1. Toutes les autres seigneuries donnant à leurs possesseurs droit de remplir à la cour de Bretagne des offices de ce genre étaient des terres titrées ; telles étaient chez nous Châteaugiron, la Muce, Bossac, etc.
2. *Dictionnaire de Bretagne*, édition Marteville, I, 311, et II, 385.
3. Dom Morice, *Preuves de l'Histoire de Bretagne*, II, 1565 et 1674 ; III, 3 et 1002.

jour-là les duc et duchesse[1]. »

Une autre déclaration, datée de 1680, n'est pas moins explicite : « À raison des fiefs de Brecé appartient au seigneur dudit lieu l'office de grand escuyer des ducs et princes, et lorsqu'il y avoit changement de duc ou prince ou qu'ils prenoient leurs intersignes ducaux en la ville de Rennes, les seigneurs de Brecé portoient les espée et chapeau devant lesdits seigneurs ducs, qui leur faisoient don de leur haquenée ou aultre monture, et oultre, comme grands escuyers avoient droit de servir lesdits seigneurs ducs toutes les fois qu'ils se trouvoient en cour et ailleurs, et même lorsqu'ils entroient dans leur Parlement ils prenoient leurs épée et chapeau[2]. »

Il est donc bien évident qu'au seigneur de Brecé appartenait l'honneur de remplir dans les grandes solennités de la cour de Bretagne l'office de premier écuyer.

Mais qu'était cette seigneurie de Brecé ? Vous la chercheriez vainement en la paroisse de ce nom, peu éloignée de Rennes ; elle se trouvait, en effet, sur le territoire de Noyal-sur-Seiche[3], et voici quels furent ses possesseurs.

Brecé appartint d'abord à une famille de la Bouexière, mais comme il existait aux environs de Rennes plusieurs familles de ce nom, nous ne savons de laquelle il s'agit ici. Toujours est-il qu'un aveu du XVIe siècle rappelle « qu'anciennement » la terre de Brecé s'appelait la Bouexière.

En 1412 mourut, le 29 avril, Marguerite de la Bouexière, dame de Brecé ; elle était mère de René de Beloczac qui, héritant d'elle, fournit au duc un minu de la seigneurie de Brecé, et elle devait être la femme de Thibaud de Beloczac, chevalier, habitant en 1378 le manoir des Carreaux, en Noyal-sur-Seiche, et témoin dans l'enquête de canonisation de Charles de Blois.

René de Beloczac, seigneur de Brecé, mourut en 1415, laissant veuve Marguerite d'Acigné, chargée de la tutelle de leurs deux enfants mineurs, Jean et Jeanne. Ce Jean de Beloczac étant mort sans postérité, ses terres de Blossac et de Brecé passèrent à sa nièce Jeanne de Montbourcher, fille de Bertrand de Montbourcher, seigneur de Champagné, et de Jeanne de Beloczac[4].

La seigneurie de Brecé demeura pendant deux siècles entre les mains des seigneurs de Blossac que nous connaissons déjà : Thomas de Québriac, mari de Jeanne de Montbourcher, – autre Thomas de Québriac, époux de Renée d'Espinay, qui rendit aveu pour Brecé en 1502, – autre Thomas de Québriac, mari de Marguerite de Guitté, qui fit aveu pour Brecé en 1542, – François du Guémadeuc et Marguerite de Québriac, sa

---

1. *Archives nationales*, P, 1712.
2. *Archives d'Ille-et-Vilaine*, E, 293.
3. Commune du canton Sud-Ouest de Rennes.
4. *Archives de la Loire-Inférieure*, v° Noyal-sur-Seiche.

femme, – Thomas du Guémadeuc, qui fournit le minu de Brecé en 1572, épousa Jacquemine de Beaumanoir et mourut en 1592, laissant Brecé à Toussaint du Guémadeuc, son fils aîné. Celui-ci vendit cette terre vers 1601.

L'acquéreur fut René Le Meneust, seigneur de Bréquigny ; le 7 novembre 1601 il rendit aveu au roi pour sa terre seigneuriale de Brecé, « achetée par lui depuis un an d'avec le sire du Guémadeuc[1] ».

Les seigneurs de Bréquigny, que nous retrouverons bientôt, possédèrent ensuite, jusqu'au moment de la Révolution, la seigneurie de Brecé, unie en 1609 à leur châtellenie de Bréquigny ; voici leurs noms : René Le Meneust † 1634, – Guy Le Meneust † 1677, – Charles Le Meneust † 1721, – Thomas-Guy de Morant † 1722, – Charles de Morant † 1750, – Thomas-Charles de Morant † 1763.

Thomas-Louis de Morant, dernier seigneur de Bréquigny, donna Brecé en partage à sa sœur, Marie-Charlotte de Morant, femme de Armand-Mériadec Le Gonidec, comte de Traissan. Celle-ci ayant émigré et étant décédée en 1794 en Angleterre, la terre de Brecé fut confisquée et vendue par la Nation le 7 septembre 1796. M. de Morant, qui se trouvait alors en France, racheta pour 24,296 livres Brecé, qu'il rendit aux enfants de sa sœur[2].

Le château de Brecé s'élevait au bord de la Seiche et semble bien avoir été cette forteresse que construisit, vers l'an 1050, un seigneur nommé Geoffroy, fils de Salomon, avec l'autorisation du comte Eudon et d'Adèle, sœur de ce prince, première abbesse du monastère de Saint-Georges de Rennes. Le Cartulaire qui mentionne cette construction ne nomme point le nouveau château[3] ; il dit seulement qu'il fut édifié en la paroisse de Noyal, que son possesseur s'engagea à ne jamais le tenir contre les princes de Bretagne et à abandonner à l'abbaye de Saint-Georges le droit de tonlieu qu'il levait à Noyal. Ce droit étant un impôt placé sur les marchandises transportées par bateau, il ne peut s'agir ici que de Noyal-sur-Seiche ou de Noyal-sur-Vilaine ; or, cette dernière paroisse était presque tout entière, au XIe siècle, entre les mains de l'abbaye de Saint-Melaine. Nous savons, au contraire, que de bonne heure les religieuses de Saint-Georges eurent des biens et des intérêts en Noyal-sur-Seiche ; c'est donc en cette dernière paroisse que fut vraisemblablement construit le château de Geoffroy, fils de Salomon.

De ce fait ressort naturellement l'idée que ce château dut être celui de Brecé, dont le possesseur, favori des ducs de Bretagne, obtint d'eux d'abord l'une des sergentises féodées du comté de Rennes[4] et plus tard l'office de grand écuyer de ces princes. Toutefois, si la seigneurie de Bre-

---

1. *Ibidem*, B, 1015.
2. *Archives d'Ille-et-Vilaine*, 1 Q, 27. Brecé appartient aujourd'hui à Mme de Vaujuas, née du Plessix d'Argentré.
3. « *Castellum quod Gaufridus, Salomonis filius, edificat in Nulliaco* » (Cartulaire de Saint-Georges, 110).

cé se maintint jusqu'en 1789, il n'en fut pas de même du château de ce nom. Dès 1412 la ruine de cette forteresse était complète ; en 1572 on mentionne le domaine de Brecé, « où il y a fuie et garenne, étang et motte, près la rivière de Seiche, le tout contenant quatre journaux, en laquelle pièce de terre estoit assis le lieu, maison et manoir de Breczé quel par les temps de guerre fut ruisné du tout, demoly et abbattu ». Toutefois, non loin de là, les seigneurs de Brecé construisirent un petit manoir nommé les Carreaux, avec chapelle, colombier, vigne et autres dépendances. Le nom même de Brecé ne demeura qu'aux moulins construits sur la rivière de Seiche et à un village voisin, appelé la Lande de Brecé.

C'est aux Carreaux que mourut, le 8 mai 1664, Denise Marcel, veuve de René Le Meneust, seigneur de Bréquigny et de Brecé. Son corps fut bien inhumé en l'enfeu de son mari, à Saint-Germain de Rennes, mais son cœur et ses entrailles furent déposés dans le chanceau de l'église de Noyal-sur-Seiche, sous la pierre tombale réservée à la seigneurie de Brecé.

Le sire de Brecé jouissait, en effet, de toutes les prééminences de l'église de Noyal, dont il était seigneur supérieur, fondateur et patron.

La seigneurie de Brecé s'étendait en sept paroisses : Noyal-sur-Seiche, Châtillon-sur-Seiche, Bruz, Chartres, Saint-Erblon, Toussaints et Saint-Germain de Rennes. Sa haute justice s'exerçait en 1680 en la salle basse du présidial de Rennes, mais ses fourches patibulaires s'élevaient en Noyal-sur-Seiche, dans la « pièce de la Justice » ; elles n'étaient qu'à trois piliers ; toutefois, le seigneur de Brecé prétendait avoir droit d'y avoir « quatre pots ». Il était aussi en droit de tenir au bourg de Noyal une foire à la fête de saint Denis (9 octobre). Outre les rentes ordinaires féodales, il avait dans ses fiefs un droit particulier appelé fumage, consistant en ce que « chacun estagier faisant feu et fumée doit par an un provendier valant 4 boisseaux d'avoine menue et une poule ».

Brecé était le gage d'une des sergenteries ducales au comté de Rennes. En 1395 les sergents de Brecé furent chargés de conduire au-delà du Couesnon un habitant de Bruz condamné comme faux monnayeur à être bouilli, et que le duc Jean IV bannissait, en lui faisant grâce de la vie[1]. Aussi les aveux de Brecé déclarent-ils que le seigneur du lieu « est en droit et possession de nommer en la Cour de Rennes trois sergents royaux au bailliage de la Bouexière, scavoir l'un à Chasteaugiron et l'aultre à Louvigné-de-Bais, et le troisième aux neuf paroisses de Rennes, auxquels sergents appartient de faire tous exploits de justice, lever et cueillir d'année en année sur les vassaux dudit bailliage les taux et amendes de la Cour de Rennes ; en considération de laquelle recette il ap-

4. En 1405 il fut représenté au duc de Bretagne que la terre de Brecé, valant bien 200 livres de rente, avait été attachée à la sergentise de la Bouexière, dépendant de la châtellenie de Rennes (Dom Morice, *Preuves de l'Histoire de Bretagne*, II, 755).
1. Dom Lobineau, *Preuves de l'Histoire de Bretagne*, 789.

partient audit seigneur de Brecé le septième denier desdits taux et amendes ».

Le seigneur de Brecé avait aussi un droit de pêche dans la rivière de Seiche, depuis Launay-Bruslon jusqu'aux pêcheries de Saint-Melaine en Châtillon.

Néanmoins, la seigneurie de Brecé avait plus d'honneurs que de terres ; ainsi son domaine proche ne se composait que du manoir et de la métairie des Carreaux, et du moulin de Brecé sur la Seiche. En résumé, ce qui distinguait cette terre c'était bien son beau privilège de faire de son possesseur le grand écuyer des ducs de Bretagne.

BRÉCILIEN

l y a bien des choses intéressantes à écrire sur la châtellenie de Brécilien, composée de la forêt de ce nom, dans la vaste paroisse de Paimpont[1].

Il paraît certain que la baronnie de Gaël comprenait dans le principe celle de Montfort et la forêt de Brécilien tout d'un seul tenant[2]. De bonne heure néanmoins cette vaste baronnie fut démembrée : Montfort et Montauban en sortirent, et Brécilien fut elle-même divisée entre les seigneurs de Lohéac et ceux de Montfort.

Nous voyons, en effet, en 1257 Guillaume, sire de Lohéac, donner à l'abbaye Saint-Jacques de Montfort le droit « d'usage en sa forêt de Brécilien, tant à chauffage qu'à merrain[3] ». Les barons de Lohéac, successeurs de ce seigneur, continuèrent de posséder cette portion de Brécilien, et certains usagers de la forêt étaient même tenus, lorsqu'ils en étaient requis par les officiers de la seigneurie, « de porter lettres et messaiges jusques à Lohéac » moyennant une rétribution de quatre deniers. Au reste, une partie de la forêt de Brécilien a de tout temps porté et porte encore le nom de forêt de Lohéac.

Hermine de Lohéac, dernière représentante de la branche aînée de sa maison, s'unit à Eudon, sire de la Roche-Bernard, et en eut un fils, Péan, qui prit le nom et les armes des Lohéac et devint baron de Lohéac et seigneur de Brécilien. Sa petite-fille, Isabeau de Lohéac, en épousant en 1353 Raoul, sire de Montfort, lui apporta la terre de Brécilien. Or, les seigneurs de Montfort étaient depuis longtemps déjà possesseurs de l'autre partie de la forêt de Brécilien ; la preuve en est qu'en 1288 ce fut Raoul, sire de Montfort, qui accorda aux paroissiens de Concoret les droits d'usage en sa forêt de Brécilien[4]. Par suite du mariage de Raoul de Montfort avec Isabeau de Lohéac, tout Brécilien se trouva en mêmes mains et

---

1. Commune du canton de Plélan, arrondissement de Montfort.
2. Voyez A. de la Borderie, *Essai sur la géographie féodale de la Bretagne*, 119.
3. Du Paz, *Histoire généalogique de Bretagne*, 626.
4. Voyez le *Registre de Concoret*, par M. Guillotin.

ne forma plus qu'une seule châtellenie. À partir de cette époque, les seigneurs de Montfort, puis leurs successeurs les comtes de Laval, possédèrent Brécilien. Nous avons des aveux de cette seigneurie rendus en 1502 par Guy XVI et en 1541 par Guy XVII, l'un et l'autre comtes de Laval et sires de Montfort. Mais au XVIIe siècle, leur héritier Henri, duc de la Trémoille et seigneur de Montfort, aliéna la forêt de Brécilien en la démembrant d'une façon déplorable ; il vendit en 1629 à François d'Andigné, seigneur de la Châsse, 54 journaux de terre et les fiefs du Perray, et à Benjamin de Laage 140 journaux et les fiefs de Follepensée ; – en 1630, à Jacques Poluche, sieur de la Motte, les maison et terre de Beauvais, l'étang et le moulin de Chastenay, les fiefs de Chastenay, etc., et à Jacques Saulnier, sieur de la Villaubry, les fiefs de Coganne, Thélouët et le Canet, 84 journaux de terre et les deux étangs du Marais et des Prés de la Ruice ; – en 1631, à François d'Avaugour, seigneur de la Lohière, le Pas-aux-Chèvres et les fiefs de Trudo, Tréal, etc., et à Mathurin de Rosmadec, baron de Gaël, 200 journaux près son château de Comper et les fiefs de Gaillarde ; – en 1632, à Guillaume Rabinard, l'étang et les deux moulins de Carray, le bois des Relaissés et les fiefs de Saint-Péran. Enfin, par contrat du 19 mai 1653, le même duc de la Trémoille vendit à Jean-Baptiste d'Andigné, seigneur de la Châsse, et à Jacques de Farcy, seigneur de Paisnel, moyennant 225,000 livres, les forges de Brécilien et tout ce qu'il lui restait de la forêt et de la châtellenie de ce nom, à charge toutefois de tenir toute cette terre et tous ses fiefs du comté de Montfort, à devoir de foi et hommage, sans rente ni rachat[1].

Par suite de ce démembrement de la châtellenie, formant à l'origine une imposante haute justice, plusieurs juridictions, qualifiées également de hautes justices, furent créées par les nouveaux propriétaires et s'exercèrent jusqu'au moment de la Révolution. En 1767 on en comptait huit, qui toutes fonctionnaient au Gué de Plélan : Brécilien, maîtrise des Eaux et Forêts, et Brécilien par Coganne, à MM. de Farcy de Cuillé et d'Andigné de la Châsse, propriétaires des forges, – Brécilien par Thélouët, à M. du Bouexic de Campel, – Brécilien par Beauvais, à M. de Farcy de Saint-Laurent, – Brécilien par le Canet, à M. de Becdelièvre, – Brécilien par Gaillarde, à M. de Montigny, baron de Gaël, – Brécilien par Follepensée, à M. du Breil de Raiz, et – Brécilien par Saint-Péran, aux chanoines réguliers de l'abbaye de Paimpont[2].

On écrirait facilement un volume sur cette célèbre forêt de Brécilien, la Brocéliande du Moyen Âge, qui formait de toute antiquité la châtellenie de Brécilien. En 1467 le comte de Laval, « pour obvier à plusieurs abus qui se faisoient », fit rédiger sur parchemin en son château de Comper « les usements et coustumes de la forest de Brécilien et comme anciennement elle a esté troictée et gouvernée ». De ce précieux manuscrit,

---

1. Abbé Oresve, *Histoire de Montfort*, 211 et suiv.
2. *Archives d'Ille-et-Vilaine*.

en partie publié par M. de Courson[1], extrayons ce qui suit :

« De ceulx qui ont usaige et droict de prandre et user de boais en ladicte forest », ce sont l'évêque de Saint-Malo, l'abbé de Montfort, l'abbé de Paimpont, les prieurs de Saint-Péran, de Guillermont, de Saint-Barthélemy-des-Bois, de Saint-Lazare, de Saint-Jean et de Saint-Nicolas de Montfort, la prieure de Thélouët, les seigneurs du Bois-de-Bintin, de la Roche-Trémelin, des Brieux, de Ranlou et de Francmont. Il est ensuite fait mention des « communiers » des fiefs du Thélin et de Castonnet, et des « usagiers » de Concoret, qui avaient tous également certains droits d'usage dans la forêt de Brécilien[2].

« Comment toutes personnes qui veullent avoir leurs bestes en pasnaige et herbaige en ladicte forest les doibvent escripre deux foiz l'an aux officiers de la forest, scavoir vendeur, conterolle, recepveur ou l'un d'eulx et s'en lèvent les deniers à deux termes de l'an, scavoir à la my-caresme et Sainct-Jehan Decollaisce… et doibt chacune beste soit cheval, jument, beuff ou vache 3 sous par an, etc. »

Vient après cela le chapitre traitant de la punition à infliger aux « mal usans en ladicte forest », ce qui se fait de quatre manières : « On peut deffandre la forest à aucun malfecteur et l'en forbannir, – ung homme peut estre prins à renczon en ladicte forest, – on peut user de confiscacions en ladicte forest, – on peut mettre les malfecteurs ès amendes. »

Mais la plus curieuse partie des usements est ce qui suit :

« De la décoration de ladicte forest de Brécélien et des mervoilles estans en icelle :

« Ladicte forest est de grant et spacieuse estandue, appelée mère-forest, contenant sept lieues de long et de lèse deux et plus, habitée d'abbayes, prieurez de religieux et dames en grant nombre, ainsi qu'est déclaré cy devant au chapitre des usagiers, tous fondez des seigneuries de Montfort et de Lohéac qui leur ont donné les droits et privilèges dont devant est fait mencion.

« Item, en ladicte forest y a quatre chasteaulx et mesons fortes[3], grant nombre de beaulx estangs et des plus belles chasses que on pourroit aultre part trouver.

---

1. Dans le *Cartulaire de Redon*, *Prolégomènes*, p. CCCLXXII et suiv.
2. Les usagers de Concoret étaient tenus de se rendre en procession avec croix et bannière de leur église paroissiale à celle de l'abbaye de Paimpont le lundi de la Pentecôte, pour prendre part au grand pèlerinage qui se faisait ce jour-là en l'honneur de Notre-Dame de Paimpont. Ils avaient tous des hallebardes, fusils ou bâtons garnis de laurier, de fleurs et de rubans.
3. L'aveu de 1541 nomme trois de ces châteaux. « En icelle forest y a forteresses à présent en ruisne tant par fait de guerre que caducité, l'un appelé le chasteau d'Isaugouët, et les autres les chasteaux de Boutavant et de la Courbe. » Le quatrième château devait être celui de Comper. Le seigneur de Brécilien possédait aussi dans sa forêt, en 1541, les métairies nobles de Beauvais et de Hucheloup.

« Item, en ladicte forest y a deux cens brieux de boays, chacun portant son nom différent de l'autre, et ainsi que on dit, autant de fontaines, chacune portant son nom.

« Item, entre aultres brieux de ladicte forest y a un breil nommé le Breil au Seigneur, auquel jamais n'habite ni ne peult habiter aucune beste venymeuse ni nulles mouches ; et quant on apporteroit audit breil aucune beste venymeuse tantost est morte et n'y peult avoir vie, et quant les bestes pasturantes en ladicte forest sont couvertes de mouches, si en mouchant elles peuvent recouvrer ledit breil, soudainement lesdites mouches se departent et vont hors d'icelui breil.

« Item, auprès dudit breil y a ung aultre breil nommé le Breil de Bellenton, et auprès d'iceluy y a une fontaine nommée la fontaine de Bellenton, auprès de quelle fontaine le bon chevalier Pontus fist ses armes, ainsi que on peult voir par le livre qui de ce fut composé.

« Item, joignant ladicte fontaine y a une grosse pierre que on nomme le perron de Bellenton, et toutes les fois que le seigneur de Montfort vient à ladicte fontaine et de l'eau d'icelle arouse et mouille ledit perron, quelque chaleur temps assuré de pluye, quelque part que soit le vent et que chacun pourroit dire que le temps ne seroit aucunement disposé à pluye, tantost et en peu d'espace, aucunes fois plus tost que ledit seigneur n'aura pu recouvrer son chasteau de Comper, aultre fois plus tard, et que que soit ains que soit la fin d'iceluy jour, pleut au pays si abundamment que la terre et les biens estans en icelle en sont arousez et moulte leur proffitte. »

La charte des usements se termine par « les droiz et privilèges des habitans d'icelle forest » qui, exempts de tout impôt, sont justiciables des seuls officiers de Brécilien, et, tous paroissiens de Paimpont, ne doivent à leur recteur que certains honoraires pour leurs « nopçailles et sépulture ». En revanche, aux fêtes de la Pentecôte à Paimpont, les étrangers « bouilleux et rôtisseurs » devaient au seigneur de Brécilien un devoir de bouteillage et de havage ; de plus, tous les poissonniers traversant la forêt étaient obligés de demander un sauf-conduit au château de Comper et d'y offrir leurs marchandises[1].

On voit par ce qui précède que la châtellenie de Brécilien n'était pas la moins intéressante des seigneuries de Haute-Bretagne. Maintenant encore, après sa disparition, on aime à parcourir les beaux vallons de sa forêt, appelée de nos jours forêt de Paimpont, et l'on y évoque volontiers tous les souvenirs historiques, archéologiques et romantiques qui peuplent toujours ses vastes solitudes.

---

1. *Aveu de Brécilien en 1541.*

BRÉHANT

ette seigneurie est en réalité celle du Châtellier, en Vieuxviel[1], érigée en 1673 en châtellenie sous le nom de Bréhant. Le Châtellier remonte, comme son nom l'indique, à une haute antiquité. « Il devait être primitivement une étape et un lieu de défense établis sur la voie romaine qui, partant de Rennes, traversait la forêt de Villecartier et se dirigeait vers Saint-Pair, laissant son nom à la localité qui devint plus tard la paroisse de Vieuxviel, c'est-à-dire Vieille-Voie, Vetus Via.

« Cette fortification, placée sur le point culminant de la contrée, à cent mètres environ du niveau de la mer, dominait tout le territoire qui s'étendait entre la forêt de Villecartier, Avranches et Granville. Aujourd'hui, il ne reste plus aucun vestige de l'ancien château ; le manoir qui l'a remplacé, construit en grande partie au XVIIe siècle, n'a aucune importance architecturale et, depuis de longues années, visité de loin en loin par ses propriétaires, il porte les traces du défaut d'entretien et des injures du temps[2]. »

Les premiers possesseurs de la seigneurie du Châtellier en prirent le nom ; ils portaient : *d'argent à l'aigle de sable, becquée et membrée de gueules*, armoiries qui les distinguaient des autres familles du Chastellier.

En 1452 Guillaume du Chastellier, âgé de soixante-six ans, était seigneur du Châtellier ; il avait épousé Guyonne de Langan. Son successeur fut François du Chastellier, vivant en 1513 et mari de Renée de Québriac. Raoul du Chastellier, fils des précédents, rendit aveu pour le Châtellier en 1552 et épousa Claude de la Cervelle[3].

Ceux-ci ne laissèrent qu'une fille, Françoise du Chastellier, qui s'unit en mai 1568 à Alain de Bréhant, seigneur de la Roche-Bréhant en Yffiniac. Elle devint veuve vers 1588 et se remaria, le 12 juin 1601, dans la chapelle du Châtellier, avec Robert Gaultier, seigneur de Fort.

Gilles Ier de Bréhant, issu du premier mariage de Françoise du Chastellier, hérita de sa mère et devint ainsi seigneur du Châtellier. Il épousa, par contrat du 9 janvier 1605, Philippote de la Piguelaye, fille du vicomte du Chesnay. Chevalier de l'Ordre du roi en 1615, il décéda le 30 décembre 1629 et fut inhumé dans le chœur de l'église de Vieuxviel. Sa veuve se remaria à Claude du Hallay, seigneur de Montbrault.

Gilles II de Bréhant succéda à son père qui précède. Ce seigneur du Châtellier se maria d'abord, le 1er juin 1640, à Saint-Germain de Rennes, avec Françoise Boutier, qui mourut à Vieuxviel et fut inhumée dans le chanceau le 26 octobre 1649 ; puis, en juin 1657, avec Anne de Saint-

---

1. Commune du canton de Pleine-Fougères, arrondissement de Saint-Malo.
2. Abbé Paris-Jallobert, *La seigneurie du Châtellier* (*Revue historique de l'Ouest*, III, 35). Nous ferons de nombreux emprunts à cette étude fort complète de notre savant ami.
3. *Archives de la Loire-Inférieure*, v° Vieuxviel.

Gilles, fille du seigneur de Perronnay. Gilles de Bréhant mourut à Rennes et fut inhumé en l'église de Saint-Germain de cette ville, le 17 janvier 1663 ; son cœur fut apporté à Vieuxviel et déposé, le 1ᵉʳ février, dans l'enfeu des seigneurs du Châtellier.

François de Bréhant, né en Toussaint de Rennes le 30 août 1642 et fils du précédent, ne fut que peu de temps seigneur du Châtellier. Après avoir fait hommage au roi pour cette terre le 17 mai 1664, il mourut un an plus tard, à la fleur de l'âge ; son corps fut inhumé en l'église de Vieuxviel, le 3 juin 1665. Sa succession fut recueillie par son frère cadet, Bernardin de Bréhant, né en 1648. Celui-ci épousa à Rennes, en novembre 1667, Anne-Thérèse Le Prestre, fille du seigneur de Lezonnet, et fit hommage au roi pour le Châtellier le 12 janvier 1673. Il mourut vers 1676 et sa veuve le 12 mars 1718.

Ils laissaient entre autres enfants un fils, Alain-Bertrand de Bréhant, mort très jeune, et une fille, Marie-Rose de Bréhant, mariée en 1694 avec Augustin Mesnard, marquis de Toucheprez en Poitou. Ce fut cette dernière qui devint, à la mort de son frère, dame du Châtellier ; elle mourut en Vieuxviel le 1ᵉʳ octobre 1738.

René-Charles-Bernardin Mesnard, marquis de Toucheprez, fils des précédents, hérita de sa mère et rendit aveu pour le Châtellier le 7 juin 1740 ; il paya à cette occasion 1,500 livres de rachat au domaine royal. Reçu en 1723 conseiller au parlement de Bretagne, il avait épousé Hélène des Rondiers, fille du seigneur de la Ville-au-Maître, qui mourut avant lui ; il décéda lui-même à Saint-Brieuc le 15 septembre 1767.

Son fils, René-Augustin Mesnard, marquis de Toucheprez et baron de Châteaumur, fut le dernier seigneur du Châtellier. Né à Rennes le 10 juillet 1740 et reçu conseiller au parlement de Bretagne en 1760, il mourut sans alliance à Paris, le 12 avril 1793.

« La terre du Châtellier, qui relevait de la baronnie de Fougères, avait une certaine importance aux siècles derniers. Les possesseurs étaient seigneurs fondateurs de la paroisse de Vieuxviel ; ils étaient hauts prééminenciers et possédaient des droits honorifiques en la Fontenelle, Marcillé-Raoul, Trans, Bazouges-la-Pérouse et Sougeal ; ils possédaient quatre hautes justices patibulaires dans les paroisses de Vieuxviel, Sougeal, Trans et Bazouges ; enfin, ils avaient des droits de fief de haubert en plus de douze paroisses.

« Par lettres données au mois de janvier 1673 et vérifiées au parlement de Bretagne le 14 août de la même année, le roi érigea le Châtellier en châtellenie sous le nom de châtellenie de Bréhant, en faveur de Bernardin de Bréhant, y attacha des droits de halles, foires et marchés au bourg de Vieuxviel, et fixa dans ce bourg l'exercice des différentes juridictions qui en relevaient[1]. »

La châtellenie de Bréhant se composa de trois seigneuries princi-

---

1. Abbé Paris-Jallobert, *loco citato*.

pales : le Châtellier, la Motte-Berthier et Tréhet[1]. La haute justice du Châtellier, dont le gibet s'élevait au commun de la Rivière et des Noës sur la route de Trans, s'exerçait le samedi au bourg de Vieuxviel. Le seigneur y avait un droit d'assemblée à la Toussaint et un droit de levage sur toutes les marchandises étalées, vendues ou achetées dans sa juridiction. Les nouvelles mariées de Vieuxviel étaient tenues, sous peine d'une amende de 60 sols monnoie, de dire une chanson à l'issue de la grand-messe le dimanche suivant leurs épousailles. Un tenancier du fief du bourg de Vieuxviel devait au seigneur « une paire d'éperons dorés » et le sieur des Murettes en Sougeal « un gant à fauconier[2] ».

A Vieuxviel le droit de soule s'exerçait le lundi de Pâques, au sortir de la grand-messe ; un aveu particulier de 1782 en donne la description suivante, fort pittoresque :

« À l'issue de ladite grande messe, les trésoriers de Vieuxviel sont tenus de présenter au seigneur du Chastellier, à son chasteau, les soules et boules pour les jeter, et ensuite estre soulées jusqu'au bourg de Vieuxviel par les officiers de la juridiction et messieurs les recteurs et prestres de Vieuxviel et Sougeal. Et ladite soule estant arrivée audit bourg de Vieuxviel, il doit estre présenté sur la passée du cimetière, proche la porte mortuaire, par certains vassaux, aux souleurs deux costes de lard sur une feuille de choux, une livre de pain blanc et un pot de vin rouge. »

Comme seigneur de la Motte-Berthier, le sire de Bréhant avait un droit d'usage dans la forêt de Villecartier ; comme seigneur de Tréhet, il pouvait exiger des tenanciers du Boishardy « une paire de gants propres à porter l'oiseau à la chasse » ; il nourrissait aussi à son manoir de Tréhet un âne qui avait droit d'apporter de la forêt de Villecartier sa charge de bois de chauffage deux fois par jour en hiver et trois fois en été.

La veille de la Saint-Jean-Baptiste, fête patronale de Sougeal, le seigneur tenait une assemblée dans le bourg de Sougeal ; il y faisait jouer au jeu de paume dans la rue et avait droit d'y allumer un feu de joie appelé chaude-baude. Ses sergents abattaient à cet effet du bois à Tréhet et l'amenaient à Sougeal près la Croix-Boisselée ; là était dressé un bûcher qu'on allumait et réduisait en cendres. Le lendemain, chaque nouvelle mariée de Sougeal était tenue de chanter ou de faire chanter une chanson nouvelle et de présenter des épingles au seigneur et à ses officiers ; tous les sergents généraux, en effet, assistaient à l'évocation des mariées, avec une baguette fleurie en main, pour leur faire faire place[3].

Le domaine proche de la châtellenie de Bréhant se composait ainsi manoirs, chapelles et colombiers du Châtellier, de la Motte-Berthier et de Tréhet, – métairies de la Porte, de la Touche, de la Métairie-Neuve, de la

1. Ces deux dernières seigneuries furent achetées par les seigneurs du Châtellier, Tréhet en 1585 et la Motte-Berthier vers 1650.
2. *Aveu de 1740.*
3. Abbé Paris-Jallobert, *loco citato*. – Aujourd'hui encore, au sortir de l'église de Sougeal, les nouvelles épousées offrent des épingles aux assistants.

Motte-Berthier, de Beauregard, du Plessix-Brunard, de Tréhet, de Lanrigan, de la Marre et de Raoulette, – moulins de Vieuxviel, de Cruande et de Cruslé, etc.

Avec les rentes féodales, le prisage total de la châtellenie atteignait en 1742 la somme de 7,740 livres, 4 sols, 6 deniers de revenu.

Actuellement la terre du Châtellier appartient à la famille Mortier de Trévise ; nous avons dit en commençant ce qu'est le vieux manoir, chef-lieu de l'ancienne seigneurie ; ajoutons seulement que deux belles mottes féodales subsistent encore, l'une à la Motte-Berthier, l'autre près des moulins de Vieuxviel, dépendance de Tréhet.

Bréquigny

Situé aux portes de Rennes, en la paroisse Saint-Étienne de cette ville[1], le manoir de Bréquigny devait être dès le XIVe siècle une agréable résidence. Il appartenait en 1380 à Tanguy du Bouays, seigneur de Bréquigny et de Blosne, époux de Marie de Saint-Gilles. Ce seigneur était mort en 1391, laissant un enfant mineur, Jean du Bouays, qui hérita de Bréquigny et épousa Claudine de Neuville. Le fils de ce dernier, autre Jean du Bouays, rendit aveu au duc le 19 décembre 1461 pour sa terre de Bréquigny et son hôtel à Rennes, tombés en rachat par la mort de son père ; il épousa : 1° Marguerite de Baulac, 2° Clémence Danjou ; du premier lit, il eut Guillaume, qui fonda la branche des du Bouays de Baulac ; du second lit naquit Jean, auteur des du Bouays de Mesneuf[2].

Il est probable que l'un de ces du Bouays vendit la terre de Bréquigny, car nous la trouvons en 1513 entre les mains de Louis des Déserts, qui fut président et juge universel de Bretagne. Celui-ci épousa Olive Thierry de la Prévalaye, dont il laissa en mourant, le 21 avril 1536, une fille unique, Radegonde des Déserts, dame de Bréquigny. Cette dame était alors mariée à Jean d'Espinay, seigneur du Boisduliers, qui décéda lui-même le 15 octobre 1537 ; leur fille, Louise d'Espinay, contracta alliance avec René de Téhillac, seigneur dudit lieu, et lui apporta la seigneurie de Bréquigny.

Ce fut ce René de Téhillac qui, vers 1573, vendit Bréquigny à Guy Meneust ; ce dernier, en effet, fit le 4 juin 1575 hommage au roi pour cette terre, « acquise par luy puis deux ans[3] ». Fils de Guillaume Meneust, anobli en 1577, Guy Meneust fut autorisé par Henri III, en 1588, à s'appeler désormais « Le Meneust » et à ajouter à ses armes : *d'or à une fasce d'azur, accompagnée de trois roses de gueules*, un *léopard d'argent posé*

---

1. Aujourd'hui en la paroisse de Toussaints, commune de Rennes.
2. *Archives de la Loire-Inférieure*, v° Rennes.
3. *Ibidem*, B, 1012.

sur cette fasce[4]. Sénéchal de Rennes pendant la Ligue, créé chevalier de l'Ordre du roi en 1593, il conserva cette ville à Henri IV et fut honoré par les États de Bretagne d'une chaîne d'or avec une médaille à ses armes et à celles de la province ; il mourut le 9 mai 1598.

Guy Le Meneust laissait de son mariage avec Marguerite Le Bret un fils, René Le Meneust, qui fit hommage au roi pour la terre de Bréquigny le 7 novembre 1601. Celui-ci, d'abord sénéchal de Rennes comme son père, devint plus tard président au parlement de Bretagne ; il avait épousé dès 1595 Denise Marcel, qu'il laissa veuve en 1634. Il fut inhumé en la chapelle Saint-Jacques de l'église Saint-Germain de Rennes, où il avait son enfeu.

Guy Le Meneust, seigneur de Bréquigny et fils aîné des précédents, né en 1603, devint aussi président au parlement de Bretagne en 1633 et épousa, deux ans plus tard, Suzanne de Coëtlogon, fille du marquis de Coëtlogon. Il décéda le 29 mars 1677 et fut inhumé le lendemain près de son père en l'enfeu de Saint-Germain. Il eut pour successeur à Bréquigny Charles Le Meneust, reçu en 1678 président au parlement de Bretagne, qui fit hommage au roi le 10 septembre 1679. Ce dernier mourut à Bréquigny le 15 novembre 1721 ; son corps, conduit le surlendemain en l'église Saint-Étienne, sa paroisse, fut inhumé le 18 en celle de Saint-Germain, dans la chapelle dont il avait augmenté la fondation. Sa veuve, Élisabeth de Rollée, qu'il avait épousée en 1667, ne lui survécut qu'un mois ; elle décéda à Bréquigny le 22 décembre suivant, à l'âge de soixante-quinze ans, et fut inhumée le lendemain en l'église Saint-Étienne de Rennes.

Le seigneur de Bréquigny ne laissait pas d'enfants et sa succession passa au fils de sa sœur, Louise Le Meneust, décédée le 1er avril 1700. Cette dame avait épousé : 1° en mars 1658, René, marquis de Kergroadez ; 2° Thomas de Morant, marquis du Mesnil-Garnier, mort en 1692. L'aîné des enfants issus de ce second mariage, Thomas-Guy de Morant, marquis dudit lieu et comte de Penzé, devint donc en 1721 seigneur de Bréquigny. Il avait épousé, par contrat du 24 mai 1704, Marie-Josèphe Le Roux, fille du seigneur de Kerninon ; il mourut à Bréquigny, âgé de cinquante ans, le 3 juillet 1722 et fut inhumé le surlendemain à Saint-Germain de Rennes.

Charles de Morant, fils des précédents, marquis de Morant et seigneur de Bréquigny, reçu en 1731 conseiller au parlement de Bretagne, épousa en novembre 1726 Gabrielle de la Rivière, qu'il laissa veuve le 12 juillet 1750 ; il fut inhumé le lendemain à Saint-Germain. Son successeur fut son fils aîné, Thomas-Charles, marquis de Morant et comte de Penzé, qui fit hommage pour Bréquigny le 8 janvier 1752. La même année il épousa, au mois de mai, Anne-Françoise de la Bonde d'Yberville.

Colonel des dragons de la reine, puis maréchal des camps et armées

---

4. *Archives du parlement de Bretagne.*

du roi, et chevalier de Saint-Louis, ce seigneur mourut à Bréquigny le 18 octobre 1763 et fut inhumé le 20 en l'enfeu de Saint-Germain. Il ne laissait que des enfants mineurs, dont l'aîné, Thomas-Louis, marquis de Morant et comte de Penzé, fut le dernier seigneur de Bréquigny. Celui-ci, n'ayant point d'enfants, vendit en 1804 Bréquigny à M. Hay des Nétumières, dont les descendants possèdent encore cette terre.

Par lettres patentes datées de janvier 1609 et vérifiées au parlement le 4 juillet suivant, Henri IV érigea en châtellenie, en faveur de René Le Meneust, la seigneurie de Bréquigny, à laquelle il unit celle de Brecé, achetée en 1601 par le même seigneur. Un peu plus tard, de nouvelles lettres patentes de Louis XIII, données en avril 1617, unirent encore à la châtellenie de Bréquigny les seigneuries du Bouëdrier et de Lancé[1].

Ainsi constituée, la châtellenie de Bréquigny ne s'étendit pas dans moins de douze paroisses, savoir : Saint-Étienne, Saint-Germain, Saint-Hélier et Toussaints de Rennes, Châtillon-sur-Seiche, Vern, Noyal-sur-Seiche, Chartres, Saint-Erblon, Orgères, Bruz et Saint-Jacques-de-la-Lande. Elle comprenait les cinq hautes justices de Bréquigny, le Bouëdrier, Lancé, Teslé et Brecé, réunies en une seule et même juridiction exercée à Rennes en la salle basse du présidial.

Le sceau de la juridiction de Bréquigny en 1622 est de forme ovale ; il présente le blason des Le Meneust et autour, en exergue : SCEAU DES COURTS DE BRÉQUIGNY ET BRECÉ.

Les rentes du fief de Bréquigny se payaient à la fête de l'Angevine, à l'issue de la grand-messe de Toussaints, « à la fenestre qui fait le coing de la rue Tristin et du Petit bout de Cohue de ceste ville de Rennes, aux mains du sergent bailliager estably pour en faire la recepte ». Au fief des Communs en Vern et Noyal, le seigneur de Bréquigny levait une dîme « à la douziesme gerbe ». Les maisons des Haute et Basses Chaslayes, de Lorière, de la Josselinaye, etc., relevaient de lui, et il avait des droits en deux églises de Rennes : à Saint-Étienne, sa paroisse, quand M. de Bréquigny venait le jour de Pâques entendre le sermon, devaient « de tout temps les trésoriers mettre contre le pilier proche la chaire un banc orné d'un tapis » ; à Saint-Germain il était « en possession d'un banc et enfeu prohibitif avec voulte souterraine, un tombeau eslevé au-dessus et pierre tombale, au costé septentrional de la chapelle Saint-Jacques et Saint-Christophe, avec droit d'apposer ses armes en tel endroit de ladite chapelle qu'il lui plairoit, mesme lizière et ceinture, et de mettre un ou plusieurs tableaux en icelle sur l'autel ou ailleurs ».

A cause de sa terre du Bouëdrier, le seigneur de Bréquigny avait des droits dans trois autres églises de Rennes en la cathédrale, d'abord, lui appartenait « une chapelle prohibitive dédiée à saint Claude, avec droit d'enfeu, tombes armoriées et toutes prééminences en icelle, dont il est de temps immémorial fondateur ; et comme patron a droit de présentation de

---

1. *Archives d'Ille-et-Vilaine*, E, 293.

chapelain pour y célébrer par chacune semaine trois messes ». – En l'église de Toussaints, paroisse du Bouëdrier, « droit de banc à queue et accoudoir avec droit de sépulture et pierre tombale à l'endroit dudit banc, devant l'autel de Nostre-Dame ». – En l'église conventuelle des Cordeliers « luy appartient la chapelle Saint-Fiacre, du costé de l'épistre, prohibitive à tout autre, avec enfeu, pierre tombale armoyée, écussons et toutes sortes d'intersignes et prééminences ».

En raison de sa terre de Lancé en Noyal-sur-Seiche, le seigneur de Bréquigny avait encore dans la cathédrale de Rennes une autre chapelle prohibitive « appelée chapelle Saint-Éloi de Lancé, en laquelle y a un tombeau eslevé, armoyé des anciennes armes de Lancé, et en est ledit seigneur fondateur et supérieur ». De plus, en l'église de Noyal-sur-Seiche « luy appartiennent les prééminences et droits honorifiques avec enfeu prohibitif, banc et accoudouer, au-devant de l'autel Nostre-Dame, du costé de l'évangile, et est ledit seigneur en droit et possession d'avoir tous les ans, le dimanche de la Quasimodo, les prières nominales à la Croix de Lancé située près les deux bourgs de Noyal et Chastillon ».

Enfin, comme seigneur de Brecé, le sire de Bréquigny jouissait du chanceau de cette même église de Noyal-sur-Seiche, dont il était « seigneur fondateur et supérieur, avec toutes sortes de droits, intersignes et prééminences » ; nous avons précédemment vu qu'il y avait encore un enfeu, où fut même inhumée une dame de Bréquigny en 1664.

En résumé, M. de Bréquigny avait des droits de sépulture en sept églises ou chapelles, sans parler des chapelles de ses manoirs ; il n'avait vraiment que l'embarras du choix pour se faire inhumer.

Nous avons vu qu'à cause de Brecé le seigneur de Bréquigny était grand écuyer de Bretagne et avait une foire à Noyal le jour Saint-Denis.

Il possédait aussi le fief du Pontpéan en Bruz, qui lui rapportait quelques rentes en argent et en grain, quelques poules et chapons, et « un gasteau payable au premier jour de l'an par les vassaux dudit fief[1] ».

Voici maintenant de quoi se composait le domaine proche de la châtellenie de Bréquigny en 1680 : « Le chasteau et manoir de Bréquigny, cours, jardins, vergers, douves, fossez, terrasses, parterres, canal, pont-levis, chapelle et colombier », – l'ancien manoir du Bouëdrier en Toussaints de Rennes, avec « emplacement de fuye, bois de décoration, garennes, chapelle et rabines », – l'ancien manoir de Lancé en Noyal-sur-Seiche, avec « cours, jardins, colombier, chapelle, rabines et vigne », – le manoir des Carreaux également en Noyal, – l'ancien manoir épiscopal de Saint-Jacques-de-la-Lande, vendu vers la fin du xvie siècle par l'évêque de Rennes au seigneur de Bréquigny, – les métairies de la Porte, du Petit-Bréquigny, du Bouëdrier, de Lancé et des Carreaux, – les moulins de Bréquigny, de Lancé et de Brecé.

Enfin le seigneur de Bréquigny tenait encore du roi son hôtel en la

---

1. *Déclarations de Bréquigny en 1679 et 1680.*

ville de Rennes ; cet hôtel de Bréquigny se trouvait à l'origine en la rue du Chapitre, mais en 1681 il était rue Saint-Georges en Saint-Germain.

Propriété de Mme de Menou, née Hay des Nétumières, le château actuel de Bréquigny, construction du dernier siècle, se fait surtout remarquer par la vaste pelouse qui le précède et les belles avenues qui l'environnent.

LES BRIEUX

a seigneurie des Brieux, châtellenie d'ancienneté, se trouvait dans la paroisse de Plélan[1]. Ce fut le berceau d'une race distinguée de chevaliers, portant pour armoiries d'argent à trois tourteaux de sable, écusson qu'on voyait encore en 1623 dans le vitrail de la chapelle Notre-Dame de Bovel en Maure.

Guillaume des Brieux, témoin dans une vente du vicomte de Léon au duc Jean le Roux, en 1275, fut père d'autre Guillaume des Brieux arrêté à Paris en 1343, au milieu d'un tournoi, avec quelques autres seigneurs bretons, par ordre du roi Philippe de Valois ; ce prince, au mépris du droit des gens, les fit conduire aux halles et exécuter immédiatement. Cette noble victime laissait un fils, nommé également Guillaume des Brieux, qui figure en 1371 parmi les chevaliers de la compagnie du connétable du Guesclin. Une enquête faite en 1391 au sujet des droits du duc sur ses vassaux nous apprend aussi que « monsieur Guillaume, sire des Brieulx », avait été maître d'hôtel du duc de Bretagne[2].

La famille des Brieux semble s'être éteinte en la personne d'une fille, qui apporta la seigneurie dont elle portait le nom à Jean Malor, seigneur de Marzain ; ce chevalier faisait partie de l'ambassade qui alla chercher en 1386 Jeanne de Navarre pour épouser le duc Jean IV. Leur fille, Catherine Malor, dame des Brieux, s'unit à Olivier de la Chapelle, sire dudit lieu. Ils donnèrent le jour à Guyon, sire de la Chapelle, qui possédait en 1427 le manoir des Brieux et qui fut tué cette année-là même au siège de Saint-James de Beuvron. De son mariage avec Béatrice de Penhoët, dame de Molac, Guyon de la Chapelle eut Jean, sire de la Chapelle et de Molac, décédé en 1454 et mari de Marguerite Raguenel. La fille de ces derniers, Jeanne de la Chapelle, épousa Jean, sire de Maure, et lui apporta la seigneurie des Brieux ; elle mourut en 1484[3].

Jean de Maure, issu de ce mariage, devint à la mort de sa mère seigneur des Brieux, et à celle de son père, arrivée en 1500, sire de Maure. Aussi en 1513 possédait-il en Plélan « la maison noble et ancienne nommée les Brieux ». Ce seigneur mourut le 17 juillet 1529 et eut pour successeur son fils François ; celui-ci obtint en 1553 du roi Henri II l'union

---

1. Plélan, chef-lieu de canton, arrondissement de Montfort.
2. De Couffon, *Chevalerie de Bretagne*, II, 272.
3. Du Paz, *Histoire généalogique de Bretagne*.

de la terre des Brieux à celle de Maure et l'érection de Maure en comté.

Les comtes de Maure, que nous retrouvons ailleurs dans ces études, possédèrent ensuite les Brieux jusqu'en 1701. À cette époque, le 28 mai, Marie-Anne Colbert, duchesse de Mortemart et comtesse de Maure, vendit ce comté même à Jean Picquet, seigneur de la Motte, qui le donna à sa fille Judith Picquet en lui faisant épouser Jean de Rosnyvinen, seigneur de Piré. Nous avons dit que le comté de Maure renfermait la châtellenie des Brieux, mais cette dernière seigneurie se divisait en deux sections relevant l'une du duc puis du roi, l'autre du seigneur de Plélan. Jean Picquet n'offrit à sa fille que la partie des Brieux relevant du roi, et les de Rosnyvinen, seigneurs de Piré, descendants de cette dame, l'ont conservée jusqu'à la Révolution ; il vendit l'autre portion des Brieux ainsi que la châtellenie de Plélan qu'il avait également achetée à Françoise de Quélen, veuve de François de Montigny, président au parlement de Bretagne, et cette partie des Brieux demeura également jusqu'en 1789 unie à la seigneurie de Plélan et aux mains des de Montigny, barons de Gaël.

La partie de la châtellenie des Brieux relevant du seigneur de Plélan comprenait l'ancien château des Brieux ; toutefois, cette vieille demeure féodale disparut à la suite des guerres du Moyen Âge, et en 1695 on n'en voyait plus que l'emplacement, encore cet emplacement était-il alors possédé par René Robinault, sieur de la Guémeraye ; il le tenait moyennant une rente annuelle de 47 livres, 11 sols, 6 deniers.

Les comtes de Maure avaient également afféagé en Plélan le moulin à eau de la Contaye et le bois des Noës, dépendant aussi à l'origine des Brieux ; ils n'avaient conservé de cette section de leur châtellenie que les bailliages du Fief-Briand et du Guilleu en Plélan, avec haute justice exercée au Gué de Plélan ; la dîme du Fief-Briand, et les bois et landes de Burnohel et de Trévorian.

La partie de la châtellenie des Brieux relevant du roi était plus considérable que la précédente ; ses fiefs s'étendaient en cinq paroisses : Maure, Campel, Baulon, Plélan et Maxent, mais elle n'avait pas de domaine proche ; néanmoins elle jouissait d'une haute justice et d'un droit de menée à la cour de Ploërmel, et il lui appartenait un droit d'usage dans la forêt de Brécilien[1].

Actuellement il ne reste des Brieux que de belles métairies portant ce nom et l'on n'y connaît même plus l'emplacement du château.

---

1. *Aveux des Brieux en 1545 et 1695.*

Cahideuc

e manoir de Cahideuc en la paroisse d'Iffendic[1] a donné son nom à une famille noble et distinguée. Jean de Cahideuc en est le premier auteur connu ; il épousa Plésou Madeuc et mourut vers l'an 1200. Son fils, Raoul de Cahideuc, en 1223 seigneur dudit lieu, épousa Perrine des Brieux, dont il eut Robert de Cahideuc, qui prit part à la croisade de 1248 et s'unit à Jeanne de Montfort.

Éon de Cahideuc, seigneur dudit lieu et fils du précédent, se maria avec Mahaut d'Acigné et transigea en 1280 avec Olivier, sire de Montauban, au sujet d'un droit de garde seigneuriale qui fut converti en droit de rachat dû à chaque mutation de seigneur. Guillaume de Cahideuc, son fils, perdit en 1325 sa femme, Marie du Vauferrier, et décéda lui-même dix ans plus tard. Geffroy de Cahideuc, qui lui succéda, épousa en 1331 Olive de la Morinaye, décédée au mois de mai 1349, et mourut pendant la Semaine-Sainte de 1359 ; ses premiers enfants décédèrent jeunes, et son cadet, Guillaume, devint après lui seigneur de Cahideuc ; né en 1336, il épousa en 1369 Jeanne de Trégaranteuc et fit son testament en 1377. Autre Guillaume de Cahideuc, fils du précédent, né en 1374, s'unit en 1417 à Hermine Ferrière, fille du seigneur de la Boulaye, dont il eut Charles de Cahideuc. Ce dernier épousa : 1° Isabeau d'Engoulvent et 2° Béatrice de la Noë, fille du seigneur de la Broce ; il eut un procès avec le seigneur du Breil au sujet des droits honorifiques en l'église d'Iffendic. En 1476 il était âgé de soixante ans et père de deux garçons, Jean et Gilles ; il mourut en 1489. Ce Jean de Cahideuc entra en 1512 dans l'ordre des chevaliers de Saint-Jean de Jérusalem, se distingua en 1522 au siège de Rhodes et devint commandeur du Temple de la Guerche.

Gilles de Cahideuc, son frère puîné, fut seigneur de Cahideuc et épousa en 1513 Perrine d'Erbrée, dame de la Chèze ; à cette époque il possédait en Iffendic, outre le manoir de Cahideuc, les maisons nobles de la Motte, de la Villejean et du Verger. Son fils, Raoul de Cahideuc, fut écuyer tranchant de la reine et se maria en 1527 à Louise de Lescouët.

Le fils de ces derniers, François de Cahideuc, seigneur dudit lieu, né vers 1530, épousa en 1555 Françoise de Coëtlogon, fille du seigneur de Méjusseaume. Sa femme étant morte à Cahideuc en juillet 1570, il se fit prêtre, devint grand chantre et chanoine de Rennes, puis prieur commendataire de Bécherel et de Saint-Nicolas de Montfort. Il fit son testament le 24 octobre 1579 et mourut l'année suivante ; suivant ses désirs, son cœur fut déposé dans l'église des Cordeliers de Rennes et son corps apporté en l'église d'Iffendic et inhumé près de celui de sa femme, en l'enfeu seigneurial de Cahideuc.

Arthur de Cahideuc, fils et successeur du précédent, fut fait en 1596 chevalier de l'Ordre du roi et gentilhomme ordinaire de sa chambre, en

---

1. Commune du canton et de l'arrondissement de Montfort.

récompense des services qu'il avait rendus à Henri IV pendant les guerres de la Ligue. Il épousa : 1° en août 1604, Louise de Tyvarlan, décédée à Cahideuc le 6 janvier 1615 et inhumée en l'église d'Iffendic ; 2° Jeanne de Baud, dame de Merléac, morte au manoir de Beaulieu en Bignan et inhumée en l'église de cette paroisse. Lui-même, après avoir fait son testament à Cahideuc, alla mourir à Beaulieu et fut inhumé, le 22 mai 1631, « jouxte l'autel Nostre-Dame en la nef de ladite église de Bignan ».

Sébastien de Cahideuc, seigneur dudit lieu, né en 1605, succéda à son père Arthur et épousa le 2 février 1633 Guyonne de Montbourcher, dame du Bois-de-la-Motte. Il mourut le 25 mars 1670 et sa veuve lui survécut jusqu'en 1688. Ils laissaient deux enfants : Jean-François de Cahideuc, marquis du Bois-de-la-Motte, marié en 1664 à Gillonne de Langan, fille du marquis du Boisfévrier, et Jeanne de Cahideuc, mariée en 1649 à François d'Andigné, seigneur de la Châsse.

Le marquis du Bois-de-la-Motte fut aussi seigneur de Cahideuc, mais cette terre fut saisie sur lui en 1693 ; elle fut alors probablement dégagée par sa sœur ou plutôt par le fils de celle-ci, Charles-René d'Andigné, qui la possédait en 1700.

Charles-René d'Andigné, seigneur de la Châsse, obtint du roi l'union de la châtellenie de Cahideuc à celle de la Châsse. Il épousa : 1° Jeanne de Bréhant, 2° Françoise de la Chevière, et mourut en 1729. Son petit-fils, Charles-François d'Andigné, marquis de la Châsse, lui succéda, épousa Anne Ferré de la Villèsblancs et mourut sans postérité en 1782. Le frère de ce dernier, Mgr Joseph d'Andigné de la Châsse, ancien évêque de Saint-Pol de Léon, puis de Châlon-sur-Saône, hérita de ses seigneuries et fut le dernier seigneur de Cahideuc ; il mourut en 1806 à Paris.

La seigneurie de Cahideuc, relevant du comté de Montfort, fut érigée en châtellenie par lettres patentes du roi datées du mois de décembre 1645 et données en faveur de Sébastien de Cahideuc. Plus tard, en 1707, Charles-René d'Andigné obtint l'union de la châtellenie de Cahideuc à celle de la Châsse[1].

La haute justice de Cahideuc s'exerçait à Iffendic et s'étendait surtout en cette paroisse et en celles de Saint-Maugan et de Saint-Gonlay.

Le seigneur de Cahideuc possédait en l'église d'Iffendic une chapelle dédiée à saint Éloy ; il y avait son banc, son enfeu, « ses armes et écussons à l'entour et aux vitres d'icelle », avec tous les droits honorifiques. On retrouve encore aujourd'hui en cette église les tombeaux d'un seigneur et d'une dame de Cahideuc surmontés de leurs effigies sculptées en grand relief dans le granit. Dans plusieurs endroits de l'édifice, notamment sur les colonnes de la nef et au chanceau, l'on reconnaît aussi les armoiries des sires de Cahideuc : *de gueules à trois têtes de léopard d'or lampassées de gueules* ; ils prétendaient même avoir après le comte de Montfort toutes les prééminences à Iffendic en qualité de seigneurs fon-

---

1. *Archives du parlement de Bretagne.*

dateurs et patrons. Ils avaient également des prééminences en l'église de Saint-Maugand.

Depuis longtemps déjà le manoir de Cahideuc n'est plus qu'une ferme ; il conserve néanmoins des vestiges de son importance primitive avec sa cour close de murs, son grand portail et son vieux logis couvert de blasons ; bien posé sur une colline en face du château de la Châsse, dont il n'est séparé que par une vallée profonde arrosée par le Meu, il semble encore, comme au Moyen Âge, guetter son rival, car d'après la tradition les sires de Cahideuc et de la Châsse guerroyèrent souvent l'un contre l'autre. Lorsqu'une alliance unit les deux familles au milieu du XVIIe siècle, elle mit fin à un procès qui, succédant aux coups d'épée, les divisait depuis des siècles.

Aujourd'hui Cahideuc fait partie de la terre de la Châsse et appartient au même propriétaire que celle-ci.

Champagné

e manoir de Champagné, situé en la paroisse de Gévezé[1], mais sur les limites de celle de Pacé, donna son nom à une famille portant *d'hermines au chef de gueules* ; cette noble maison produisit plusieurs branches, dont l'aînée seule s'éteignit au commencement du XVe siècle.

Dès l'an 1050 vivait Main de Champagné, et en 1096 Juhel de Champagné prit part à la première croisade ; puis vinrent en 1114 Hérion de Champagné et en 1158 Philippe de Champagné[2]. Une lacune d'un siècle se produit ensuite dans la généalogie des seigneurs de Champagné et nous n'avons pour la combler que la mention de la sépulture en la cathédrale de Rennes de Pierre de Champagné, chevalier, décédé le 23 juin d'une année inconnue, mais antérieure à 1350.

Les sires de Champagné continuèrent de prendre part aux croisades en 1391 Bertrand de Champagné, héritier de son frère aîné Alain de Champagné, tué au siège de Carthage l'année précédente, fournit à cette occasion au duc de Bretagne le minu de la terre seigneuriale de Champagné. Ce Bertrand de Champagné mourut lui-même « au saint véage d'oultre mer, et en vinrent les novelles à Rennes entre Nouel et la Chandelour l'an 1405[3] ». Il laissait veuve Sibylle de Cheveigné (fille de Guillaume, seigneur de Cheveigné), qui le suivit dans la tombe en 1415.

Bertrand de Champagné avait eu deux enfants : Alain, qui lui succéda en sa seigneurie, pour laquelle il fit hommage au duc Jean V en novembre 1405, et Tiphaine, mariée dès 1392 à Simon de Montbourcher, seigneur

1. Gevezé, commune du canton Nord-Est de Rennes.
2. Potier de Courcy, *Nobiliaire de Bretagne*. – La Chesnaye-Desbois, *Dictionnaire de la noblesse*.
3. *Archives de la Loire-Inférieure*, v° Pacé.

du Bordage¹. Mais cet Alain de Champagné n'était qu'un jeune homme placé sous la tutelle d'Alain Chouan, et il mourut à la fleur de l'âge dès l'an 1409.

La dame du Bordage, Tiphaine de Champagné, hérita de son frère et entra alors en possession des terre et seigneurie de Champagné, qui demeurèrent après sa mort, arrivée en 1418, entre les mains des sires du Bordage jusqu'en 1601. Comme nous retrouvons ailleurs ces derniers, inutile de répéter ici leurs noms.

Ce fut René de Montbourcher, seigneur du Bordage, qui vendit Champagné, à deux reprises, à François Bonnier et Julienne Busnel, seigneur et dame de la Gaudinaye, en Saint-Aubin-des-Châteaux. La première vente fut signée le 24 décembre 1593, moyennant 6,666 écus ; mais c'était une vente faite à réméré, et dès le 4 juin 1598 le sire du Bordage reprit Champagné. Peu d'années après, le 29 août 1601, René de Montbourcher vendit de nouveau et définitivement cette fois la terre seigneuriale de Champagné aux mêmes seigneur et dame de la Gaudinaye².

François Bonnier, le nouveau seigneur de Champagné, avait été anobli en 1594 par Henri IV ; de son vivant il donna Champagné à son fils aîné Jean, qui en fit hommage au roi le 18 juin 1604. Ce Jean Bonnier fut sénéchal de Rennes et s'unit à Catherine de Channé, dont il n'eut que des filles ; l'aînée de celles-ci, Julienne Bonnier, épousa Sébastien de Rosmadec, seigneur du Plessix et chevalier des Ordres du roi, et lui apporta la terre seigneuriale de Champagné ; il en rendit aveu au roi en 1639. De cette union sortit autre Sébastien de Rosmadec, marquis du Plessix, qui s'unit à Claude de Goulaine ; en 1678, ce seigneur était mort et sa veuve rendait aveu pour Champagné au nom de ses enfants mineurs, héritiers de leur mère-aïeule Julienne Bonnier. Ce fut l'aîné de ces enfants, Sébastien-Gabriel, marquis de Rosmadec, mari d'Élisabeth d'Espinose, qui vendit le 16 mars 1700 les terre et châtellenie de Champagné à Pierre Beschart et Anne de Robien, seigneur et dame du Coudray en Langouët ; ceux-ci les payèrent 28,000 livres³.

Mais Pierre Beschart, alloué au présidial de Rennes, ne jouit pas longtemps de son acquisition, car il décéda en cette ville le 1ᵉʳ mai 1708. Son fils aîné, André Beschart, lui succéda à Champagné, pour lequel il rendit aveu le 28 septembre 1708 ; toutefois, deux ans après, il était mort et la seigneurie de Champagné appartenait à sa sœur, Anne Beschart, femme de Louis-Hyacinthe de Visdelou, seigneur de la Villethéart, qui rendit à son tour aveu le 18 février 1710⁴. Cette dame était décédée elle-même en 1713 et ce fut son fils, Pierre-François de Visdelou, seigneur de la Villethéart, qui hérita de Champagné. Il mourut le 12 septembre 1754, laissant

---

1. Du Paz, *Histoire généalogique de Bretagne*, 800.
2. *Archives d'Ille-et-Vilaine*, E, 623 ; – 6 G, 6.
3. *Ibidem*, 6 G, 6.
4. *Archives de la Loire-Inférieure*, vᵒ Gevezé.

veuve Arthuze du Boisbaudry, qui, au nom de ses enfants mineurs, rendit aveu le 6 août 1755. Leur fils, François-Xavier de Visdelou, comte de la Villethéart et seigneur de Champagné, était encore en 1762 sous la tutelle de sa mère et ce fut peu de temps après que la châtellenie de Champagné fut vendue. En 1767, en effet, elle appartenait à un seigneur originaire de Normandie, M. Le Painteur de Normény, qui mourut avant 1775, laissant un fils, Luc-Arthur Le Painteur de Normény ; celui-ci fit hommage au roi en 1788 pour la seigneurie de Champagné, dont il fut le dernier possesseur ; ayant émigré, ses biens furent, en effet, vendus par la Nation en 1796.

Dans les actes des deux derniers siècles, la seigneurie de Champagné est presque constamment qualifiée de châtellenie. Il est probable qu'elle fut érigée en cette dignité par le roi vers la fin du XVIe siècle, en faveur du seigneur du Bordage qui la possédait alors ; ce dernier avait d'ailleurs trois autres vieilles seigneuries en Pacé, la Rossignolière, la Touche-Milon et Launay-Bezillart, qui formaient avec Champagné un groupe important de juridictions ; mais ces trois terres seigneuriales ne furent pas achetées en 1600 par François Bonnier ; néanmoins le titre de châtellenie demeura à Champagné.

La seigneurie de Champagné relevait directement du duc puis du roi, partie sous le domaine de Rennes, partie sous celui de Hédé ; elle se composait de plusieurs fiefs, dont les principaux étaient ceux du grand bailliage de Pacé, du Pont-de-Pacé, du bourg de Pacé, de la Motte, etc., tous en la paroisse de Pacé ; à cause de ces fiefs, le possesseur de Champagné était seigneur supérieur de l'église de Pacé ; sa haute justice s'exerçait chaque lundi en son auditoire au village du Pont-de-Pacé[1] et il y possédait la chapelle Saint-Jean, qu'il avait fondée et dotée dès 1399 ; à côté de ce sanctuaire, il tenait à la fête de la Décollation de saint Jean (29 août) une foire dont les coutumes et le bouteillage lui appartenaient. De plus, quelques tenanciers du grand bailliage de Pacé devaient, de trois ans en trois ans, au seigneur de Champagné un certain nombre de paires de gants blancs, et ceux du fief de la Brosse-Allée « un pillet de cire blanche du poids d'un quart de livre, payable le jour de la Chandeleur en l'église de Pacé, à l'endroit de la bénédiction des cierges ». Le sire de Champagné avait dans l'église de Pacé un banc à queue et deux pierres tombales au chanceau du côté de l'évangile, joignant le marchepied du grand autel, et dans la nef un autre banc devant l'autel de Notre-Dame ; sa litre entourait l'église, et ses armoiries, tantôt de *Champagné plein*, tantôt *écartelé de Montbourcher et de Champagné*, apparaissaient partout, en dehors comme en dedans, gravées dans les murailles et peintes sur les vitraux, notamment dans la jolie chapelle gothique de la Touche-Milon et dans la

---

1. Là se trouvaient aussi les ceps et colliers, et au placis de la Justice « une potence à trois pots, joignant au grand chemin de Montfort à Rennes ».

partie de l'édifice appelée les Chapelles-Neuves[1].

Outre les fiefs de Pacé, la juridiction de Champagné s'étendait en Gevezé, la Chapelle-des-Fougeretz, Cesson et Noyal-sur-Vilaine, et le sire de Champagné avait quelques prééminences en l'église de Gevezé.

Quant au domaine proche de Champagné, dès l'an 1391 il se composait du manoir de ce nom, avec ses moulins à blé et à draps sur la rivière de Flume et son moulin à vent, – du manoir de la Rossignolière – et des métairies de Champagné et de Pozé. Ce manoir de Champagné s'élevait, avons-nous dit, sur le territoire de Gevezé, et à côté se trouvait, dans un bois futaie, une motte féodale signalée encore dans l'aveu de 1708. Le manoir était tenu de la sénéchaussée de Hédé, tandis que tout ce qui se trouvait en Pacé relevait de celle de Rennes. De cet antique berceau des vaillants sires de Champagné il ne demeure aucun vestige ; depuis longtemps déjà la métairie de Champagné subsiste seule.

CHASNÉ

hasné était une des cinq châtellenies unies en 1656 pour former le marquisat du Bordage. Très ancienne seigneurie, Chasné avait pour chef-lieu le bourg de ce nom[2] ; là se trouvaient encore naguère trois mottes féodales cernées de douves, élevées près de l'église paroissiale et non loin d'une voie romaine sortant de Rennes, ce qui a fait dire à M. Bizeul que le château de Chasné avait remplacé un *castrum* gallo-romain.

De ce château, appelé au Moyen Âge la Salle de Chasné, sortirent de preux chevaliers, portant pour armes *d'azur parti d'or, au lion de l'un en l'autre*.

Dès le milieu du XIe siècle nous apparaissent Osbert et Constantin de Chasné, qui souscrivirent en 1050 à la donation de l'église de Saint-Germain-sur-Ille à l'abbaye de Saint-Florent de Saumur. Un siècle plus tard, Pierre de Chasné fit à son tour un don à l'abbaye de Saint-Melaine de Rennes dans les circonstances suivantes : il avait eu le malheur de tuer un certain chevalier nommé Haimon le Vicaire ; pour expier cette faute, il favorisa en 1187 l'entrée au monastère de Saint-Melaine d'Éven, fils de sa victime, et dota généreusement le nouveau moine. Les enfants du seigneur de Chasné, Péan et Raoul, aussi bien que Guillaume de Chasné, son frère, applaudirent à cet acte de piété[3].

La branche aînée des sires de Chasné dut s'éteindre quelque temps après, car au siècle suivant nous trouvons la seigneurie de Chasné entre

---

1. *Aveux de Champagné en 1618 et 1708.* – Le premier de ces aveux, conservé au dépôt d'archives de la Loire-Inférieure, est un beau manuscrit sur vélin enluminé des armoiries de Champagné.
2. Commune du canton de Liffré, arrondissement de Rennes.
3. Dom Morice, *Preuves de l'Histoire de Bretagne*, I, 713.

les mains des sires de Bonteville. En 1265 et 1276 nous voyons Jean de Bonteville, seigneur de Chasné, confirmer plusieurs donations faites aux religieuses de l'abbaye de Saint-Sulpice-des-Bois. Mais cent vingt ans plus tard c'est Amaury de Fontenay, sire dudit lieu et vicomte de Loyat, qui, en 1396, rend aveu au roi pour sa seigneurie de Chasné[1].

En 1427, Thomas de Québriac, seigneur dudit lieu, était en même temps seigneur de Chasné ; sa fille, Jeanne de Québriac, épousa deux ans après Bertrand de Montbourcher, seigneur du Bordage, et lui apporta la terre seigneuriale de Chasné. À partir de cette époque, Chasné demeura jusqu'au moment de la Révolution entre les mains des sires du Bordage ; il fut même uni par Charles IX en 1565 à la seigneurie du Bordage, érigée plus tard en marquisat.

La seigneurie de Chasné se composait d'un certain nombre de fiefs en la paroisse de même nom et avait la mouvance des manoirs qui s'y trouvaient, tels que la Guinardaye, la Rouelle, etc. Elle jouissait d'une haute justice, d'un droit de coutume, d'un droit de menée à la cour de Rennes et du droit d'avoir au bourg de Chasné un auditoire et des halles, et d'y tenir foires et marché. Elle avait encore un droit d'usage pour « panage, chauffage et bois à merain » dans la forêt de Rennes, et celui de faire les nouveaux mariés de Chasné courir la quintaine la première année de leurs noces. Ses vassaux étaient exempts de payer à Rennes les devoirs de coutumes.

L'abbesse de Saint-Sulpice était tenue chaque année de payer au seigneur de Chasné 12 sols de rente appelée manger « la nuit de Noël, entre la messe de minuit et celle du point du jour, au pied de la Croix Bouessée du cimetière de l'église parochiale de Chasné ». En cette même église le sire de Chasné avait les privilèges de seigneur supérieur, fondateur et prééminencier ; il y jouissait d'un banc à queue et d'un enfeu dans le chanceau et avait dans les verrières ses armoiries, qu'on y voyait encore en 1788[2] ; à cette époque on retrouvait aussi en cette église la pierre tombale d'un seigneur de Chasné présentant l'effigie d'un chevalier. Enfin, au sire de Chasné appartenait le droit d'instituer et choisir un maître d'école en la paroisse de Chasné[3].

Le domaine proche de Chasné se composait du vieux manoir de la Salle, déjà ruiné en 1541, avec la métairie du même nom, des prairies de Chasné et du moulin de Janczon sur la rivière d'Ilet. L'ensemble de cet ancien manoir, « maison, cour, portail, jardrin, verger, mottes, douves et fossez, bois anxien, rabines, estang, colombier et garaine », contenait quatre journaux de terre et le pourpris en dépendant en renfermait quinze, « lesdites douves et fossez joignant les église et cimetière d'icelle paroisse ». En 1788 on estimait la seigneurie de Chasné valoir

1. *Archives d'Ille-et-Vilaine et de la Loire-Inférieure.*
2. C'était alors le blason des Montbourcher : *d'or à trois channes de gueules.*
3. Archives de la Loire-Inférieure, v° Chasné.

55,675 livres ; mais lorsque la Nation se fut emparée de cette terre, confisquée sur le dernier marquis du Bordage émigré, elle la vendit 1,250 livres.

LA CHÂSSE

itué en la paroisse d'Iffendic[1], dans une fraîche vallée qu'arrose le Meu, le manoir de la Châsse fut le berceau d'une noble race portant son nom. En 1380 Jean de la Châsse, écuyer, figura dans plusieurs montres de l'armée du duc de Bretagne, et en 1381 Jean de la Châsse, chanoine et trésorier de Rennes, ratifia le traité de Guérande. En 1427 Louis de la Châsse habitait son manoir de la Châsse, et en 1434 il se trouvait employé à la cour du duc de Bretagne en qualité d'écuyer d'écurie. Alain de la Châsse fut en 1442 l'un des vingt archers chargés de la garde du corps du duc Jean V, récemment décédé[2]. Ce seigneur avait épousé Bertranne de Cahideuc. En 1497 Gilles de la Châsse, gentilhomme servant dans la compagnie du duc d'Orléans, combattit pour la France en Italie.

Noble homme Jean de la Châsse tenait en 1513 « les maison et manoir de la Châsse, nobles d'ancienneté ». En 1529 et 1532 Raoul de la Châsse fut député par les États de Bretagne vers le roi François Ier au sujet de l'union que ce prince voulait faire de la Bretagne à la France[3].

La branche aînée des sires de la Châsse se fondit en 1550 dans la famille d'Andigné par le mariage de Bertranne de la Châsse avec Lancelot d'Andigné, seigneur de la Grée, quatrième fils de Guillaume d'Andigné et d'Antoinette de Cancouët.

Bertranne de la Châsse apporta à son mari la terre seigneuriale de son nom ; aussi voyons-nous au temps de la Ligue le seigneur d'Andigné de la Châsse combattre en Bretagne pour le roi et s'emparer du château de Comper, appartenant aux Ligueurs. Le duc de Mercœur fut si irrité de la perte de cette forteresse qu'il envoya des troupes piller le château de la Châsse ; elles y mirent même le feu, quoique cette place fût en neutralité[4].

Jean d'Andigné, seigneur de la Châsse en 1612, fils de Lancelot et de Bertranne de la Châsse, épousa Renée Hamon, dame de Kermagaro. Leur fils François d'Andigné, reçu en 1611 conseiller au parlement de Bretagne, épousa Perronne Huby et succéda à son père en la seigneurie de la Châsse, mais il mourut en 1631, laissant trois fils, dont l'aîné, Jean-Baptiste, devint alors seigneur de la Châsse. Quant à sa veuve, Perronne Huby, elle ne mourut que le 29 novembre 1671, en odeur de sainteté, à Rennes, et fut inhumée en l'église des Carmes de cette ville dans l'habit

---

1. Commune du canton de Montfort.
2. Dom Morice, *Preuves de l'Histoire de Bretagne*, II, 247, 276 et 1261.
3. *Ibidem*, III, 789, 990 et 998.
4. Ogée, *Dictionnaire de Bretagne*, v° Iffendic.

de leur tiers ordre.

Jean-Baptiste d'Andigné, seigneur de la Châsse, reçu conseiller au parlement de Bretagne en 1633, épousa Marguerite du Garo ; il en eut François d'Andigné, seigneur de la Châsse après lui, marié en 1649 à Jeanne de Cahideuc, fille et héritière du seigneur de Cahideuc. Après la mort de ce seigneur de la Châsse, décédé en 1677, sa veuve, Jeanne de Cahideuc, renonça à sa communauté de biens, et son fils aîné, Charles-Pélage d'Andigné, n'accepta la succession de son père que sous bénéfice d'inventaire. Les terres de la Châsse et de Saint-Malon furent à cette occasion vendues 62,100 livres, et l'hôtel de la Châsse à Rennes 20,026 livres, mais ces biens furent rachetés peu de temps après.

Charles-Pélage d'Andigné, seigneur de la Châsse, mourut le 22 avril 1695 et la terre seigneuriale de la Châsse passa à son frère, Charles-René d'Andigné ; celui-ci s'unit : 1° à Jeanne de Bréhant, 2° en 1706 à Françoise de la Chevière, doublement veuve des seigneurs de la Villèsbrunes et de la Tremblaye-Mellet ; il mourut le 26 septembre 1729. Sa succession fut recueillie par ses petits-enfants, nés du mariage de son fils aîné, Jean-René d'Andigné, avec Marguerite d'Andigné de Kermagaro. L'aîné de ces enfants, Charles-François-René d'Andigné, né à Rennes en 1722, qualifié marquis de la Châsse, et reçu en 1746 conseiller au parlement de Bretagne, épousa cette même année Anne-Jeanne Ferré de la Villèsblancs ; il mourut en 1782 sans postérité et sa veuve décéda à Rennes en son hôtel, rue de la Monnaie, le 11 novembre 1785. Mgr Joseph d'Andigné de la Châsse, frère du marquis de la Châsse, fut son héritier ; né à Rennes en 1724, il avait été vicaire général au diocèse de Rouen, abbé commendataire de Notre-Dame d'Eu, puis en 1763 évêque de Saint-Pol de Léon et transféré en 1772 au siège de Chalon-sur-Saône. Il s'était démis de ce dernier évêché et vivait alors retiré à Paris. Il émigra quand vint la Révolution et revint mourir à Paris le 12 juillet 1806. La terre de la Châsse, dont il fut le dernier seigneur, fut mise nationalement en vente en 1794, mais cet essai de vente n'eut pas les résultats qu'on en attendait, et la famille d'Andigné put rentrer un jour en possession du vieux château de ses ancêtres.

Par lettres patentes datées d'avril 1613, Louis XIII accorda au seigneur de la Châsse deux foires par an, à la fête de saint Éloi d'été et à celle de sainte Madeleine, plus un marché le lundi de chaque semaine. Dix ans plus tard, de nouvelles lettres du même roi, données en août 1623, érigèrent en châtellenie la seigneurie de la Châsse, relevant en grande partie du comté de Montfort. Enfin, Louis XIV, par lettres datées d'avril 1707, unit, en faveur de Charles-René d'Andigné, capitaine au régiment de la reine, les trois châtellenies de la Châsse, de Saint-Malon et de Cahideuc en seule et même châtellenie sous le nom de la Châsse ; celle-ci étendit alors sa haute justice en dix paroisses : Iffendic, Blèruais, Saint-Malon, Saint-Maugan, Saint-Gonlay, le Boisgervily, Monterfil,

Paimpont, Saint-Jean de Montfort et Coulon[1].

À l'origine, la Châsse n'avait pas beaucoup d'importance, mais en 1642 Jean-Baptiste d'Andigné ayant acheté d'avec le duc de la Trémoille les fiefs de la Vairie d'Iffendic, s'étendant en Iffendic, Saint-Gonlay et Saint-Maugan, et faisant auparavant partie du comté de Montfort, le seigneur de la Châsse se trouva dès lors seigneur supérieur et fondateur de l'église d'Iffendic ; il y eut « tous droits honorifiques, bancs, enfeus, armoiries et autres, qui dépendaient cy-devant de la seigneurie de Montfort ».

Plus tard l'annexion des terres seigneuriales de Saint-Malon et de Cahideuc firent de la Châsse une fort belle châtellenie.

En 1682, la châtellenie de la Châsse avait comme domaine proche : le manoir de la Châsse avec sa chapelle de la Magdeleine, son colombier, ses bois, jardins, etc., – les anciens manoirs de la Couraudaye et de la Morinaye, – les métairies de la Châsse, de la Villedenaye et du Vaugracin, – plusieurs moulins à eau avec leurs étangs. À l'entrée des rabines conduisant à la Châsse s'élevaient des halles en pleine campagne ; c'est là que se tenaient les foires et marchés de la seigneurie ; à côté se trouvait un cabaret, annexe indispensable, appartenant aussi au sire de la Châsse.

Sans être un château-fort, la Châsse avait néanmoins été fortifiée au Moyen Âge, mais ses vieilles constructions n'offrent plus d'intérêt. Le propriétaire actuel, M. de Nicolay, allié aux d'Andigné, vient de construire un nouveau château dans le beau et pittoresque parc arrosé par le Meu qu'occupait l'ancien.

LE CHÂTELLIER

(en la Chapelle-Chaussée)

En la paroisse de la Chapelle-Chaussée[2], sur une colline dont un ruisseau baigne le pied, s'élevait à une époque fort éloignée de nous un château-fort appelé le Châtellier ; c'était le chef-lieu d'une seigneurie que possédait à la fin du XIVe siècle Amette de Dinan, femme de Philippe du Quelennec ; celle-ci donna en 1407 la terre seigneuriale du Châtellier à son fils, Jean du Quelennec, qui en rendit aveu en 1416. Le fils ou le frère de ce seigneur, Robert du Quelennec, devint à son tour seigneur du Châtellier, mais il mourut en novembre 1437, laissant sa femme, Catherine La Vache, tutrice de leur fils, Philippe du Quelennec. Ce dernier décéda au mois de mars 1476, ayant un fils mineur nommé François du Quelennec, au nom duquel fut rendu aveu pour le Châtellier le 3 mai 1479. Mais à cette époque cette seigneurie se trouvait divisée ; le seigneur de Beaufort avait hérité d'une partie des fiefs du

---

1. *Archives du parlement de Bretagne.*
2. Commune du canton de Bécherel, arrondissement de Montfort.

Châtellier, qu'il transmit à sa fille, Michelle de Châteaubriant, femme de Michel Ferron, seigneur de la Marre. Cette dame mourut en janvier 1471, laissant un fils, Briand Ferron, qui dut mourir jeune ; Michel Ferron se remaria alors avec Bricette de Tréal et décéda le 3 septembre 1500 ; son fils, Raoul Ferron, issu de sa seconde union, fut à son tour seigneur de la Marre et du Châtellier ; il épousa : 1° Jacquemine Le Prévost, 2° Magdeleine de Lespinay, qu'il laissa veuve en mars 1542 ; cette dame, mère et tutrice de Gilles Ferron, rendit aveu au roi en 1544 pour ses fiefs du Châtellier. Mais à la même époque François Thierry, seigneur du Boisorcant, possédait le moulin et la terre seigneuriale du Châtellier, pour lesquels il fit une déclaration au roi en 1541[1].

Au XVIIe siècle, Georges de Talhouët, seigneur de Keravéon, était possesseur de la châtellenie du Châtellier, qu'il vendit à Françoise Le Mintier, femme de Jean de Rollée, seigneur du Boislouët, maître d'hôtel du roi Louis XIII, capitaine de ses gardes, gouverneur de Fougères et de Saint-Brieuc. Ceux-ci eurent une fille, Louise de Rollée, morte en 1655, qui eut en partage le Châtellier, et dont les héritiers mirent en vente cette terre. Mais la mère de la défunte, Françoise Le Mintier, alors remariée à Jacques Le Gonidec, seigneur des Aulnays, racheta le Châtellier en 1656 et en rendit aveu en 1665 ; elle le laissa en mourant à son frère, Thébaud Le Mintier, seigneur de Carmené. Après le décès de ce dernier, la terre et seigneurie du Châtellier furent mises en vente et achetées, le 28 février 1695, par Jacques-Renaud de la Bourdonnaye, seigneur de Blossac, qui acquit en même temps la châtellenie de la Crozille et un peu plus tard, en 1707, celle de Bazouge-sous-Hédé. Depuis lors et jusqu'à la Révolution, les seigneurs de Blossac, que nous connaissons, possédèrent le Châtellier.

Qualifiée de châtellenie dans les actes des deux derniers siècles, la seigneurie du Châtellier avait une haute justice et se composait de fiefs s'étendant en sept paroisses : la Chapelle-Chaussée, Langouët, Saint-Brieuc-des-Iffs, Tinténiac, Vignoc, Saint-Symphorien et Saint-Gondran. Cette juridiction relevait directement du roi et s'exerçait à Hédé ; ses fourches patibulaires s'élevaient au champ du Gibet en Saint-Brieuc-des-Iffs, mais ses ceps et collier pour punir les blasphémateurs se trouvaient au bourg de la Chapelle-Chaussée. Plusieurs terres nobles, telles que la Talmachère, la Couesplaye, la Bougraye, la Ronceraye, etc., relevaient de la châtellenie du Châtellier, qui donnait aussi à son possesseur les droits de seigneur supérieur et prééminencier en l'église de Saint-Brieuc-des-Iffs, et le droit d'avoir un enfeu, un banc et ses armoiries au chanceau de l'église de la Chapelle-Chaussée[2].

Le domaine proche se composait de la métairie du Châtellier et du moulin à eau de même nom, – de la forêt de Nidecor, contenant en 1519 environ 300 journaux de terre, et « au joignant d'icelle forest d'une motte

---

1. *Archives de la Loire-Inférieure*, v° La Chapelle-Chaussée.
2. *Ibidem*.

de terre appelée le Chasteau de Maugis, à présent (en 1665) demoly, avec encore quelques douves », – enfin, du manoir seigneurial de Lalleu, que les Le Mintier avaient réuni à leur terre du Châtellier. Terminons en disant que la seigneurie du Châtellier était tout entière tenue en juveignerie de la châtellenie de Hédé[1].

LE CHÂTELLIER

(en Cornuz)

a terre seigneuriale du Châtellier en la paroisse de Cornuz[2] a donné son nom à une vieille famille noble portant : *de gueules au dextrochère mouvant du côté senestre, tenant une fleur de lis d'argent accompagnée de quatre besants de même, un en chef, deux en flancs et un en pointe.*

Le premier auteur connu de cette famille est Alain du Chastellier, vivant au commencement du XIVe siècle et époux de Mahaud de Derval. Georges du Chastellier, leur fils, épousa vers 1375 Jeanne de la Fontaine. Pierre Ier du Chastellier, fils de ces derniers et seigneur du Châtellier en 1427, contracta deux alliances : 1° avec Jacquette d'Acigné, 2° avec Ambroisine de Sévigné. Jean Ier du Chastellier, issu du premier mariage, s'unit : 1° à Marie de Saint-Aubin, 2° à Henriette de Parthenay. Ce fut encore du premier lit que sortit le fils des précédents, Olivier Ier du Chastellier, seigneur dudit lieu, qui se maria avec Marguerite Jarret, fille du seigneur de Trozé. Cet Olivier du Chastellier fit son testament le 16 octobre 1511, ordonnant qu'on l'inhumât au chanceau de l'église Saint-Pierre de Cornuz, du côté de l'évangile, là où furent déposés ses prédécesseurs[3].

Son fils aîné, Guillaume du Chastellier, en 1513 seigneur dudit lieu, épousa Macée de Corpsnuds, héritière de sa maison, et en eut Jean qui suit. Jean II du Chastellier, seigneur du lieu, se présenta aux montres de 1541 « bien monté et armé en estat d'archer ; » il déclara tenir 350 livres de revenu noble et assura que son frère juveigneur, Patry du Chastellier, avait reçu de lui moyen de bien vivre[4]. Chevalier des Ordres du roi, Jean II épousa Jacquemine du Préauvé, veuve de Julien de la Magnane, qui apporta de grands biens dans sa maison. Pierre II du Chastellier, leur fils, aussi chevalier de l'Ordre du roi et seigneur du Châtellier et du Préauvé, suivit le parti du roi pendant les troubles de la Ligue ; soupçonné néanmoins de quelque attachement pour le parti du duc de Mercœur, il vit son manoir du Châtellier saccagé et brûlé par les royaux ; il faillit

1. *Archives nationales*, P, 1613.
2. Commune du canton de Janzé, arrondissement de Rennes.
3. *Généalogie manuscrite de la famille du Chastellier.*
4. *Ms. de Missirien* (Bibliothèque de Rennes).

même perdre la vie aux barricades élevées à Rennes en 1589[1]. Ce seigneur épousa Nicole Angier, fille du seigneur de Crapado, qui lui apporta la châtellenie de Châteaubriant-à-Piré ; il mourut en 1614.

Olivier II du Chastellier, seigneur dudit lieu, chevalier de l'Ordre du roi et fils des précédents, s'unit à Suzanne Uguet, qui était en 1624 veuve de lui et tutrice des enfants qu'il lui laissait. L'aîné de ceux-ci, Charles Ier du Chastellier, seigneur dudit lieu, épousa Jacquemine Denyau, fille du seigneur de la Cochetière ; il fut reçu en 1645 conseiller au parlement de Bretagne et rendit en 1652 aveu au roi pour sa terre du Châtellier[2]. Il laissa deux garçons qui lui succédèrent l'un après l'autre, Jacques du Chastellier, reçu en 1660 conseiller au parlement de Bretagne, décédé vers 1667 sans postérité, et Charles II du Chastellier, qui s'unit en 1673 à Françoise Le Febvre de Laubrière. Cette dame était en 1691 veuve et tutrice de sa fille unique, Charlotte du Chastellier, née à Rennes le 21 décembre 1678 ; celle-ci épousa Donatien-Rogatien Angier de Lohéac, marquis de Crapado et seigneur de la Chauvelière, lui apporta la seigneurie du Châtellier et mourut en 1765. De cette union ne sortit qu'une fille, Charlotte Angier de Lohéac, dame du Châtellier, qui épousa le 22 avril 1746, en la chapelle du manoir de la Chauvelière en Joué, Jean-Amaury de Goyon, comte de Nort, autorisé par le roi à prendre le nom et les armes d'Angier de Lohéac. Ce seigneur rendit aveu au roi en 1776 pour la châtellenie du Châtellier, mais il la vendit peu après, le 10 octobre 1777, à Claude-Alexandre de Guerry, seigneur du Boisguerry et conseiller au parlement de Bretagne.

Quand vint la Révolution, le Châtellier fut confisqué par la Nation sur les deux frères émigrés, Claude-Joseph et Claude-Thomas de Guerry ; mise alors en vente, cette terre ne fut achetée qu'en 1800 par Mme de Bruc, née Marie-Vincente de Guerry. Actuellement, la famille de Bruc continue de posséder et d'habiter cette belle propriété.

La châtellenie du Châtellier – telle qu'elle fut érigée par lettres patentes d'Henri III datées du mois d'avril 1579 – se composait de quatre grands bailliages subdivisés en une douzaine de fiefs s'étendant en Cornuz, Piré, Amanlis et Chanteloup ; ces bailliages se nommaient le Châtellier, Cornuz, Châteaubriant-à-Cornuz et Châteloger-à-Cornuz ; sa haute justice s'exerçait au bourg de Cornuz, où se trouvaient l'auditoire et les halles de la seigneurie, car le sire du Châtellier avait droit de marché et de foire, et tenait notamment la foire de la Saint-Pierre à Cornuz. Il avait aussi des droits de supériorité et de fondation en l'église de cette paroisse ainsi qu'en la chapelle des Trois-Maries, qui subsiste dans le bourg ; dans ces deux sanctuaires étaient ses bancs et enfeus au chanceau. On voit encore dans la chapelle des Trois-Maries les tombes des de Guerry, derniers seigneurs du Châtellier. Un aveu de 1560 nous apprend d'ailleurs que le

---

1. Dom Morice, *Preuves de l'Histoire de Bretagne*, III, 1696, 1732.
2. *Archives de la Loire-Inférieure*, v° Cornuz.

seigneur du Châtellier était alors tenu de « fournir et entretenir en la chapelle des Trois-Maries une lampe devant l'autel et image des Trois-Maries[1] ».

Le domaine proche de la châtellenie se composait : « du chasteau du Chastellier, entouré de douves et pont-levis, avec terrasse flanquée à ses angles de quatre tours servant de chapelle, colombier, cabinet d'archives et logement de domestique », – des métairies de la Porte, de la Pommeraye, de la Lande et de Montaigu, des moulins du Châtellier et du Plantis, etc.[2]

Ce vieux château du Châtellier demeure toujours debout, avec sa terrasse et ses tourelles ; admirablement posé sur une éminence, il domine tous les alentours et présente au visiteur un pittoresque aspect.

LE CHÂTELLIER

(en Vieuxviel)

V oyez Bréhant, page 67.

CHÂTELOGER

a vieille seigneurie de Châteloger, au pays de Rennes[3] semble avoir été créée par un chevalier du nom d'Oger, mais les plus anciens titres la concernant, quoiqu'ils datent du XIIIe siècle, nous la montrent dès cette époque aux mains d'une vaillante famille appelée Raguenel.

Robin Raguenel, sénéchal de Rennes en 1297, conseiller et chambellan des ducs Jean II, Arthur II et Jean III, mourut en 1320 ; nous avons un sceau de ce chevalier en 1283, portant son blason : *écartelé d'argent et de sable, au lambel de l'un en l'autre*. Il avait épousé une dame nommée Eustachie, et de concert avec elle il fonda en 1304 la chapellenie de Notre-Dame du Pilier en la cathédrale de Rennes. Cette Eustachie, dame de Châteloger[4], n'avait-elle pas apporté à son mari la seigneurie de ce nom ?

La chose n'est point invraisemblable ; peut-être était-elle la dernière des Oger. Toujours est-il que les deux époux furent inhumés dans l'enfeu qu'ils s'étaient préparé en l'église Saint-Pierre de Rennes.

Ils eurent pour fils Robin Raguenel – surnommé le Jeune parce qu'il se distingua dans les armes du vivant de son père – et pour petit-fils autre

---

1. *Archives d'Ille-et-Vilaine*, E, 136 et 243.
2. *Archives nationales*, P, 1714.
3. Dans la commune de Saint-Erblon, canton Sud-Ouest de Rennes.
4. *Obiit domina Eustachia domina de Castro-Ogerii, uxor domini Robini Raguenel qui dedit*, etc. (*Nécrol. Sancti Petri Redon*).

Robin Raguenel, seigneur de Châteloger, qui épousa Jeanne de Dinan, vicomtesse de la Bellière. Ce dernier fut, dit du Paz, « chevalier fort renommé ès armes », suivit le parti de Charles de Blois et fut en 1350 l'un des héros bretons du combat des Trente. Il eut pour enfants Guillaume Raguenel, tué à la bataille d'Auray en 1364, marié à Jeanne de Montfort, – et Tiphaine Raguenel, première femme de Bertrand du Guesclin.

Guillaume Raguenel, vicomte de la Bellière et seigneur de Châteloger, laissa en mourant ces seigneuries à son fils, Jean Raguenel Ier. Celui-ci fut l'un des plus vaillants compagnons de du Guesclin, qu'il suivit en Espagne ; il épousa Jeanne Couppu, dame de la Couppuaye, décédée le 26 juillet 1406, et « s'en alla mourir lui-mesme au lict d'honneur, à la bataille d'Azincourt, le 25 d'octobre l'an 1415, au service du roi de France[1] ». Jean Raguenel II, fils du précédent, présenta au duc le 2 mai 1417 le minu de sa seigneurie de Châteloger, « parce que dempuis la bataille d'Azincourt, à laquelle fut son père, on n'a ouï nouvelle de luy et on en présume plus la mort que la vie ». Il épousa Jeanne de Malestroit, dame dudit lieu, et mourut le 25 novembre 1436, – et non pas en 1417, comme le dit du Paz, – laissant veuve la dame de Malestroit[2].

Jean Raguenel III présenta en 1436 le minu de sa seigneurie de Châteloger et succéda à son père ; mais il prit le nom de sa mère et devint sire de Malestroit à la mort de celle-ci, décédée en 1470. Il épousa Gillette de Châteaugiron et ne laissa qu'une fille, Françoise Raguenel, dite de Malestroit, qui épousa un puissant seigneur, Jean sire de Rieux.

À la mort de Jean Raguenel III, survenue la veille de Noël 1471, sa fille devint dame de Châteloger, mais elle mourut elle-même le 18 janvier 1479, laissant à son tour ses seigneuries à sa fille, Françoise de Rieux, encore mineure ; le sire de Rieux rendit aveu pour Châteloger, au nom de cette enfant, en 1482[3]. Françoise de Rieux épousa François de Laval, baron de Châteaubriant, qui décéda en 1503 ; elle lui survécut vingt-neuf ans et ne mourut à Châteaubriant que le 30 octobre 1532. Elle laissait Châteloger à son fils, Jean de Laval, baron de Châteaubriant et lieutenant général du roi en Bretagne. Ce grand seigneur, époux de la célèbre Françoise de Foix, n'eut point d'enfant à lui survivre et décéda le 11 février 1543 ; sa cousine, Anne de Montejean, femme de Jean sire d'Acigné, hérita de Châteloger.

Le fils de cette dernière, autre Jean sire d'Acigné, lui succéda en qualité de seigneur de Châteloger ; il épousa Jeanne du Plessix et mourut le 7 décembre 1573, ne laissant qu'une fille, Judith d'Acigné, qui épousa Charles de Cossé, comte de Brissac, auquel elle apporta la terre de Châteloger. Charles de Cossé rendit aveu pour cette seigneurie en 1581, mais il perdit sa femme le 11 janvier 1598, et Châteloger devint alors la propriété

---

1. Du Paz, *Histoire généalogique de Bretagne*, 147.
2. Dom Morice, *Preuves de l'Histoire de Bretagne*, II, 1298.
3. *Archives de la Loire-Inférieure*, v° Saint-Erblon.

de son fils aîné, François de Cossé, baron de Châteaugiron et plus tard duc de Brissac. Ce dernier épousa Guyonne Ruellan, fille du baron du Tiercent, et en eut Louis de Cossé, duc de Brissac et seigneur de Châteloger, époux de Marguerite de Gondy.

Ce furent ces derniers qui, habitant leur château de Brissac en Anjou, vendirent le 24 mars 1657, au prix de 150,000 livres, la châtellenie de Châteloger à François du Chastellier et Louise de Perrien, seigneur et dame de la Haultaye, habitant leur manoir du Hautbois en Moulins.

Mais à la mort de M. et Mme du Chastellier, les terre et seigneurie de Châteloger furent saisies par leurs créanciers et vendues judiciairement, le 23 mai 1682, à Théodore de Béringhen, conseiller au parlement de Paris. Toutefois les enfants des défunts, Pierre du Chastellier, seigneur de la Haultaye, et Louise du Chastellier, femme d'Henri Angier, seigneur de Crapado, retirèrent par prémesse, le 5 avril 1686, une partie de cette terre seigneuriale, dont ils jouirent par indivis. À la mort de Pierre du Chastellier, tué à la guerre en Allemagne le 13 août 1704, Châteloger demeura à sa sœur, Mme de Crapado, qui en fit aveu au roi en 1705 ; cette dame mourut elle-même le 20 avril de la même année[1], laissant Châteloger à son fils, Anonyme Angier, seigneur de Crapado.

Mais les enfants du Chastellier n'avaient pu racheter en 1686 qu'une portion de la châtellenie de Châteloger, c'est-à-dire l'ancien château et la métairie de ce nom, les moulins et quelques fiefs[2]. Ce fut aussi tout ce que vendit M. de Crapado à Gédéon du Boys, seigneur de Mesneuf, qui revendit à son tour cette terre et cette seigneurie, le 7 mars 1749, à Françoise de la Bourdonnaye, veuve de François Le Maistre, comte de la Garlaye. Cette dame étant morte sans postérité le 8 février 1767, son frère, Louis-Charles de la Bourdonnaye, comte de Montluc, hérita d'elle et devint seigneur de Châteloger, mais il mourut le 15 juillet 1775, laissant ses seigneuries à son fils, Charles-Sévère de la Bourdonnaye, marquis de Montluc, époux de Renée-Julie de Berthou. Ceux-ci ayant émigré, la terre de Châteloger fut mise en vente par la Nation et achetée en 1796 par Julie Magon de la Gervaisais, parente des derniers seigneurs ; c'est ainsi que Châteloger put être rendu à la famille de la Bourdonnaye de Montluc, qui le possède encore.

Châtellenie d'ancienneté relevant directement du duc puis du roi,

---

1. Elle était âgée de soixante ans et fut inhumée le lendemain en l'église Saint-Étienne de Rennes.
2. Le reste de la châtellenie fut conservé par Mme de Béringhen et vendu par ses héritiers après sa mort, vers 1742 ; il y eut encore alors morcellement des fiefs de Châteloger : Étienne Thiroux de Saint-Cyr, seigneur de la Fontaine en Cornuz, en acheta une partie que son fils, Étienne-Gédéon, possédait en 1784 ; Louis-René de Caradeuc de la Chalotais, avocat général au parlement, en acheta une autre qu'il unit à sa terre du Plessix de Vern ; enfin, Mlle de Châteauletard-Mellet acquit elle-même un fief qui lui donnait en 1767 un droit de haute justice à Saint-Erblon.

Châteloger, au xve siècle, ne s'étendait pas dans moins de vingt-six paroisses : Saint-Erblon, Vern, Bourgbarré, Saint-Armel, Tresbœuf, Nouvoitou, Venèfles, Noyal-sur-Seiche, Arbrissel, Châteaugiron, Noyal-sur-Vilaine, Coësmes, la Couyère, Brie, Piré, Amanlis, Cornuz, Chantepie, Saulnières, Chaumeré, Chanteloup, Châtillon-sur-Seiche, Le Sel, Domagné, Toussaints et Saint-Germain de Rennes. La haute justice de Châteloger avait ses fourches patibulaires dressées sur la lande de Morihan. Ce gibet était commun alors aux seigneuries de Châteloger et de Poligné, qui furent longtemps dans les mêmes mains.

Le sire de Châteloger avait des droits de coutumes à Saint-Erblon, au pont de Vaugon entre Vern et Noyal, à Saint-Armel et à Chaumeré, – un droit de pêche en la rivière d'Ize, depuis Mesneuf jusqu'à la Seiche, au pont de Vaugon, et la moitié des pêcheries de Châteauletard, – droit de lever des dîmes de blé, de vin et de lin en Vern et Cornuz, – droit de fours à ban et pressoirs banaux en Saint-Erblon, Châtillon et Vern, – droit de bouteillage en Saint-Armel et Chanteloup, – droit de faire courir quintaine les nouveaux mariés des paroisses de Piré et Chaumeré, – droit de supériorité et fondation dans les trois églises paroissiales de Saint-Erblon, Vern et Chanteloup, – droit de chapelle prohibitive avec banc et enfeu dans la cathédrale de Rennes et droit d'en présenter le chapelain, etc.

Le domaine proche de Châteloger était également considérable en ce même xve siècle ; en voici le résumé :

« Les hostel, manoir, colombier, mestairie et appartenances de Chasteaulogier, contenant par fonds 40 journaux, et avec l'estang dudit lieu, les prez, bois et garennes, environ 200 journaux, – les hostel, manoir, colombier et metterye de Lourmays, contenant 40 journaux, plus le pré de la Motte, – le manoir de Pouez et la motte dudit lieu, avec son étang, – les moulins à eau de Blochet et de Brays sur la rivière d'Ize, – celui de Piré et la moitié du revenu du moulin de Châteauletard, – les moulins à vent de Chaumeré et du Sel, – les fours et pressoirs banaux de Saint-Erblon et de Vern, bois de Chasteaulogier, de Lourmays, d'Ercé, de la Morlays, du Chalonge, de Pouez, de la Prise, du Pin, etc.[1] »

Mais après son démembrement en 1686, la châtellenie de Châteloger se trouva bien réduite ; voici ce que conservèrent les du Chastellier et ce que possédait encore en 1789 le dernier seigneur, M. de la Bourdonnaye de Montluc :

« Les anciennes mazières du manoir de Chasteloger, tout en ruisne depuis un temps immémorial, l'emplacement du chasteau et la fuie servant actuellement de cave », – la métairie de Châteloger, – les moulins de Brays et de Blochet, – les bois de Lourmais, d'Ercé et de la Morlaye, – les bailliages de Châteloger, du bourg de Saint-Erblon, du Clos-Guinel et des Prises d'Ercé, s'étendant en Saint-Erblon, Châtillon et Bourgbarré, et donnant à leur possesseur une haute justice et les droits de fondation,

---

1. *Aveux de Châteloger en 1436 et 1468.*

prééminence, banc et enfeu dans l'église de Saint-Erblon[1].

Actuellement, il ne reste plus à Châteloger qu'une métairie et de vastes mottes de terre qui indiquent l'emplacement du château des Raguenel.

Châtillon-en-Vendelais

L'histoire des origines de Châtillon-en-Vendelais[2] est un roman d'amour. Tristan, fils et successeur de Riwallon, premier seigneur de Vitré[3], vit ses chevaliers se révolter contre lui et, avec l'aide du duc de Bretagne, s'emparer de ses châteaux et le chasser de sa terre. Mais cette mésaventure se tourna pour lui en bonne fortune. Il était allé chercher un refuge chez le sire de Fougères, appelé Main, son parent, qui le reçut fort bien, prit fait et cause pour lui et lui donna moyen de faire la guerre au duc de Bretagne.

« Or – nous disent les vieilles Chroniques de Vitré – avoit celuy Main, seigneur de Foulgères, une sœur nommée Inoguen, belle à merveille, laquelle aima Tristan de Vitré et, désirant l'avoir à époux et non aultre, révéla le secret de son cœur à son frère Main, qui de ce requit Tristan. – Tristan, en s'excusant, répondit qu'il étoit deshérité et n'avoit terre où il la pût mener quand il l'auroit épousée. Adonc Main lui promit en dot de mariage avec ladite Inoguen sa sœur tout ce qu'il avoit en Vendelais outre le fleuve de Coaynon (c'est-à-dire au Sud du Couesnon). Quand Tristan se vit ainsi pressé et requis, il considéra la grâce que lui avoit faicte ledit Main, ainsi ne l'osa refuser, mesmement pour l'honneur et la beauté de la damoiselle, et la print à femme avec celui dot qui lui fut assis et baillé... Et en icelle partie de Vendelais que Main donna à Tristan en mariage, fit ledit Main construire et fermer (fortifier) un chasteau pour Tristan, moult fort et defensable, en un plessix, lequel, pour ce qu'il étoit du dot de ladite Inoguen, fut en après appelé le Plessix-Inoguen[4]. »

« C'est ce même château qui depuis s'est appelé Châtillon-en-Vendelais, dont on voit encore les ruines près du bourg de ce nom, trois lieues au Nord de Vitré. De là Tristan continua avec avantage la lutte contre ses vassaux révoltés et rentra en pleine possession de l'héritage paternel. Il gagna donc à cette révolte une charmante femme et un beau fief, le Vendelais, qui ajouta quinze à seize paroisses à la baronnie de Vitré[5]. »

Tant que subsista la maison de Vitré, Châtillon demeura uni à la baronnie ; il subit ensuite le sort de cette terre quand Philippette de Vitré l'apporta, en 1251, à son mari, Guy, sire de Laval ; mais leur petit-fils,

---

1. *Ibidem, en 1746 et 1776.*
2. Commune du canton Est de Vitré.
3. Tristan fut baron de Vitré de 1030 à 1045 environ.
4. Le Baud, *Chroniques de Vitré*, 8.
5. De la Borderie, *Revue de Bretagne et Vendée*, XVIII, 437.

André de Laval, reçut en partage en 1292, comme cadet, la châtellenie de Châtillon, qui demeura par suite distraite de la baronnie de Vitré pendant près de deux siècles. Cet André de Laval, sire de Châtillon, épousa Eustachie de Bauçay ; il était mort en 1356, et son fils aîné, Jean de Laval, lui succéda à Châtillon. Celui-ci suivit le parti de Charles de Blois, fut fait prisonnier à la bataille d'Auray et mourut en 1398 ; il fut inhumé en la collégiale de son château de Montsurs. Il avait épousé Isabeau de Tinténiac, dame dudit lieu et de Bécherel.

Jeanne de Laval, fille des précédents et dame de Châtillon, épousa d'abord Bertrand du Guesclin, dont elle n'eut pas d'enfant, puis Guy, comte de Laval. De cette dernière union naquit Anne de Laval, dame de Laval, Vitré, Châtillon, etc., qui s'unit en 1404 à Jean de Montfort, à condition qu'il prit le nom et les armes de Laval et devint le comte Guy XIII[1].

L'un des enfants puînés de ce dernier seigneur, Louis de Laval, eut en partage la châtellenie de Châtillon, mais il mourut sans postérité le 18 août 1489, et sa seigneurie fut recueillie par son neveu, Guy XV, comte de Laval, qui en rendit aveu en 1494 et la réunit définitivement à sa baronnie de Vitré.

À partir de ce moment les seigneurs de Châtillon furent les barons de Vitré, dont la suite se retrouve ailleurs.

Le château de Châtillon était une place très forte dont nous n'entreprendrons point l'histoire ; il fut plusieurs fois assiégé, notamment en 1591 ; à cette époque le prince de Dombes s'en empara, mais deux ans plus tard les États de Bretagne refusèrent de participer à l'entretien de la garnison de Châtillon et demandèrent, au contraire, la démolition de cette forteresse ; à leur prière, Richelieu la fit abattre en 1623. Toutefois ils n'obtinrent le consentement du baron de Vitré que moyennant une indemnité de 30,000 livres qu'ils lui versèrent[2].

La haute justice de Châtillon s'étendait, avons-nous dit, dans une quinzaine de paroisses ; elle avait droit de « foires et marchés, péages et bouteillages, guet et garde » dans les trois paroisses de Châtillon, Étrelles et Dompierre-du-Chemin. Le seigneur de Châtillon avait aussi, le jour Saint-Georges, un droit de quintaine sur tous les nouveaux mariés de Châtillon et d'Étrelles ayant couché dans ses fiefs la première nuit de leurs noces[3].

Les mouvances nobles de la châtellenie de Châtillon étaient assez considérables ; huit hautes justices et autant de moyennes en relevaient. Quant au domaine proche, il ne se composait plus, depuis la ruine du château, que de ce qui suit : la métairie de la Teillaye en Luitré, – l'étang et

---

1. Le Père Anselme, *Histoire des Grands Officiers*, III, 629.
2. *Archives d'Ille-et-Vilaine*, C, 2643 et 2650. – En 1687, « le lieu où estoit le chasteau de Chastillon » fut afféagé à Pierre Chevrier.
3. *Ibidem*, fonds de Vitré.

les trois moulins de Châtillon, – les moulins de Guéret et de la Loirie en Billé, – et le moulin de Galachet en Javené[1].

« Châtillon-en-Vendelais a, en effet, un étang magnifique, l'un des plus grands de Bretagne, long de près d'une lieue, découpé en forme de feuille de chêne, bordé de côteaux boisés qui lui font une pittoresque ceinture. Tout près de l'étang se dresse une haute colline, abrupte et rocheuse, au sommet de laquelle un long pan de mur, coiffé de lierre, se découpant sur le ciel, semble la gigantesque silhouette d'une vigie féodale qui surveille, immobile, le lac immense, la vallée profonde, et domine tout le pays d'alentour. C'est un débris du château de Châtillon. Il reste encore quelques tours tronquées et une salle souterraine dont la voûte en pierre repose sur une seule colonne, placée au centre. À en juger par ces ruines, il y a lieu de croire que la construction détruite en 1623 datait en majeure partie du XIVe siècle[2]. » Elle avait remplacé la forteresse primitive du Plessix-Inoguen.

Chaudebœuf

haudebœuf, « Eschaudebouff », comme on disait au Moyen Âge, est un vieux manoir en Saint-Sauveur-des-Landes[3], converti maintenant en maison d'asile pour les vieillards pauvres. Son premier possesseur semble avoir été Pinel, fils d'un certain Hermeniot, prêtre, qui, vers le milieu du XIe siècle, prit part à la fondation du prieuré de Saint-Sauveur-des-Landes ; ce Pinel figure dans une charte de 1040. Hamelin Pinel, probablement son fils, fut l'un des quatre barons que le sire de Fougères produisit comme garants de sa bonne foi dans un engagement qu'il contracta avec l'abbaye de Marmoutiers, en 1096. Plus tard, ce seigneur de Chaudebœuf renonça à l'un des deux dîners que lui devaient les moines de Saint-Sauveur-des-Landes, mais conserva l'exemption du devoir de coutume que ceux-ci avaient précédemment accordé à ses vassaux de Chaudebœuf se trouvant au bourg de Saint-Sauveur[4]. Le sceau d'Hamelin Pinel nous a été conservé ; il porte *quatre burelles chargées d'une bande*.

En l'an 1401, Jean Pinel, seigneur de Chaudebœuf, rendit aveu pour cette terre à la baronnie de Fougères ; en 1432, il était âgé de soixante-six ans et il dut avoir pour fils et successeur autre Jean Pinel, qui rendit aveu en 1460 et épousa Jeanne Le Sénéschal. Georges Pinel était seigneur de Chaudebœuf en 1482 ; l'année suivante, il fut choisi par le duc François II pour prendre place parmi les chevaliers chargés de défendre la ville de Fougères, et en 1484 Pierre Pinel figura également au nombre des

---

1. Abbé Pâris-Jallobert, *Journal historique de Vitré*, 204 et 371.
2. De la Borderie, *Bretagne contemporaine*, Ille-et-Vilaine, 104.
3. Commune du canton Sud de Fougères.
4. Dom Morice, *Preuves de l'Histoire de Bretagne*, I, 825.

défenseurs du château de Saint-Aubin-du-Cormier.

François Pinel, probablement frère de Georges, car il était fils de Jean Pinel, tenait la seigneurie de Chaudebœuf en 1513 ; il vint en robe à la montre de 1541, « présenta pour luy Jehan Crocq, sieur de Mésaubouin, bien monté et armé, en estat d'homme d'armes, accompagné de deux hommes à cheval, un coustilleux et un page » ; il déclara avoir un revenu noble de 330 livres, 11 sols et fit le serment requis[1]. Ce François Pinel épousa Jeanne Le Bouteiller et mourut en 1574, comme le porte l'inscription de sa pierre tombale placée dans l'église de Saint-Sauveur-des-Landes : *Cy gist messire François Pinel, chevalier de l'Ordre du roy, vivant seigneur de Chaudebœuf, fondateur de cette église, décédé le 1ᵉʳ jour de décembre 1574*[2].

René Pinel, seigneur de Chaudebœuf, fils des précédents et né en 1530, fut créé par le roi chevalier de son Ordre en 1578 ; il épousa 1° en 1566 Jeanne de Froulay, fille du comte de Tessé ; 2° après 1588 Jeanne de Launay, veuve de Léon de la Haye-Saint-Hilaire. Il habitait Chaudebœuf en 1599 et dut mourir avant 1614, car à cette époque son fils, Briand Pinel, paraît comme seigneur de Chaudebœuf. Ce Briand, à son tour qualifié en 1618 chevalier de l'Ordre du roi[3], fut gentilhomme ordinaire de sa chambre ; il épousa Jacquemine du Parc, et en 1643 rendit aveu pour Chaudebœuf. Sa femme décéda en 1648, et l'on voit encore en l'église de Saint-Sauveur sa sépulture, portant ces mots : *Cy gist le corps de noble damoiselle Jacquemine du Parc, dame de Chaudebœuf, décédée le 18 juillet 1648*. Ils semblent n'avoir eu qu'une fille, Anne Pinel, mariée en 1630 avec un seigneur normand, Charles Mallet, seigneur de la Bermondière. Briand Pinel, dernier mâle de sa race, ne mourut, dit M. Maupillé, qu'en 1677, ce qui semble difficile à croire, car la seigneurie de Chaudebœuf fut vendue avant 1652, et M. Maupillé dit lui-même[4] qu'elle ne le fut qu'après sa mort. Toujours est-il que la terre et châtellenie de Chaudebœuf furent achetées par Michel Porée, seigneur du Parc, sénéchal de Saint-Malo, anobli pour ses services en 1624 et mari de Servanne Cheville.

Le nouveau seigneur de Chaudebœuf rendit dès 1652 aveu au roi pour cette châtellenie, qui passa peu après à ses petits-fils, enfants de Nicolas Porée du Parc. Celui-ci, reçu conseiller au parlement de Bretagne en 1636, avait épousé en 1639 Julienne du Guesclin et était mort le 30 juin 1643. Sa veuve rendit aveu en 1662 pour Chaudebœuf, au nom de son fils Nicolas-René Porée, dont elle était tutrice ; mais il paraît que cet enfant mourut jeune, car ce fut son frère Michel qui devint seigneur de Chau-

---

1. *Ms. de Missirien* (Bibliothèque de Rennes.)
2. *Archives d'Ille-et-Vilaine*, 6 G, 5.
3. De Carné, *Les chevaliers bretons de Saint-Michel*, 303.
4. *Notices sur les paroisses des cantons de Fougères*, 193.

debœuf[1].

Michel Porée du Parc entra au parlement de Bretagne à l'âge de vingt ans ; il épousa Catherine Couriolle, dame de Launay-Romelin, qui décéda à l'âge de soixante ans, le 13 mars 1713, et fut inhumée le lendemain en l'église Saint-Germain de Rennes, où sa famille avait un enfeu. Lui-même mourut à Rennes le 28 mai 1717 et reçut la sépulture près de sa femme, à Saint-Germain[2]. Son cœur fut toutefois apporté dans la chapelle de Chaudebœuf, où il repose encore sous une table de marbre présentant cette inscription : *Cy dessous repose le cœur de messire Michel du Parcq-Porée, chevalier, seigneur du Parcq, Chaudebœuf, Launay-Roumoulin, etc., cy devant conseiller au parlement de Bretagne, décédé le 28 mai 1717, âgé de 77 ans ; priez Dieu pour son âme.*

Leur fils aîné, Gilles-Pierre Porée du Parc, maréchal des camps et armées du roi et chevalier de Saint-Louis, devenu seigneur de Chaudebœuf, en rendit aveu en 1718. Il épousa Jeanne-Catherine Le Lièvre de la Villeguérin, fille d'un avocat général au parlement de Bretagne. Les deux époux firent en 1721 une fondation pieuse en l'église de Saint-Sauveur-des-Landes ; ils moururent, Gilles Porée le 9 juin 1729 et sa veuve en 1742.

Ils laissaient Chaudebœuf à leur fils aîné, Louis-René-François du Parc-Porée, reçu en 1740 avocat général au parlement de Bretagne en place de son oncle, Jacques-Eusèbe Le Lièvre de la Villeguérin. M. du Parc-Porée ne vendit cet office qu'en 1779, à M. Loz de Beaucours. Lors des troubles parlementaires, il fut en 1766 chassé de Rennes et exilé à sa terre de Chaudebœuf[3]. Il fut le dernier seigneur de cette châtellenie, car il vivait encore quand éclata la Révolution. Après sa mort, arrivée au commencement de ce siècle, la terre de Chaudebœuf fut acquise par le chevalier de la Haye de Saint-Hilaire, dont la veuve et légataire a, dans ces dernières années, donné le château aux religieuses Adoratrices de la Justice divine pour y établir un hospice[4].

La seigneurie de Chaudebœuf fut érigée en châtellenie pour René Pinel, par lettres de Henri IV datées de mars 1593 et enregistrées au parlement de Bretagne en 1595[5]. Elle donnait à son possesseur droit de haute justice dans les fiefs de sa dépendance, s'étendant en Saint-Sauveur-des-Landes, Vieuxvy, Saint-Léonard et Saint-Sulpice de Fougères, – droit de prééminence, comme seigneur fondateur, de prières nominales, de lizière

---

1. Il est fait mention dans les titres du prieuré de Saint-Sauveur d'un acte d'acquisition de la terre de Chaudebœuf, en date du 13 août 1672, par M. du Parc-Porée. Cela fait supposer que le premier Michel Porée n'avait acheté avant 1652 qu'une partie de la châtellenie, ou que celle-ci avait été reprise pendant quelques années par Briand Pinel ou ses héritiers.
2. Registes des sépultures des paroisses de Rennes.
3. Frédéric Saulnier, *Malouins et Malouines*, 6.
4. Maupillé, *Notices sur les cantons de Fougères*.
5. *Archives du parlement de Bretagne.*

armoriée, de banc et de pierres tombales[1], tant dans le chanceau que proche les autels, dans l'église de Saint-Sauveur, – droit de prendre un dîner au prieuré du lieu, lequel dîner, à l'origine, devait être servi droit pour sept personnes et cinq chevaux, – droit d'avoir en l'église Saint-Sulpice de Fougères une chapelle prohibitive, avec enfeu et banc à queue, dite chapelle de Saint-Guillaume ou de Chaudebœuf, – droit d'avoir ses armoiries à la troisième vitre, côté de l'épître, de l'église Saint-Léonard de Fougères, – droit d'enfeu en l'église conventuelle des Récollets de Fougères, droit d'avoir, le 1er janvier, une messe chantée à son intention, avec diacre et sous-diacre, en la chapelle Saint-Yves du collège de Fougères, etc[2].

Le domaine proche de la châtellenie, assez peu considérable, ne se composait que du manoir de Chaudebœuf, – des Moulins-Pinel sur la rivière de Minette – et des métairies de Chaudebœuf, Villeneuve, la Bouverie et la Dreurie.

En 1540 s'élevait encore près du manoir de Chaudebœuf une motte féodale qui, croyons-nous, n'existe plus. Ce manoir est une vaste construction des siècles derniers, avec pavillons, cernée de douves ; à l'intérieur, on remarque de belles boiseries présentant les armoiries des Porée du Parc : *de gueules à la bande d'argent, chargée de trois merlettes de sable*.

De la chapelle primitive, construite dans la cour du manoir, il ne reste qu'une jolie porte de style ogival fleuri, dont le fronton, fâcheusement brisé, portait le blason des Pinel de Chaudebœuf : *d'azur à trois pommes de pin renversées d'or, 2, 1*, différent, comme l'on voit, de celui d'Hamelin Pinel en 1214. Relevée presqu'entièrement au XVIIIe siècle, cette chapelle vient d'être assez maladroitement restaurée. Les avenues de chênes séculaires qui conduisaient naguère au vieux manoir ont également disparu, et Chaudebœuf n'a vraiment plus l'air que d'un vulgaire hospice.

.

---

1. Un aveu de 1559 mentionne jusqu'à sept tombes appartenant au sire de Chaudebœuf « à l'endroit d'un autel, du costé droit, où se dit la messe paroissiale », ce qui prouve qu'à cette époque le seigneur de Chaudebœuf ne jouissait pas encore du chanceau, réservé au prieur de Saint-Sauveur.
2. *Archives de la Loire-Inférieure*, v° Saint-Sauveur-des-Landes.

CHAUVIGNÉ

La seigneurie de Chauvigné[1] est qualifiée, dans l'aveu de 1603 et dans les déclarations subséquentes, de « baronnie sortie de celle de Fougères[2] ». On ne peut pas néanmoins la placer au nombre des véritables baronnies, vu sa médiocre importance, mais il est peut-être convenable de la mettre parmi les châtellenies.

Chauvigné était certainement une fort ancienne seigneurie, qui donna son nom à une famille noble disparue depuis des siècles et dont nous ne connaissons qu'un membre, Raoul de Chauvigné, qui, en 1356, scella un acte de son sceau portant *quatre fusées en fasce accompagnées en chef de trois mouchetures d'hermines*[3]. Il est vraisemblable que cette famille de Chauvigné habitait un château dont on retrouve l'assiette – composée de mottes entourées de douves – sur une lande voisine d'un village appelé le Châtel en Chauvigné.

Durant le XVe siècle la famille Le Gris remplaça celle de Chauvigné, probablement éteinte, et posséda la seigneurie de ce nom. En 1435, 1455 et 1470 nous voyons « noble écuyer Jehan Le Gris, seigneur de Chauvigné », rendre aveu au baron de Fougères pour les fiefs de sa seigneurie ; mais en 1513 Pierre Quesnel (alias du Quesnel), « demeurant ès parties de la Normandie », possédait la seigneurie de Chauvigné « en Bretaigne proche Antrain », pour laquelle il rendit aveu en 1545[4]. Plus tard, en 1603, nous trouvons Chauvigné entre les mains des barons de Bonnefontaine en Antrain, et dès lors, jusqu'à son extinction, cette seigneurie demeura entre leurs mains ; les de la Marzelière, de Coëtquen et de la Motte de Lesnage, successivement possesseurs de Bonnefontaine, devinrent ainsi seigneurs de Chauvigné.

La seigneurie de Chauvigné se composait en 1470 « de fiefs et arrière-fiefs » en Chauvigné, Saint-Marc-le-Blanc, le Tiercent, Tremblay, Baillé et Bazouges-la-Pérouse ; elle avait un droit d'usage dans la forêt de Villecartier et jouissait d'une haute justice ; enfin, elle tenait trois foires aux bourgs de Chauvigné et de Saint-Georges, le jour de la Mi-Carême et aux fêtes de saint Georges (23 avril) et de la Transfiguration (6 août).

En 1603 le seigneur de Chauvigné avait les droits de prééminence et de fondation dans les deux églises paroissiales de Chauvigné, Notre-Dame et Saint-Georges ; dans cette dernière on retrouve encore les pierres sculptées présentant en bannière le blason des sires de Bonnefon-

---

1. Commune du canton d'Antrain, arrondissement de Fougères.
2. Avant de relever de Fougères, Chauvigné n'aurait-il point fait partie de la baronnie d'Aubigné ? Il est difficile de répondre à cette question, mais il est certain que nous voyons, au XIIe siècle, Guillaume, sire d'Aubigné, agir en seigneur dans toute la paroisse de Chauvigné.
3. Dom Morice, *Preuves de l'Histoire de Bretagne*, I, n° 262 des planches.
4. *Archives de la Loire-Inférieure*, v° Chauvigné.

taine et formant jadis une litre seigneuriale autour de l'édifice. Le seigneur de Chauvigné avait, en outre, dans les deux sanctuaires ses bancs à queue et ses enfeus, dont quelques pierres tombales subsistent toujours.

Le recteur de Chauvigné tenait son presbytère de ce seigneur et il lui devait à cause de cela chaque année, le jour du Sacre, avant la procession, « un chapeau de roses » et 5 deniers.

Le tenancier d'une maison du bourg de Chauvigné devait à son seigneur et à sa femme « une mesure d'avoine pour leur cheval ou haquenée toutes fois qu'ils viennent à la messe à l'église dudit bourg ».

Enfin, le possesseur d'un jardin sis au bourg de Saint-Georges était tenu d'offrir au seigneur de Chauvigné « 2 deniers et deux bouquets de fleurs le jour Saint-Georges avant la procession[1] ».

Quant au domaine proche de la seigneurie de Chauvigné, l'*Aveu* de 1545 ne mentionne que les trois moulins à blé et à draps de Boismine sur la rivière de Minette et un bois taillis contenant 70 journaux ; l'*Aveu* de 1603 y ajoute les métairies de la Barbotaye, la Fauvelaye et les Juandreries ; enfin, l'*aveu* de 1784 nomme comme faisant partie de la « baronnie de Chauvigné » les manoirs du Brimblin en Chauvigné, de Vaublin et de Lourmais en la Fontenelle, et de la Coquillonnaye en Tremblay[2] ; mais il est évident que ces terres avaient été annexées récemment à la seigneurie de Chauvigné.

LA CHESNAYE

La Chesnaye était un petit manoir noble situé en la paroisse de Parigné[3] et appartenant en 1513 à Gilles Boylet. Il fut, parait-il, vendu quelque temps après, et retiré par prémesse par Jeanne Boylet, femme de Pierre Harpin, seigneur des Coudrais, qui prit alors le titre de seigneur de la Chesnaye. En 1531 ce seigneur habitait la Chesnaye et se trouvait âgé de cinquante-huit ans ; en 1540, étant devenu veuf, il rendit aveu à la baronnie de Fougères, au nom de ses enfants mineurs, pour « la salle et la métairie de la Chesnaye ». L'année suivante, écuyer Pierre Harpin présenta pour lui à la montre des nobles Gilles Guillon, « monté et armé en estat d'archer » ; il déclara en même temps n'avoir que 120 livres de revenu noble.

Le 27 juin 1548 Jean Harpin et Françoise Le Jeune, sa femme, firent hommage au roi pour leur terre de la Chesnaye.

Un an après, Jacques Harpin, seigneur de la Chesnaye, fit le 18 juin 1549 aveu au roi pour cette même terre, qu'il dit tenir de la succession de ses père et mère. Il épousa Jeanne du Hallay, dont il eut François Harpin, reçu en 1568 conseiller, puis en 1581 président à mortier au parlement de

---

1. *Ibidem.*
2. *Ibidem.*
3. Commune du canton Nord de Fougères.

Bretagne.

Ce François Harpin, seigneur de la Chesnaye, était aussi en 1579 « conseiller au conseil privé du roi et maître des requêtes ordinaires de son hôtel » et chevalier de l'Ordre du roi. Il mourut le 17 octobre 1607, âgé de soixante-sept ans, et sa veuve, Thomasse Champion, fit déposer son cœur dans la chapelle Saint-André de la cathédrale de Rennes, sous un petit monument orné d'une longue inscription latine. Quant à son corps, il fut inhumé dans l'enfeu que le roi lui avait concédé au chanceau de l'église Saint-Léonard de Fougères.

Perronnelle Harpin, fille du précédent, avait épousé Pierre de Malenoë, seigneur dudit lieu ; elle hérita de la châtellenie de la Chesnaye, pour laquelle son mari et elle firent hommage au roi en 1618. Pierre de Malenoë, chevalier de l'Ordre du roi, né en 1581, mourut le 22 décembre 1636, laissant pour successeur son fils Jacques de Malenoë, également chevalier de l'Ordre du roi, époux de Léonore du Bellay. Ce fut ce dernier seigneur qui vendit 100,000 livres, le 14 octobre 1655, la châtellenie de la Chesnaye à Marguerite Bidé, veuve de Jean Geffelot, seigneur des Alleux, et à son fils aîné, Sébastien Geffelot, aussi seigneur des Alleux et conseiller au parlement de Bretagne.

Le nouveau seigneur de la Chesnaye en fit hommage au roi en 1663 ; il avait épousé en 1659 Calliope de Tanouarn et mourut à Rennes le 22 mai 1689, âgé de soixante ans ; son corps fut inhumé en l'église Saint-Étienne de cette ville. Son fils aîné, Joseph-Charles Geffelot, devint alors seigneur de la Chesnaye ; il épousa Françoise de Botherel et mourut en 1740. François Geffelot, fils du précédent, fit hommage au roi en 1747 pour sa châtellenie de la Chesnaye ; il épousa : 1° Françoise du Bois-Le-Bon, qui mourut au manoir de Marigné le 23 octobre 1749 ; 2° Jeanne-Françoise de la Roche-Saint-André, qui ne décéda également à Marigné qu'en 1801. Son fils et successeur, François-Jean Geffelot, fit hommage au roi pour la Chesnaye en 1784 ; il avait épousé en 1780 Marie-Anne de Châteaubriand, fille du comte de Combour. Quand vint la Révolution, ce dernier seigneur de la Chesnaye resta en France, habitant tantôt Paris, tantôt Marigné, ce qui empêcha la Nation de confisquer et de vendre ses terres. Sa veuve, connue sous le nom de Mme de Marigny, est morte centenaire à Dinan, vers 1860 ; c'était la sœur du grand écrivain Châteaubriand, qui vint parfois séjourner chez elle à Marigné, où son souvenir subsiste encore.

La terre de la Chesnaye en Parigné avait par elle-même peu d'importance, mais François Harpin, étant en même temps possesseur des terres nobles des Coudrais en Villamée et de Marigné en Saint-Germain-en-Coglais, obtint de Charles IX l'union de ces trois seigneuries et leur érection en châtellenie sous le nom de la Chesnaye, avec haute justice. à trois piliers. Les lettres royales d'érection, datées d'octobre 1572, furent enregistrées au parlement de Bretagne le 12 février 1574[1].

La châtellenie de la Chesnaye avait des fiefs en dix paroisses : Parigné, Saint-Germain-en-Coglais, Villamée, Montours, Poilley, Montault, le Châtellier, Louvigné-du-Désert, Lecousse et Saint-Léonard de Fougères. Sa haute justice s'exerçait à Fougères.

Le seigneur de la Chesnaye avait droit de tenir au village de Querrée en Saint-Germain-en-Coglais, autour de la chapelle de Notre-Dame, un marché tous les vendredis et quatre foires par an, le lendemain des foires se tenant à Fougères à la Chandeleur, à la Pentecôte, à la Magdeleine et à la fête de saint Léonard. Il avait, en outre, droit à deux autres foires en la même paroisse de Saint-Germain, sur le placis de la chapelle du manoir de Marigné, l'une le jour Saint-Jacques (1er mai) et l'autre le jour Saint-François (4 octobre) ; les coutumes levées à ces foires et marchés lui appartenaient. Le Dimanche-Gras, ce seigneur pouvait « faire ses vassaux de Parigné jeter et courir la soule en la prée de la Menselle, contenant 8 journaux et sise près de son manoir de la Chesnaye », après avoir toutefois fait avertir lesdits vassaux au prône de la grand-messe de Parigné[2].

Le seigneur de la Chesnaye se disait fondateur de l'église de Villamée, où il avait ses banc, enfeu et lisière, et de la chapelle Saint-Jacques de Marigné, considérée par lui comme une fillette de l'église de Saint-Germain ; on voit encore dans ce petit sanctuaire les armoiries des Harpin, ses fondateurs : *d'argent à l'aigle impériale de sable*. Il avait aussi reçu, en 1578, du roi Henri III, baron de Fougères, un droit d'enfeu dans le chœur de l'église Saint-Léonard de Fougères, à gauche du maître autel, avec banc à queue et accoudoir dans la nef de la même église[3].

Voici quel était en 1579 le domaine proche de la châtellenie de la Chesnaye :

Le manoir de la Chesnaye en Parigné, avec ses tours, cour, douves, colombier, bois, rabines, etc., – le manoir de Marigné en Saint-Germain-en-Coglais, avec ses tours et tourelles, chapelle, colombier, étang et moulin, etc., – le manoir des Coudrais en Villamée, avec colombier, bois, étang et moulin, – les métairies de la Chesnaye en Parigné, de la Sensie et du Rocher de la Gelinaye en Saint-Germain, de la Retenue et du Bas-Coudray en Villamée, – le moulin de la Roullaye en Montours[4].

Après l'érection de la Chesnaye en châtellenie, les seigneurs du lieu fixèrent leur résidence à Marigné, dont le manoir fut construit à cette époque tel qu'il subsistait encore en 1832. Ce vieux logis fit alors place à la maison actuelle, qui occupe le centre d'un joli parc ; cette belle propriété est habitée par la famille de Pommereul, à laquelle elle appartient.

---

1. *Archives du parlement de Bretagne.*
2. *Archives de la Loire-Inférieure*, v° Parigné.
3. Maupillé, *Notices historiques sur les cantons de Fougères*, 73.
4. *Archives de la Loire-Inférieure.*

CHEVRÉ

« La seigneurie de Chevré – en la paroisse de la Bouëxière[1] – est très belle et ancienne ; elle fut autrefois baillée en partage par un duc de Bretagne au sire de Vitré en tous droits de chastellenie, bois, estangs, moulins et forests qui peuvent composer et décorer une belle terre[2]. »

Chevré semble avoir fait partie de la baronnie de Vitré dès l'origine de cette dernière seigneurie, créée au XIe siècle par le duc Geoffroy Ier en faveur de Riwallon. Les barons de Vitré furent constamment seigneurs de Chevré et ce n'est pas ici qu'il convient d'établir leur filiation. Ils construisirent à Chevré un château dont il reste encore partie d'un donjon fort antique, de forme extérieure carrée mais circulaire à l'intérieur ; à côté se dresse aussi un pan de muraille qui n'offre pas moins de quatre mètres d'épaisseur ; le tout s'élève sur une motte de terre, à la façon des forteresses du XIe siècle, au bord d'un vaste étang et au centre d'une belle forêt. Si les ruines du château ne sont pas plus considérables, c'est que pendant des siècles l'on s'en est servi comme d'une carrière. L'*État* de la baronnie de Vitré dressé en 1764 parle, en effet, du « vieux donjon d'un chasteau qui estoit près la ville de Chevré, duquel on tire la pierre nécessaire pour la reparation de la chaussée du moulin ».

Ce qu'on continue d'appeler la ville de Chevré n'est plus qu'un village composé de vieilles maisons dont beaucoup ne sont point dépourvues d'intérêt ; on y trouve notamment plusieurs hôtels avec tourelles, et à l'intérieur des logis de fort jolies cheminées sculptées. Dans la grand-rue est encore l'auditoire où s'exerçait la haute justice de la châtellenie ; à côté se trouvait la prison. Une partie de ces constructions date de la Renaissance, mais le plus grand nombre appartient aux XVIIe et XVIIIe siècles. Si l'on en croit la tradition, la ville de Chevré a remplacé au Moyen Âge la cité gallo-romaine de Gannes, cependant il faut avouer que l'existence de cette dernière reste problématique ; toutefois, l'on retrouve à Chevré un chemin pavé qui semble bien être l'ancienne voie romaine allant de Rennes à Lisieux.

Chevré était d'ailleurs, au Moyen Âge, le centre d'un commerce assez considérable pour qu'en 1237 le duc de Bretagne dût – sur les plaintes du baron de Vitré – changer le jour d'un marché qu'il venait de créer à Saint-Aubin-du-Cormier, parce que le marché de Chevré se faisait « *ab antiquo* » le mardi de chaque semaine.

L'église de Chevré, dédiée à saint André, n'est pas moins antique ; c'est un édifice de style roman, ajouré de meurtrières, qui peut, en partie, remonter au XIe siècle ; on y retrouve encore à l'intérieur, peintes sur les murailles, les armoiries des barons de Vitré, seigneurs de Chevré.

1. Commune du canton de Liffré, arrondissement de Rennes.
2. *Archives d'Ille-et-Vilaine*, fonds de Vitré.

Enfin, il existe à Chevré un superbe pont gothique à sept arches ogivales, unique dans notre contrée et remontant vraisemblablement au XIIIe siècle. Sous ce pont, formant le déversoir de l'étang de Chevré, sont des pêcheries habilement pratiquées dans le granit : « Quatorze petites portes basties dans la chaussée du pont ferment à clef par le moyen d'une muraille où y a une autre porte par laquelle on va auxdites ouvertures qu'on appelle les Pescheries ». Ce pont et ces pêcheries offrent d'ailleurs le plus pittoresque aspect les eaux de l'étang, retenues à plusieurs mètres au-dessus du cours de la petite rivière qui s'en échappe, retombent en cascades à travers des quartiers de rocs et des bouquets de verdure.

La châtellenie de Chevré s'étendait dans une douzaine de paroisses : Acigné, la Bouëxière, Broons, Champeaux, Dourdain, Izé, Livré, Marpiré, Noyal-sur-Vilaine, Servon et Saint-Jean-sur-Vilaine[1]. De cette seigneurie relevaient les hautes justices du Gué de Servon et de Tastoux, et la moyenne justice de la Bouëxière.

La forêt de Chevré dépendait de la seigneurie de ce nom ; « les usagiers de ladite forest sont tenus disent tous les aveux faire la hue lorsqu'il plaist à Monseigneur (le baron de Vitré) de chasser ès dites forests, parce que les officiers (dudit Monseigneur) sont tenus icelle hue faire bannir le soir devant (ladite chasse) et sont tenus le lendemain les venir quérir jusques à Chevré et les mener jusques où les rets et toiles sont tendus pour prendre les bestes, et à deffault desdits usagiers de s'y trouver, lesdits officiers peuvent incontinent prendre et exécuter des biens des deffaillants jusqu'à 12 deniers[2]. »

C'était aussi aux usagers de la forêt de Chevré qu'incombait le devoir de transporter le gibier pris ou tué en ces chasses ; toutefois ils n'étaient pas tenus de le porter jusqu'au château de Vitré, il leur suffisait de le remettre en la paroisse de Champeaux aux gens du baron de Vitré.

Saisis sur le dernier baron de Vitré, dont l'infortuné prince de Talmont était le fils, les biens composant le domaine proche de la châtellenie de Chevré furent – sauf la forêt réunie à celle de Rennes – vendus nationalement ; l'église avec son cimetière, les ruines du château, l'auditoire et la prison, l'étang et le moulin furent adjugés à plusieurs moyennant 71,475 livres.

La Clarté

a seigneurie de la Clarté en la paroisse de Cornillé[3], fief de haubert, qualifié même de châtellenie, avait au Moyen Âge une importance qu'elle ne conserva point aux derniers siècles. En 1546, on voyait encore au bourg de Cornillé ses ceps et collier pour pu-

---

1. *Archives d'Ille-et-Vilaine*, C, 1818.
2. *Ibidem*, fonds de Vitré.
3. Commune du canton Ouest de Vitré.

nir les malfaiteurs, et sa juridiction ne s'étendait pas dans moins de neuf paroisses : Cornillé, Torcé, Saint-Aubin-des-Landes, Saint-Didier, Broons, Châteaubourg, Servon, Saint-Jean-sur-Vilaine et Louvigné-de-Bais[1]. Aux États de Bretagne tenus à Vannes en 1451 et 1455, le sire de la Clarté siégeait parmi les bannerets du duché.

Il est vraisemblable que cette seigneurie donna son nom à la famille de la Clarté, qui portait pour armes : *vairé d'or et de sinople*. Toutefois le premier seigneur de la Clarté venu à notre connaissance est Jean Le Vayer, seigneur de Coësmes, qui ratifia en 1381 le traité de Guérande, épousa en 1391 Marguerite Rogier de Beaufort et vivait encore en 1405. Sa fille, Mahaud Le Vayer, s'unit à Hardouin, baron de Maillé en Touraine, et lui apporta entre autres seigneuries celle de la Clarté. Ils eurent un fils, nommé aussi Hardouin, baron de Maillé et seigneur de la Clarté en 1446, qui avait épousé Perronnelle d'Amboise, fille du vicomte de Thouars.

Par contrat du 2 septembre 1448, Mahaud de Maillé, fille des précédents, épousa Jean Anger, seigneur du Plessix-Anger, et lui apporta en dot 500 livres de rentes assises sur les terres et seigneuries de la Clarté, de Brétignolles et de la Fresnaye[2]. De cette union sortit François Anger, seigneur du Plessix-Anger et de la Clarté, qui contracta mariage avec Jeanne du Pont, fille du baron de Pont-l'Abbé ; il en eut une fille, Marie Anger, épouse de Jean de Maure, sire des Brieux, mais morte en couches en 1497. Le fils de ces derniers fut François, seigneur du Plessix-Anger et plus tard sire de Maure, possédant en 1513 le manoir seigneurial de la Clarté. Du mariage de François de Maure avec Hélène de Rohan naquit Jeanne de Maure, mariée en 1538 à Jean du Quellenec, baron du Pont et de Rostrenen ; celle-ci reçut de ses père et mère 2,000 livres de rentes assises sur les terres de la Clarté, Brétignolles, etc.[3]

Le 14 août 1546, les deux nouveaux époux rendirent aveu au baron de Vitré pour leur seigneurie de la Clarté, comprenant de nombreux fiefs, – le manoir de la Clarté avec sa chapelle, un étang, une vigne, un bois et une retenue de 40 journaux de terre, – la métairie de la Clarté, – l'étang et le moulin du Moulin-Chaussée en Châteaubourg, etc.

Jeanne de Maure était protestante, et des témoins déposèrent plus tard qu'elle habitait son manoir de la Clarté avec ses enfants et qu'elle venait parfois en l'église de Cornillé assister au prêche. Elle le faisait faire par un ministre qu'elle amenait avec elle et faisait monter en chaire, usant du droit que lui donnait la qualité de son fief d'y faire exercer son culte.

Ses enfants étaient au nombre de trois, un garçon et deux filles : Charles du Quellenec, qui épousa Catherine de Parthenay, dame de Soubise, et prit le nom de sa femme, Jeanne et Marie du Quellenec. Le 25

---

1. *Archives d'Ille-et-Vilaine*, fonds de Vitré.
2. Du Paz, *Histoire généalogique de Bretagne*, 661.
3. *Ibidem*, 652.

avril 1571, Charles de Parthenay, baron du Pont et de Soubise, vendit à Jean, sire d'Espinay, sa seigneurie de la Clarté. Il paraît toutefois que Jeanne du Quellenec, sœur du vendeur et femme de Charles de Beaumanoir, vicomte du Besso, conserva quelques fiefs de la seigneurie de la Clarté, car nous voyons en 1578 Samuel de Beaumanoir et en 1606 Marguerite de Beaumanoir, sa fille, prendre le titre de seigneur et dame de la Clarté ; comme ces derniers possédaient aussi la seigneurie de Gazon en Pocé, ils durent unir leurs fiefs à cette dernière terre.

Du reste, les sires d'Espinay, après avoir uni eux aussi quelques fiefs de la Clarté à leur terre d'Espinay, ne conservèrent pas le manoir ; le 9 février 1606 Charles, marquis d'Espinay, revendit la Clarté à Jean Busnel, seigneur de la Touche en Louvigné-de-Bais, avec ce qui restait encore de fiefs en Cornillé. En 1625 mourut Jean Busnel, laissant la Clarté à son fils, René Busnel, grand prévôt de Bretagne, qui vendit à son tour cette terre à deux marchands de Vitré, Robert Saisbouët et Olivier Courgeon. Ceux-ci en rendirent aveu au baron de Vitré en 1627. Dix ans plus tard, le manoir de la Clarté appartenait à Perrine Saisbouët, veuve d'Olivier Courgeon, et à Joachim de Gausserand, mari de Perrine Courgeon. Enfin moururent en Cornillé, en 1697, Henri de Gausserand, mari d'Étiennette Martin, et en 1739 Paul de l'Espine, l'un et l'autre qualifiés seigneurs de la Clarté ; ce dernier habitait la Clarté et avait épousé en 1711 Renée de Legge, qui vivait encore avec ses enfants en 1750. Mais lorsqu'en 1625 René Busnel avait vendu la terre de la Clarté, il s'était réservé les prééminences en l'église de Cornillé, qui échurent en 1654, après sa mort, à son fils, Georges Busnel. Ces prééminences avaient donné lieu, quelques années auparavant, à une histoire de banc seigneurial assez curieuse par laquelle nous terminerons cette notice.

Lorsqu'en 1606 Jean Busnel eut acheté la seigneurie de la Clarté, il s'empressa de remplacer dans le chanceau de l'église de Cornillé le banc de cette terre, tout vermoulu et abandonné depuis longtemps, par un autre banc flambant neuf. Cet acte exaspéra la dame de la Bichetière, Jeanne de Kermainguy, femme de René de Guéheneuc, accoutumée à jouir des prééminences de Cornillé en l'absence des seigneurs de la Clarté.

« Le samedi 18 mars 1606, veille de Pâques fleuries, elle arriva à cheval à Cornillé, accompagnée d'une femme de chambre et de trois hommes inconnus portant armes à feu, épées et dagues, munis de haches, marteaux, tenailles, et autres instruments qui pendaient à l'arçon de leurs selles. Elle pénétra dans l'église à l'issue du service du matin, en grande fureur et prononçant des paroles hautaines, monta au chanceau et frappa à coups de hache le nouveau banc que le sieur Busnel y avait fait mettre, disant qu'elle ne voulait qu'elle à le rompre, et néanmoins se fit aider par les hommes qui l'accompagnaient, lesquels le mirent en pièces, qu'ils jetèrent hors de l'église, dans le cimetière.

« Jeanne de Kermainguy prit un de ces débris, disant qu'elle voulait porter ce morceau à son mari pour faire montre de son exécution. Elle ajouta que si le menuisier qui avait fait ce banc était de la paroisse, elle le ferait larder à coups d'épée avant de s'en aller ; qu'elle était de la maison de Cornillé et qu'il en coûterait la vie de cinquante hommes et la sienne plutôt que de souffrir qu'il y ait en cette église un banc au-dessus du sien[1]. »

Condamnée par le présidial de Rennes au rétablissement de ce banc et à 200 livres d'amende, Jeanne de Kermainguy en appela au Parlement, qui rejeta son appel.

LA CLAYE

a seigneurie de la Claye en la paroisse de la Boussac[2] donna son nom à une famille représentée en 1282 par Alain de Claye, ou plutôt de la Claye, seigneur dudit lieu[3], qui fit alors un accord avec le prieur du Brégain, petit monastère voisin de son manoir, au sujet des dîmes de la Boussac. Ce seigneur avait une femme nommée Aliette qui consentit à cette transaction. Il est aussi fait mention en 1392 d'un chevalier nommé Oudart de Claye, mais nous ne savons pas s'il était de la même famille que le précédent ; le sceau de cet Oudart de Claye présentait un écu *écartelé*, tenu par deux lions et ayant pour cimier une tête de pucelle[4].

Du Paz nous apprend que vers la fin du XIVe siècle la seigneurie de la Claye appartenait à Aliette de Mutelien, qui l'apporta à son mari, Alain Boutier, seigneur de la Motte-Boutier. De cette union sortit Jeanne Boutier, dame de la Claye, qui épousa Jean Ier de Beaumanoir, vicomte du Besso, vivant en 1419.

Les sires de Beaumanoir du Besso possédèrent ensuite la Claye pendant près de deux siècles. Jean II épousa Amette du Boishamon, qui mourut veuve en 1455. Jean III, vivant en 1428, s'unit à Jeanne de la Berue, dame dudit lieu, dont il eut Brient de Beaumanoir, vicomte du Besso et seigneur de la Claye, qui épousa en 1458 Marie du Creux et décéda l'an 1485. Gilles de Beaumanoir, leur fils, également seigneur du Besso et de la Claye, se maria avec Jacquemine du Parc et mourut en 1498. Ce seigneur laissait deux fils qui lui succédèrent l'un après l'autre : François de Beaumanoir, l'aîné, chambellan du roi Louis XII, mort sans postérité le 25 novembre 1509, et Charles de Beaumanoir, vicomte du Besso, qui possédait en 1513 la seigneurie de la Claye. Celui-ci laissa de sa femme Isabeau Busson, dame de Gazon, plusieurs enfants. Le troisième de ses fils, Gilles de Beaumanoir, se destina d'abord à l'état ecclésiastique et de-

---

1. *Appendice aux Additions de la Généalogie de Cornulier*, 223.
2. Commune du canton de Pleine-Fougères, arrondissement de Saint-Malo.
3. *Alanus de Claye dominus de Claya* (Dom Morice, *Preuves de l'Histoire de Bretagne*, I, 1065).
4. Dom Morice, *Preuves de l'Histoire de Bretagne*, II, 616.

vint protonotaire apostolique ; mais plus tard il embrassa le protestantisme et se maria avec Suzanne de Poix ; il en eut Samuel de Beaumanoir, seigneur de Gazon et de la Claye, qui épousa Marie d'Antraigues. Cette dame était en 1600 veuve et tutrice de sa fille Marguerite de Beaumanoir, qui épousa Philippe du Matz, seigneur de Montmartin et gouverneur de Vitré ; celui-ci mourut au château de Terchant, au Maine, le 23 avril 1639, et fut inhumé à Vitré ; sa veuve décéda également à Terchant le 13 novembre 1647.

Deux ans avant de mourir, le 7 août 1645, Mme du Matz avait vendu sa terre seigneuriale de la Claye à Michel Porée, seigneur du Parc et de la Bardoulaye. Celui-ci rendit aveu en 1650 au sire de Combour pour la Claye, qu'il laissa à sa petite-fille, Marie Porée, issue du mariage de son fils, Nicolas Porée du Parc, décédé en 1639 conseiller au parlement de Bretagne, avec Julienne du Guesclin. Marie Porée, dame de la Claye, épousa, par contrat du 1er janvier 1656, Joachim Descartes, seigneur de Kerléau et conseiller au parlement ; les deux époux rendirent aveu pour la Claye en 1668. Leur fils, François-Joachim Descartes, seigneur de Kerléau et conseiller au parlement, épousa Françoise Goret, veuve de Louis de Tréméreuc. Cette dame n'eut pas d'enfants, et François-Joachim Descartes, ayant aliéné les biens propres de sa femme, fut obligé à la mort de celle-ci de rapporter aux héritiers une somme de 48,000 livres, valeur des aliénations ; il céda, entre autres terres, pour se libérer, celles de la Motte et de la Claye, qui furent attribuées à sa belle-sœur, Marguerite Goret, mariée le 6 juin 1676 à Claude-Judes du Breil, seigneur du Chalonge[1].

Ce seigneur du Chalonge étant mort en 1689 et sa femme quelques années plus tard, la terre de la Claye passa à leur fils aîné, Jean-Baptiste du Breil, seigneur du Chalonge, mari de Louise Ferré de la Villèsblancs, qui la possédait en 1734 ; mais six ans plus tard cette seigneurie appartenait, en 1740, à Toussaint-Nicolas du Breil, neveu du précédent seigneur[2].

Toussaint-Nicolas du Breil, fils de Laurent du Breil, dit le chevalier du Chalonge, et de Marguerite Le Forestier, devint par la mort de son cousin, le seigneur du Chalonge, chef de nom et d'armes de la maison du Breil ; il épousa à la Boussac, le 16 février 1751, Françoise du Breil de Pontbriant et mourut à la Vallée en Baguer-Pican le 5 juillet 1779.

Son fils aîné, Louis-Malo du Breil du Chalonge, seigneur de la Claye et de la Vallée, épousa à Saint-Sauveur de Rennes, en 1780, Marie-Françoise de France, qui lui apporta en dot le comté de Landal et mourut dès 1784 ; il se remaria le 13 mai 1787 avec Renée de Gaalon. Ce fut le dernier seigneur de la Claye ; pendant qu'il servait dans l'armée du prince de Condé, cette terre fut vendue nationalement comme bien d'émigré.

Portant très anciennement le titre de châtellenie, la seigneurie de la Claye jouissait d'une haute justice, mais relevait du comté de Combour.

---

1. *Généalogie de la maison du Breil*, 52.
2. *Archives d'Ille-et-Vilaine*, C, 2157.

Ses fiefs s'étendaient surtout en trois paroisses : La Boussac, Saint-Marcan et Saint-Broladre ; sur les hautes collines appelées encore Tertres de la Claye se dressaient ses fourches patibulaires à trois piliers.

En 1650 son domaine proche se composait seulement de « l'emplacement du vieil chasteau ruisné de la Claye », – de la métairie de ce nom, – du moulin à vent des Tertres – et d'un trait de dîme en la Boussac[1].

Aujourd'hui une ferme, un village et un moulin portent encore le nom de la Claye et rappellent seuls le souvenir de la vieille châtellenie disparue.

Coësmes

La seigneurie de Coësmes, dans la paroisse de ce nom[2], appartint dès le XIIe siècle à la famille des sires de Coësmes, dont plusieurs branches s'établirent dans les diocèses de Rennes et de Nantes. Cette maison remontait à Briant de Coësmes, qui fit en 1191 don à l'abbaye de Savigné de la moitié de sa dîme de Retiers ; ce seigneur avait deux frères, nommés Nicolas et Guillaume de la Forêt, et deux fils, appelés Hervé et Mathieu, qui souscrivirent tous à cette donation. En 1201, Briant de Coësmes donna aux religieuses de l'abbaye de Saint-Sulpice-des-Bois l'autre moitié de sa dîme de Retiers. À la même époque, l'on voit le sire de Coësmes figurer habituellement à la cour du baron de Vitré[3].

La branche aînée de la famille de Coësmes se fondit au XIIIe siècle dans les Le Vayer, par le mariage de Mahaud de Coësmes, dame dudit lieu, avec Jean Le Vayer. Celui-ci mourut vers 1301, laissant un fils, Jean Le Vayer, qui fut seigneur de Coësmes, du chef de sa mère, et eut lui-même un fils, nommé également Jean Le Vayer, seigneur de Coësmes, marié à Marguerite Rogier de Beaufort, qui ratifia en 1381 le traité de Guérande. La fille de ce dernier, Mahaud Le Vayer, épousa Hardouin de Maillé, baron dudit lieu, et lui apporta la seigneurie de Coësmes[4].

Le fils des précédents, autre Hardouin de Maillé, devint à son tour seigneur de Coësmes, terre que son père ou lui-même possédait en 1427 ; ce second Hardouin épousa Perronnelle d'Amboise et dut vendre vers 1455 la seigneurie de Coësmes, non pas aux La Roë, comme dit M. de Courcy, mais aux Cheveigné.

En 1459, en effet, le seigneur de Coësmes était Bertrand de Cheveigné, fils de feu Jean de Cheveigné, seigneur du Plessix-de-Coësmes en Noyal-sur-Seiche ; il rendit aveu en 1471 au duc de Bretagne pour son fief des Mottes en Coësmes, déclarant toutefois que précédemment « sou-

---

1. *Aveu de la Claye du 17 octobre 1650.*
2. Commune du canton de Retiers, arrondissement de Vitré.
3. Dom Morice, *Preuves de l'Histoire de Bretagne*, I, 722 et 772.
4. Du Paz, *Histoire généalogique de Bretagne*, 661.

loient tenir ledit fief Thomas du Tail et Jehan du Tail, chacun en son temps, en juveignerie de Monsieur de Rougé[1] ». Il mourut le 18 janvier 1478, laissant veuve Isabeau d'Espinay.

L'année suivante, son fils, Jacques de Cheveigné, seigneur de Coësmes, rendit aveu. En 1513 il était marié à Antoinette de Beaucours ; il possédait en la paroisse de Coësmes les manoirs du Plessix-de-Coësmes, de la Coëfferie et de la Georgerie[2], et habitait la première de ces maisons. Son successeur, Nicolas de Cheveigné, semble, au contraire, avoir préféré résider à son manoir d'Houzillé en Vergeal.

En 1541, ce Nicolas de Cheveigné, seigneur de Coësmes, se présenta à la montre des nobles « en robe, mais fournissant un homme armé en estat d'homme d'armes, accompagné de quatre hommes et quatre chevaux, sçavoir deux archers bien armés, un coustilleux bien armé et un page » ; il déclara avoir de 7 à 800 livres de revenu noble ; il ajouta même que le seigneur de la Roë était héritier de sa défunte femme[3].

Il parait que ce seigneur de la Roë hérita quelque temps après de Nicolas de Cheveigné lui-même, car ce fut Claude de la Roë qui apporta en 1555 la seigneurie de Coësmes à son mari, Jean Ier du Refuge, baron de Galurdon, gentilhomme de la chambre du roi Henri II. Cette dame vivait encore en 1583 ; son fils, Jean II du Refuge, qualifié comte de Coësmes, chambellan du duc d'Alençon, épousa Claude de Montgommery et fut tué en duel à Paris en 1579. Jean III du Refuge, comte de Coësmes, fils du précédent, fut chambellan du duc d'Anjou et s'unit en 1602 à Marie de Clugny, dont il eut Jean IV du Refuge, comte de Coësmes, qui épousa en 1632 Suzanne de Meaussé.

Ces derniers époux eurent deux garçons successivement après eux seigneurs de Coësmes : Jean-Louis du Refuge, qui se maria avec Catherine Le Roulx et mourut sans enfants, en 1667 ; son corps fut inhumé le 13 novembre dans l'enfeu des sires de Coësmes, au chanceau de l'église de cette paroisse ; sa veuve se remaria à Benjamin Le Clerc, seigneur de Verdelles, et Gédéon du Refuge, comte de Coësmes après la mort de son frère aîné ; il épousa Louise de Chaumont, dont il n'eut que deux filles[4] ; il décéda à son manoir du Plessix-de-Coësmes le 19 juillet 1717, âgé de quatre-vingts ans. Sa fille aînée, Marie-Magdeleine du Refuge, entra alors en possession de la seigneurie de Coësmes, mais elle mourut elle-même le 20 mars 1726, à l'âge de cinquante-trois ans, et fut inhumée en l'église de Coësmes[5].

La terre de Coësmes fut alors mise en vente ; elle fut achetée par René-Georges Saget, seigneur de la Jonchère en Martigné, qui avait épousé Mauricette Ruellan du Tiercent. Mais ce seigneur mourut le 23 septembre

1. Archives de la Loire-Inférieur, v° Saint-Grégoire.
2. Dès 1427 Jean de Cheveigné possédait la Georgerie.
3. *Ms. de Missirien* (Bibliothèque de Rennes).
4. La Chesnaye Desbois, *Dictionnaire de la noblesse*.
5. *Registre des sépultures de la paroisse de Coësmes*.

1748, âgé de cinquante-deux ans, et son corps fut inhumé en l'église de Martigné.

Soit par acquêt, soit par héritage, la seigneurie de Coësmes passa ensuite à M. de Goyon de Vaudurant, qui en jouissait en 1770 ; elle fut donnée, peu de temps après, en partage à Renée-Modeste de Goyon, femme de François-Jean-Donatien comte de Sesmaisons, qui rendit hommage en 1784. Cette dame, séparée de biens d'avec son mari, émigra au moment de la Révolution, et la terre de Coësmes, confisquée après son départ, fut vendue nationalement en 1795 ; elle mourut le 11 avril 1811, étant veuve depuis 1804.

Ancienne bannière, dit Ogée, la seigneurie de Coësmes est qualifiée par M. de Courcy de baronnie, mais nous ne l'avons point trouvée ailleurs décorée de ce titre ; aussi n'avons-nous pas cru devoir la ranger parmi les vraies baronnies de notre contrée. Toutefois, comme aux États tenus à Vannes en 1451, 1455 et 1462, le sire de Coësmes fut appelé à prendre place parmi les bannerets, nous avons cru devoir ranger sa seigneurie au nombre des châtellenies.

La seigneurie de Coësmes relevait de la baronnie de Vitré ou, plus exactement, de la vicomté de Tourie, membre de cette baronnie. Dès 1294, le sire de Vitré, reconnaissant devoir à l'armée du duc de Bretagne cinq ou six chevaliers, dit que l'un de ces derniers lui devait être fourni par le seigneur de Coësmes ; ce devoir d'un chevalier à l'ost ducal prouve l'importance relative de la seigneurie de Coësmes.

Mais aux fiefs formant la seigneurie proprement dite de Coësmes, et s'étendant surtout en Coësmes et en Retiers[1], était joint un autre fief relevant directement du roi, celui des Mottes-en-Coësmes. Le tout formait une haute justice exercée au bourg de Coësmes.

Le sire de Coësmes avait les droits de fondation et de prééminence en l'église de Coësmes, où se voyaient ses banc, enfeu, lisière, etc. ; aujourd'hui on y retrouve seulement, sculptées sur le maître-autel avec la date de 1652, les armoiries de la maison du Refuge : *d'argent à deux fasces de gueules, deux bisses affrontées d'azur en pal, languées de gueules, brochantes sur le tout.*

Au siècle dernier, le domaine proche de la seigneurie de Coësmes formait une assez belle terre : c'était le château et la retenue du Plessix-de-Coësmes, avec chapelle, colombier, rabines, etc., – les anciens manoirs et les métairies des Préaux, de la Coëfferie, de la Georgie et de la Mettrie, – l'étang et le moulin à eau de la Pille, – l'étang Ramet, – le moulin à vent de l'Herminière, – l'emplacement des halles de Retiers, – les bois de la Pommeraye et de Sainte-Christine. Dans ce dernier bois, voisin de la Georgerie, était une chapelle dépendant, semble-t-il, de ce manoir et fondée par les seigneurs du lieu en l'honneur de Dieu et de sa glorieuse

1. En Retiers se trouvait un grand fief appelé Coësmes-à-Retiers qu'aliénèrent les sires de Coësmes et qu'achetèrent les du Hallay, seigneurs de Retiers.

vierge et martyre sainte Christine.

Cette chapelle n'existe plus et l'ancien manoir seigneurial du Plessix-de-Coësmes n'est plus lui-même qu'une maison de ferme.

Les Cours

'était une petite châtellenie assez moderne que la seigneurie des Cours en Tresbœuf[1] ; elle tirait son nom du manoir des Cours[2] que possédait en 1513 Bonne de Garmeaux, héritière de feu Barnabé de Garmeaux. Cette famille de Garmeaux avait dans la même paroisse de Tresbœuf un autre manoir, voisin des Cours, appelé la Rivière-Garmeaux. Pierre de Garmeaux, seigneur en 1513 dudit lieu de Garmeaux en Janzé, et époux d'Aliette Duval, eut pour fils Guyon de Garmeaux, seigneur de la Rivière-Garmeaux, qui épousa Perrine Barbette ; mais vers la fin du XVIe siècle, les deux terres nobles des Cours et de la Rivière passèrent aux mains d'une famille de riches bourgeois malouins, les de Launay.

Olivier de Launay avait épousé Olive Brisard, qui était en 1608 veuve de lui et tutrice de leurs enfants ; l'un de ceux-ci, Étienne de Launay, seigneur de Launay-Ravili en Saint-Père-Marc-en-Poulet, reçu en 1620 conseiller au parlement de Bretagne, et époux de Jacquette Couriolle, mourut dès 1625. Nicolas de Launay, probablement son frère, seigneur des Cours, était en 1637 prêtre et recteur de Gosné. Le fils d'Étienne, Pierre de Launay, seigneur de la Rivière et des Cours, fut aussi reçu en 1640 conseiller au parlement de Bretagne ; il épousa Jeanne de Trémaudan, dont il eut plusieurs enfants, nés à la Rivière-Garmeaux de 1647 à 1656. Ce seigneur acheta une partie des fiefs de la seigneurie de la Haultaye en Tresbœuf, et obtint en 1659 l'érection de la châtellenie des Cours. Il mourut en 1670 et son corps fut inhumé le 30 décembre dans le chanceau de l'église de Tresbœuf.

Pierre de Launay laissait trois fils ; l'aîné, Jean-Baptiste de Launay, dut mourir jeune ; ce fut le second, Guy de Launay, qui rendit aveu au roi pour les fiefs de Lalleu en 1680. Il épousa Thérèse Thomé, qui lui donna plusieurs filles de 1682 à 1692 : l'une de celles-ci, Catherine-Flavie de Launay, épousa Achille-Marie du Guiny, seigneur de Kerhoz, conseiller au parlement de Bretagne, et lui apporta la châtellenie des Cours. Cette dame mourut en Saint-Étienne de Rennes le 24 décembre 1715 ; son corps fut « conduit le lendemain, pour y être inhumé, en la paroisse de Tresbœuf, dont elle était seigneur[3] ». Elle laissait des enfants mineurs, au nom desquels Achille du Guiny vendit en décembre 1721 les deux tiers

1. Tresbœuf, commune du canton du Sel, arrondissement de Redon.
2. Il existe encore en Tresbœuf trois villages juxtaposés, nommés la Cour-Jambot, la Cour-Landais et les Cours-Audouart.
3. *Registre des sépultures de la paroisse Saint-Étienne de Rennes.*

de la terre seigneuriale de la Rivière, au prix de 66,670 livres, le dernier tiers de cette seigneurie appartenant à Jeanne-Renée de Launay, sœur de Mme de Kerhoz[1].

L'acquéreur fut Gilles Gardin, directeur de la Monnaie de Rennes et seigneur du Boishamon en la Couyère, mari de Renée Tranchant du Tret ; il mourut à Rennes le 29 novembre 1734, âgé de cinquante-quatre ans, et fut inhumé en l'église Saint-Étienne de cette ville. Sa veuve jouissait, en 1746, de la « seigneurie de la paroisse de Tresbœuf, y possédant en terres et fiefs environ 600 livres de revenu ».

La fille des précédents seigneurs, Bonne-Thérèse Gardin, s'allia à Claude-Marie de Langle, seigneur de Coëtuhan, auquel elle apporta la seigneurie du Boishamon et vraisemblablement aussi la châtellenie des Cours. De cette dernière union naquit Louis-Guy de Langle, seigneur de Coëtuhan, du Plessix-de-la-Couyère, etc., président au parlement, qui dut jouir le dernier de la châtellenie des Cours ; ses descendants possèdent maintenant le manoir de la Rivière-Garmeaux, devenu une simple maison de ferme ; on y voit encore quelques débris de l'ancien logis seigneurial, auquel conduisent de vieilles rabines.

Par lettres patentes données en février 1659, Louis XIV unit, en faveur de Pierre de Launay, six fiefs de la seigneurie de la Haultaye – comprenant 300 vassaux, jouissant d'une haute justice et donnant à leur possesseur la seigneurie de la paroisse de Tresbœuf – aux fiefs de ses terres de la Rivière et des Cours ; le roi érigea le tout en châtellenie sous le nom des Cours et autorisa Pierre de Launay à élever des fourches patibulaires à quatre piliers. Ces lettres royales furent enregistrées au parlement de Bretagne le 24 septembre 1659[2]. Plus tard, Pierre de Launay acheta, en 1664, d'autres fiefs démembrés encore de la Haultaye, que lui vendirent René Le Lardeux et Isabelle de Cornulier, seigneur et dame de la Gastière, et il les unit également à sa châtellenie.

Composée de la sorte et s'étendant presqu'entièrement dans les paroisses de Tresbœuf et de Lalleu-Saint-Jouin, cette châtellenie des Cours relevait de bien des seigneurs ; ses fiefs de Lalleu relevaient seuls du roi ; ceux des Cours et du bourg de Tresbœuf relevaient de Janzé, ceux de Monceaux de Poligné, ceux de la Haultaye de Châteaubriant, ceux de Lossac de Châteaugiron, etc.

Le seigneur des Cours était seigneur patron et fondateur de l'église de Tresbœuf, des chapelles frairiennes de Monceaux et de Lossac, et de la chapelle du manoir de la Rivière-Garmeaux ; il avait en l'église de Tresbœuf les prééminences avec un enfeu et un banc à queue armorié ; il lui appartenait de tenir une foire sur le placis de la chapelle de Monceaux[3].

1. *Archives d'Ille-et-Vilaine*, fonds de Laillé.
2. *Archives du parlement de Bretagne*.
3. *Archives nationales*, P, 1714. – *Archives d'Ille-et-Vilaine*.

Le domaine proche de la châtellenie comprenait : le manoir seigneurial de la Rivière-Garmeaux, avec chapelle, colombier, étang, bois et rabines, – les anciens manoirs (devenus maisons de ferme) de la Cour-Briant et de la Jousselinière, – les métairies de la Porte-de-la-Rivière et de Raimbert, – les moulins à vent du Chesnot et de la Haultaye, etc.

LA CROZILLE

Le manoir de la Crozille, en la paroisse de Saint-Symphorien[1], semble avoir donné son nom à une famille noble qu'il ne faut pas toutefois confondre, croyons-nous, avec celle des seigneurs de la Croizille au Maine. À la famille de Bretagne semble devoir se rattacher Guillaume de la Crozille, archer, qui donna quittance de ses gages à Malestroit en 1352 ; sa quittance est scellée de son sceau portant, ses armoiries : *une fasce accompagnée de trois coquilles ou crozilles en chef*. Jean de la Crozille, homme d'armes de la compagnie de Jean de Beaumanoir, se préparant, en 1371, à se rendre au siège de Bécherel, paraît aussi appartenir à la même famille. Quant aux de la Crozille servant sous les ordres du sire de Landevy, nous les croyons Manceaux.

Ces Guillaume et Jean de la Crozille possédèrent-ils la seigneurie de la Crozille en Saint-Symphorien ? Nous n'en savons rien ; il est probable que le second du moins ne l'eut pas, car en cette même année 1371, nous trouvons Pierre Hattes qualifié seigneur de la Crozille ; sénéchal de Rennes en 1384, ce seigneur avait-il épousé l'héritière de la Crozille ? Peut-être, puisque M. de Courcy nous dit que la famille de la Crozille se fondit en celle des Hattes.

Mais, en 1407, nous voyons la seigneurie de la Crozille entre les mains d'Olivier Hattes, qui en fournit le minu le 3 mai, à la suite du décès de son père, autre Olivier Hattes, mort en Angleterre, laissant veuve et douairière Pheplippote Paen. En 1427 et 1444, nous retrouvons cet Olivier Hattes « à son hostel de la Crozille », mais il mourut le 16 août 1461, et sa femme, Thomine de Plouer, lui survécut. Leur fils, Jean Hattes, devint alors seigneur de la Crozille et mourut dès le 16 septembre 1462, laissant de son union avec Jeanne de Rimou un fils, aussi nommé Jean, qui fournit l'année suivante au duc le minu de la terre de la Crozille. Ce dernier Jean Hattes épousa Anne de Bintin, fille du seigneur de Bazouges ; il dut mourir vers 1506, laissant sa seigneurie à son fils Geffroy Hattes, qui rendit aveu cette année-là et qui, en 1513, tenait « la maison de la Crozille, noble d'ancienneté ». Geffroy Hattes épousa Marie Chanczon et mourut avant elle, le 17 décembre 1518[2].

Écuyer Olivier Hattes, fils des précédents et seigneur de la Crozille, épousa Perronnelle du Bouays ; il mourut vers 1539 et sa femme vingt

---

1. Commune du canton de Hédé, arrondissement de Rennes.
2. *Archives de la Loire-Inférieure*, v° Saint-Symphorien.

ans plus tard. Il laissait deux fils du nom de Jean ; Jean Hattes, l'aîné, rendit aveu pour la Crozille le 12 décembre 1539, mais il décéda sans postérité un an après, et ce fut Jean Hattes, le cadet, qui fournit, à l'occasion de sa mort, le minu de la Crozille, le 25 octobre 1541 ; cette même année, il se présenta aux montres « monté et armé en estat d'archer et avoua n'avoir que 80 livres de revenu noble ».

Ce Jean Hattes, seigneur de la Crozille, n'eut de sa femme, Julienne de Saint-Gilles, qu'une fille nommée Jeanne, qui, à sa mort, arrivée vers 1558, se trouva en possession de la seigneurie de la Crozille. Jeanne Hattes épousa d'abord, avant 1554, Laurent de Montmoron, seigneur dudit lieu, puis vers 1562 Jacques de France, seigneur de la Touche, procureur du roi au présidial de Rennes, qui décéda en 1579 et fut inhumé le 25 janvier dans l'église de Saint-Symphorien ; enfin elle convola en troisièmes noces, le 21 janvier 1581, dans la chapelle de son manoir de la Crozille, avec Sébastien de Gaudemont. Jeanne Hattes, dame de la Crozille, mourut en 1602, et son corps fut déposé le 25 août au chanceau de l'église de Saint-Symphorien ; avec elle s'éteignit la branche aînée des Hattes de la Crozille[1].

Écuyer Jean de France, seigneur de la Touche-Parthenay et gentilhomme ordinaire de la chambre du roi, issu du second mariage de Jeanne Hattes, devint seigneur de la Crozille à la mort de sa mère. Il épousa Françoise Perrault, qui lui donna plusieurs enfants baptisés à Saint-Symphorien. L'aîné de ceux-ci, Gilles, né en 1602, succéda bien jeune à son père, car dès 1608 nous trouvons Françoise Perrault veuve et tutrice de ses enfants mineurs.

Gilles de France, seigneur de la Crozille, épousa en 1628 Hélène Le Vicomte, qui lui donna, de 1629 à 1635, sept enfants, tous nés en Saint-Symphorien. Après la naissance du dernier, il n'est plus fait mention de la famille de France dans les registres paroissiaux de Saint-Symphorien, mais dès 1638 nous y voyons le nom de « haute et puissante dame Françoise Le Mintier, dame du Boislouet et de la Crozille ».

Françoise Le Mintier, fille de Lancelot Le Mintier, seigneur de Carmené, était femme de Jean de Rollée, seigneur du Boislouet et de Bonespoir, gouverneur de Fougères et de Saint-Brieuc, maître d'hôtel du roi, capitaine des gardes du corps et chevalier des Ordres. En 1643, ce seigneur obtint l'érection en châtellenie de sa seigneurie de la Crozille.

De cette union sortit une fille, née et baptisée en 1645, après la mort de son père, nommée Louise de Rollée ; cette enfant ne vécut que dix ans, et à sa mort la châtellenie de la Crozille passa à son oncle Nicolas de Rollée, seigneur de Rigné, ce qui prouve que cette terre appartenait en propre à Jean de Rollée, son père, qui l'avait vraisemblablement achetée. Le seigneur de Rigné rendit aveu au roi pour la Crozille le 27 janvier 1656, mais au mois de novembre de la même année, il consentit, d'accord avec

---

1. Anne du Portal, *Terres nobles de la paroisse Saint-Symphorien*.

sa femme Isabelle Burot, à céder toute la succession de Louise de Rollée à sa belle-sœur, Françoise Le Mintier, moyennant une somme de 124,000 livres[1].

À cette époque, Françoise Le Mintier était remariée avec Jacques Le Gonidec, seigneur des Aulnays et conseiller au parlement de Bretagne. Cette dame abandonna la résidence du vieux manoir de la Crozille, menaçant ruine, et se fit construire une nouvelle demeure à quelques pas plus loin, sur la terre de Bonespoir, unie à celle de la Crozille. C'est à elle aussi qu'on dut à Hédé l'établissement, en 1666, des religieuses Ursulines pour l'instruction et l'éducation des jeunes filles.

Jacques Le Gonidec, seigneur des Aulnays, mourut à Rennes en 1664 et fut inhumé le 4 août dans l'église Saint-Étienne de cette ville. Françoise Le Gonidec, sa veuve, lui survécut neuf ans et décéda en son manoir de Bonespoir le 30 novembre 1673 ; son corps fut déposé au chanceau de l'église de Hédé, du côté de l'évangile, en l'enfeu que le roi Louis XIII avait concédé à son premier mari, Jean de Rollée.

La châtellenie de la Crozille échut au frère de la défunte, Thébault Le Mintier, seigneur de Carmené, marié en 1650 à Françoise de Coëtlogon. Il fit hommage au roi en juin 1674 et vit cette même année mourir son fils aîné, Mathurin Le Mintier, qui fut inhumé le 9 août, à Hédé, sous l'une des tombes de Bonespoir. Lui-même vivait encore en 1681, mais dut mourir peu de temps après, car au mois d'août 1684 son autre fils, Jacques Le Mintier, seigneur de Carmené, fit hommage au roi pour la châtellenie de la Crozille, qui lui était échue de la succession de son père défunt[2].

Le nouveau seigneur de la Crozille habitait le manoir des Essarts en Langast, et il n'avait accepté la succession paternelle que sous bénéfice d'inventaire ; aussi le 13 juillet 1693 vendit-il judiciairement la châtellenie de la Crozille à Charles Le Meneust et Élisabeth de Rollée, seigneur et dame de Bréquigny. Mais certains créanciers, ne trouvant pas suffisant le prix de l'adjudication, firent recommencer les enchères, et le 8 février 1695 la Crozille fut définitivement adjugée à Jacques-Renault de la Bourdonnaye et Louise Le Gonidec, seigneur et dame de Blossac[3].

À partir de ce moment et jusqu'à la Révolution, la châtellenie de la Crozille demeura entre les mains des seigneurs de Blossac, que nous avons précédemment fait connaître ; notons seulement que le président Louis-Gabriel de la Bourdonnaye fonda, en 1722, un lit à l'hôpital de Hédé pour ses vassaux de Bazouge et de Saint-Symphorien, et que le célèbre intendant Paul-Esprit de la Bourdonnaye fut le dernier seigneur de la Crozille.

Ce fut au mois de septembre 1643 que Jean de Rollée obtint du roi

---

1. *Archives de la Loire-Inférieure.*
2. *Ibidem*, B, 989.
3. *Ibidem.*

l'union de ses deux terres de la Crozille et de Bonespoir et leur érection en châtellenie ; les lettres royales furent enregistrées au parlement de Bretagne en octobre 1644.

La nouvelle châtellenie se composait de fiefs s'étendant en sept paroisses : Saint-Symphorien, Bazouge-sous-Hédé, Vignoc, Saint-Gondran, Langan, Montreuil-le-Gast et Guipel. La haute justice de la Crozille avait dès 1576 une potence « à trois pots » que cette année-là Jeanne Hattes fut autorisée à relever ; ce gibet devait se dresser non loin du manoir seigneurial, sur le bord de l'ancien chemin de Hédé à Rennes, en un lieu encore appelé de nos jours la Justice. Quant aux prisons, elles se trouvaient au manoir même de la Crozille, où se tenaient aussi les plaids généraux de la châtellenie.

Dès 1407 il était dû à Noël au seigneur de la Crozille, par certains vassaux, « deux paires de gants blancs appréciés seize deniers ».

À cause de sa terre de Bonespoir, le seigneur de la Crozille avait droit de pêcher dans le grand étang de Hédé, faisant partie du domaine royal ; il avait aussi en l'église Notre-Dame de Hédé certaines prééminences accordées par le roi, telles que banc à queue proche le grand autel, du côté de l'évangile, et deux grands tombeaux armoriés à côté de ce banc, écussons dans les vitres et lisière autour de l'édifice, et enfin prières nominales au prône de la grand-messe. – À cause de sa terre de la Crozille, le même seigneur était fondateur[1] et prééminencier en l'église de Saint-Symphorien, où il avait également « enfeu, lisière et banc à queue, une chaire en pierre et une chaire en bois, le tout à ses armes et dans le chanceau, plus un autre banc et accoudoir dans la nef, devant l'image Nostre-Dame ». Il prétendait même que le recteur de Saint-Symphorien lui devait des prières nominales en reconnaissance de ses droits de patronage et supériorité, qu'il devait donner gratuitement les honneurs de la sépulture aux membres de sa famille et même à ses domestiques, célébrer neuf messes à jours fixes dans la chapelle du manoir de la Crozille et amener processionnellement ses paroissiens en cette chapelle aux féries de la Pentecôte et le jour Saint-Jacques, fête patronale du sanctuaire seigneurial. – En revanche, le seigneur de la Crozille reconnaissait devoir entretenir, en l'église de Saint-Symphorien, « une lampe ardente tous les dimanches et jours de feste » et fournir « la fleur de farine pour confectionner le pain benist et le pain de communion aux jours de Pasques ».

Enfin le seigneur de la Crozille avait le droit de tenir une foire dans les rabines de son manoir le jour Saint-Jacques, 25 juillet.

Les aveux décrivent toujours la Crozille comme un manoir « avec tourelles, douves et pont-levis », ce qui indique une maison sinon très forte, au moins fortifiée. De ce manoir, il reste encore aujourd'hui un petit bâtiment à un étage dont les trois fenêtres élégantes, aux coins supé-

---

1. Le seigneur de la Salle de Saint-Symphorien lui disputait toutefois ce droit de fondation.

rieurs arrondis et entourées d'une moulure formant colonnette sur les côtés, montrent qu'il avait été construit avec grand soin, au xve siècle, par les Hattes, seigneurs du lieu. Il est bâti sur un terre-plein d'une étendue double à peu près de sa surface et complètement défendu du côté Nord par l'étang de la Crozille et des trois autres côtés par un fossé large de huit à dix mètres et profond de quatre à cinq qui l'isolait entièrement des autres constructions, elles-mêmes entourées d'eau de toutes parts en même temps que d'une forte levée. Le manoir avait ainsi, comme un donjon dans un château-fort, une double protection contre un coup de main[1].

Quant au manoir de Bonespoir, situé en la paroisse de Bazouge-sous-Hédé, il se distinguait « par son dosme eslevé depuis peu », dit l'aveu de 1680. Nous avons dit que c'était une reconstruction faite par Françoise Le Mintier ; à côté se trouvait une chapelle – en laquelle cette dame avait créé et fait transférer diverses fondations pieuses et – un colombier. Quoique ce ne soit plus qu'une maison de ferme, Bonespoir conserve encore maintenant son cachet de distinction.

Outre les deux manoirs de la Crozille et de Bonespoir, le domaine proche de la châtellenie, en 1680, comprenait « les bois de haulte fustaye et taillifs, les pourprins, landes et communs » – les métairies de la Crozille, de la Porte, du Clos, de la Grande-Planche, du Portail et de la Métairie-Neuve, – l'étang et le moulin à eau de la Crozille, – le moulin de Foulleret, – un champ de deux journaux, appelé la Vigne, encore tout planté de vignes en 1407, etc. Le tout formait une belle terre seigneuriale.

Comblessac

n ne connaît point les commencements de la châtellenie de Comblessac, qui appartint longtemps à la famille de Laval. Au xve siècle, André de Laval, maréchal de France, fils de Guy XIII, comte de Laval, reçut entre autres terres celle de Comblessac en partage ; cet illustre guerrier, époux de Marie de Laval, dame de Retz, mourut sans postérité en 1486 ; sa succession fut recueillie par son frère, Louis de Laval, seigneur de Châtillon, qui mourut également sans enfants le 18 août 1489. Les terres, Comblessac compris, que possédaient les défunts passèrent à leur neveu Guy XV, comte de Laval.

Les successeurs de ce dernier grand seigneur, Guy XVI et Guy XVII, comtes de Laval, jouirent après lui de la châtellenie de Comblessac, pour laquelle Guy XVII rendit aveu au roi le 15 octobre 1541. Après la mort de celui-ci, décédé sans postérité en 1547, sa nièce, Renée de Rieux dite Guyonne XVIII, comtesse de Laval, et les héritiers de cette dernière, conservèrent, semble-t-il, la châtellenie de Comblessac, qui ne dut être vendue que vers 1627 par Henri, duc de la Trémoille et comte de Laval.

L'acquéreur fut Louise, comtesse de Maure, qui fit hommage au roi

---

1. Anne du Portal, *Terres nobles de la paroisse Saint-Symphorien*.

pour sa terre de Comblessac le 22 novembre 1627[1]. Cette dame était alors femme de Gaspard de Rochechouart, marquis de Mortemart. Leurs descendants, les comtes de Maure, continuèrent de posséder Comblessac ; le 30 janvier 1685, Louis de Rochechouart, duc de Mortemart et comte de Maure, rendit aveu pour cette châtellenie. Après la mort de ce seigneur, arrivée en 1688, sa veuve, Anne-Marie Colbert, reçut Comblessac et quelques autres terres « pour remplacement de partie de ses deniers dotaux » ; le 7 novembre 1690 elle en fit hommage au roi et le 2 août 1695 elle en fournit l'aveu. Mais peu de temps après, en 1701, cette dame vendit la châtellenie de Comblessac à Jean Picquet, seigneur de la Motte. Celui-ci ne jugea pas à propos de conserver cette terre et la revendit, presqu'aussitôt après l'avoir achetée, à M. de Bégasson, sur lequel Jean-Baptiste de Rosnyvinen et Judith Picquet, seigneur et dame de Piré, la retirèrent en 1703[2]. Les seigneurs de Piré ne s'attachèrent pas davantage à la châtellenie de Comblessac, qu'ils vendirent à leur tour aux seigneurs de Guer ; ceux-ci unirent Comblessac à leur châtellenie de Guer. En 1766 mourut à Rennes Julien-Joseph de Marnière, marquis de Guer et seigneur de Comblessac, doyen du parlement de Bretagne et âgé de soixante-dix-neuf ans ; son corps fut transporté à Guer et inhumé dans l'enfeu seigneurial qu'il avait en l'église de cette paroisse ; sa veuve, Angélique de Chappedelaine, ne mourut, également à Rennes, qu'en décembre 1785. Le dernier seigneur de Comblessac fut René-Jean de Marnière, marquis de Guer et vicomte de Rennes, qui rendit hommage au roi pour Comblessac en 1776 et émigra au moment de la Révolution.

Comblessac, châtellenie d'ancienneté, s'étendait surtout dans les deux paroisses de Comblessac et de Guer, et la plus grande partie des terres nobles de la première de ces paroisses relevaient de la seigneurie « à debvoir de foy, hommage, rachapt et chambellenage ».

Le seigneur de Comblessac jouissait d'une haute justice, ayant « ceps et collier, auditoire et prison au bourg de Comblezcac, et fourches patibulaires à quatre pots sises à Limoucels ». Il avait toutes les prééminences et les droits de supériorité et de fondation dans l'église paroissiale de Comblessac et dans la chapelle du prieuré de Notre-Dame des Brûlais. En 1628, Louise de Maure, dame de Comblessac, paya 69 livres au peintre Julien Poisson, qu'elle avait chargé de peindre ses « écussons grands et petits » dans l'église de Comblessac.

Parmi les devoirs féodaux acquittés par les vassaux de Comblessac, remarquons une paire de gants due chaque année par l'un d'eux et deux soules que « les deux derniers mariés de la paroisse de Comblessac et trêve des Bruslais » devaient présenter aux officiers de la seigneurie, l'une le premier jour de l'an à Comblessac, l'autre le lendemain de Noël, « jour et feste de Saint-Estienne », aux Brûlais.

1. *Archives de la Loire-Inférieure*, B, 1016.
2. *Archives d'Ille-et-Vilaine*, fonds de Piré.

Le sergent féodé de la châtellenie était le possesseur de la maison noble de la Bouère en la trêve des Brûlais, « tenu de faire la cueillette des deniers de ladite chastellenie de Comblessac ».

Y eut-il jadis un château à Comblessac ? Nous n'en savons rien ; les aveux de 1541 et de 1695 ne mentionnent comme domaine proche que des « bois, landes et communs ». Il se pourrait toutefois que le château de la Salle, dont on aperçoit encore l'emplacement dans le bois de ce nom et non loin du camp gallo-romain du Mur, fut à l'origine le chef-lieu de la châtellenie. En tout cas, l'histoire ne nous apprend rien au sujet de ce vieux château ruiné depuis plusieurs siècles.

LE DÉSERT

n appelait le Désert une moitié de l'ancien évêché de Rennes formant un archidiaconé de même nom ; ce vaste territoire renfermait les cantons actuels presqu'entiers de Rennes (Nord-Est, Nord-Ouest et Sud-Ouest), Mordelles, Hédé, Saint-Aubin-d'Aubigné, Châteaugiron, Janzé, Bain, Le Sel, La Guerche et Retiers.

La châtellenie du Désert, moins étendue que l'archidiaconé, se composait néanmoins d'une foule de fiefs s'étendant en un très grand nombre de paroisses faisant à peu près toutes partie de l'archidiaconé du Désert.

La seigneurie du Désert appartint à l'origine aux barons de Châteaubriant, qui la donnèrent parfois en apanage à leurs puînés. C'est ainsi qu'au commencement du XIVe siècle Amaury de Châteaubriant, second fils du baron Geoffroy VI, eut en partage la terre du Désert ; quoique ce seigneur se fût marié deux fois, d'abord avec Eustaice de la Haye, puis avec Amice de la Motte, il décéda sans postérité le 14 avril 1343 et fut inhumé en l'église de Béré près Châteaubriant, où il avait fondé une chapellenie ; le Désert revint alors au baron Geoffroy VIII de Châteaubriant.

La fille unique de ce dernier, Louise, baronne de Châteaubriant, par son testament du 26 octobre 1383, donna à son mari Guy XII, comte de Laval, « toute la terre du Désert, à la tenir sa vie durant[1] ».

Rentré dans la seigneurie de Châteaubriant à la mort de Guy XII, le Désert appartenait en 1456 à Françoise de Dinan, baronne de Châteaubriant, qui en rendit alors aveu au duc ; cette dame, femme de Guy XIV, comte de Laval, laissa la châtellenie du Désert à son fils, François de Laval, baron de Châteaubriant ; le fils de ce dernier, Jean de Laval, également baron de Châteaubriant, en hérita en 1503.

Jean de Laval, ayant perdu l'unique enfant qu'il avait eu de sa femme Françoise de Foix, dispersa de tout côté son immense fortune, vendant ou donnant de son vivant la plupart de ses nombreuses seigneuries. De la châtellenie du Désert il fit deux parts dont il vendit l'une, en 1541, à Jacques de Montgommery et Claude de la Bouexière, seigneur et dame de

---

1. Du Paz, *Histoire généalogique de Bretagne*, 20 et 23.

Bourgbarré, l'autre, en 1542, à Guy XVII et Claude de Foix, comte et comtesse de Laval. Mais chacune de ces portions du Désert fut bientôt après divisée à son tour : de l'acquisition faite par Jacques de Montgommery naquirent les seigneuries du Désert-à-Bourgbarré que conservèrent les seigneurs de Bourgbarré, – du Désert-à-Janzé qu'acquit le seigneur de Brie, – du Désert-à-Laillé acheté par le seigneur de Saint-Jean de Laillé, – du Désert-à-Chantepie échu au seigneur des Loges, – et du Désert-à-Saint-Grégoire apportée par Jacqueline de la Bouexière à son mari, le seigneur du Plessix-Baucé.

La partie du Désert achetée par le comte de Laval, baron de Vitré, ne fut guère moins divisée : dès 1553, nous voyons la maison noble de la Rivière-du-Désert – seul logis seigneurial connu de la châtellenie – entre les mains de Jean de Marigné ; en 1563, Guyonne, comtesse de Laval, vend la moitié de la seigneurie du Désert à François de Coligny, seigneur d'Andelot, qui achète en 1568 l'autre moitié de la même châtellenie d'avec le seigneur de Brémanfany.

Il semble toutefois qu'après cette double acquisition de François de Coligny la châtellenie du Désert demeura à peu près[1] telle qu'il l'achetait entre les mains des barons de Vitré qui la conservèrent jusqu'à la Révolution. Comme cette portion des fiefs du Désert avait sa juridiction exercée à Domalain[2], on la nommait dans les derniers siècles le Désert-à-Domalain ou simplement le Désert, les autres fiefs de la primitive châtellenie se trouvant englobés dans des seigneuries de noms divers.

Voici d'abord brièvement en quoi consistait la châtellenie entière du Désert comme domaine proche, le manoir de la Rivière-du-Désert en Visseiche, avec ses « logix, douves, fossez, boais et garennes », – deux moulins à blé et à drap sur la rivière de Seiche, – un moulin à vent en Janzé, – et un four banal à Saint-Grégoire ; comme seigneurie, de nombreux fiefs groupés en sept grands bailliages, appelés : Domalain, Visseiche, Janzé, Saint-Grégoire, Venèfles, Étrelles et Chantepie ; ces fiefs s'étendaient en trente paroisses : Domalain, Availles, Visseiche, Gennes, Saint-Germain-du-Pinel, Retiers, Brielles, Le Pertre, Vergeal, Moutiers, Princé, Janzé, Saint-Erblon, Chancé, Sainte-Colombe, Bourgbarré, Châteaubourg, Laillé, Brie, Bain, Bourg-des-Comptes, Nouvoitou, Bais, Saint-Grégoire, Venèfles, Étrelles, Moulins, Cornuz, Amanlis et Chantepie. Le sergent féodé de la châtellenie était le possesseur de la maison noble de Villèscoz en Visseiche. Le seigneur du Désert jouissait d'un droit de bouteillage à Janzé et d'un droit de trépas à la Franceulle ; il avait de très nombreuses mouvances nobles et les prééminences dans beaucoup d'églises[3].

---

1. Nous disons à peu près, car en 1624 le duc de la Trémoille vendit encore le fief du Désert-à-Visseiche au seigneur de la Montagne.
2. Commune du canton d'Argentré, arrondissement de Vitré.
3. *Aveux du Désert* en 1456 et 1503.

Mais au XVIIe siècle la châtellenie du Désert n'avait plus de juridiction qu'en douze paroisses : Domalain, Availles, Moutiers, Bais, Visseiche, Moulins, Chancé, Saint-Germain-du-Pinel, Gennes, Brielles, Le Pertre et Vergeal. L'auditoire où s'exerçait sa haute justice, ses prisons, ceps et collier pour les malfaiteurs étaient au bourg de Domalain, et la seigneurie n'avait plus de domaine proche.

Le fief du Désert renfermait tout le bourg de Domalain, y compris l'église, dont le seigneur du Désert était fondateur et supérieur, y ayant toutes les prééminences « comme enfeu prohibitif et banc au chanceau, écussons tant en bosse qu'en peinture aux lieux les plus honorifiques, etc. »

Le seigneur du Désert avait un droit de pêche dans la Seiche et le droit de quintaine exercé comme suit : « À Domalain, les hommes et sujets qui sont nouveaux mariés et couchent la première nuit de leurs noces en ladite paroisse (doivent se trouver) le dimanche de la Trinité audit bourg incontinent après la grand-messe parochiale, et, en présence du seigneur du Désert ou de ses officiers, qui doibvent fournir l'escu, les gaules, roquet et cheval, monter chacun à leur rang sur ledit cheval et courir avec la gaule à la main contre l'escu placé audit bourg ; et s'ils ne frappent l'escu et ne rompent leurs gaules ils doibvent 8 boisseaux d'avoine, mesure de Vitré, et s'ils rompent leurs gaules ne doibvent que 4 boisseaux, et s'ils refusent de courir doivent l'amende de 3 livres, oultre les 8 boisseaux d'avoine[1] ».

LA FONTAINE

Il existait jadis en Bretagne plusieurs familles nobles portant le nom de la Fontaine, et nous ne savons à laquelle appartint Guillaume de la Fontaine, qui prit part à la croisade de 1248[2]. Celle qui tirait son origine du manoir de la Fontaine en Laignelet[3] avait pour armes *d'argent à trois branches de chêne de sinople, englantées de sable et posées en fasce, 2 et 1.*

Il semble que cette famille portait d'abord le nom de Fauvel, car son premier auteur connu est Henri Fauvel, seigneur de la Fontaine, qui fonda vers le commencement du XVe siècle la chapelle Saint-Gorgon, à l'entrée du faubourg Roger de la ville de Fougères, mais en la paroisse de Laignelet. Un descendant de ce seigneur, Jean de la Fontaine, écuyer et seigneur dudit lieu, eut pour fils et successeur Thomas de la Fontaine, qui acheta en 1460 d'avec le seigneur de Villavran le Fief Doré en Laignelet, avec

1. *Ibidem* en 1682 et 1712.
2. M. de Courcy, dans son *Nobiliaire de Bretagne*, donne à tort le titre de châtellenie à la terre noble de la Feillée en Goven ; ce titre n'appartenait qu'à une seigneurie du même nom située en Basse-Bretagne.
3. Commune du canton Nord de Fougères.

haute justice, fief qu'un de ses descendants unit plus tard à son bailliage du Bourg-Roger[1].

En 1479 nous trouvons seigneur de la Fontaine, et rendant aveu au prieur de la Trinité pour le Clos aux Belles-Femmes[2], Guillaume de la Fontaine, fils de feu Raoul de la Fontaine et d'Olive Courtays. Ce Guillaume épousa Marguerite Blanchet, dont il n'eut que des filles ; l'aînée d'entre elles, Léonarde de la Fontaine, dame dudit lieu, apporta cette seigneurie à son mari, Jean de la Fontaine, seigneur des Hurlières.

De cette union naquit Guillaume de la Fontaine, seigneur de la Fontaine et des Hurlières ; il épousa Guyonne de Maimbier, dame de Chaumeré, et rendit aveu à la baronnie de Fougères en 1548 pour sa terre de la Fontaine. Sénéchal de Morlaix, il devint en 1557 conseiller au parlement de Bretagne et obtint en 1572 l'érection de la Fontaine en châtellenie. Ce seigneur, qui vivait encore en juillet 1583, était mort l'année suivante, époque à laquelle sa veuve, Guyonne de Maimbier, fonda une messe chantée chaque dimanche en l'église du couvent des Cordeliers de la forêt de Fougères pour le repos de son âme, car il avait été inhumé dans ce temple en un enfeu armorié et prohibitif aux seigneurs de la Fontaine, placé, « avec tombe eslevée de terre », dans une arcade du chanceau, au côté de l'évangile[3].

Guillaume de la Fontaine avait eu deux enfants : Georges de la Fontaine, seigneur des Hurlières, marié en février 1574 avec Louise Loaysel, dame de la Brétesche, mais décédé deux ans plus tard, – et Gillette de la Fontaine, qui épousa en l'église Saint-Jean de Rennes, le 12 novembre 1579, Jean d'Erbrée, seigneur de la Chèze et conseiller au parlement de Bretagne. Ce furent ces derniers qui héritèrent, à la mort de Guillaume de la Fontaine, de la châtellenie de la Fontaine, mais ils ne laissèrent qu'une fille, Jeanne d'Erbrée, dame de la Chèze et de la Fontaine, femme de Jacques de Volvire, marquis de Saint-Brice et chevalier de l'Ordre du roi ; ceux-ci rendirent hommage au roi pour leur terre de la Fontaine le 8 janvier 1625 ; Jeanne d'Erbrée y mourut même le 28 octobre 1663 et fut inhumée le 3 novembre à Saint-Léonard de Fougères.

À partir de cette époque, les marquis de Saint-Brice-en-Coglais possédèrent la châtellenie de la Fontaine, qui appartenait en 1789 à Thérèse-Félicité Guérin, femme de Louis-Marie Le Loup, comte de Chasseloir et marquis de Saint-Brice. Par suite de leur émigration, la terre de la Fontaine fut vendue nationalement en 1794 et 1795.

La seigneurie de la Fontaine, relevant de la baronnie de Fougères, fut érigée en châtellenie par lettres patentes de Charles IX, données en mars 1572 et février 1573 en faveur de Guillaume de la Fontaine. Ces lettres

---

1. *Archives d'Ille-et-Vilaine*, E, 369.
2. C'est en ce lieu que fut construit au XVIIe siècle le couvent des Urbanistes de Fougères.
3. *Archives d'Ille-et-Vilaine*, E, 369.

royales n'ayant pas été enregistrées par le parlement de Bretagne, Louis XIV en donna de nouvelles, datées de juillet 1688, à Marie Geslin, veuve d'Anne Guérin, marquis de Saint-Brice et seigneur de la Fontaine. Par ces lettres, le roi autorisait le seigneur de la Fontaine à y « bastir un chasteau à douves, fossez, pont-levis et creneaux[1] ».

La châtellenie de la Fontaine se composait de plusieurs fiefs s'étendant en huit paroisses : Laignelet, Beaucé, Lecousse, le Châtellier, Poilley, Saint-Germain-en-Coglais, Saint-Sulpice et Saint-Léonard de Fougères. Les plus importants de ces fiefs étaient les suivants : les fiefs Doré et du Bourg-Roger[2], comprenant plusieurs rues et un faubourg de Fougères ; là se trouvaient en 1538 le manoir du Bourg-Roger et sa retenue, de 75 journaux de terre, ainsi que la chapelle de Saint-Gorgon ; les guerres de la Ligue détruisirent ce manoir du seigneur de la Fontaine, qui le remplaça par un hôtel plus au centre de Fougères, rue de l'Aumaillerie, mais sa chapelle Saint-Gorgon lui demeura[3]. En 1689 on y voyait, peintes et sculptées, les armoiries de la Fontaine : *d'argent à trois glands de sable feuillés de sinople*, et plusieurs autres blasons d'alliances. En février 1575, le roi Henri III avait autorisé le sire de la Fontaine à tenir trois jours consécutifs, à partir du lendemain de Notre-Dame de l'Angevine (9 septembre, fête de saint Gorgon), une foire sur le pâtis entourant la chapelle Saint-Gorgon ; ce fut l'origine de la grande foire de Fougères, qui porte encore le nom de l'Angevine ; – le fief d'Igné, également en Fougères, acheté en 1543 et divisé en douze mazures ; le seigneur de la Fontaine avait encore là, au XVIe siècle, une métairie et un domaine nommé la Motte, tirant son nom d'une motte féodale qui s'y élevait ; là aussi se trouvaient les églises paroissiale de Saint-Pierre d'Igné et priorale de Saint-Jean d'Igné, dont le seigneur de la Fontaine se disait « fondateur et dotateur ». On voyait en 1689, dans le premier de ces sanctuaires, de nombreux écussons, parmi lesquels il faut signaler ceux de la famille de Maimbier (qui ne figurent pas dans les armoriaux bretons) : *d'argent à trois testes de léopard de sable posées 2, 1, écartelés* de la Fontaine et d'Erbrée. Au jour Saint-Pierre, fête patronale d'Igné, le prieur d'Igné devait à l'origine un repas au seigneur de la Fontaine et était tenu de « l'y deffrayer, luy, ses chiens, ses oiseaux et ses chevaux » ; plus tard, ce devoir féodal fut changé en une rente de 4 livres, payée le 29 juin par le prieur.

La haute justice de la Fontaine s'exerçait au XVIIIe siècle à l'auditoire royal de Fougères, mais ses fourches patibulaires se dressaient sur la lande des Planches, au bord du Nançon ; en 1689 on y voyait « trois pierres de taille carrées, posées en forme de triangle, sur lesquelles étoient

1. *Ibidem.*
2. Le prieur de la Trinité de Fougères vendit en 1542 le fief du Bourg-Roger à Guillaume de la Fontaine.
3. Il la donna toutefois, en 1620, aux Cordeliers de la forêt de Fougères.

ordinairement plantés trois piliers de bois barrés ». Les cep et collier de fer, avec un petit échafaud et un pilori sur lequel était gravé l'écusson de la Fontaine, étaient à la porte de la chapelle Saint-Gorgon.

À cause de ses fiefs, le seigneur de la Fontaine avait droit de pêche, prohibitive à tout autre, dans la rivière du Nançon, « depuis le Pont-aux-Asnes jusqu'au Gué-Landry ». Comme propriétaire de la Cochonnaye, il pouvait taxer tout poisson vendu à Fougères. À cette terre de la Cochonnaye et à celle de la Touche était attaché l'office de forestier de la forêt de Fougères, et le seigneur de la Fontaine, qui les possédait, avait à cause d'elles le droit d'usage en cette forêt pour chauffage et « pasturage pour trente vaches et un taureau, plus la glandée pour trente porcs et une truie[1] ».

En 1579 le manoir de la Fontaine occupait une cour pavée de pierre, de cent pieds carrés, fermée de muraille avec portail et portillon, et cernée d'un étang et de douves pleines d'eau avec double fossé. « Au milieu dudit estang (était) une motte de terre enlevée à laquelle on entrait par un pont clos et couvert, ladite motte intersigne d'un gouvernement noble selon l'assise du comte Geoffroy. » Le logis seigneurial présentait au-dessus de ses « fenêtres de pierre de taille », sculptées en relief, les armoiries de la Fontaine. Celles-ci se retrouvaient sur les murailles de la chapelle du manoir, dédiée à saint André, bâtie vers 1496 par Guillaume de la Fontaine, qui y transféra une fondation de 100 sols de rente faite par son aïeul Thomas de la Fontaine en l'église Saint-Léonard de Fougères[2]. Vis-à-vis la chapelle et dans la même cour s'élevait la fuie, transférée là en 1540, car à l'origine elle se trouvait au faubourg Roger, à la porte de Fougères, dans un jardin dit du Colombier. Mais en 1689 tous ces bâtiments tombaient en ruine, abandonnés qu'ils étaient depuis longtemps par leurs propriétaires[3] ; la Fontaine ne servait plus alors d'habitation qu'aux fermiers, et cet état de choses dura jusqu'à la Révolution.

En 1563 la terre seigneuriale de la Fontaine se composait des manoirs de la Fontaine et du Bourg-Roger, des métairies de la Fontaine, des Fourairies, de la Touche, de la Cochonnaye, de Beaumanoir et des Noyers, et du moulin à eau de Grollay ; on y adjoignit plus tard une métairie noble au bourg même de Laignelet et le moulin d'Avignon.

---

1. *Archives d'Ille-et-Vilaine*, E, 354.
2. Vers 1520 Jeanne de la Fontaine, femme de Jean Hoguerel, seigneur du Bois-Garel, avait aussi fondé deux messes par semaine en la chapelle de la Fontaine.
3. *Archives d'Ille-et-Vilaine*, E, 369 et 371.

FOURNEAUX

On ignore les origines de la seigneurie de Fourneaux en la paroisse d'Availles[1] ; au commencement du XVe siècle elle appartenait à Tiphaine du Guesclin, dame du Plessix-Bertrand, qui mourut en 1417. Cette dame légua Fourneaux à son cousin Briand de Châteaubriant, sire de Beaufort, possesseur, en 1427, des domaines nobles de Fourneaux, le Val, le Verger, la Lizerie et la Tourbranerie, tous situés en Availles.

Combien de temps les sires de Beaufort possédèrent-ils Fourneaux ? Nous n'en savons rien ; mais à la fin de ce même XVe siècle, si l'on en croit le P. du Paz, cette seigneurie était aux mains de Pierre de Villeblanche, seigneur de Martigné-Ferchaud, et ce dernier la vendit, le 14 février 1496, à François de Broons, premier panetier de la reine-duchesse Anne de Bretagne[2].

François de Broons, seigneur de Fourneaux, capitaine de Morlaix en 1513 et décédé le 5 février 1537, avait épousé : 1° en mars 1492, Miramonde de Barasouyn, morte à Fourneaux le 27 novembre 1502 ; 2° Françoise Le Vasseur, dame de la Roë. Il eut de ses deux femmes plusieurs enfants, en partie baptisés à Availles de 1498 à 1513. Les aînés d'entre eux, François et Sébastien de Broons, durent mourir jeunes, et la seigneurie de Fourneaux passa au troisième fils, Olivier de Broons, né en 1499. Celui-ci se fit prêtre et semble avoir laissé son demi-frère, Jean de Broons, jouir avec lui de sa seigneurie. En 1541, en effet, nous voyons paraître aux montres des nobles « Olivier de Broons, seigneur de Fourneaulx, prestre (qui) se présente en robe longue et présente pour luy et Jehan de Broons, son frère, un homme à cheval très bien monté et armé, et a déclaré yceluy Olivier de Broons qu'il tenoit en revenu noble, luy et sondit frère, environ de 3 à 400 livres ; et a Jehan Poupon pour ledit seigneur de Fourneaulx faict le serment[3] ».

Mais Olivier de Broons mourut le 28 juillet 1545 et son frère Jean demeura seul seigneur de Fourneaux.

Jean de Broons épousa, en 1541, Claude de Bernezay, dame d'Aligné en Anjou, et fut chevalier de l'Ordre du roi et gentilhomme de la fauconnerie de Sa Majesté. Il ne laissa qu'un fils, Claude de Broons, seigneur de Fourneaux, marié de son vivant, en 1561, à Françoise Le Verrier, riche

---

1. Commune du canton de la Guerche, arrondissement de Vitré.
2. Du Paz, *Histoire généalogique de Bretagne*. Mais il faut remarquer que les *Registres de la réformation de la noblesse en 1513* disent formellement que François de Broons avait acheté Fourneaux d'avec Olivier Thomelin ; or, ce dernier devait être fils d'autre Olivier Thomelin vivant en 1440 et mari de Jeanne de Châteaubriant, fille de Briand de Châteaubriant, sire de Beaufort et seigneur de Fourneaux.
3. *Ms. de Missirien* (Bibliothèque de Rennes).

héritière de Normandie. Celui-ci, grand fauconnier de France, gentilhomme ordinaire de la chambre du roi et chevalier de son Ordre, « fut toujours fidèle serviteur de son roy et fut député ambassadeur vers la royne d'Angleterre[1] » ; fait prisonnier par les ligueurs en 1595, il paya une grande rançon pour recouvrer la liberté. Il mourut à Aligné le 25 février 1610, mais son corps fut rapporté en Bretagne et inhumé le 25 mars en l'église d'Availles.

Jacques de Broons, seigneur de Fourneaux et fils du précédent, « fit aussi de bons services, durant les troubles », aux rois Henri III et Henri IV. Il épousa Philippette de Moussy, dont il eut un fils, François-René, baptisé à Availles le 14 septembre 1618, mais il mourut peu de temps après, le 18 octobre 1622.

François-René de Broons, seigneur de Fourneaux, s'unit à Françoise d'Harcourt, qui, décédée en Normandie, fut néanmoins inhumée à Availles le 8 juillet 1651 ; l'année suivante, ce seigneur mourut lui-même de mort violente.

Quelque temps après, la châtellenie de Fourneaux passa, par voie d'acquêt, à Bernard Grout, sieur de la Corderie, secrétaire du roi en sa chancellerie du parlement de Bretagne, deuxième fils de Bernard Grout, seigneur de la Villejacquin, et de Françoise Pepin de Belle-Isle.

En 1662, le nouveau seigneur de Fourneaux épousa Mathurine Geffrard, dont il eut plusieurs enfants. Devenue veuve, cette dame se consacra au service des pauvres et fonda au bourg d'Availles un hôpital qui subsiste encore. On y voit dans la salle principale un tableau représentant la pieuse fondatrice soignant elle-même les malades en 1699, avec ces deux écussons : *écartelé aux premier et quatrième de sable à trois têtes de léopard d'or, aux deuxième et troisième d'argent à trois fusées rangées et accolées de gueules*, qui est Grout, – et : *losangé d'argent et de gueules*, qui est Geffrard.

Ce fut le fils aîné des précédents, François-Pierre Grout, qui devint seigneur de Fourneaux ; il épousa Jeanne-Séraphique Baude, mais mourut sans postérité après 1752. Son successeur fut son neveu, Bernard-François Grout, fils de Mathurin Grout, seigneur de Princé, et de Guyonne Grout de Beauvais. Celui-ci, par contrat du 10 juillet 1763, vendit la châtellenie de Fourneaux et plusieurs autres seigneuries à Jacques Rhuys, sieur d'Ambito, capitaine des vaisseaux du roi et chevalier de Saint-Louis, et à Louise-Jeanne Le Jay du Pré, sa femme, qu'il avait épousée à Brest en 1742.

Jacques Rhuys, seigneur de Fourneaux, mourut le 15 octobre 1765, et sa veuve continua d'habiter ce manoir, qui échut à leur seconde fille, Marie-Anne Rhuys ; celle-ci épousa vers 1770 François Chauvel, seigneur de Teillay, en Janzé ; ils furent les derniers possesseurs de la châtellenie de Fourneaux.

---

1. Du Paz, *Histoire généalogique de Bretagne*, 410.

Selon M. de Courcy[1], ce fut en 1518 que le roi François Ier érigea en faveur de François de Broons la seigneurie de Fourneaux en châtellenie.

Fourneaux relevait de la baronnie de la Guerche, et au siècle dernier sa haute justice s'exerçait au bourg de Moutiers, les Grout comme les Rhuys étant en même temps seigneurs de Fourneaux et de la Motte de Moutiers. Au seigneur de Fourneaux appartenaient en l'église d'Availles les prééminences, droit de fondation, banc, enfeu et armoiries. Les fiefs de Fourneaux, à cette époque, rapportaient à leur propriétaire environ 300 livres en grains, blé, avoine et froment, plus 18 livres, 5 sols, 4 deniers en argent, 38 chapons, 14 poules et une paire de gants. Mais le domaine proche, assez considérable, valait 3,450 livres de rente. Voici, du reste, ce qui composait ce domaine le manoir de Fourneaux, sa chapelle, sa fuie, ses rabines et sa retenue, – les moulins à eau et à vent de Fourneaux, la Rochelle, la Morandière et les Tertres, – les métairies de Fourneaux, du Val, de Pinto, de la Morandière, de la Coudrasserie, du Verger, du Manoir, de la Barre, de la Lizerie et de la Plesse[2].

Le manoir de Fourneaux, actuellement habité par ses propriétaires, M. et Mme Desmazières de Séchelles, est une intéressante construction des XV et XVIe siècles. On y remarque surtout la tourelle octogone se trouvant à l'angle intérieur d'un bâtiment en forme d'équerre et la jolie porte principale, avec accolade et ornementations de style ogival fleuri. À l'extrémité du logis, et reliée à lui par une tribune, se trouve la chapelle, dédiée à saint Fiacre. C'est un sanctuaire très soigné qui a dû être construit par un des abbés de la famille de Broons[3]. Une grande fenêtre à meneaux flamboyants occupe le chevet et renferme les débris d'une ancienne verrière représentant la Passion de Notre-Seigneur. L'on y retrouve peints les donateurs, François de Broons et l'une de ses femmes ; on reconnaît très bien son écusson : *d'azur à la croix d'argent frettée de gueules*, qui est de Broons, mais celui de sa compagne a plus souffert du temps. Cette chapelle renferme aussi un autel de la renaissance très curieux avec bas-relief et statues de marbre blanc, et dans plusieurs endroits les armoiries des *Grout écartelées de celles des Geffrard*. Enfin, le musée de Vitré possède une cloche provenant de cette chapelle et portant l'inscription suivante : *Je fus faicte l'an M Vcc XXXVIII pour Olivier de Brons s[r] de Fourniaulx, prenez en gré le don de nostre seur Jehenne de Brons.*

---

1. *Nobiliaire de Bretagne*, III, 444.
2. Frain de la Gaulayrie, *Tableaux généalogiques*, I, 73.
3. Outre Olivier de Broons, prêtre et seigneur de Fourneaux en 1541, on connaît Bertrand de Broons, abbé de Saint-Jacut, † 1471, Olivier de Broons, abbé de Saint-Melaine, † 1501, et Jean de Broons, abbé de Saint-Aubin-des-Bois, qui fit en 1500 son testament à Fourneaux même et y finit ses jours.

LE GUÉ DE SERVON

Le château du Gué, avec ses tourelles s'élevant encore au bord de la Vilaine, fut construit primitivement dans la paroisse de Noyal-sur-Vilaine ; mais ses possesseurs jouissant aussi de la seigneurie de Servon, dont le bourg avoisine le Gué, détournèrent le cours d'eau, limite des paroisses, et mirent ainsi leur demeure en Servon[1].

Le Gué donna son nom à une famille de chevaliers portant pour armes : *d'argent à la croix engreslée de sable*, et dont le premier auteur connu est Georges du Gué, seigneur dudit lieu, vivant vers 1350. Il épousa Seraine de Coësmes et en laissa un fils, Guy, qui lui succéda.

Guy du Gué, seigneur dudit lieu, s'unit à Marguerite d'Ancenis, dame de la Rouvraye et de Lignières en Argentré, et mourut le 5 avril 1408. Son fils et successeur, Amaury du Gué, épousa Jeanne de la Rivière, dont il eut plusieurs enfants ; en 1427, il avait, en outre, un bâtard nommé Georges du Gué. Amaury mourut vers Noël 1447, laissant sa seigneurie à son fils aîné Gilles, qui rendit aveu au duc de Bretagne le 11 février 1449.

Gilles du Gué épousa Jeanne de la Motte, fille du seigneur de Bossac, qu'il laissa veuve le 17 avril 1464. Antoine du Gué, seigneur dudit lieu et fils des précédents, rendit aveu au duc, en 1469, pour ses fiefs de Châteaubourg ; il prit en mariage Jeanne de Sion, fille du seigneur d'Anguignac, mais mourut sans postérité après le 1er juillet 1471. La seigneurie du Gué fut alors recueillie par le frère du défunt, Pierre du Gué, qui décéda également sans enfants vers 1505, quoique marié à Isabeau Busson, fille du seigneur de Gazon, qui lui survécut. Un troisième frère lui succéda ; ce fut Jean du Gué, qui fournit en 1506 un minu de ses rentes à la duchesse Anne[2] ; nous ne connaissons pas le nom de sa femme, mais lui du moins laissa un fils qui suit.

Tristan du Gué, seigneur dudit lieu, rendit aveu en 1540 ; il épousa Gillette Hingant, dont il eut deux fils, Mathurin et François. Ce dernier se présenta à la montre de 1541, « monté et armé en estat d'homme d'armes, pour Tristan du Gué, son père, en compagnie de deux hommes à cheval, l'un en habillement d'archer et l'autre en page, et dit avoir fourni sa déclaration, qui monte à 1,220 livres monnoye de rente noble[3] ». François du Gué, chevalier de l'Ordre du roi, fut vicomte de Méjusseaume par suite de son mariage avec Françoise de Coëtlogon. Mais ce fut son frère aîné, Mathurin du Gué, qui succéda aux seigneuries paternelles. Il épousa, le 12 décembre 1542, Olive de Sévigné, dont il ne laissa qu'une fille nommée Marie ; chevalier de l'Ordre du roi comme son frère, Mathurin du Gué vivait encore en 1586 ; il mourut à son manoir du Bois-de-Cuillé

---

1. Noyal-sur-Vilaine et Servon, communes du canton de Châteaugiron, arrondissement de Rennes.
2. *Archives de la Loire-Inférieure*, v° Châteaubourg.
3. *Ms. de Missirien* (Bibliothèque de Rennes).

en Anjou, et « fut son corps apporté et inhumé en l'église de Servon, au tombeau de ses prédécesseurs seigneurs de ladite paroisse et y ayant tous droits de supériorité[1] ».

Marie du Gué, dame dudit lieu, s'était mariée, par contrat du 29 octobre 1567, à Regnault, sire de la Marzelière ; celui-ci mourut en 1588, et deux ans après, le 25 juin 1590, sa veuve fit son testament et choisit sa sépulture en l'église conventuelle de Bonne-Nouvelle à Rennes ; elle ne décéda toutefois qu'en 1592. De cette union sortirent deux fils qui furent successivement seigneurs de la Marzelière et du Gué : Regnault de la Marzelière, qui rendit aveu pour le Gué en 1597, épousa Anne du Guémadeuc et fut tué en duel en 1604, – et François de la Marzelière, premier marquis dudit lieu, époux de Françoise d'Harcourt. Cette dame fut marraine à Servon en 1636, ce qui prouve qu'elle habitait alors son château du Gué. Devenue veuve, elle se remaria à Henri de la Marck, duc de Bouillon, et mourut en 1657.

M. et Mme de la Marzelière ne laissaient que deux filles, Mmes de Coëtquen et du Matz ; il est vraisemblable que celles-ci vendirent, après la mort de leurs parents, la terre seigneuriale du Gué, vers 1660.

Toujours est-il qu'en 1669 le Gué appartenait à Claude de Marbœuf, seigneur de Laillé et président à mortier au parlement de Bretagne, et à Gabrielle-Louise du Louet, sa femme ; ils firent hommage au roi en décembre 1672 pour leur châtellenie du Gué[2]. Leur fils, Charles-François de Marbœuf, qualifié comte du Gué, épousa Jeanne de Muzillac ; reçu en 1692 conseiller au parlement de Bretagne, il y devint en 1713 président à mortier et rendit aveu pour le Gué en 1718. Son fils aîné, Claude-François de Marbœuf, fut également reçu conseiller au même parlement en 1722.

Le 21 janvier 1745, le président de Marbœuf vendit la châtellenie du Gué à Michel Picot, seigneur du Boisfeillet, et à Marie Picot de Prémesnil, sa femme ; mais celle-ci était déjà morte lorsque son mari fit hommage pour le Gué au roi, en décembre 1747[3]. Les deux fils aînés du seigneur du Boisfeillet moururent jeunes : Étienne en 1749 et Michel en 1752 ; ce fut le troisième, Jean-Marie Picot, qui devint, à la mort de son père, seigneur du Gué ; toutefois, il ne conserva pas longtemps cette terre, qu'il céda, le 3 mars 1775, à son beau-frère et à sa sœur, Alexis de Gouyon et Renée Picot, seigneur et dame de Thaumatz[4].

Quand vint la Révolution, Alexis de Gouyon, dernier comte du Gué, devenu veuf, se retira à Paris, puis à Saint-Brieuc ; mais ses fils, Michel et René de Gouyon, émigrèrent ; la Nation en profita pour mettre en vente la terre du Gué, qu'Alexis de Gouyon racheta 170,186 francs, le 7 février

---

1. Du Paz, H*istoire généalogique de Bretagne*, 689.
2. *Archives de la Loire-Inférieure*, B, 988.
3. *Ibidem*, B, 1039.
4. La châtellenie du Gué fut cédée moyennant une somme de 264,000 livres.

1797. Toutefois, nous ne savons pourquoi, le Gué fut remis nationalement en vente, toujours comme bien des émigrés Gouyon, le 16 février 1799, et adjugé cette fois à des étrangers[1].

Châtellenie d'ancienneté, selon M. de Courcy[2], la seigneurie du Gué se composait au siècle dernier des seigneuries du Gué, Forges et Tatoux en Noyal-sur-Vilaine, et Montigné en Brecé. Elle avait donc plusieurs fiefs relevant en partie du roi, en partie d'autres seigneurs ; quant au château lui-même, il relevait de la baronnie de Châteaugiron, et son possesseur devait à cette baronnie « deux mangiers en grains ». La haute justice du Gué s'exerçait au bourg de Servon, et ses fourches patibulaires, à quatre piliers, se dressaient sur le pâtis Nicolle. Les fiefs du Gué s'étendaient au XVIIe siècle en Servon, Noyal-sur-Vilaine, Châteaubourg, Brecé et Broons ; mais au XIVe siècle ils allaient bien plus loin et jusqu'en Thorigné, Chartres, Noyal-sur-Seiche, Châtillon-sur-Seiche et Saint-Hélier de Rennes. Le seigneur du Gué avait à Servon un marché tous les mardis et quatre foires par an, aux fêtes de saint Yves, saint Jean, sainte Anne et saint Julien ; ces foires avaient été concédées par Louis XIV à Claude de Marbœuf par lettres patentes datées du mois d'août 1668. Enfin, nous avons vu qu'au seigneur du Gué appartenaient aussi les droits de supériorité et de fondation en l'église de Servon, où se trouvait son enfeu.

Quant au domaine proche de la châtellenie du Gué, il se composait du château du Gué, – des anciens manoirs de Forges, Tatoux et Montigné, – des métairies de la Porte, des Épinais, de la Croix, de la Basse-Cour, du Breuil, de la Goronnière, du Cérizay, des Basses-Forges, d'Olivet et de la Bretterie, – des moulins à eau de Taillepied et du Gué de Servon, et du moulin à vent de Montigné, de l'étang des Hautes-Forges, – des bois des Tesnières, de la Basse-Cour et de la Vieuville, etc.

Le château du Gué occupe, comme l'indique son nom, une position marécageuse au bord de la Vilaine ; il se trouve au centre d'un grand carré cerné de larges douves pleines d'eau et que fermait jadis un pont-levis. Ce château, vaste corps de logis flanqué à ses angles de quatre tourelles en encorbellement, a toujours grand air, quoiqu'il soit abandonné par son propriétaire. Dans ses murailles on retrouve les vestiges d'un premier manoir à fenêtres ogivales et portes en accolade, avec colonnettes du XVe siècle ; l'édifice actuel a pris sa physionomie actuelle évidemment au XVIIe siècle, quand les Marbœuf vinrent y résider. La chapelle, isolée à l'origine et de forme octogonale, – faisant pendant probablement à une fuie qui a disparu de l'autre angle de la cour – est reliée au château par une galerie faite après coup. Vu de la voie ferrée dominant le vallon de la Vilaine, le château du Gué se présente fort bien ; malheureusement il menace ruine.

---

1. *Archives d'Ille-et-Vilaine*, 1 Q, 32.
2. En 1451, le sire du Gué fut appelé aux États de Vannes à siéger parmi les bannerets.

Guichen

La seigneurie de Guichen, en la paroisse de ce nom[1], n'est point ancienne ; elle fut créée par Louis XIV en faveur de Luc du Bouexic, en 1678, et formée de trois vieilles terres nobles : la Lande, la Grézillonnaye et les Huguetières. Comme le bourg de Guichen se trouvait compris dans les fiefs de la Lande, le roi unit ces diverses juridictions en une seule, sous le nom de Guichen.

Il n'est pas hors de propos de faire connaître les trois seigneuries qui formèrent la châtellenie de Guichen.

« La maison, terre et seigneurie de la Lande, dit du Paz, située en la paroisse de Guichen, est noble et ancienne, de grand revenu et belle juridiction[2]. » Les sires de la Lande, portant pour armes : *de gueules à trois écussons d'argent, à la cotice brochante*, remplirent d'importantes fonctions à l'armée et à la cour des ducs de Bretagne ; mais la branche aînée de cette famille s'éteignit au XIVe siècle en la personne de Jeanne de la Lande, dame dudit lieu, femme de Jean Ier, sire d'Acigné. Cette dame mourut le 4 janvier 1367 et fut inhumée en l'église conventuelle des Cordeliers de Rennes, proche l'autel Saint-Yves ; son mari lui survécut longtemps et ne décéda que le 8 novembre 1421. Leur fils, Jean d'Acigné, hérita à la mort de sa mère de la seigneurie de la Lande et épousa Marie de Coëtquen, qui mourut le 10 juillet 1388 et fut inhumée au chapitre du même couvent de Saint-François de Rennes[3] ; le seigneur de la Lande, son mari, vécut encore quinze ans, décéda le 3 août 1403 et fut inhumé en l'église des Cordeliers de Rennes, dont il était le bienfaiteur[4].

Jean d'Acigné, fils des précédents, devint alors seigneur de la Lande ; il épousa, le 31 mai 1408, Jeanne de Fontenay, dame dudit lieu, mais deux ans après il mourut et fut inhumé en 1410 près de ses ancêtres, à Saint-François de Rennes ; il laissait un fils au berceau, nommé Jean, qui hérita en 1421 de son bisaïeul, Jean Ier, sire d'Acigné, et devint ainsi seigneur d'Acigné et de la Lande.

À partir de ce moment, la seigneurie de la Lande appartint aux sires d'Acigné. Le manoir de la Lande tomba en si complète ruine qu'on n'en connaît pas même l'emplacement ; son nom resta, seulement attaché à une section de la paroisse de Guichen, appelée Trait de la Lande, à l'Ouest du bourg.

1. Guichen, chef-lieu de canton, arrondissement de Redon.
2. *Histoire généalogique de Bretagne*, 597.
3. Du temps de du Paz, on y voyait encore son tombeau, portant cette inscription : *Cy gist Dame Marie de Coesquen, fille de Monsieur Raoul, sire de Coesquen, et de Dame Marguerite de Quédillac, qui fut femme et compaigne de Monsieur Jean d'Acigné, seigneur de la Lande, laquelle décéda le dixiesme jour du mois de juillet, l'an de grace mil trois cens quatre-vingt-huit.*
4. « 1403. *Obiit dominus Joannes de Assigneyo, dominus de Landa, cui multum obligatur.* » (*Nécrol. Fratr. Min. Rhedon*).

Le manoir de la Grézillonnaye, également en Guichen, donna son nom à un rameau de la famille de Lohéac ; Guy Le Borgne nous a conservé les armoiries des sires de la Grézillonnaye, qui portaient : *de vair*, qui est de Lohéac, *à la cotice componnée d'argent et de gueules*, comme brisure.

La famille de la Grézillonnaye se fondit dans la branche aînée des sires de la Lande, fondue elle-même dans Acigné ; la seigneurie et le manoir de la Grézillonnaye devinrent ainsi la propriété des sires d'Acigné, qui en jouissaient dès 1427 et 1446.

Enfin, la seigneurie des Huguetières, qualifiée ordinairement de châtellenie, était une belle juridiction, sans manoir ni domaine, s'étendant dans les paroisses de Guipry, Guichen, Guignen, Lohéac et Saint-Malo-de-Phily ; elle était riche en mouvances nobles, et la plupart des manoirs de Guipry et des environs relevaient d'elle. On ignore ses origines, mais dès 1510 elle appartenait au sire d'Acigné et demeura entre les mains de ses successeurs.

La branche aînée de la famille d'Acigné s'éteignit en la personne de Judith d'Acigné, dame dudit lieu, femme de Charles de Cossé, duc de Brissac, décédé maréchal de France ; à la mort de cette dame, arrivée le 11 janvier 1598, son second fils, Charles de Cossé, eut en partage la seigneurie d'Acigné et les trois terres de la Lande, de la Grézillonnaye et des Huguetières ; il obtint du roi en 1609 l'union de toutes ces seigneuries en une seule érigée en marquisat sous le nom d'Acigné. Charles de Cossé, premier marquis d'Acigné, épousa Hélène de Beaumanoir, mais mourut sans postérité. Sa succession passa à son frère aîné, François de Cossé, duc de Brissac, mari de Guyonne Ruellan[1] ; mais celui-ci céda en 1641 le marquisat d'Acigné à son fils, Louis de Cossé, époux de Marguerite de Gondy. Ces derniers démembrèrent leur marquisat et vendirent en 1657 la seigneurie d'Acigné proprement dite à René Lambert, se réservant les seigneuries de la Lande, de la Grézillonnaye et des Huguetières ; toutefois ils ne tardèrent pas à vendre ces terres elles-mêmes à Jean du Bouexic[2].

Jean du Bouexic, premier vicomte de la Driennaye, avait acquis dès avant 1654 la portion de la châtellenie des Huguetières s'étendant en Guipry, Lohéac et Saint-Malo-de-Phily, qu'il fit unir à sa vicomté. Plus tard, en 1657 ou peu de temps après, il acheta l'autre portion des Huguetières s'étendant en Guichen et Guignen, ainsi que les seigneuries de la Grézillonnaye et de la Lande. Jean du Bouexic avait épousé Lucresse Roucheran, mais il mourut sans postérité à la Driennaye le 29 juillet 1671. Sa succession fut recueillie par ses deux neveux, fils de son frère Guillaume du Bouexic, seigneur de la Pommeraye.

L'aîné des héritiers, Julien du Bouexic, seigneur du Châteaublanc,

---

1. Ce duc de Brissac nomma en 1634 avec sa fille, Marie de Cossé, plus tard duchesse de la Meilleraye, une cloche de l'église de Guichen.
2. *Archives d'Ille-et-Vilaine*, E, 159.

conserva pour lui la vicomté de la Driennaye et la juridiction des Huguetières ; il donna en 1671 en partage à son cadet, Luc du Bouexic, seigneur de la Ferronnaye, les terres seigneuriales de la Grézillonnaye et de la Lande ; plus tard, en 1675, il lui vendit les fiefs des Huguetières en Guichen et Guignen.

Au mois de juin 1678, des lettres patentes de Louis XIV, données en faveur de Luc du Bouexic, seigneur de la Ferronnaye, unirent ses divers fiefs de la Lande, de la Grézillonnaye et des Huguetières, en une seule seigneurie, sous le nom de Guichen. Ces lettres royales furent enregistrées au parlement de Bretagne le 9 septembre 1678[1].

Luc du Bouexic, premier seigneur de Guichen, vint habiter le vieux manoir de la Grézillonnaye avec sa femme, Marie de Bohio ; major de la noblesse de l'évêché de Saint-Malo et lieutenant-général de la maréchaussée de Bretagne, il mourut à Rennes le 11 juin 1699 ; son corps fut apporté à Guichen et inhumé au chanceau de l'église paroissiale.

Luc-François du Bouexic, fils du précédent, lui succéda comme seigneur de Guichen et rendit aveu au roi pour partie de cette seigneurie dès le 9 décembre 1699. Capitaine au régiment de Béarn et commissaire des États de Bretagne en 1728 et 1731, Luc-François du Bouexic épousa Julienne-Thérèse de la Jaille, mourut en 1735 et fut inhumé en l'église de Guichen le 15 février. Il laissait trois garçons Claude-Luc, qui suit, – Luc-Urbain, qui devint l'illustre amiral de Guichen et mourut en 1790, ne laissant qu'une fille de son mariage avec Jeanne Rollon de Kergongar, – et François, seigneur de la Botheleraye, dont la postérité subsiste encore, conservant seule le nom et le titre de comte de Guichen.

Claude-Luc du Bouexic, fils aîné de Luc-François, fit aveu pour sa seigneurie de Guichen en 1737 ; capitaine au régiment de Rohan, il épousa en 1744 Yvonne de Kerret, qui lui survécut, car il mourut en 1768 et fut inhumé en l'église de Guichen le 4 juin. Il ne laissait qu'une fille, Agathe-Félicité du Bouexic, qui épousa, le 23 juin 1772, Joseph-Marie de Talhouët de Boisorhant. Celui-ci devint, l'année suivante, seigneur du Boisorhant et de la Villequeno et en 1776 président à mortier au parlement de Bretagne. Il fut le dernier seigneur de Guichen et se trouvait, en 1790, à son manoir de la Grézillonnaye, quand une bande révolutionnaire vint saccager cette maison. Il n'émigra point et mourut à Rennes le 25 août 1805 ; sa veuve lui survécut jusqu'au 15 mars 1839 et mourut, âgée de quatre-vingts ans, à la Grézillonnaye, qui appartient encore à l'un de ses petits-fils, M. de Talhouët de Boisorhant.

Nous n'avons point retrouvé les lettres d'érection de la seigneurie de Guichen en châtellenie ; elle n'était peut-être considérée comme telle qu'à cause des Huguetières, châtellenie d'ancienneté ; il peut se faire aussi que l'érection de Guichen en châtellenie ait été accordée à Luc du Bouexic par Louis XIV.

---

1. *Archives du parlement de Bretagne*.

Guichen avait d'ailleurs tous les éléments et les prérogatives d'une châtellenie : réunion de plusieurs hautes justices, marché au bourg tous les vendredis, quatre foires par an, aux fêtes de saint Antoine (17 janvier), saint Méen (21 juin), saint Barthélemy (24 août), et au 2 novembre, etc.

La seigneurie des Huguetières et une partie au moins de celle de la Lande relevaient directement du duc de Bretagne, puis du roi, mais la Grézillonnaye relevait de la châtellenie de Bréal. Le seigneur de Guichen avait en l'église de ce nom, à cause de ses fiefs des Huguetières, les droits de supériorité[1] et de fondation, et toutes les prééminences, banc et enfeu dans le chanceau, lisière armoriée, etc. Il y avait, de plus, comme seigneur de la Lande, une chapelle prohibitive dédiée à saint Louis, fondée de messes et dont la présentation lui appartenait ; il jouissait, au même titre, du droit de présenter le chapelain de la chapelle frairienne Notre-Dame de la Moutonnaye en Guichen ; ce dernier chapelain était même tenu de venir à la fête Saint-Luc dire la messe à la chapelle du manoir de la Grézillonnaye et, avant sa célébration, d'offrir au seigneur du lieu « deux cierges de cire blanche d'un quarteron chacun ».

Les fiefs de la châtellenie de Guichen s'étendaient surtout dans les deux paroisses de Guichen et de Guignen, et comprenaient plusieurs mouvances nobles ; sa haute justice s'exerçait au bourg de Guichen, où se trouvaient son auditoire, sa prison et ses ceps et colliers ; enfin Ogée prétend que le seigneur de la Massaye devait fournir le bourreau chargé d'exécuter les sentences portées contre les malfaiteurs par les juges de Guichen.

Parmi les droits féodaux, nous remarquons encore un droit de « coutume, trépas et chalandage », levé au passage du Bouelle, sur la Vilaine, et celui de soule tous les ans, le jour de Noël, « le dernier couple de mariés de la paroisse de Guichen » devait, sous peine d'amende, présenter au seigneur ou à ses officiers, « à l'issue de la grand-messe et à la sortie du cimetière dudit Guichen », une soule ou ballon de cuir que se disputaient les jeunes gens[2].

Quant au domaine proche de la seigneurie de Guichen, il se composait du manoir de la Grézillonnaye, encore debout de nos jours, et d'un certain nombre de métairies et de moulins ; le tout était estimé en 1734 valoir environ 4,000 livres de rente[3].

---

1. Ce droit lui était toutefois contesté par le seigneur de Bréal.
2. *Archives de la Loire-Inférieure*, v° Guichen.
3. *Archives d'Ille-et-Vilaine*, C, 2, 157.

LE HALLAY

La famille du Hallay, une des plus anciennes de notre contrée, tirait son nom et son origine du manoir du Hallay en la paroisse de Landéan[1] ; elle portait *d'argent fretté de gueules*. Dès l'an 1269 Raoul du Hallay possédait en Landéan les trois terres nobles du Hallay, du Pontpéan et de l'Artoire. Cette année-là, Hugues de Lusignan, baron de Fougères, accorda à ce seigneur un droit d'usage, chauffage et pasnage dans la forêt de Fougères pour ces trois terres, à condition toutefois qu'il fit exercer par quelqu'un la charge de garde forestier dans une partie de cette forêt, l'autorisant d'ailleurs à prélever chaque année une somme de 30 sols monnoie sur les revenus et amendes de la forêt[2].

Guillaume Ier du Hallay, seigneur dudit lieu et fils de Raoul, épousa Catherine de Coësmes, qui lui apporta, croit-on, la seigneurie de Retiers ; il en eut Guillaume II, marié en 1313 à Jeanne de Montbourcher, fille du seigneur du Bordage. Guillaume III, archer dans une montre de 1356, se maria à Josseline de Saint-Gilles. Harscouët du Hallay, seigneur dudit lieu, vivant en 1368 et fils du précédent, épousa Alix Gouyon, dame de Bonteville en Montours. Pierre du Hallay rendit aveu à la baronnie de Fougères pour sa seigneurie du Hallay en 1435, et prêta en 1437 serment de fidélité au duc de Bretagne ; il épousa Jeanne Husson et fut tué au siège de Fougères en 1449. Leur fils, Jean Ier du Hallay, épousa d'abord Marguerite de la Cigogne, dame de Maineuf en Saint-Didier, morte en 1471, puis Jeanne du Gué, veuve de Rolland de Sion. Gilles du Hallay, fils du précédent, rendit aveu en 1494 et épousa : 1° Jeanne d'Ust, 2° Catherine de la Charonnière, qui lui survécut ; il décéda le 8 novembre 1505, et l'année suivante Olivier Le Vayer, oncle et tuteur de son fils mineur, François du Hallay, rendit aveu pour le Hallay. En 1513, ce François du Hallay possédait encore en Landéan les trois terres seigneuriales de son aïeul du XIIIe siècle ; il décéda en mars 1528, laissant veuve Louise Rabaud, qui devint tutrice de leur fils Jean. En 1541, Jean II, seigneur du Hallay, se présenta à la montre « monté et armé en estat d'homme d'armes, avec un seul page portant lance, et déclara avoir en fiefs nobles 515 livres de rente[3] ».

De l'union de Jean II avec Jeanne de Bréron naquit Étienne du Hallay, seigneur dudit lieu en 1587, chevalier de l'Ordre du roi, qui épousa, par contrat du 26 octobre 1576, Gillonne de Coëtquen, fille de Jean marquis de Coëtquen. Il fut stipulé en ce contrat de mariage que si le nom de Coëtquen venait à s'éteindre, les descendants d'Étienne et de Gillonne prendraient le nom et les armes de Coëtquen. Étienne du Hallay fit hommage au roi pour le Hallay en 1600 et mourut vers 1616 ; sa veuve lui

---

1. Landéan, commune du canton Nord de Fougères.
2. Maupillé, *Notices sur les paroisses des cantons de Fougères*, 98.
3. *Ms. de Missirien* (Bibliothèque de Rennes).

survécut et fut inhumée en 1626 en l'église de Retiers. Il eut pour successeur son fils, Louis du Hallay, également chevalier de l'Ordre du roi, marié en 1627 à Marie Loz, dame de Kergouanton ; devenue veuve peu de temps après, celle-ci se remaria à Claude du Matz. En 1631, en effet, Louis du Hallay était mort et son fils Jean placé sous la tutelle de son parent, Charles de la Cervelle.

Jean du Hallay, seigneur dudit lieu, épousa en 1640 Suzanne Le Febvre de Laubrière, qui mourut jeune et fut inhumée, le 13 septembre 1643, au chanceau de l'église de Retiers. Le seigneur du Hallay contracta, le 26 mai 1646, une seconde union avec Marguerite Hus, fille du seigneur du Bois-Hus, dont il eut plusieurs enfants baptisés à Retiers.

L'aîné d'entre eux, Emmanuel du Hallay, épousa à l'âge de vingt-trois ans, en l'église Saint-Étienne de Rennes, le 11 mai 1684, Renée de Sévigné, dame de Montmoron et fille unique du comte de ce nom. À la mort de son père, arrivée vers 1692, Emmanuel devint seigneur du Hallay ; il décéda lui-même à son manoir de la Borderie en Retiers, le 25 décembre 1723 ; son corps fut inhumé le surlendemain au chœur de l'église de Retiers[1]. Sa veuve mourut à Montmoron le 12 janvier 1735.

Ce seigneur avait eu deux garçons, dont l'aîné, Jean du Hallay, qualifié marquis du Hallay, épousa, par contrat du 31 décembre 1734, Marie-Thérèse Guérin de la Rocheblanche. Il fit hommage au roi pour le Hallay le 7 décembre 1746 et mourut dix ans plus tard, le 29 novembre 1756. Il laissait pour fils et héritier Emmanuel-Agathe du Hallay, dit le marquis du Hallay, né le 14 avril 1739 et marié en 1761 à Éléonore Le Gendre de Berville, morte en couches le 12 décembre, l'année même de son mariage, laissant un fils, Emmanuel-Louis du Hallay, reçu mousquetaire du roi en juin 1773.

Emmanuel-Agathe, marquis du Hallay, comte de Montmoron, sire de Retiers et seigneur châtelain du Pontavice, fut brigadier des armées du roi et premier veneur du comte d'Artois ; il émigra et eut toutes ses terres vendues par la Nation. Rentré plus tard en France, il vit mourir, en 1802, le dernier membre de la famille de Coëtquen, Louise de Coëtquen, duchesse de Duras, et, par suite de la convention de 1576, il fit prendre à ses fils – issus d'un second mariage – Jean-Georges et Frédéric, le nom de Coëtquen ; lieutenant-général et grand'croix de Saint-Louis, le dernier marquis du Hallay mourut le 20 juin 1826.

Qualifiée de châtellenie dans les aveux du xviie siècle, la seigneurie du Hallay se composa pendant plusieurs siècles des quatre terres nobles du Hallay, Pontpéan et l'Artoire en Landéan, et Montbrault en Fleurigné ; elle comprenait aussi à l'origine la terre du Hallay-Robert en Laignelet, qui passa au xve siècle aux Le Vayer, par suite du mariage d'Anne du Hallay avec Olivier Le Vayer, seigneur de Montbouan.

Mais le manoir du Hallay – situé près du bourg de Landéan, au bord

---

1. *Registre des sépultures de la paroisse de Retiers.*

de la forêt de Fougères, fut – abandonné d'assez bonne heure par ses possesseurs, devenus dès la fin du XIIIe siècle sires de Retiers et plus tard seigneurs de Maineuf en Saint-Didier, et de Montmoron en Romazy, toutes terres ayant de beaux manoirs qui furent préférés au Hallay.

D'ailleurs, la terre même du Hallay – relevant de la baronnie de Fougères à devoir de rachat et de 30 sols de rente n'était pas considérable, et sa seigneurie ne comprenait que les fiefs du Hallay et des Méhalinayes en Landéan et la Bazouge ; mais la châtellenie, avec ses manoirs du Hallay, du Pontpéan, de l'Artoire et de Montbrault, et ses fiefs en Landéan, la Bazouge et Fleurigné, faisait bonne figure. Elle jouissait d'une haute justice et avait les prééminences et le droit de fondation de l'église de Landéan, avec banc à queue, enfeu et armoiries au chanceau, à cause du Hallay, plus d'autres prééminences, bancs et enfeus devant les autels de Notre-Dame et de Saint-Gorgon en la même église de Landéan, à cause de l'Artoire.

Le seigneur du Hallay faisait les nouveaux mariés de Landéan courir la quintaine « une fois l'an le jour qu'il luy plaist » ; ce jour fixé, les vassaux des Méhalinayes devaient au Pâtis de la Quintaine « dresser la carrière propre à courir icelle et planter un posteau armoyé des armes dudit seigneur » ; le sergent du même fief était tenu, de son côté, de fournir aux jeunes mariés « les fers pour ferrer » leurs lances ; on ne dit pas qui fournissait le cheval.

Il se tenait alors à Landéan une grande assemblée à la fête de « Nostre-Dame l'Angevine » (8 septembre) et à cette occasion il se faisait une réunion de plusieurs marchands, sur lesquels le seigneur du Hallay pouvait « serrer ou faire serrer un chef-d'œuvre de chaque étaiger ».

À cause de son droit d'usage en la forêt de Fougères, le même seigneur avait droit aux siècles derniers à trente charretées de bois pour chacune de ses trois terres du Hallay, Pontpéan et l'Artoire[1].

Quand vint la Révolution, le domaine proche de la seigneurie du Hallay se composait des anciens manoirs du Hallay et du Pontpéan, devenus depuis longtemps de simples maisons de ferme, – des métairies du Hallay, du Pontpéan et de Montdésir, – et des moulins à eau du Hallay et de Tréluzon. Le tout fut vendu nationalement le 6 octobre 1795.

La Haye de Saint-Hilaire

a famille de la Haye, portant pour armes *d'argent au lion de sable*, possède depuis bientôt huit siècles le château seigneurial dont elle tire son nom, la Haye en la paroisse de Saint-Hilaire-des-Landes[2]. Elle paraît, en effet, remonter à Geoffroy de la Haye, qui donna en 1163 à l'abbaye de Rillé près Fougères tous les droits

---

1. *Archives de la Loire-Inférieure*, v° Landéan.
2. Commune du canton de Saint-Brice-en-Coglais, arrondissement de Fougères.

qui lui revenaient dans le moulin du Pont[1].

La généalogie suivie des seigneurs de la Haye ne commence néanmoins qu'au XIVe siècle, avec Jean de la Haye, époux de Marguerite de Lignières. Ce seigneur, vivant encore en 1393, fut père de Jean Ier de la Haye, seigneur dudit lieu, qui épousa Marie Cassin. Le fils de ce dernier, Léon Ier de la Haye, rendit aveu à la baronnie de Fougères pour sa seigneurie de la Haye le 9 février 1413 ; il laissa de Guillemette Hattes Jean II de la Haye, mari de Raoulette de la Magnane.

Guyon de la Haye, fils du précédent, rendit aveu pour la Haye le 12 mars 1485 et épousa Alice Le Sénéschal, fille du seigneur du Rocher-Seneschal ; il en eut deux fils : Guillaume de la Haye, seigneur dudit lieu, marié par contrat du 15 juin 1498 à Françoise de Lignières, qui fit aveu en 1501 et mourut sans postérité, et Pierre de la Haye, qui rendit aveu pour sa seigneurie en 1540 et épousa Ambroisine d'Anthenaise[2].

En 1541 Rolland Perroudel se présenta aux montres, « monté et armé en estat d'archer, pour Pierre de la Haye, seigneur de la Haye, lequel il dit estre malade, et dit que le revenu dudit seigneur de la Haye est de 310 livres de revenu noble[3] ». Pierre de la Haye fut père d'Augustin et de Léon qui suivent, ainsi que de René de la Haye, chanoine de Rennes et abbé de Saint-Aubin-des-Bois. Augustin de la Haye et Louise Le Sénéschal, sa femme, firent hommage au roi pour la seigneurie de la Haye le 4 octobre 1553 ; ils moururent sans laisser d'enfants et Léon de la Haye recueillit la succession de son frère.

Léon II de la Haye, seigneur dudit lieu, épousa en janvier 1567 Jeanne de Launay, fut en 1576 nommé par Henri III gouverneur des ville et château de Fougères, et mourut au commencement de 1588. Son fils et successeur, René de la Haye, fit hommage au roi le 22 juin 1588 ; il avait épousé par contrat du 8 décembre 1586 Françoise Pinel, fille du seigneur de Chaudebœuf. Le 15 janvier 1592 il vit un de ses enfants tenus sur les fonts baptismaux de la cathédrale de Rennes par le prince de Dombes, gouverneur de Bretagne. Il dut mourir l'année suivante, et non pas le 19 janvier 1592, à la suite de son duel avec le sieur de la Prade, comme le raconte Pichart dans son journal[4], car au mois de mars 1593 il reçut d'Henri IV tout à la fois une gratification de 800 écus et des lettres d'érection de sa seigneurie de la Haye en châtellenie. Il laissait un fils mineur, Henry de la Haye, seigneur dudit lieu, qui épousa par contrat du 7 janvier 1618 Françoise Fouquet, fille du comte de Chalain, et fit hommage au roi le 21 mai suivant. Chevalier de l'Ordre du roi et capitaine de cent hommes d'armes de Sa Majesté, Henry de la Haye mourut le 21 septembre 1622, à la fleur de l'âge. Il laissait lui aussi plusieurs enfants mi-

---

1. Dom Morice, *Preuves de l'Histoire de Bretagne*, I, 652.
2. *Archives du château de la Haye de Saint-Hilaire.*
3. *Ms. de Missirien* (Bibliothèque de Rennes).
4. Dom Morice, *Preuves de l'Histoire de Bretagne*, III, 1726.

neurs qui furent placés sous la tutelle d'un oncle de leur mère, André Barrin, seigneur du Boisgeffroy[1].

L'aîné de ces enfants, Christophe de la Haye, seigneur dudit lieu, épousa par contrat du 11 décembre 1647 Françoise Chouet, fille d'un conseiller au parlement ; il devint en 1658 gouverneur de Fougères et mourut vers 1671.

Anne de la Haye, fils et successeur du précédent, épousa à Plévin, le 4 août 1672, Louise de Canaber, fille du comte de Kerlouet, et rendit hommage au roi le 24 septembre 1678 ; il était mort en 1700 et sa veuve décéda à Rennes en avril 1709. Leur fils, Basile de la Haye, exempt des gardes du roi, rendit aveu pour ses seigneuries le 2 mai 1700, mais il mourut à Paris, sans avoir contracté d'alliance, au mois de mai 1711. La seigneurie de la Haye échut alors au neveu du défunt, Christophe de la Haye, fils de Pierre-François de la Haye, seigneur du Plessix de Melesse. Celui-ci épousa Benigne de la Motte-Morel, fille du seigneur de la Motte de Gennes, et vint habiter la Haye. Leur fils, Louis-François de la Haye, qualifié comte dudit lieu en 1766, s'unit à Thérèse-Élisabeth de Gasté, qui lui donna un fils nommé Édouard, né à la Haye le 9 décembre 1775. Ce dernier seigneur de la Haye émigra à la Révolution et vit la Nation mettre ses biens en vente[2] ; rentré à Rennes, il y mourut à l'âge de soixante-douze ans, le 19 décembre 1800, et sa veuve le suivit dans la tombe le 19 octobre 1817.

La Haye de Saint-Hilaire fut érigée en châtellenie par lettres patentes d'Henri IV, données en mars 1593 en faveur de René de la Haye, « en récompense des bons offices et services rendus par lui à Sa Majesté ». Pour former la nouvelle châtellenie, le roi unit à la seigneurie de la Haye les autres seigneuries de Sur-Minette et la Cherbaudière en Saint-Hilaire, Saint-Crespin en Saint-Mard-le-Blanc, les Champs-Léon en Saint-Sauveur-des-Landes et le Feil en Saint-Étienne-en-Coglais.

Mais René de la Haye étant venu à mourir avant l'enregistrement des lettres royales et son fils Henri étant encore mineur, il fallut de nouvelles lettres patentes que donna Louis XIII en mars 1619 et qui furent enregistrées au parlement de Bretagne le 18 juillet de la même année[3].

La haute justice de la Haye s'exerçait au bourg de Saint-Hilaire et les fiefs de la châtellenie s'étendaient en six paroisses Saint-Hilaire, Saint-Mard-le-Blanc, Saint-Sauveur-des-Landes, la Chapelle-Saint-Aubert, Saint-Ouen-des-Alleux et Saint-Étienne-en-Coglais. Le seigneur de la Haye avait droit de tenir deux foires au bourg de Saint-Hilaire, et il possédait en l'église de cette paroisse, en 1505, un banc et un enfeu dans la nef devant l'autel Saint-Jean et Saint-Sébastien, et au siècle dernier un banc et un enfeu dans le chanceau, où se trouve encore une pierre tom-

---

1. *Archives de la Loire-Inférieure*, v° Saint-Hilaire-des-Landes.
2. Une partie de ces biens fut rachetée par les enfants de l'émigré.
3. *Archives du parlement de Bretagne*.

bale armoriée des armes de la Haye, cachée sous un parquet moderne.

Naguères on voyait dans la maîtresse-vitre de cette église les écussons et la représentation d'un seigneur et d'une dame de la Haye agenouillés au bas du vitrail. Aujourd'hui encore, le banc seigneurial de la Haye subsiste dans la nef, blasonné des armes de la Haye et de la Motte-Morel en alliance. Le domaine proche de la châtellenie se composait ainsi qu'il suit aux siècles derniers : château et retenue de la Haye ; – anciens manoirs (devenus fermes) de Saint-Crespin, la Cherbaudière, Sur-Minette, les Champs-Léon et le Feil ; – métairies de la Haye, du Mottay, de la Hubaudière, de Chévrigné, de la Bigotière et de la Danserie ; – moulins de Faucillon et du Moulin-René, etc.[1].

Le château de la Haye était une maison forte dans laquelle le prince de Dombes mit une garnison en 1591 ; il en reste encore une belle tour de cette époque avec un curieux portail et un logis moins ancien ; le tout occupe une cour carrée bien cernée de douves, avec chapelle et colombier. Dans la chapelle, dédiée à la Sainte-Famille, bâtie et dotée en 1686 par Anne de la Haye, se trouvent les tombeaux modernes de la famille de la Haye, qui continue d'habiter le château de ses ancêtres.

Hédé

es ruines du château de Hédé[2] témoignent de son antiquité et de son importance au Moyen Âge. Il est vraisemblable que cette forteresse remplaça un *castellum* gallo-romain, mais on ignore l'époque de sa construction ; on ne connaît pas davantage l'histoire de ceux qui surent le bâtir et qui en prirent le nom. On croit seulement que cette noble race de guerriers s'éteignit de bonne heure en la personne d'Havoise de Hédé, mariée vers l'an 1100 à Raoul, sire de Montfort.

En 1168, Henri II, roi d'Angleterre, vint mettre le siège devant Hédé ; défendue par Geoffroy de Montfort, petit-fils d'Havoise de Hédé, la place ne capitula qu'après une opiniâtre résistance. Devenu à la fin maître de Hédé, le roi anglais en fit une de ses plus importantes places d'armes dans ses guerres contre les barons de Bretagne ligués contre lui[3].

Que devinrent ensuite le château et la seigneurie de Hédé ? Nous n'en savons rien ; nous les trouvons seulement au milieu du XIIIe siècle entre les mains du prince Pierre de Bretagne, qui les donne à son père, le duc Jean le Roux, en 1265 ; ce dernier s'empressa de réunir cette seigneurie et son château au domaine ducal et nomma à Hédé un sénéchal pour y exercer en son nom la juridiction seigneuriale[4].

---

1. Maupillé, *Notices sur les paroisses du canton de Saint-Brice*.
2. Chef-lieu de canton, arrondissement de Rennes.
3. Dom Morice, *Preuves de l'Histoire de Bretagne*, I, 132.
4. Dom Morice, *Preuves de l'Histoire de Bretagne*, I, 999 et 1007.

À partir de ce moment, les ducs de Bretagne, puis leurs successeurs les rois de France, conservèrent jusqu'en 1789 la châtellenie de Hédé. Néanmoins, ils la détachèrent parfois momentanément dans les circonstances suivantes :

Ainsi le duc Arthur II, mort en 1312, mariant sa fille Béatrice de Bretagne avec Guy X, comte de Laval, lui donna en dot la châtellenie de Hédé. Le sire de Laval fut tué en 1347 au combat de la Roche-Derrien, mais sa veuve ne mourut qu'en 1384, âgée de quatre-vingts ans, et fut inhumée à l'abbaye de Clermont près Laval.

Dans la seconde moitié du siècle suivant, le duc François II donna la seigneurie de Hédé successivement aux deux bâtards qu'il eut d'Antoinette de Magnelais : Antoine de Bretagne, mari de Jeanne Turpin, mort sans postérité, et François de Bretagne, baron d'Avaugour, époux de Magdeleine de Brosse ; ce dernier recevait encore en 1519 des aveux en qualité de seigneur de Hédé.

Enfin, par contrat du 24 septembre 1554, le roi Henri II vendit à François du Breil, seigneur des Hommeaux, « la place, terre et chastellenie de Hédé », moyennant la somme de six mille livres tournois.

Mais ce vaillant capitaine ne conserva pas longtemps la propriété de cette seigneurie, que racheta dès 1559 le roi Charles IX[1]. Il semble cependant que François du Breil obtint de garder l'usufruit de Hédé durant sa vie, car plus tard on se plaignait de ce que Catherine de Tréal, veuve de François du Breil, seigneur de la Roche, eût laissé tomber en ruine les prisons de Hédé ; or, pendant que le capitaine du Breil guerroyait loin de la Bretagne, c'était, en effet, son frère et sa belle-sœur, seigneur et dame de la Roche, qui géraient sa fortune[2].

La châtellenie de Hédé s'étendait en treize paroisses : Hédé, Bazouge-sous-Hédé, Vignoc, la Chapelle-Chaussée, Guipel, Gévezé, Langouët, Langan, Saint-Gondran, Saint-Symphorien, Tinténiac, Montreuil-le-Gast et Saint-Brieuc-des-Iffs. Sa haute justice s'exerçait à Hédé même, et de cette juridiction relevaient d'importantes seigneuries telles que le comté de Beauvais, les châtellenies de Bazouge et de Langan, les terres de Couesbouc, la Chattière, la Bretesche, la Vinouyère, etc.

En 1405, le duc Jean V confirma l'exemption accordée par son père Jean IV aux habitants de Hédé de contribuer à l'impôt des fouages ; le même prince leur accorda une foire franche en 1432. Plus tard, la ville de Hédé eut le privilège de députer aux États de Bretagne.

Hédé étant considéré comme une des principales places de défense du duché de Bretagne, nos ducs s'occupèrent souvent de ses fortifications : Jean II ordonna en mourant d'y faire des travaux exécutés en 1307 ; le château ayant souffert des guerres de la Succession, fut en partie reconstruit par Jean IV en 1399 ; de 1443 à 1450, François Ier et Pierre II firent

---

1. *Archives d'Ille-et-Vilaine*, C, 3211.
2. Voyez de Palys : *Le capitaine Breil de Bretagne*.

activement travailler à « l'œuvre et fortification de Hédé » ; en 1464 François II fit même « mandement à Pierre Robert de faire entourer de murs la ville de Hédé et de la faire fortifier ». Enfin, pendant la guerre de la Ligue, Hédé joua un certain rôle. En 1592 le duc de Montpensier y mit une garnison royaliste ; mais en 1597 le duc de Mercœur et ses ligueurs s'en étant emparés, ravagèrent toute la contrée. Aussi les États de Bretagne demandèrent-ils immédiatement la démolition de cette forteresse ; le maréchal de Brissac, lieutenant général pour le roi en Bretagne, la leur accorda, et un arrêt du parlement rendu le 5 mai 1598 enjoignit au sénéchal de Bécherel de faire raser un château qui ne pouvait plus servir qu'à entretenir la guerre civile.

Ainsi disparut le château de Hédé, dont la garde avait été confiée par les ducs de Bretagne à de vaillants capitaines : Olivier de Maillechat, Robert et Simon d'Espinay, Guyon Turpin, Pierre de la Marzelière, Pierre de la Mareschée, etc.

Hédé est posé dans un site pittoresque la petite ville occupe la cime d'une colline granitique dominant au Nord une profonde vallée où coule le canal d'Ille-et-Rance, au Midi un joli étang dont les rives se découpent en contours capricieux. Du côté de l'Ouest, des jardins en amphithéâtre, annexés aux maisons qui bordent la principale rue, pendent sur le flanc de la colline, en la revêtant de fleurs et de verdure. Ces pentes boisées et fleuries vont aboutir vers le Nord à un mamelon qui se relève en ressauts abruptes pour former à son sommet un assez large plateau. Là sont éparses les ruines du vieux château de Hédé. Il n'en reste plus qu'un mur d'enceinte à demi écroulé et l'une des faces d'un donjon quadrangulaire percé de baies cintrées ; ces pans de murs ont encore soixante pieds de hauteur : c'est une maçonnerie en pierre de granit liée par un ciment d'une grande ténacité dans lequel entrent des coquilles pulvérisées[1] ».

LAILLÉ

armi les seigneuries avoisinant la ville de Rennes, la châtellenie de Laillé[2] occupait au siècle dernier un rang considérable. Elle n'était pourtant pas bien vieille, n'étant née qu'en 1678, de l'union de plusieurs fiefs faite par Louis XIV en faveur de Guillaume de Marbœuf, propriétaire du manoir de la Guinemenière, qui prit alors le nom de château de Laillé.

De ces fiefs, le plus important était celui du Désert-à-Laillé, membre de la vaste châtellenie du Désert, que nous avons précédemment étudiée ; il fut acquis en 1640 par Jacques Busnel, seigneur de la Guinemenière.

Un autre fief fort ancien à Laillé et relevant de celui du Désert était le bailliage de l'Alleu, vulgairement appelé fief de Laillé. Il est vraisem-

1. *Bretagne contemporaine, Ille-et-Vilaine*, 24.
2. Laillé, commune du canton de Guichen, arrondissement de Redon.

blable qu'il fut au xive siècle la propriété d'une famille qui prenait le nom de Laillé. L'un de ses membres, Guillaume de Laillé, jura en 1379 l'Association de la noblesse de Bretagne pour empêcher l'invasion du duché par l'étranger.

Dom Morice nous a conservé le sceau de ce seigneur ou d'un autre seigneur du même nom vivant en 1404. Ce sceau, de forme ronde, renferme un écusson portant *d'argent à trois pots ou orceaux de sable* ; l'écu, très penché, est tenu par un lion et un griffon et surmonté d'un casque cimé d'une tête de lion[1].

Raoul de Laillé était doyen de Châteaubriant en 1462, pendant que Jean de Laillé se trouvait chanoine de l'église d'Angers[2]. Enfin, un autre Guillaume de Laillé possédait vers la fin du xve siècle le manoir de la Houssaye en Guer. Mais ce seigneur avait alors quitté la paroisse de Laillé, et ce dut être un de ses ancêtres, nommé comme lui Guillaume de Laillé, mais décédé avant 1436, qui aliéna le fief de l'Alleu ou de Laillé. Il le vendit à la famille de Châteaugiron, possédant le manoir de Saint-Jean.

Situé à l'extrémité de la paroisse de Bruz et sur la limite de celle de Laillé, Saint-Jean occupait une position très pittoresque, à côté de grands rochers couverts de bois, dont la Vilaine baignait le pied. C'était l'apanage d'un cadet de la maison de Châteaugiron. En 1423, il appartenait, aussi bien que le fief de l'Alleu, à Alain de Châteaugiron, qualifié seigneur de Saint-Jean de Laillé.

Celui-ci possédait aussi deux autres terres nobles en Laillé, nommées le Breil-Durand et le Rachapt ; ce furent ces trois terres qui, jointes au fief de l'Alleu ou de Laillé, formèrent pendant les xve et xvie siècles la seigneurie de Laillé.

Guillaume de Châteaugiron, fils et successeur d'Alain, épousa vers 1470 Françoise de la Lande, fille du seigneur de Guignen. Décédé vers 1497, il fut inhumé au chanceau de l'église de Laillé. Son fils Jean de Châteaugiron lui succéda à Laillé et obtint en 1518 d'être réintégré dans la possession de ses droits honorifiques en l'église de Laillé que lui disputaient certains paroissiens. Il mourut peu de temps après, vers 1522, ne laissant qu'une fille nommée Claude, de son mariage avec Françoise de Brie[3].

Claude de Châteaugiron, dame de Saint-Jean de Laillé, contracta deux alliances : elle épousa d'abord le seigneur de Sonnay, panetier ordinaire du roi, puis en 1538 Bernard de Vanssay, seigneur de la Barre, près Conflans. Dix ans plus tard, ce dernier seigneur mourait et sa veuve ne tardait pas à le suivre dans la tombe ; leur fils unique François de Vanssay fut placé sous la tutelle de son aïeule Françoise de Brie, et cette dame ren-

---

1. *Preuves de l'Histoire de Bretagne*, II, 216 et pl. IV.
2. *Ibidem*, III, 25 et 26.
3. *Archives d'Ille-et-Vilaine*, fonds de Laillé.

dit aveu en son nom, en 1549, au seigneur du Désert pour la seigneurie de Laillé[1].

Par contrat du 23 juin 1571, François de Vanssay vendit à Jean Le Bouteiller, seigneur des Landes, les terres de Saint-Jean, du Breil-Durand et du Rachapt, le fief de l'Alleu et plusieurs autres bailliages constituant alors la seigneurie de Laillé. Jean Le Bouteiller épousa d'abord Jeanne Marquer, inhumée le 18 août 1574 dans le chanceau de l'église de Laillé, puis Claude du Hallay ; il mourut lui-même en 1595. Son fils, issu du premier lit, Jean Le Bouteiller, hérita de la seigneurie de Laillé, mais il décéda dès l'âge de trente-trois ans, au château de l'Argentaye, en 1599. Comme il ne laissait point de postérité, sa succession passa à sa tante, Louise Marquer, veuve alors de René de Bourgneuf, seigneur de Cucé.

Cette dame rendit aveu en 1601 pour la seigneurie de Laillé. Toutefois, le manoir de Saint-Jean n'existait plus alors, ayant été détruit pendant la guerre de la Ligue ; ce fut au Breil-Durand que vinrent loger les seigneurs de Laillé.

Jean de Bourgneuf, seigneur de Cucé et président du parlement de Bretagne, reçut de sa mère la seigneurie de Laillé. Il épousa successivement Jeanne Thierry de la Prévalaye et Reine de Thou ; de ce second mariage naquirent deux garçons, Henri et Nicolas.

Henri de Bourgneuf, marquis de Cucé, s'unit à Calliope d'Argentré, dont il n'eut point d'enfant. Nicolas de Bourgneuf, son frère, épousa Anne de Sévigné, qui lui donna une fille, Renée de Bourgneuf, mariée à Eugène Rogier, comte de Villeneuve. En 1640, Henri de Bourgneuf laissa pour sa part de la succession de ses père et mère à sa nièce, Mme de Villeneuve, la terre du Breil-Durand et ses dépendances, sauf le fief de l'Alleu ou de Laillé, qu'il vendit à Jacques Busnel, seigneur de la Guinemenière[2].

Quoique destiné à devenir le chef-lieu d'une grande seigneurie sous le nom de château de Laillé, le manoir de la Guinemenière n'eut longtemps que peu d'importance. Bâtie à quelque distance du bourg de Laillé et non loin d'un beau bois futaie appelé la Grande-Forêt, la Guinemenière appartenait en 1467 à Jean de la Villethébaud et à Jeanne Coupegorge, sa femme ; mais leur fils aîné Pierre de la Villethébaud vendit cette terre vers 1494 à Pierre Chouart. Le successeur de ce dernier, Gilles Chouart, rendit aveu en 1538 au seigneur du Désert pour la Guinemenière ; il mourut en 1550, laissant cette terre à sa fille Perrine Chouart, femme de Jean de Trélan, seigneur de la Rivière en Bourg-des-Comptes.

Le 6 octobre 1600 François Busnel, seigneur de la Mauviaye en Cesson, acheta la Guinemenière ; il mourut en 1631, laissant de son union avec Renée Denyau un fils nommé Jacques Busnel, qui acheta plusieurs fiefs et terres en Laillé, notamment les fiefs du Désert et de l'Alleu, lui donnant le titre de seigneur de Laillé. Jacques Busnel décéda lui-même en

---

1. *Ibidem*, fonds de Vitré.
2. *Ibidem*, fonds de Laillé.

1649, et sa veuve, Marguerite Bernard, ne put empêcher la vente judiciaire de la Guinemenière et des fiefs de Laillé ; le tout fut adjugé, le 23 juillet 1650, à Claude de Marbœuf, qui acheta sept ans plus tard la terre du Breil-Durand[1].

Claude de Marbœuf, président à mortier au parlement de Bretagne, devenu ainsi seigneur de Laillé, avait épousé en 1646 Jeanne Cadio ; après la mort de cette dame, il se remaria en 1663 à Louise du Louet. De sa première union il eut, entre autres enfants, Claude de Marbœuf, abbé de Langonnet, qui abandonna ses droits d'aîné à son frère Guillaume de Marbœuf ; ce fut ce dernier qui en 1678 obtint l'union de tous les fiefs qu'il possédait aux environs de Laillé en une seule seigneurie sous le nom de Laillé.

Guillaume de Marbœuf, qualifié comte de Laillé, épousa Angélique Pepin et mourut à Rennes en 1712. Ses deux fils lui succédèrent l'un après l'autre à Laillé, Charles et Claude ; mais ils moururent sans postérité, l'un en 1717 et l'autre en 1730 ; ce dernier fut inhumé dans l'église de Laillé. Leur mère, qui vivait encore, reprit possession alors de la seigneurie de Laillé ; elle mourut en 1734 et ses héritiers vendirent Laillé, le 6 septembre 1742, à Louis de la Bourdonnaye et à Renée de Boiséon, sa femme, seigneur et dame de Montluc ; ceux-ci payèrent leur acquisition cent vingt mille livres.

Devenu veuf en 1758, M. de la Bourdonnaye fit inhumer à Laillé sa femme, décédée à Rennes ; lui-même mourut à Paris en 1775. L'aîné de leurs enfants, Charles de la Bourdonnaye, marquis de Montluc, épousa Renée Berthou de Kerversio et fut le dernier seigneur de Laillé. Il émigra quand vint la Révolution et mourut à Londres en 1798 ; sa veuve put rentrer en France et décéda au château de Laillé en 1809. Cette propriété fut, en effet, conservée à la famille de la Bourdonnaye par Mlle Julie Magon de la Gervaisaye, qui l'acheta le 30 juillet 1796, quand la Nation la vendit comme bien d'émigrés.

Quoique Laillé portât constamment au siècle dernier le titre de châtellenie, nous n'avons pu retrouver ses lettres d'érection. En septembre 1678, Louis XIV donna seulement des lettres d'union de fiefs, réunissant en une seule seigneurie, sous le nom de Laillé, tous les fiefs que possédait Guillaume de Marbœuf dans les paroisses de Laillé, Bourgbarré, Bruz, Orgères, Saint-Erblon, Guichen et Bourg-des-Comptes. Peut-être le titre de châtellenie fut-il vulgairement attribué à Laillé à cause de l'importance de cette seigneurie, sans qu'un acte officiel l'ait jamais consacré.

Lorsqu'en 1742 M. de la Bourdonnaye de Montluc acheta Laillé, voici de quoi se composait cette châtellenie :

Le domaine proche comprenait le château de Laillé et ses dépendances, – les métairies de la Porte, du Rachapt, du Breil-Durand, de Saint-Jean et de Chatou, – la forêt de Laillé, – les moulins à eau du Boële

---

1. *Ibidem.*

et de Dom Hux, et un droit de moulin à vent, – quelques dîmes en Laillé et Guichen, etc.

Les fiefs, au nombre d'une quinzaine, s'étendant dans les sept paroisses ci-dessus nommées, relevaient presque tous du roi ; ils avaient droit de haute justice avec fourches patibulaires élevées sur la lande du Désert, en Laillé, – droit de supériorité et fondation en l'église de Laillé avec banc à queue, enfeu et armoiries en lisière, – droit de prééminences avec deux pierres tombales en l'église d'Orgères, – droit de pêche et de bateau sur la rivière de Vilaine, – droit de tenir deux foires à Laillé le premier lundi après les fêtes de Pâques et le 29 septembre, jour Saint-Michel, fête patronale de la chapelle de la Guinemenière, etc.[1]

Le dernier seigneur de Laillé jouissait d'une grande fortune ; marquis de la Marzelière et Bain, baron de Poligné, Châteloger et Cicé, M. de la Bourdonnaye de Montluc possédait aux alentours de Rennes un bel ensemble de seigneuries dont l'éclat rejaillissait sur Laillé, sa résidence ordinaire à la campagne. Aussi voulut-il avoir une demeure en rapport avec sa haute position dans le monde. Il remplaça donc le vieux manoir de la Guinemenière par le vaste et imposant château de Laillé, qui subsiste encore. Commencée vers 1779, la construction de cet édifice était à peine terminée quand éclata la Révolution française. Naguère encore la famille de la Bourdonnaye de Montluc habitait ce château, dominant toute la plaine de Rennes et protégé par une belle forêt, et elle a laissé à Laillé un vif souvenir de son inépuisable bienfaisance.

LANGAN

Langan[2] a donné son nom à une famille noble qui figure fréquemment dans les chartes des XIe et XIIe siècles Guillaume de Langan, époux de Tiphaine Boutier, confirma en 1066 un don de Thomas Boutier, son beau-père, à l'église de Combour. En 1167 Jean de Langan, fils de Gaultier de Langan, était grand-maître des forêts de la baronnie de Combour. Il fit une donation à l'abbaye de la Vieuville, du consentement de son frère Nicolas et de son fils Jean. Raoul de Langan fut capitaine du château de Landal en 1354 et Olivier de Langan servit en 1373 comme écuyer dans l'armée du duc de Bretagne ; ce dernier jura en 1379 l'Association de la noblesse contre l'étranger et ratifia à Rennes en 1381 le traité de Guérande[3].

Mais vers cette époque la branche aînée des sires de Langan se fondit dans la famille de Saint-Gilles, qui devint ainsi propriétaire de la seigneurie de Langan ; la branche cadette s'établit par mariage au Boisfévrier, en

1. *Ibidem.*
2. Commune du canton de Bécherel, arrondissement de Montfort.
3. Dom Morice, *Preuves de l'Histoire de Bretagne*, I, 429, 658 et 778 ; II, 187, 216 et 276.

Fleurigné, et y prospéra.

L'an 1400, Bertrand de Saint-Gilles hérita de dom Guillaume Louvel du manoir du Saulbois en Langan ; à partir de cette époque, cette maison seigneuriale devint le chef-lieu de la seigneurie de Langan.

En 1440, Jean de Saint-Gilles rendit aveu au duc de Bretagne pour l'hôtel et le moulin du Saulbois, ainsi que pour son fief de Langan. Jean de Saint-Gilles était en même temps seigneur du Perronnay en Romillé ; il épousa Jeanne de Montgermont et mourut en septembre 1462. Bertrand de Saint-Gilles, son fils aîné, fournit l'année suivante au duc le minu de sa terre du Saulbois et de Langan[1].

Il est probable que le seigneur du Perronnay vendit Langan, qui appartenait quelques années plus tard à Olivier Baud et Jeanne Bouëdrier, seigneur et dame de la Boulaye en Betton. Leur fils Guillaume Baud en hérita et rendit aveu pour le Saulbois et Langan en novembre 1481 ; il mourut en août 1489 et eut pour héritier son frère cadet Jean Baud, seigneur de la Boulaye.

Au commencement du XVIe siècle, Marie Baud épousa Jean Brunel, seigneur de la Plesse en Saint-Grégoire, et lui apporta en dot la seigneurie du Saulbois, qu'ils possédaient en 1513.

En 1540 Gilles Brunel, seigneur de la Plesse, leur petit-fils, rendit aveu pour le Saulbois et Langan ; il épousa Françoise de Dreneuc et décéda en mai 1550 ; son fils Gilles rendit à son tour aveu en septembre 1551. Mais ce dernier seigneur mourut sans postérité et la terre du Saulbois et de Langan échut à son cousin Pierre du Boisbaudry, seigneur de Trans, descendant de Christophe du Boisbaudry et d'Olive Brunel ; celui-ci en rendit aveu au roi en 1598.

Pierre du Boisbaudry avait épousé en 1580 Renée Le Vayer et en 1587 Hélène Bruslon ; il eut du premier lit Claude, seigneur de Trans, et du second lit Pierre, seigneur de Langan. Ce dernier décéda sans avoir contracté d'alliance, et Langan passa à son frère Gabriel, marié en 1629 à Jacquemine de la Touche, dame de Saint-Thomas en Saint-Étienne-de-Montluc, qui rendit aveu pour sa seigneurie le 30 mars 1632.

Gabriel du Boisbaudry mourut à son tour en avril 1650 et fut inhumé au chanceau de l'église de Langan. Son fils Gilles du Boisbaudry, baptisé le 14 mai 1630 à Saint-Étienne-de-Montluc, devint seigneur de Langan et en 1660 avocat général au parlement de Bretagne ; la même année, il rendit aveu pour Langan et obtint en 1674 l'érection de cette terre en châtellenie. Il épousa à Nantes, en novembre 1662, Marie-Anne de Monthulé, veuve de François Boux, seigneur de la Varenne, qui lui donna plusieurs enfants ; il mourut à Vannes et fut inhumé dans la cathédrale de cette ville le 8 juillet 1680. Sa veuve lui survécut jusqu'en 1707 et fut alors inhumée le 22 décembre en l'église Saint-Étienne de Rennes[2]. L'aîné de leurs en-

---

1. *Archives de la Loire-Inférieure*, v° Langan.
2. *Archives du Morbihan.* – *Registre des sépultures de Rennes.*

fants, Gabriel du Boisbaudry, seigneur de Langan, renonça de bonne heure au monde et fit profession, en 1689, chez les chanoines réguliers de Prémontré ; ses biens passèrent alors à son frère Joseph du Boisbaudry, qui rendit aveu pour Langan en mai 1695. Ce dernier, reçu conseiller au parlement dès 1692, épousa en la cathédrale de Rennes, le 21 décembre 1709, Perrine de Carné, qui ne lui donna qu'un fils mort au berceau. Joseph du Boisbaudry mourut lui-même, âgé de soixante ans, le 15 février 1730, et sa veuve le 16 février 1754 ; l'un et l'autre furent inhumés en l'église Saint-Étienne de Rennes[1].

Mais vers le commencement du XVIIIe siècle Joseph du Boisbaudry avait vendu la châtellenie de Langan à François de Lescu, comte de Beauvais en Gévezé, et à Lucrèce Berrault, sa femme. Le nouveau seigneur de Langan avait cette terre dès 1710, et il en rendit aveu en 1733 ; il mourut le 29 avril 1756. Ce fut son neveu Louis-Gilles de Lescu, comte de Runefaut, qui hérita de lui et rendit aveu pour Langan le 9 juillet 1756. Quoique époux de Marie Hochedé, ce seigneur ne laissa pas de postérité, et la châtellenie de Langan échut à sa parente Agathe de Trécesson, femme de René-Joseph Le Prestre, comte de Châteaugiron, qui en jouissait en 1779.

Toutefois, peu de temps après, le 5 février 1783, M. et Mme de Châteaugiron vendirent leur châtellenie de Langan à Jean Dacosta, sieur de la Fleuriaye, et Angélique Bodin, sa femme ; ceux-ci en firent hommage au roi le 18 février 1788[2].

Au XVIe siècle, la seigneurie de Langan se composait du manoir du Saulbois, avec ses chapelle, colombier, moulins, bois, étang et métairie, – et du grand bailliage de Langan. Mais lorsque, par ses lettres patentes enregistrées au parlement de Bretagne le 3 juillet 1674, Louis XIV éleva Langan au rang des châtellenies en faveur de Gilles du Boisbaudry, il unit à Langan et au Saulbois les terres et seigneuries du Breil et de la Trunière en Gévezé, et celle de la Chaussée en Langan ; le roi érigea le tout en haute justice avec droit de patronage et de fondation dans les églises de Langan et de Gévezé[3].

Le domaine de Langan fut encore augmenté au siècle dernier et se composait alors des manoirs du Saulbois et du Breil, des métairies nobles du Saulbois, du Breil, de la Trunière, de la Chaussée et de la Chevaleraye, des moulins du Saulbois, du Breil et de Bintin, etc.

Quant aux bailliages formant la haute juridiction, ils s'étendaient en Langan, Gévezé et Langouët. Les tenanciers du grand bailliage de Langan devaient à leur seigneur chaque année six éteufs ou pelotes de cuir blanc et une paire de gants. La châtellenie de Langan relevait du roi partie en son domaine de Rennes et partie en celui de Hédé.

1. *Ibidem.*
2. *Archives de la Loire-Inférieure*, B, 1065.
3. *Archives du parlement de Bretagne.*

Depuis la vente qu'en firent les du Boisbaudry, la châtellenie de Langan, unie de fait sinon de droit par les de Lescu à leur comté de Beauvais, perdit beaucoup de son éclat ; aussi le manoir du Saulbois, délaissé depuis longtemps, n'offre-t-il plus d'intérêt : c'est maintenant une vulgaire métairie. La chapelle a été détruite ; les bois, l'étang et les moulins rappellent seuls la vieille résidence seigneuriale.

Lassy

ans la paroisse de Lassy[1], au fond d'un taillis appelé le bois du Plessix, se dresse une grosse motte de terre entourée de douves profondes : c'est ce qu'on nomme la Cour de Lassy, et c'est évidemment l'assiette d'un très ancien château ruiné depuis des siècles.

Tenue en juveignerie de la châtellenie de Bréal, cette petite forteresse fut le berceau d'une noble famille qui figure plusieurs fois dans l'histoire de notre pays ; en 1380 Guillaume de Lassy, écuyer breton, guerroyait en Normandie ; en 1419 Olivier de Lassy accompagnait en France le prince Richard de Bretagne ; un peu plus tard, en 1457, Robin de Lassy était pensionnaire de notre duc Arthur III[2] ; enfin, jusqu'au XVIIe siècle, nous retrouvons des membres de cette famille de Lassy en possession de divers manoirs en Guipry, Mernel et Noyal-sous-Bazouges.

Mais il faut bien avouer que ces derniers seigneurs devaient appartenir à une branche cadette des sires de Lassy ; dès 1427, en effet, la famille de ce nom ne figure plus à Lassy, et elle y est remplacée par celle du Pontrouault, à laquelle appartenait Guillaume du Pontrouault, alors seigneur dudit lieu en Mernel et du Ronceray en Lassy. Celui-ci avait épousé Isabeau de Baulon, qui lui donna un fils, Jean Ier du Pontrouault, époux de Marie de Pellan ; ces deux seigneurs moururent, l'un avant 1452, l'autre le 29 septembre 1462, et leurs femmes leur survécurent.

Ce fut le 1er février 1463 que Marie de Pellan, tutrice de son fils ainé Pierre du Pontrouault, rendit en son nom aveu au duc de Bretagne pour sa terre et seigneurie de Lassy, c'est-à-dire « les bois et landes de la Cour de Lassy ; le moulin à vent de Lassy, ruisné ; la prévosté de Lassy et les rentes féodales et juridiction dudit lieu ». Ainsi, dès cette époque, le château de Lassy n'existait déjà plus qu'à l'état de souvenir[3].

Plus tard Pierre du Pontrouault, seigneur dudit lieu et de Lassy, épousa Marie de la Chapelle, mais il mourut jeune, le 8 août 1468, sans laisser de postérité ; aussi ses seigneuries furent-elles recueillies par son frère Jean du Pontrouault, qui, le 23 septembre 1468, fournit au duc le minu de

---

1. Lassy, commune du canton de Guichen, arrondissement de Redon.
2. Dom Morice, *Preuves de l'Histoire de Bretagne*, II, 262, 1105, 1106, 1715, 1726.
3. *Archives de la Loire-Inférieure*, v° Lassy.

la seigneurie de Lassy, constatant qu'il y avait alors vivantes trois dames douairières du Pontrouault : Isabeau de Baulon, Marie de Pellan, remariée à Laurent de la Chapelle, et Marie de la Chapelle[1].

Jean II du Pontrouault, seigneur dudit lieu et de Lassy, épousa Marie Chandrier, fille du seigneur de Betton ; il décéda le 5 août 1504 et sa femme le suivit dans la tombe le 10 avril 1506. Ils laissaient deux enfants François du Pontrouault, seigneur dudit lieu et de Lassy, mort sans postérité le 1er avril 1538, et Jacquette du Pontrouault, femme de Pierre Thierry, seigneur du Boisorcant.

François Thierry, fils de ces derniers, hérita de son oncle François du Pontrouault et rendit aveu au roi pour sa seigneurie de Lassy en 1539 et 1541. Il épousa Françoise du Puy du Fou et mourut en 1566, ne laissant que des filles. L'aînée, Marguerite Thierry, hérita du Boisorcant, du Pontrouault et de Lassy ; elle épousa Jean d'Angennes, baron de Poigny, qu'elle perdit en 1593 ; elle lui survécut jusqu'en décembre 1631.

Ce fut après la mort de cette dame que dut être vendue la seigneurie de Lassy, qu'acheta Louise de Maure, femme de Gaspard de Rochechouart, marquis de Mortemart. Celle-ci venait d'acquérir aussi la châtellenie de Bréal, voisine de Lassy ; elle obtint du roi l'union de ces deux seigneuries sous le nom de châtellenie de Bréal et Lassy.

Nous avons dit précédemment que la marquise de Mortemart, devenue veuve en 1643, mourut elle-même l'année suivante ; Lassy passa alors, ainsi que Bréal, aux mains de son fils Gabriel de Rochechouart, duc de Mortemart, et fut, après la mort de celui-ci, arrivée en 1675, saisi et mis en vente. Ces seigneuries furent rachetées par le fils du défunt, Louis-Victor de Rochechouart, duc de Mortemart, qui les donna de son vivant à son propre fils Louis de Rochechouart, époux de Marie-Anne Colbert. Celle-ci, devenue veuve en 1688, se trouva propriétaire de la terre de Lassy, « en paiement de partie de ses deniers dotaux », et en rendit aveu au roi le 29 août 1695.

Lassy continua au siècle dernier de rester uni à Bréal ; ces deux châtellenies furent vendues par Mme de Mortemart, en 1701, à Jean Picquet, seigneur de la Motte, qui les revendit deux ans plus tard à Jacques-Renault de la Bourdonnaye, seigneur de Blossac. Après la mort de celui-ci, en 1724, elles furent possédées par son fils Louis-Gabriel de la Bourdonnaye, décédé lui-même dès 1729, puis par son petit-fils Paul-Esprit de la Bourdonnaye, comte de Blossac et dernier seigneur de Lassy.

Il est probable que la seigneurie de Lassy ne dut son titre de châtellenie qu'à son union à celle de Bréal, châtellenie d'ancienneté ; néanmoins, dans les aveux des XVIIe et XVIIIe siècles, ces deux terres sont distinctement qualifiées l'une et l'autre de châtellenies.

L'aveu de la seigneurie de Lassy en 1539 décrit ainsi le domaine proche du lieu : « Un vieil emplacement de motte et chasteau ruisneux

---

1. *Ibidem.*

appelé la maison du Plessix de Lassy, ô ses douves, fossez, boays taillifs et landes, contenant vingt-cinq journaux, plus le moulin à vent de Lassy aussy ruisneux. » C'était peu de chose, comme l'on voit.

Il faut signaler ensuite une trentaine de tenues féodales avec une haute justice et une potence « à quatre pôts ». Ces petits fiefs ne s'étendaient guère qu'en la paroisse de Lassy et aux environs ; l'un d'eux était le « rolle et prévosté de Lassy », auquel était dû au seigneur, la nuit de Noël, « douze deniers payables entre la messe de minuit et celle du point du jour ». Au siècle dernier, la juridiction de Lassy s'exerçait à Bréal en même temps que celle de Bréal, mais il y avait des ceps et colliers, indice de haute justice, au bourg même de Lassy, et le seigneur avait dans l'église paroissiale de Lassy tout droit de supériorité et de fondation, de banc à queue et d'accoudoir au chanceau, du côté de l'Évangile, d'enfeu et d'armoiries, tant és vitres qu'en lisière[1].

LAUNAY-DU-HAN

La terre noble de Launay en Montreuil-le-Gast[2] appartenait en 1398 à Robin de Launay et en 1403 à Guillaume de Launay, qui la tenaient en juveignerie des seigneurs du Plessix de Melesse. Après la mort de ce Guillaume, son fils Jean de Launay rendit aveu au duc de Bretagne, le 15 mars 1414, pour ses « hôtel et seigneurie » de Launay. Il épousa Marie de la Lande et laissa un fils, Pierre de Launay, qui, en janvier 1468, fournit, après la mort de son père, le minu de la terre de Launay. Pierre de Launay décéda lui-même le 2 septembre 1477 et eut pour héritière Jeanne de Launay, probablement sa sœur ; cette dame épousa d'abord le sieur de Vitré, puis Jean de Cleuz, et mourut le 30 mars 1481[3].

Jeanne de Vitré, issue du premier mariage de Jeanne de Launay, apporta à son mari, Jean du Han, seigneur de la Mettrie en Rozlandrieux, la terre de Launay, qui demeura plus de deux siècles entre les mains de la famille du Han et qui en prit le nom de Launay-du-Han.

Jean Ier du Han et Jeanne de Vitré fournirent en 1483 au duc le minu de leur seigneurie de Launay, « tenue en juveignerie de Mathurin du Plessix, seigneur du Plessix de Melesse ». Jeanne de Vitré décéda le 11 février 1495 et son fils Jean lui succéda à Launay sous la tutelle de son père.

Jean II du Han, seigneur de la Mettrie et de Launay, épousa en avril 1520 Jamette Bruslon, fille du seigneur de la Muce, devint en 1550 procureur général aux Grands-Jours de Bretagne et mourut deux ans après. Son fils René du Han lui succéda en ses seigneuries et se maria : 1° à Marguerite Thierry, dame du Bertry en la Bouëxière ; 2° en 1571 à Fran-

---

1. *Aveu de Lassy en 1695.*
2. Montreuil-le-Gast, commune du canton Nord-Est de Rennes.
3. *Archives de la Loire-Inférieure*, v° Montreuil-le-Gast.

çoise de la Bintinaye, fille du seigneur de la Grignonnaye. Reçu en 1554 conseiller au parlement de Bretagne, René du Han était mort en 1584, époque à laquelle sa veuve se remaria avec Jean de la Trimollerie.

René du Han laissait deux garçons, Eustache et Jean, reçus l'un et l'autre conseillers au parlement de Bretagne, le premier en 1582, le second en 1615, l'un et l'autre aussi successivement seigneurs de la Mettrie et de Launay. Eustache du Han épousa Anne Le Meignan, qui mourut en 1617 ; lui-même décéda sans postérité. Son fils Jean III du Han, né en 1593 et mort en 1649, contracta une riche alliance avec la fille du baron du Faouët, Claude de Goulaine, qui prenait les titres de comtesse de Crozon, vicomtesse de Portzay et baronne de Poulmic. Cette dame lui donna deux garçons, Jean-François et Joseph du Han, et, devenue veuve, obtint du roi en 1655 l'érection en châtellenie de la seigneurie de Launay.

Jean-François du Han, seigneur de Launay, qualifié comte du Han et reçu en 1662 conseiller au parlement de Bretagne, avait épousé l'année précédente, dans la chapelle du château de Laillé, Françoise de Marbœuf, fille du seigneur de Laillé ; mais le 3 octobre 1681 il était mort et sa veuve rendait hommage au roi pour ses seigneuries en qualité de tutrice d'une fille unique, Anonyme du Han ; cette enfant mourut elle-même peu de temps après et sa succession fut recueillie par son oncle Joseph.

Joseph-Eustache du Han, seigneur de Poulmic, puis de Launay, s'unit en 1661 à Louise de Coëtlogon, dame du Vauluisant, et en eut un fils, Louis-Hercule du Han. Celui-ci succéda à son père et fit hommage au roi, le 12 février 1692, pour sa châtellenie du Han[1]. Il épousa Françoise Denyau, fille du seigneur de Chanteloup, qui lui donna plusieurs enfants et qu'il laissa veuve en 1713. Ce seigneur fut le dernier de sa famille à posséder la châtellenie de Launay, qui fut vendue par lui à la fin du XVIIe siècle.

L'acquéreur de Launay-du-Han fut Jean Picquet, seigneur de la Motte, greffier civil en chef au parlement de Bretagne en 1684, secrétaire du roi en sa chancellerie de Bretagne en 1698, époux de Marie-Josèphe Le Clavier. Il vint habiter sa nouvelle propriété et y maria en 1701, dans la chapelle du manoir, ses deux filles, destinées l'une et l'autre à se signaler par d'admirables charités : l'une, Marguerite, épousa Claude Marot, comte de la Garaye, et l'autre, Judith, Jean de Rosnyvinen, marquis de Piré. Jean Picquet avait, en outre, trois fils, qu'on appelait MM. de la Motte, de Montreuil et de Melesse, et ces cinq enfants se partagèrent en 1711 la succession paternelle. Il fut alors convenu que Guy Picquet, seigneur de la Motte, conseiller au parlement depuis 1701 et époux de Julie Robert de la Bellangeraye, posséderait la châtellenie de Launay-du-Han[2].

Guy Picquet obtint du roi en 1726 la confirmation de l'érection de Launay en châtellenie et le changement du nom de Launay-du-Han en

---

1. *Ibidem*, B, 1028.
2. *Archives d'Ille-et-Vilaine*, fonds de Piré.

Launay-Picquet. Mais peu de temps après, pour des motifs que nous ignorons, ce seigneur se dégoûta de Launay, qu'il vendit le 17 décembre 1725 à Sébastien de Pontual et à Marie de la Pierre, sa femme, moyennant 190,000 livres. Ceux-ci revendirent, le 17 mai 1732, aux carmes déchaussés de Rennes, « le fond du château de Launay du Han » et les métairies de la Séplaye et de Soret pour 26,500 livres. Guy Picquet alla habiter son manoir de la Villouyère en Vignoc. Il conserva néanmoins la seigneurie de Launay-Picquet et ne mourut que le 15 octobre 1753, âgé de soixante et quinze ans. Son corps fut apporté à Montreuil et déposé en son enfeu au chanceau de l'église paroissiale.

Louis-Jacques Picquet, seigneur de Montreuil et fils du précédent, le remplaça à Launay et rendit aveu au roi en 1754 pour cette châtellenie. Reçu conseiller au parlement en 1738, il avait épousé Marie-Anne Souchay, qui mourut à Rennes, âgée de quarante-neuf ans, le 14 juin 1780. Lui-même décéda également à Rennes, en 1786, laissant la réputation d'un « magistrat aussi distingué par son esprit que par la fermeté de son caractère ; il fut l'un des compagnons de captivité de La Chalotais à Saint-Malo et à la Bastille[1] ». Sa succession passa aux mains de son frère, l'illustre amiral Jean-Toussaint de la Motte-Picquet, lieutenant-général des armées navales, qui mourut à Brest le 11 juin 1791.

La seigneurie de Launay se composait en 1552 du manoir de ce nom, entouré de douves, avec chapelle, bois et colombier ; le tout tenu en juveignerie du Plessix de Melesse et relevant comme cette terre du comté de Rennes, des métairies du Petit-Launay, de Gorze, des Champs-Chouaran et de la Touche-Allard, de plusieurs fiefs en Montreuil-le-Gast, Melesse, Langouët et Bazouge-sous-Hédé, avec une moyenne justice.

Mais cent ans plus tard la famille du Han avait acquis plusieurs autres terres seigneuriales aux environs de Montreuil, et lorsque la veuve de Jean du Han, Claude de Goulaine, obtint de Louis XIV l'érection de Launay en châtellenie, le roi, par ses lettres patentes de juillet 1655, unit toutes les seigneuries suivantes pour former cette châtellenie : Launay-du-Han, la Jandière et la Fouilletière en Montreuil-le-Gast, – Melesse et la Touche-Allard en Melesse, – et Clairefontaine en Vignoc. Le tout fut uni par Sa Majesté sous le nom de Launay-du-Han, érigé en châtellenie et décoré d'une haute justice à quatre piliers.

Nous avons dit qu'en 1726 Louis XV confirma l'érection de cette châtellenie en faveur de Guy Picquet et permit de l'appeler Launay-Picquet. Ces diverses lettres royales furent enregistrées au parlement de Bretagne en 1656 et en 1726.

Lorsque Jean Picquet acheta la châtellenie de Launay, elle comprenait, outre le château, quinze métairies : la Porte, la Jandière, les Haute et Basse-Fouilletières, la Touche-Saint-Amand, la Héraudière, la Guimondière, Soret, la Séplaye, les Champs-Chouaran, Gorzé, la Pommerie, Clai-

---

1. Levot, *Biographie bretonne*, II, 130.

refontaine, Maubusson et Melesse. Mais quand son fils Guy Picquet cessa d'habiter Launay, il aliéna presque tout ce domaine proche, qu'il vendit ou donna en partie à des communautés religieuses de Rennes ; c'est ainsi qu'en 1790 furent confisquées les métairies de Launay et de Soret, appartenant aux Carmes déchaussés, et celles de la Porte, de la Touche-Saint-Amand, de Gorzé, de la Jandière et des Champs-Chouaran, propriété des Visitandines du Colombier[1]. Aussi en 1754 le domaine proche de la châtellenie ne se composait-il plus que des halles de Montreuil, « avec pilier armorié, cep et collier », et des métairies de la Fouilletière et de Melesse.

La haute justice de Launay s'exerçait chaque lundi au bourg de Montreuil-le-Gast ; ses fourches patibulaires « à quatre pôts » se dressaient sur la lande de Cruère. Il se tenait au bourg deux foires accordées par lettres royales de 1656, le lundi de la Pentecôte et le 16 août. Le seigneur de Launay était seul seigneur prééminencier et fondateur de l'église de Montreuil et seigneur supérieur de l'église de Melesse ; il avait, par suite, dans chacun de ces temples enfeu, banc à queue, litre et armoiries[2].

Quant au château de Launay-du-Han, il fut reconstruit au milieu du XVIIe siècle ; néanmoins Jean Picquet y fit lui-même de notables travaux et rebâtit la chapelle en 1705. Mais lorsque les Carmes déchaussés devinrent propriétaires du vieux manoir, ils laissèrent tomber en ruine cette chapelle et forcèrent l'évêque de Rennes à transférer, en 1732, la fondation de messes qui s'y trouvait en la chapelle de la Villouyère en Vignoc. Il est croyable que ces religieux rasèrent aussi le château et transformèrent en maison de ferme les écuries et remises à carrosses, car ils firent de la retenue du Manoir une métairie qui leur rapportait 1,000 livres de rente en 1789, et nous avons vu qu'ils ne jouissaient point de la métairie de la Porte, propriété des Visitandines.

Toujours est-il qu'aujourd'hui il ne reste pas pierre sur pierre du château et de la chapelle de Launay, mais des fermiers habitent encore les vieilles écuries, construites avec luxe par les seigneurs du lieu et présentant sur leur principal fronton un bas-relief en pierre blanche figurant un cavalier de demi-grandeur naturelle.

Cette sculpture, avec les écussons de la maison du Han : *d'argent à la bande fuselée de sable, soutenant un lion morné de gueules*, qui se voient encore au chevet de l'église paroissiale, et le blason des Picquet : *d'azur à trois chevrons d'or, accompagnés de trois fers de lance d'argent en pal, les pointes en haut*, apparaissant sur deux jolis autels du même sanctuaire, sont tout ce qui rappelle actuellement à Montreuil-le-Gast l'existence des possesseurs de la châtellenie de Launay-du-Han.

---

1. *Archives d'Ille-et-Vilaine*, 1 V, 25.
2. *Archives nationales*, P. 1614.

LESNEN

ans la paroisse de Saint-Tual[1] se trouvait une vieille seigneurie qui donnait son nom à une noble race. Lesnen était son nom. Jean de Lesnen en 1374 et Olivier en 1379 servaient comme écuyers sous le drapeau du duc de Bretagne ; Georges de Lesnen, chanoine de Nantes et médecin du vertueux prince Charles de Blois, partagea sa captivité en Angleterre en 1348 et déposa après sa mort en faveur de sa canonisation ; enfin en 1380 Michel de Lesnen, écuyer sous les armes, scella une quittance de son sceau portant son blason : *trois haches d'armes au franc quartier chargé de douze rustres, 4, 4, 4*[2].

Toutefois, à cette dernière époque, Lesnen n'appartenait plus à la famille qui portait ce nom : c'était la propriété d'un vaillant chevalier banneret, Olivier de Mauny, cousin de du Guesclin ; il suivit l'illustre connétable dans toutes ses campagnes et laissa la réputation d'un des plus hardis capitaines de son temps. Il était fils d'Hervé de Mauny, qui devait être lui-même seigneur de Lesnen, car son corps reposait en la chapelle de ce nom dans l'église de Saint-Tual. Cet Hervé de Mauny avait épousé une fille de Guillaume du Guesclin, oncle du connétable, et devait avoir eu pour mère une dame de Lesnen.

Revenons au compagnon d'armes de du Guesclin : retiré en 1390 en son manoir de Lesnen, Olivier de Mauny y fit son testament le 22 janvier ; sa femme, Marguerite de Québriac, avait dicté le sien quelques mois auparavant, le 9 juillet 1389. Ces deux testaments nous ont été conservés[3] et méritent qu'on s'y arrête un instant.

Olivier de Mauny ordonne qu'on l'enterre près de son père, en la chapelle que les seigneurs de Lesnen avaient bâtie dans l'église de Saint-Tual ; il veut qu'on dépose dans sa propre châsse le cœur de son fils Jean, précédemment décédé. Il lègue aux pauvres 60 cottes de drap, 30 paires de draps, 30 chemises et 60 paires de souliers ; il laisse diverses aumônes aux églises de Dinan et à l'abbaye du Mont Saint-Michel, ainsi qu'aux ports de mer en Rance : Establehon, Jouvante et Dinart. Quant à Marguerite de Québriac, ses dernières volontés sont qu'on dépose son corps en l'église des dominicains de Dinan, qu'on fasse des aumônes aux églises de Miniac, Châteauneuf et Saint-Père, et qu'on envoie des pèlerins prier pour son âme à Saint-Jacques en Galice, à Rocamadour, à Saint-Eutrope de Saintes, à Saint-Fiacre en Brie et à Notre-Dame de Chartres.

Olivier de Mauny laissait trois fils ; l'aîné, nommé également Olivier, devint après lui baron de Marcé en Normandie et seigneur de Lesnen ; en 1404 il assista comme témoin du roi de France à l'hommage que lui ren-

---

1. Commune du canton de Tinténiac, arrondissement de Saint-Malo.
2. Dom Morice, *Preuves de l'Histoire de Bretagne*, II, 5, 81, 205 et 265.
3. *Archives d'Ille-et-Vilaine*, fonds Hévin.

dit le duc de Bretagne[1].

Son successeur fut son fils Jean de Mauny, appelé en 1451 à siéger aux États de Bretagne, réunis à Vannes, au rang des chevaliers bannerets, en qualité de seigneur de Lesnen ; il mourut en juin 1473, laissant veuve Jeanne Ruffier, qui vivait encore en 1482.

Après sa mort, la châtellenie de Lesnen passa à Jean du Chastellier, vicomte de Pommerit en Basse-Bretagne, fils d'Alain du Chastellier, décédé en 1464, et de Marguerite de Mauny. Il paraît que Jean du Chastellier mourut sans postérité, car ses seigneuries passèrent à son frère Vincent du Chastellier, époux de Magdeleine de Villiers du Hommet[2].

Le fils de ce dernier seigneur, décédé le 6 février 1502, François du Chastellier, vicomte de Pommerit et seigneur de Lesnen, épousa en 1498 Jeanne de Rohan, fille du sire de Guémené ; il eut de cette union un fils, Gilles du Chastellier, qui lui succéda en ses seigneuries, mais mourut sans enfants en septembre 1522, et une fille nommée Claude.

Claude du Chastellier était femme de François du Chastel, seigneur dudit lieu, quand arriva le décès de son frère ; elle hérita de celui-ci et apporta à son mari la seigneurie de Lesnen[3]. Cette dame était morte en 1534, et son fils Claude, encore mineur, se trouvait alors seigneur de Lesnen et vicomte de Pommerit, sous la tutelle de son père.

Claude du Châtel épousa Claude d'Acigné et en eut une fille, Anne du Châtel, qui se maria à Rennes le 11 juin 1560 avec Guy de Rieux, seigneur de Châteauneuf, auquel elle apporta la vicomté de Pommerit et la châtellenie de Lesnen. Mais Mme de Rieux céda ces deux terres à sa sœur Claude du Châtel, lorsque celle-ci épousa Charles Gouyon, baron de la Moussaye, le 21 décembre 1570.

De ce dernier mariage naquit Amaury Gouyon, marquis de la Moussaye, époux de Catherine de Champagné. Ce fut ce seigneur, ou son fils nommé Amaury comme lui, qui vendit la châtellenie de Lesnen à Nicolas Frotet et Servanne Picot, sa femme, venant en 1612 d'acheter la seigneurie de Saint-Tual.

Jean Frotet, conseiller à la chambre des comptes de Bretagne, probablement fils de Nicolas, fut après lui seigneur de Saint-Tual et de Lesnen ; il épousa Anne Avril, et en eut en 1625 un fils nommé René. Ce René Frotet, seigneur de Saint-Tual et de Lesnen, s'unit à Jeanne Alleaume, qui était en 1678 veuve de lui et tutrice de leurs enfants. Ceux-ci vendirent en 1691 les seigneuries de Saint-Tual et de Lesnen à Jean-François du Breil de Pontbriand, seigneur du Pontharouard, et à Marie-Anne Arthur, sa femme ; ce dernier mourut à Rennes en 1699, et sa veuve lui survécut jusqu'en 1744, époque où son corps fut, le 28 octobre, inhumé dans le chœur de l'église de Saint-Tual.

---

1. De Couffon, *La Chevalerie de Bretagne*, II, 35.
2. Du Paz, *Histoire généalogique des principales maisons de Bretagne*, 560.
3. *Archives de la Loire-Inférieure*, v° Pleslin.

Jean-Baptiste du Breil de Pontbriand, qualifié baron de Lesnen et seigneur de Saint-Tual, fils des précédents, épousa en 1717 Magdeleine de Farcy de Cuillé, mais il décéda dès l'âge de vingt-six ans, le 31 juillet 1717, aux Forges de Paimpont ; il reçut la sépulture au chanceau de l'église abbatiale de Paimpont[1]. Il ne laissait qu'une fille, Marie-Catherine du Breil de Pontbriand, qui épousa vers 1740 Louis Rogon, seigneur de Carcaradec. Devenue veuve le 13 mars 1745, cette dame vendit, moyennant 157,400 livres, par contrat du 1er février 1747, les seigneuries de Lesnen, Saint-Tual et Pontharouard à Joseph Baude, seigneur de la Touche, mari d'Anne Picot.

Le nouveau seigneur de Lesnen donna ces trois terres à sa fille Marie Baude, quand elle épousa Sébastien de Poilvilain, comte de Crenay ; mais ceux-ci les vendirent, le 18 avril 1769, à leur cousin Étienne-Auguste Baude de la Vieuville, marquis de Châteauneuf. Cet infortuné seigneur périt sur l'échafaud révolutionnaire à Rennes, le 4 mai 1794, à l'âge de quatre-vingt-deux ans.

Lesnen, châtellenie d'ancienneté, qualifiée même parfois de baronnie, devait avoir à l'origine une plus grande étendue qu'aux siècles derniers. Il existait, en effet, en Saint-Tual deux seigneuries du nom de Lesnen qui avaient dû au Moyen Âge ne former qu'une même châtellenie : c'était Lesnen, dont nous venons de rappeler les possesseurs et qu'on nommait souvent Lesnen-Pommerit, à cause des vicomtes de Pommerit qui l'avaient eu jadis, – et Lesnen-Petitbois, appartenant en 1513 à Raoul Le Bel, dont la famille conserva cette terre jusqu'en 1750. Or, dès 1415, Michel Le Bel était juveigneur de Michel de Lesnen, qui pouvait bien être alors le possesseur de Lesnen-Petitbois. Ces deux terres demeurèrent toujours séparées à partir du XVe siècle, et nous n'avons à nous occuper ici que de Lesnen-Pommerit.

Lesnen était une bannière relevant partie des baronnies de Bécherel et de Beaumanoir, partie de celle du Vauruffier et du marquisat de Châteauneuf. Son domaine proche se composait du manoir de Lesnen et des métairies de la Rousselaye, Trésoleil et le Passoir. La seigneurie comprenait une douzaine de fiefs, en haute justice, s'étendant en six paroisses Saint-Tual, Évran, Plouasne, Saint-Judoce, Trévérien et Plesder. À ces fiefs se rattachaient quelques coutumes féodales curieuses ; ainsi un des vassaux du bailliage de Trésoleil en Saint-Tual devait le samedi de Pâques présenter au manoir de Lesnen « un chevreau et une poignée de trichon » ou vinette. Un autre devait fournir chaque année, certain jour de fête, au seigneur de Lesnen « un chapeau de roses vermeilles ».

Dans l'église de Saint-Tual le seigneur de Lesnen était prééminencier et possédait à côté du chanceau une chapelle prohibitive ; il était en outre fondateur et patron de la chapelle de Sainte-Madeleine en Longaulnay et de l'église Notre-Dame de l'Hostellerie à Dinan, dont il nommait le cha-

---

1. *Registre des sépultures de Saint-Tual.*

pelain¹.

Aujourd'hui Lesnen n'est plus qu'une maison de ferme, mais on voyait encore naguère la belle chapelle de ses seigneurs dans l'église de Saint-Tual ; c'était une construction du xive siècle séparée du chanceau par deux élégantes arcades en granit sculpté ; on y remarquait deux riches fenêtres à meneaux, l'une à l'Est au-dessus de l'autel, l'autre au Midi. Là se trouvait l'enfeu des sires de Lesnen, là dormait le frère d'armes de du Guesclin. Cette chapelle avait dû être construite par Hervé de Mauny, car partout, sculpté à la voûte et peint sur les vitraux, on retrouvait l'écusson *d'argent au croissant de gueules*, qui était le blason des vaillants chevaliers de ce nom.

LINIÈRES

a famille de Linières ou de Lignières, tirant son origine du manoir de ce nom en Saint-Hilaire-des-Landes², était fort ancienne. Hervé de Linières fut l'un des témoins de l'acte de fondation du prieuré de la Trinité de Fougères au xie siècle, et il assista en la même qualité à la fondation de l'abbaye de Savigné en 1112 ; plus tard, en 1150, Hervé de Linières et ses fils, Henri et Robert, firent une donation à ce dernier monastère ; enfin, en 1373, Robert de Linières combattit en qualité de chevalier sous les murs de Brest³.

En 1429, la seigneurie de Linières appartenait à Jacques de Linières, qui en rendit aveu le 11 novembre 1436 au duc de Bretagne, baron de Fougères. Laurent de Linières fut nommé en 1448 chevalier du Porc-Épic. Georges de Linières servait en 1464 dans l'armée ducale ; il rendit aveu pour son manoir et ses fiefs de Linières en 1466 et 1471 ; lui ou un autre seigneur de même nom fournit également en 1499 une déclaration de sa terre seigneuriale de Linières⁴. Vers le même temps vivaient Jean, Paul et Bertrand de Linières, tous trois pensionnaires de la reine Anne de Bretagne.

En 1513, Linières était aux mains de Christophe de Linières, qui épousa Thomine de Plouer. Ce seigneur eut pour successeur autre Christophe de Linières, marié à Françoise de Valleaux. Comme ses ancêtres, celui-ci habitait le manoir de Linières, pour lequel il rendit aveu en 1540.

L'année suivante, il se présenta en robe aux montres d'armée, mais « fournit un homme armé en estat d'homme d'armes, accompagné d'un coustilleux armé et d'un page, tous trois bien montés ; et dit le faire tant pour luy que pour Arthuse de Lignières, sa sœur, et déclara de revenu

---

1. *Mélanges d'histoire et d'archéologie bretonnes*, II, 249.
2. Saint-Hilaire-des-Landes, commune du canton de Saint-Brice, arrondissement de Fougères.
3. Dom Morice, *Preuves de l'Histoire de Bretagne*, I, 424, 526, 606 ; II, 65.
4. *Archives de la Loire-Inférieure*, v° Saint-Hilaire-des-Landes.

noble pour lui 572 livres, 4 sols, 11 deniers, et pour sadite sœur 30 livres[1] ».

Christophe de Linières mourut le 8 mai 1547, laissant sa seigneurie à sa fille Perronnelle de Linières, femme de Georges d'Orenges, seigneur de la Courbe ; ceux-ci rendirent aveu pour Linières le 30 mai 1548.

Georges d'Orenges eut une fille qui posséda Linières après lui ; ce fut Guyonne d'Orenges, femme d'Eustache du Bellay, baron de Conques ; étant veuve, en mai 1589, cette dame rendit aveu pour sa châtellenie de Linières. Après sa mort, son fils aîné, Charles du Bellay, seigneur de la Feillée, hérita de Linières, dont il fit la déclaration au roi le 17 avril 1608. Ce seigneur épousa Radegonde des Rotours, qui était en 1618 veuve de lui depuis quatre ans et tutrice de leurs enfants mineurs.

C'est vers cette époque que Julien Gédouin et Françoise Frotet, seigneur et dame de la Dobiaye, durent acheter la terre seigneuriale de Linières. Julien Gédouin mourut en 1630 et sa veuve fit hommage au roi pour la châtellenie de Linières le 14 juin 1638. L'année suivante Marie Gédouin épousa Joachim de Beaucé, seigneur de Chambellé ; ceux-ci eurent un fils, René de Beaucé, également seigneur de Chambellé, qui rendit aveu pour la seigneurie de Linières en 1675, déclarant l'avoir acquise depuis deux à trois ans. En 1679 René de Beaucé était mort, laissant de son union avec Renée de Quelen plusieurs enfants, entre autres René de Beaucé, mort jeune en 1680, et Marie-Marguerite de Beaucé, dame de Linières. Pendant la minorité de cette enfant fut vendue, le 9 février 1686, la châtellenie de Linières.

L'acquéreur fut François Bonnier de la Coquerie, marquis de la Dobiaye, qui paya en cette circonstance 1,237 livres de droits de lods et ventes[2]. Ce seigneur fut tué en 1699, et l'année suivante sa veuve, Jeanne Ernault, rendit aveu pour Linières. Ils n'avaient qu'une fille, Marie-Thérèse Bonnier, qui épousa Julien de Larlan de Kercadio, baron de Rochefort et président à mortier au parlement ; ces deux époux firent hommage au roi, le 1er juillet 1722, pour leur terre de Linières. Ils étaient morts l'un et l'autre en 1729. Ce fut leur fille aînée Jeanne de Larlan qui posséda, semble-t-il, Linières ; née en 1720, elle décéda en 1735, et son acte de sépulture à Saint-Germain de Rennes, en date du 8 février, la qualifie de demoiselle de Linières. Sa sœur cadette Thérèse de Larlan de Kercadio de Rochefort, née en 1722, hérita de la seigneurie de Linières, pour laquelle elle rendit aveu en 1747 et 1784 ; elle ne contracta point d'alliance et dut conserver Linières jusqu'au moment de la Révolution.

Nous n'avons point les lettres d'érection de Linières en châtellenie, mais nous savons que cette seigneurie fut élevée à cette dignité vers 1580 ; le roi unit pour cela les deux terres seigneuriales de Linières en Saint-Hilaire et de la Sénéchaussière en Vieuxvy en faveur d'Eustache du

---

1. *Ms. de Missirien* (Bibliothèque de Rennes).
2. *Archives de la Loire-Inférieure*, B, 2666.

Bellay et de Guyonne d'Orenges, sa femme ; celle-ci avait dû hériter de Guillaume de Linières, son oncle, seigneur de la Sénéchaussière en 1566. Mais Linières ne conserva pas longtemps cette importance féodale, quoique le titre de châtellenie lui fût maintenu jusqu'en 1789, car en 1615 la Sénéchaussière appartenait à Gilles Ruellan, baron du Tiercent, et en 1645 Linières était uni par le roi à la Dobiaye pour former le marquisat de ce nom.

Le domaine proche de la seigneurie de Linières au XVIe siècle se composait du manoir de Linières avec son moulin et des métairies de Linières, la Poulardière, la Touche et les Ormeaux ; il comprit plus tard le manoir et les trois moulins de la Sénéchaussière, et les métairies de l'Establère, la Guespinière et Racinoux.

Linières relevait de la baronnie de Fougères et jouissait d'une haute justice exercée au bourg de Saint-Hilaire ; les fiefs de sa châtellenie, assez nombreux, s'étendaient en neuf paroisses : Saint-Hilaire-des-Landes, Saint-Étienne-en-Coglais, Saint-Mard-sur-Couasnon, Saint-Ouen-des-Alleux, la Chapelle-Saint-Aubert, Romagné, le Châtellier, Vieuxvy et Saint-Christophe-de-Valains[1].

Le seigneur châtelain de Linières avait des chapelles prohibitives dans l'église de Saint-Hilaire et dans celles de Saint-Mard-sur-Couasnon et de Vieuxvy ; il était de plus fondateur de l'église de la Chapelle-Saint-Aubert ; dans tous ces temples, il avait droit de bancs, accoudoirs, enfeus et armoiries ; partout brillait le blason *de sable fretté d'or*, qui est de Linières.

La chapelle de Linières en l'église de Saint-Hilaire subsiste encore ; c'est une jolie construction voûtée en pierre de la fin du XVe siècle. Guillaume de Linières, protonotaire apostolique, abbé de Saint-Aubin-des-Bois, archidiacre de la Mée et chanoine de Rennes et de Nantes, fonda en ce sanctuaire une chapellenie de sept chapelains, augmentée en 1554 d'un huitième chapelain par sa sœur Arthuse de Linières, dame de la Riboisière. Cette dame fonda également trois messes par semaine dans la chapelle du manoir de Linières, en 1543.

Quoique devenu simplement une métairie appartenant à la famille de France, Linières mérite d'être visité. C'est une jolie construction gothique avec de belles lucarnes sculptées, garnies de petits lions, singes et autres animaux se jouant dans le feuillage des frises ; une salle conserve une cheminée à manteau orné d'arcatures trilobées, une autre une cheminée à colonnes. La chapelle joignant le manoir est de même style que lui et doit être l'œuvre de Christophe de Linières, vivant en 1513 ; il y plaça la statue de son saint patron, en terre cuite, de grandeur colossale ; elle s'y trouve encore avec celles de saint Denis et de saint Martin, également fort belles. Les portes richement travaillées dans le granit, la fenêtre à meneaux flamboyants, le curieux autel triangulaire et l'élégant bénitier que

---

1. Maupillé, *Notices historiques sur le canton de Saint-Brice*.

supporte une svelte colonne, font de ce petit sanctuaire, malheureusement abandonné, un charmant édifice de style ogival fleuri. La dernière dame de Linières, Mlle de Larlan de Rochefort, y a laissé son nom gravé sur les tirants de la charpente.

Autour du manoir délaissé s'étendent trois beaux étangs ornés d'une chute d'eau qu'ombragent de grands chênes ; si bien qu'en pays plat Linières présente néanmoins un pittoresque aspect.

Le Lou

a famille de Méel possédait au xve siècle le manoir du Lou[1], dont Jean de Méel était seigneur en 1444 et 1459. À cette famille appartint Éon de Méel, qui accompagna du Guesclin en Normandie et lui donna en 1378 une quittance de ses gages, scellée de son sceau, portant *huit merlettes posées 4, 3, 1*. Olivier de Méel fut aussi capitaine d'une compagnie envoyée en 1421 au secours du Dauphin, mais convaincu d'avoir trempé dans l'assassinat de Gilles de Bretagne, il fut décapité à Vannes en 1451[2].

Le dernier seigneur du Lou du nom de Méel fut Éon de Méel, mort avant 1513, laissant deux filles vivant à cette époque : Jeanne de Méel, femme d'Arthur de la Lande, et Michelle de Méel, épouse d'Arthur de la Chèze. Jeanne, étant l'aînée, apporta la seigneurie du Lou à son mari, et leurs descendants la conservèrent pendant deux siècles.

Cet Arthur de la Lande était fils de Macé de la Lande, gouverneur de la Gravelle en 1450. Arthur de la Lande, homme d'armes de l'ordonnance de la duchesse Anne en 1489, se fixa en Bretagne à la suite de son mariage avec Jeanne de Méel. Il en eut Jean de la Lande, seigneur du Lou, qui partagea ses sœurs en 1547 et épousa Anne de la Houssaye.

Le fils de ces derniers, Jacques de la Lande, seigneur du Lou en 1575, fut d'abord page du roi, puis écuyer de la reine Catherine de Médicis, enfin chevalier de l'Ordre de Saint-Michel en 1580 ; il épousa Geneviève de la Chapelle, fille du seigneur de Trégomain, qui lui apporta cette terre, demeurée ensuite unie à celle du Lou.

Rolland de la Lande, fils des précédents, seigneur du Lou et de Trégomain, fut comme son père chevalier de Saint-Michel ; il épousa, par contrat du 5 novembre 1609, Marie-Magdeleine de Coëtlogon, fille de François, seigneur de Coëtlogon. En 1627 il fit une fondation en l'église conventuelle des Grands Carmes de Rennes et y choisit sa sépulture, y ayant vraisemblablement fait inhumer son père[3]. Quant à lui-même, il obtint en 1637 l'érection du Lou en châtellenie et vivait encore en 1646.

1. En la commune du Lou-du-Lac, canton de Montauban, arrondissement de Montfort.
2. De Courcy, *Nobiliaire de Bretagne*.
3. *Archives d'Ille-et-Vilaine*, 20 H, 3.

Son fils Florent de la Lande, seigneur du Lou, épousa, par contrat du 15 juin 1640, Jacquemine du Breil de Pontbriant, fille du seigneur de Pontbriant[1]. Ce seigneur décéda vers 1675. Sa veuve lui survécut jusqu'au 11 avril 1696 ; elle mourut alors à Rennes, âgée de soixante et six ans, mais son corps fut apporté au Lou et inhumé au chanceau de l'église paroissiale du Lou-du-Lac.

Le nouveau seigneur du Lou, Guy de la Lande, capitaine de mousquetaires, épousa Mathurine de Saint-Pern, fille du seigneur de Ligouyer. De cette union sortit Gabriel de la Lande, reçu en 1711 conseiller au parlement de Bretagne et seigneur du Lou dès 1710 ; il épousa à Questembert, le 6 février de cette dernière année, Marie-Thérèse Raoul de la Guibourgère, fille du seigneur de la Guibourgère[2]. Gabriel de la Lande mourut en 1713, à la fleur de l'âge et sans laisser d'enfants ; sa châtellenie du Lou passa alors à sa tante Renée-Geneviève de la Lande, veuve du marquis de Pontcallec. Cette dame vint habiter le Lou et fit plusieurs fondations pieuses dans l'église paroissiale. Elle vendit la seigneurie du Lou à Guy-Pierre Aubert en 1726 et mourut sans postérité à Rennes, l'année suivante, âgée de soixante-cinq ans[3].

Le nouveau seigneur de la Lande était donc Guy-Pierre Aubert, seigneur de Sauvé, reçu secrétaire du roi en 1690 et mari de Thérèse-Patrice Bourdais. Celui-ci donna, semble-t-il, cette seigneurie du Lou à son fils Guy-Jean Aubert, lorsqu'il épousa le 2 février 1733, à Saint-Étienne de Rennes, Renée-Catherine Cormier, fille du seigneur de la Courneuve. En ce moment Guy-Jean Aubert était conseiller au présidial de Rennes, et son père Guy-Pierre se trouvait être le doyen des conseillers de la même cour. Plus tard, Guy-Jean Aubert, seigneur du Lou, fut alloué lieutenant-général civil et criminel au présidial, et vendit 38,000 livres cet office en 1745. Devenu veuf, ce seigneur du Lou se remaria, par contrat du 11 octobre 1743, à Marie-Judith Picquet, fille du seigneur de la Motte ; celle-ci mourut veuve le 17 août 1777. De cette union naquit, le 14 avril 1749, Guy-Marie-Joseph Aubert, qui fut mousquetaire du roi, puis seigneur du Lou, et épousa Marie-Marthe du Boishamon. Il en eut, au manoir de la Heuzelaye en Quédillac, un garçon nommé Guy-Marie, le 12 juin 1772. Ayant perdu sa femme, le seigneur du Lou contracta une nouvelle alliance avec Reine-Thérèse Le Clavier, qui lui donna deux enfants, Louis et Marie ; cette dame, devenue veuve, s'en trouvait tutrice en 1792.

Le baron de Montauban était de toute antiquité seigneur de la paroisse du Lou-du-Lac, où il possédait un fief important appelé la Verge noble du Lou. C'est en ce fief que fut construit le château du Lou, dont la seigneurie, s'étendant aux environs, relevait de Montauban. Aussi le seigneur du Lou devait-il à son suzerain chaque année une paire de gants de la valeur

---

1. *Généalogie de la maison du Breil*, 190.
2. *Archives du Morbihan*, V, 212.
3. Notes de M. le conseiller Frédérique Saulnier.

de quatre deniers. Le baron de Montfort avait également des droits féodaux dans la paroisse du Lou-du-Lac ; mais en 1642 Henri, duc de la Trémoille et sire de Montfort, céda au seigneur du Lou, moyennant 1,200 livres, tous ses « fiefs et mouvances, tant nobles que roturiers, en la paroisse du Lou ».

Ce fut par lettres patentes datées du mois d'octobre 1637 que le roi érigea, en faveur de Rolland de la Lande, la seigneurie du Lou en châtellenie ; celle-ci fut composée des seigneuries du Lou en la paroisse du Lou-du-Lac, de Launay-Thébault en Montauban, de la Téhellière en Bédée, et de Trégomain en la Chapelle-du-Lou[1]. Comme ce dernier manoir avoisinait le château du Lou, on appela souvent la nouvelle châtellenie le Lou-Trégomain, pour la distinguer de la seigneurie du Lou en Saint-Léry.

Le domaine proche de la châtellenie se composait du château du Lou, des manoirs de Trégomain, de la Téhellière et de Launay-Thébault, des métairies de la Porte, de la Marre et de la Croix-du-Lou, et de celles de la Mansardaye, la Haye-Menjard, la Téhellière, Trégomain, Launay-Thébault et Launay-Pitel, des moulins et étangs du Lou, etc.

La haute justice du Lou s'exerçait en 1767 à Montauban ; elle comprenait plusieurs fiefs s'étendant en les paroisses du Lou-du-Lac, la Chapelle-du-Lou, Bédée et Montauban ; les principaux de ces fiefs étaient ceux du Lou, de Trégomain, de Launay-Thébault, de Launay-Pitel et de Coëtquen ; ce dernier avait été acheté en 1661 par le seigneur du Lou d'avec celui de la Ville-ès-Cerfs.

En l'église paroissiale du Lou-du-Lac, les droits de supériorité appartenaient au baron de Montauban, mais le seigneur du Lou avait dans ce sanctuaire des prééminences, un enfeu, un banc et des armoiries, et les privilèges de seigneur fondateur. Il avait également des enfeus et des bancs armoriés dans les églises de La Chapelle-du-Lou et de Montauban, à cause de ses fiefs de Trégomain et de Launay-Thébault.

Ce qui reste debout maintenant du château du Lou – propriété de la famille de Freslon de la Freslonnière – témoigne de l'importance ancienne de cette résidence féodale. Le château occupe au bord du bel étang de la Rive et à côté de l'antique église romane du Lou-du-Lac une remarquable position. Malheureusement, une bonne partie des constructions primitives ont disparu ; néanmoins, au milieu d'une enceinte fortifiée de forme carrée, baignée en partie par l'étang et flanquée de trois tours en ruine recouvertes de lierre, se dresse fièrement encore le logis seigneurial construit partie en 1571 et partie en 1657 ; ces dates sont en effet gravées dans le granit au-dessus des portes principales. Un grand écusson en pierre gît maintenant à terre portant aussi ce millésime de 1571, et un blason *écartelé au 1er de gueules à la fasce contre-bretessée d'argent*, qui est de la Lande, *au 2e d'azur à la fleur de lys d'or accompagnée de trois coquilles de même*, qui est de la Chapelle ; au 3e de la Houssaye ? et au

---

1. *Archives de la Loire-Inférieure*, B, 1249.

4ᵉ de Méel. Cet écusson prouve que le château du Lou fut reconstruit par Jacques de la Lande et Geneviève de la Chapelle, sa femme. Au-delà des douves s'élève l'ancienne fuie, conservant sa litre seigneuriale. Ajoutez à cette trop courte description çà et là des pans croulants de murailles fortifiées, et au-devant du logis de larges et longues avenues d'arbres séculaires, et vous n'aurez encore qu'une faible idée de l'imposant aspect que présente le vieux château démantelé du Lou.

La Mancelière

a seigneurie de la Mancelière, en la paroisse de Baguer-Pican[1] appartint à l'origine à une famille du même nom qui se fondit dans celle de Chasné. Le blason des sires de la Mancelière était *d'azur au croissant d'or, accompagné de trois étoiles d'argent*.

Mais en 1513 Guillaume de Vigneuc possédait la maison noble de la Mancelière. Catherine de Vigneuc épousa Rolland de Lescu, fils de Guillaume de Lescu, seigneur de la Samsonnaye en Lanvallay, et lui apporta la terre seigneuriale de la Mancelière, qui resta longtemps dans sa famille. Les deux époux vivaient encore en 1563. Ils donnèrent naissance à Gilles de Lescu, seigneur du Colombier-Lanvallay et de la Mancelière, qui épousa le 15 août 1575 Louise Bertrand, fille du seigneur de Launay-Bertrand.

Jacques de Lescu, fils des précédents, seigneur de la Mancelière et du Colombier-Lanvallay, fut créé par le roi en 1608 chevalier de Saint-Michel ; il avait épousé le 13 juillet 1605 Marguerite de la Fontaine, dame de Bréhigné[2]. Ce seigneur mourut à la Mancelière le 10 mai 1638 et fut inhumé le 12 en l'église de Baguer-Pican ; il laissait deux garçons, Jean et Louis.

Jean de Lescu, seigneur de la Mancelière, épousa Renée Bonnier, fille du seigneur de Lorgerais ; il obtint en 1659 l'érection en châtellenie de sa seigneurie de la Mancelière, mais ses fils moururent jeunes, Pierre à l'âge de cinq ans et François avant d'avoir pu contracter mariage. Jean de Lescu mourut lui-même vers 1677 et fut inhumé à Saint-Germain de Rennes, où sa veuve fit en 1680 une fondation d'enfeu.

Le successeur de Jean de Lescu à la Mancelière fut son frère Louis de Lescu, seigneur du Breil, mari de Françoise de Hirgarz. Il ne laissa qu'une fille, Marie-Gabrielle de Lescu, dame de la Mancelière, qui épousa 1° Louis de Kernezne, marquis de la Roche ; 2° en 1690, Jean d'Acigné, marquis de Carnavalet. Cette dame décéda sans postérité en 1705, et sa succession fut recueillie par Françoise-Jacquette de Rahier, fille de Jean-François de Rahier, seigneur de la Fresnaye, petit-fils lui-même de François-Hector de Rahier et de Françoise de Lescu, seigneur et dame de

1. Baguer-Pican, commune du canton de Dol, arrondissement de Saint-Malo.
2. Notes de M. l'abbé Pâris-Jallobert.

la Fresnaye.

Françoise-Jacquette de Rahier épousa Antoine-René de Ranconnet, comte de Noyant au Maine, et lui apporta la châtellenie de la Mancelière ; elle mourut âgée de soixante et dix ans, le 17 avril 1767, et fut inhumée le 19 au chanceau de l'église de Baguer-Pican.

M. et Mme de Ranconnet laissaient plusieurs enfants, notamment Antoine marquis d'Escoire, Louis comte de Noyant, et une fille qui épousa le comte de Beaupoil-Saint-Aulaire ; de cette dernière union naquit à la Mancelière, en 1778, Louis de Beaupoil, comte de Saint-Aulaire, qui devint chambellan de Napoléon Ier, ambassadeur de France et membre de l'Académie de France, † 1854.

Le second de ces enfants, Louis-René de Ranconnet, comte de Noyant, fut le dernier seigneur de la Mancelière et épousa Anne-Marguerite d'Aydie. Quand vint la Révolution, il se réfugia en Lorraine et mourut à Paris en 1812.

Par lettres patentes datées du 23 septembre 1659, Louis XIV érigea la châtellenie de la Mancelière en faveur de Jean de Lescu. Il unit pour cela les trois terres seigneuriales de la Mancelière, le Breil-Épine et Launay-Baudouin, toutes sises en Baguer-Pican, et il autorisa le nouveau châtelain à jouir d'une haute justice, au lieu d'une moyenne qu'il avait jusqu'alors, et à élever en conséquence des fourches patibulaires à quatre piliers.

Ces lettres royales furent confirmées en 1674 ; mais les évêques de Dol, dont relevaient féodalement les trois seigneuries de la Mancelière, le Breil-Épine et Launay-Baudouin, firent entendre si longtemps et si vigoureusement leurs réclamations au sujet de l'érection de cette châtellenie que le Conseil du roi consentit, le 21 mai 1735, à retirer les lettres de Louis XIV ; en conséquence, la châtellenie fut supprimée, les trois seigneuries furent désunies et la juridiction fut réduite à n'être plus qu'une moyenne justice.

Ce fut au tour du seigneur de la Mancelière de se plaindre ; Antoine de Ranconnet et Jacquette de Rahier, sa femme, firent si bien plaider leur cause près de Louis XV que le roi leur expédia de nouvelles lettres patentes, datées d'avril 1736 et enregistrées au parlement de Bretagne le 21 du même mois. Par ces lettres, le roi, se taisant au sujet de l'érection de la châtellenie, réunit de nouveau et irrévocablement les trois seigneuries de la Mancelière, le Breil-Épine et Launay-Baudouin, en une seule seigneurie qu'il ne qualifie pas, mais pour faire cesser les réclamations de l'évêque de Dol, Sa Majesté décide que cette seigneurie, malgré son importance, ne jouira que d'une moyenne justice[1]. Comme l'on voit, la Mancelière et ses annexes relevaient directement des regaires de l'évêché de Dol ; la châtellenie s'étendait en treize paroisses : Baguer-Pican, Baguer-Morvan, la Boussac, Épiniac, Carfantain, Saint-Broladre, Notre-

---

1. *Archives du parlement de Bretagne.*

Dame de Dol, Cherrueix, Montdol, Hirel, le Vivier, la Fresnaye et Bonnemain.

En Baguer-Pican, le seigneur de la Mancelière jouissait du droit de tenir au bourg une foire chaque année et un marché chaque semaine ; il avait, de plus, une autre foire à la Mancelière même, le jour Saint-Gilles, fête patronale de la chapelle du manoir ; cette dernière foire, qui subsiste encore, avait été établie par Louis XIV en 1646.

Le mardi de Pâques, tous ceux qui s'étaient dans l'année mariés en la paroisse de Baguer-Pican devaient comparaître devant l'auditoire où s'exerçait au bourg la juridiction de la Mancelière, et là, réunis, « sauter publiquement le bacquot proche le cimetière, à l'issue de l'audience et en présence des officiers » du seigneur.

Dans l'église même de Baguer-Pican, le seigneur de la Mancelière, à cause de son fief du Breil-Epine, disputait au chapitre de Dol et au sire de Combour la présentation de la cure et le droit de fondation. Il jouissait plus paisiblement de plusieurs prééminences en cette église, y ayant deux enfeus et deux bancs armoriés, l'un à cause du Breil-Épine, l'autre à raison de Launay-Baudouin ; le tombeau des anciens seigneurs de cette dernière terre se trouvait même sous l'arcade du chœur.

Enfin, à la Boussac, le presbytère relevait du seigneur de la Mancelière, qui se disait aussi fondateur du prieuré et de la chapelle Saint-Macaire en Baguer-Pican.

Quant au domaine proche de la châtellenie, il se composait des manoirs de la Mancelière et de Launay-Baudouin, chacun d'eux décorés de chapelles et de colombiers, de la maison noble du Breil-Épine et de plusieurs métairies aux environs.

Présentement, le manoir de la Mancelière, propriété de la famille Gitton-Lefranc, apparaît encore bien conservé à l'extrémité d'une longue et belle avenue de hêtres. À côté et cachée dans la verdure s'élève sa chapelle, où saint Gilles reçoit un culte tout particulier ; maintenant encore, le jour de la fête de ce bienheureux, on vient de très loin s'y faire évangéliser.

MARCILLÉ-RAOUL

n croit que les mottes du Châtel en Marcillé-Raoul[1] peuvent avoir une origine gallo-romaine ; elles s'élevaient en effet au bord d'une voie antique allant de Rennes à Coutances. Les premiers barons de Fougères les utilisèrent pour la défense du pays et Raoul III y construisit un château dont il ne reste plus aucun vestige ; l'autorisation de bâtir cette forteresse fut donnée en 1240 au seigneur de Fougères par le duc de Bretagne Jean Ier [2].

1. Marcillé-Raoul, commune du canton d'Antrain, arrondissement de Fougères.
2. Dom Morice, *Histoire de Bretagne*, I, 173.

Dès les commencements du xie siècle Marcillé – qui prit en 1240 le nom du baron Raoul – formait une terre seigneuriale de certaine importance. En 1204 Geoffroy, sire de Fougères, détacha Marcillé de sa baronnie et la donna à viage, ainsi que le Coglais, à son grand-oncle et tuteur Guillaume l'Angevin, lorsque celui-ci lui remit l'administration de ses domaines au moment de sa majorité. L'acte de donation évalue à environ 100 livres le revenu de la seigneurie de Marcillé ; il y est stipulé que dans le cas où ce revenu serait moindre, le donataire serait en droit de prendre la différence, en monnaie d'Angers, sur la terre la plus rapprochée de Marcillé ou du Coglais.

Quatre ans plus tard, en 1208, une transaction entre le grand-oncle et le neveu, qui n'avaient pu s'entendre, vint modifier ces dispositions. Geoffroy de Fougères abandonna à Guillaume l'Angevin tout le Coglais et 20 livres en fond de terre sur ses fiefs de Louvigné-du-Désert, et de son côté celui-ci renonça à tous ses droits sur Marcillé[1].

Vers 1424 Jean, duc d'Alençon et baron de Fougères, vendit pour 3,000 écus d'or la châtellenie de Marcillé-Raoul à Pierre Morel, seigneur de la Villegontier, sergent féodé au bailliage du Coglais. Mais l'acquéreur ne put payer cette grosse somme et son fils Guillaume Morel, également seigneur de la Villegontier, dut consentir à remettre Marcillé entre les mains du duc de Bretagne Jean V, qui venait en 1428 d'acheter la baronnie de Fougères d'avec le duc d'Alençon[2]. En 1437 Marcillé avait repris sa place parmi les châtellenies composant la baronnie.

L'an 1485 le duc François II détacha de nouveau Marcillé-Raoul et vendit cette seigneurie avec tous ses droits, rentes et prééminences, à Philippe de Montauban, seigneur de Sens, pour la somme de 2,000 écus d'or que celui-ci lui avait prêtés. Cette aliénation se fit toutefois avec cette réserve que les ducs de Bretagne pourraient la rémérer pour pareille somme ; mais bien des années s'écoulèrent avant qu'ils usassent de cette faculté, car nous voyons en 1498 la duchesse Anne confirmer son chancelier de Montauban dans la possession de Marcillé. Cette châtellenie ne semble avoir fait retour à la baronnie de Fougères qu'à l'époque de la mort de Philippe de Montauban, c'est-à-dire en 1516[3].

Depuis lors et jusqu'à la Révolution la seigneurie de Marcillé-Raoul demeura unie à Fougères, mais il paraît que les barons, c'est-à-dire les rois de France, successeurs de nos ducs bretons, aliénèrent la plus grande partie de ses revenus dans le courant du xviie siècle. Le revenu fixe de la châtellenie de Marcillé n'atteignait plus, en effet, en 1720, que 77 livres, 17 sols, 3 deniers en argent et 63 boisseaux de froment.

Nous ne connaissons qu'un aveu de la châtellenie de Marcillé-Raoul ; il fut rendu à la baronnie de Fougères, le 13 mars 1432, par Pierre Morel,

---

1. Dom Morice, *Preuves de l'Histoire de Bretagne*, 1, 798 et 810.
2. *Archives d'Ille-et-Vilaine*, Invent. Turnus Brutus.
3. Maupillé, *Notices historiques sur le canton d'Antrain*, 65.

seigneur de Marcillé et de la Villegontier. Dans cet acte, malheureusement trop succinct, Pierre Morel reconnut « tenir du seigneur de Fougères la chastellenie de Marcillé soubs Bazouges avec ses moulin à bled, estang, chaussée, destroit de moulin, four à ban, assiette de chasteau et forteresse ancienne, garennes, rentes, cens, juridiction et seigneurie, plus un droit d'usage dans la forêt de Villecartier[1] ». Actuellement le village du Châtel rappelle encore par son nom l'existence du château de Marcillé-Raoul. Il se trouve à côté d'importantes fortifications en terre qui ont dû servir de bases à la forteresse du Moyen Âge.

Ces restes de fortifications recouvrent une superficie de 1 hectare 63 ares et consistent en deux mottes séparées l'une de l'autre par des fossés entourant chacune d'elles ; la profondeur de ces fossés devait être de 5 à 6 mètres, sur une largeur à peu près égale. Les mottes, connues dans le pays sous le nom de Buttes du Châtel, diffèrent entre elles, tant sous le rapport de l'étendue que sous celui de l'élévation. Celle du nord, beaucoup plus haute, présente aussi une masse beaucoup plus considérable que l'autre ; son élévation, au-dessus des remparts en terre formant l'enceinte, peut être de 9 à 10 mètres, de sorte que sa hauteur totale à partir de la base doit atteindre 15 ou 16 mètres[2] ; c'était probablement l'assiette du château même ; la seconde motte devait former barbacane devant l'entrée du donjon ou n'était qu'une motte féodale, signe de la juridiction seigneuriale. Ces fortifications étaient protégées au sud par un étang de 16 hectares aujourd'hui desséché ; peut-être l'existence de cet étang fut-elle le résultat de l'excavation produite par l'enlèvement des terres employées à dresser les mottes.

MARCILLÉ-ROBERT

omme Marcillé-Raoul, Marcillé-Robert[3] faisait partie d'une grande baronnie et devait son nom à l'un de ses seigneurs.

Lorsque Riwallon, premier sire de Vitré, reçut de Geoffroy Ier, duc de Bretagne, le grand fief qui forma la baronnie de Vitré, ce seigneur construisit – au commencement du XIe siècle – « deux châteaux, l'un au nord, sur la Vilaine, qui fut Vitré, et l'autre au sud, sur la Seiche, Marcillé-Robert. Ce dernier semble avoir été d'abord le plus important ; c'était d'ailleurs un lieu fort anciennement habité, où l'on avait battu monnaie à l'époque mérovingienne ; Riwallon s'y tenait aussi de préférence[4] ».

Riwallon eut deux fils : Tristan qui lui succéda à Vitré et Robert qui reçut en partage le château de Marcillé et lui donna son nom. Mais ce Ro-

---

1. *Archives de la Loire-Inférieure*, v° Parigné.
2. Maupillé, *Notices sur le canton d'Antrain*, 65.
3. Commune du canton de Retiers, arrondissement de Vitré.
4. M. de la Borderie, *Revue de Bretagne et de Vendée*, XVIII, 436.

bert mourut sans laisser d'enfants, et sa seigneurie de Marcillé-Robert retourna au baron de Vitré[1].

A partir de cette époque la châtellenie de Marcillé-Robert fit partie de la baronnie de Vitré, et par suite nous n'avons point à donner ici la liste de ses seigneurs.

La châtellenie de Marcillé-Robert se composait de deux seigneuries distinctes, Marcillé et Bais ; toutefois, ces deux juridictions s'exerçaient ensemble à Marcillé aux siècles derniers ; elles s'étendaient alors en une quinzaine de paroisses, en particulier en Marcillé-Robert, Bais, Tourie, Chancé, Forges, Coësmes, Moulins, le Teil, Moutiers, Fercé, Villepot, Noyal et Retiers. De la châtellenie relevaient sept hautes justices, quatre moyennes et une basse ; ces sept hautes justices étaient la vicomté de Tourie, Coësmes, Retiers, la Roberie, la Motte de Moutiers, le Bourg de Marcillé et la Montagne ; les quatre moyennes justices étaient l'Épine, Princé, la Chenaudière et le Boisrobin[2].

Le domaine proche de Marcillé-Robert se composait du château de ce nom, du bel étang qui baignait ses murailles, de deux moulins à eau, d'une grande pêcherie et d'une halle avec auditoire au-dessus et prison à côté[3].

Le seigneur de Marcillé recueillait des rentes féodales nombreuses, dont voici les principales : « rentes par deniers appelées les Vignes » sur les terrains avoisinant le château de Marcillé, – rentes de taille dans la ville de Marcillé, – rente de garde de 12 deniers par chaque maison bâtie entre la Porte Morel et l'église de Marcillé, – autres rentes de taille levées aux traits de Montalembert, l'Île-de-Marcillé et le Grand Trait, rentes des coutumes de foires et marchés, rente de 25 livres tous les sept ans appelée rente des landes et due par les paroissiens de Fercé, Noyal et Villepot « pour le guet du chasteau de Marcillé », – autre rente des landes de Retiers, – rentes d'avoines en Marcillé, etc. L'intendant de Bretagne prétendait en 1730 que la châtellenie de Marcillé rapportait bien au baron de Vitré 4,000 livres de rente[4].

Arrêtons-nous un instant aux rentes des landes de Retiers. Ces landes, en 1653, contenaient environ 2,600 journaux de terre et relevaient entièrement de la seigneurie de Marcillé ; les paroissiens de Retiers jouissaient de l'usage de ces vastes communs moyennant, tous les sept ans, le paiement au seigneur de Marcillé d'une somme de 25 livres ou d'un « disner audit seigneur ô tout son train à l'option dudit seigneur ».

Or, en 1399 le baron de Vitré, seigneur de Marcillé, choisit le dîner, et il fallut aux paroissiens de Retiers s'exécuter. Ils le firent fort convenablement, comme le témoignèrent vingt et un ans plus tard Ambroise de Tin-

---

1. Du Paz, *Histoire généalogique des principales maisons de Bretagne*, 583.
2. *Archives d'Ille-et-Vilaine*, C, 1818.
3. Abbé Paris-Jallobert, *Journal de Vitré*, 371.
4. *Archives d'Ille-et-Vilaine*, C, 2157.

téniac et Jean Hautbois ; écoutons leurs dépositions juridiques, faites en 1420 :

Le train du baron de Vitré, alors Guy XII, comte de Laval, n'était pas mince : « Mgr de Laval vint coucher à Marcillé avec Mgr du Gavre son fils, Olivier de Laval, Guillaume de Mathellon, Guillaume de la Lande, Guy de la Bouexière, Robert de Domaigné, Guillaume de Tallie, Guillaume de Sévigné, Robert Busson, Raoul du Matz et plusieurs autres gentilshommes du pays de Vitré.

« Et le lendemain vint ledit seigneur disner à Retiers et dit avoir droit de convier tous ceux qu'il trouveroit en route de Marcillé à Retiers. Et furent assis à la table de Mgr : Mgr son fils, Mre Guillaume de Mathellon et Mre Guillaume de la Lande, – à une autre table auprès d'Olivier de Laval, Mre Guy de la Bouexière, Mre Jean de Cheveigné, Mre Jean de Coaismes et ledit Ambroise de Tinténiac, – et à une autre table Guyon de Coaismes, André des Vaulx et plusieurs autres qui avoient esté conviés. Et tous furent bien et grandement servis de potaige, espice en manière de civé, bouilli, rost et plusieurs manières de viandes et les saulces et espices y appartenant ; de pain blanc de froment et de seille, de vin blanc et clairet ».

Ce fut Jean Hautbois qui fit l'office d'échanson, et le dîner fut servi chez Guillaume Le Rasle, au bourg de Retiers. On n'oublia ni les chevaux, ni les chiens des convives : les chevaux eurent « quernaulx et rasteaux, foin, avoine grosse et paille blanche », les chiens furent « fournis de pain » ; il n'y eut pas jusqu'aux oiseaux de proie, que suivant l'usage portaient les seigneurs, auxquels pensassent les gens de Retiers ; on dressa « des perches » pour les poser convenablement.

Sans doute le baron de Vitré fut très satisfait du bon dîner que lui avaient servi les usagers des landes de Retiers ; néanmoins, en s'en retournant à Marcillé, il se rendit au manoir de la Chenaudière « boire chez Jean de Coaismes, seigneur du lieu[1] ».

Nous n'avons qu'un mot à dire de la vicomté de Bais. Cette seigneurie n'avait point de domaines et ne se composait en 1764 que de fiefs et de rentes. Elle était unie de temps immémorial à la châtellenie de Marcillé.

Marcillé-Robert se composait d'un château, d'une petite ville fortifiée et d'un bourg situé en dehors des murs. Nous ne ferons point ici l'histoire du château de Marcillé, plusieurs fois assiégé durant les guerres du Moyen Âge ; il fut pris par les Français le 30 mars 1488 et démantelé en 1595 ; ses « tours et masure du donjon » furent vendues nationalement le 17 janvier 1799, pour la somme dérisoire de trente francs[2] ! Les murailles de la ville, moins anciennes que le château, remontaient au xve siècle ; il reste encore quelques vestiges de leurs portes.

---

1. *Archives d'Ille-et-Vilaine*, fonds de Vitré.
2. *Ibidem*, 1 Q, 72.

Aujourd'hui les ruines du château de Marcillé, pittoresquement assises sur un rocher dont les eaux d'un vaste étang baignent le pied, présentent un grandiose aspect ; on dit qu'il s'y trouvait six tours outre le donjon, mais elles sont tellement écroulées et perdues dans les broussailles qu'il est assez difficile de vérifier ce nombre ; le tout forme un massif de murailles et de verdure, de tours tronquées et d'arbres touffus ; quelques-unes de ces tours conservent néanmoins encore une hauteur considérable et témoignent de l'ancienne importance de la forteresse.

Martigné-Ferchaud

ers le milieu du xie siècle la seigneurie de Martigné[1] appartenait à Hervé de Martigné, fils d'Alvève et de Deusset, époux de Meneczuc, qui donna à l'abbaye de Marmoutiers une partie des revenus des églises de Martigné. Ce seigneur avait de nombreux enfants : sept fils nommés Geffroy, Hamelin, Guihenoc, Alvève, Briention, Gaultier et Bertrand, et trois filles, Mélisinde, Deusset et Thonnaie[2].

La branche aînée des sires de Martigné se fondit de bonne heure dans la maison de la Guerche ; à la fin de ce même xie siècle, Gaultier Hay, seigneur de la Guerche, possédait la châtellenie de Martigné, qu'il donna en dot à sa fille Emme de la Guerche quand elle épousa Juhel de Châteaubriant. De cette union sortit un fils, Guillaume, qui prit le nom de la Guerche et fut à la fois seigneur de la Guerche et de Martigné.

Martigné demeura quelque temps ensuite uni à la Guerche et eut ainsi pour seigneurs Hugues de la Guerche, vivant en 1162, – Geffroy Ier de la Guerche, décédé en 1195, – Guillaume de la Guerche, mort en 1223, – et Geoffroy II de la Guerche.

Jeanne de la Guerche, fille de ce dernier seigneur, fut dame de la Guerche et de Martigné et apporta ces deux terres à son mari, Jean, vicomte de Beaumont. Ceux-ci rendirent aveu le 14 août 1280 au baron de Vitré pour leur seigneurie de Martigné. Ils eurent pour fils aîné et héritier principal Robert de Beaumont, seigneur de la Guerche et de Martigné, qui épousa Marie de Craon.

De cette union sortirent un fils, qui fut vicomte de Beaumont, et deux filles, dont l'une, Marguerite de Beaumont, fut dame de Martigné et contracta une double alliance ; elle épousa d'abord Bouchard de Vendôme, dont elle eut un fils nommé Jean de Vendôme, – puis Jean Gaudin, dont elle eut également un fils appelé Robert Gaudin. En se mariant, Marguerite de Beaumont avait apporté à son premier mari la terre de Martigné, dont jouissait en 1382 son fils Jean de Vendôme ; mais comme à la mort de Bouchard de Vendôme on n'avait point rendu à Marguerite ses deniers dotaux et qu'on ne lui avait pas même assigné de douaire, il fut

1. Martigné-Ferchaud, commune du canton de Retiers, arrondissement de Vitré.
2. Dom Morice, *Preuves de l'Histoire de Bretagne*, I, 415.

convenu entre elle et Jean de Vendôme qu'elle rentrerait en possession de Martigné ; cet accord fut conclu le 20 août 1382.

Quelques années plus tard, le 30 novembre 1394, Marguerite de Beaumont donna la châtellenie de Martigné à Robert Gaudin, issu de son second mariage[1]. Cette dame mourut vers 1408, car ce fut cette année-là que fut payé au duc de Bretagne le rachat de Martigné dû par suite de son décès.

Robert Gaudin, devenu ainsi seigneur de Martigné, laissa cette terre à son fils Jean ou Péan Gaudin, qui figure aux parlements ou États de Bretagne de 1451 et 1453 en qualité de seigneur de Martigné. Du Paz dit que Jean Gaudin épousa Marguerite de Pons, dont il n'eut qu'une fille nommée Anne.

Anne Gaudin épousa Jean de la Chapelle, sire de Molac, et n'en eut point d'enfants ; aussi, après elle, la châtellenie de Martigné passa-t-elle à son cousin nommé Jean du Perrier, seigneur du Plessix-Balisson, fils de Jean du Perrier, comte de Quintin, et de Constance Gaudin.

Ce Jean du Perrier, seigneur du Plessix-Balisson et de Martigné, avait eu de sa femme Jeanne de Quelen une fille, Jeanne du Perrier, qui épousa Pierre de Villeblanche, seigneur de Broons, et lui apporta la seigneurie de Martigné. Celui-ci rendit aveu pour cette terre au roi le 24 novembre 1500.

Pierre de Villeblanche eut pour fils Jean de Villeblanche, qui épousa en 1482 Catherine du Chastellier d'Éréac, mais décéda en 1510, avant son père, mort le 3 décembre 1515. Aussi fut-ce Claude de Villeblanche, fils de Jean, qui hérita alors de son aïeul et devint seigneur de Martigné, terre pour laquelle il rendit aveu au roi le 6 février 1516.

Nous avons déjà parlé, à propos de Bagatz, de Claude de Villeblanche, grand panetier de France et mari d'Anne Vernon. Mécontent de son neveu et unique héritier Guy d'Espinay, fils de sa sœur, il vendit ou donna tous ses biens avant de mourir ; c'est ainsi qu'en 1539 la châtellenie de Martigné fut cédée à Anne de Montmorency par Claude de Villeblanche, qui s'en réserva toutefois l'usufruit tant qu'il vivrait.

Le 5 juillet 1539 le sire de Montmorency fit hommage au roi pour la terre de Martigné ; peu de temps après il se fit donner par Jean de Laval la baronnie de Châteaubriant, et Martigné eut jusqu'en 1789 le même sort que cette baronnie. Le 9 juin 1560 Anne de Montmorency rendit aveu pour la châtellenie de Martigné, qu'il tenait « tant par donation de deffunt Claude de Villeblanche que par accord fait depuis avec le seigneur d'Espinay, héritier dudit Villeblanche[2] ». Créé duc de Montmorency et connétable de France, ce grand homme termina au combat de Saint-Denis, en 1567, une vie qui appartient à l'histoire générale de la France.

Le connétable Anne de Montmorency laissa de son mariage avec Ma-

---

1. *Inventaire des archives du château de Nantes.*
2. *Archives de la Loire-Inférieure*, v° Martigné.

deleine de Savoie deux fils qui lui succédèrent l'un après l'autre François duc de Montmorency, maréchal de France, époux de Diane légitimée de France, fille du roi Henri II, décédé sans postérité en 1579, – et Henri Ier, duc de Montmorency, maréchal et connétable de France, décédé en 1614 ; ces deux grands seigneurs possédèrent Martigné, et Henri Ier laissa cette terre à son fils aîné Henri II, qu'il avait eu de sa seconde femme, Louise de Budos. Henri II, duc de Montmorency, amiral et maréchal de France, n'eut point d'enfants de sa femme Marie-Félice des Ursins ; il fut décapité à Toulouse en 1632.

Le roi confisqua alors Martigné comme Châteaubriant, mais il ne tarda pas à faire don de ces terres à Henri II de Bourbon, prince de Condé, qui avait épousé en 1609 Charlotte de Montmorency, sœur de l'illustre victime de Richelieu. De cette union naquit Louis II de Bourbon, prince de Condé, dit le Grand Condé, qui rendit aveu pour la châtellenie de Martigné en 1680. Ce héros mourut en 1686, laissant de sa femme Claire de Maillé un fils, Henri-Jules de Bourbon, prince de Condé, époux d'Anne de Bavière et décédé en 1709. Le fils de ceux-ci, Louis, duc de Bourbon, épousa Louise légitimée de France, fille de Louis XIV, et mourut subitement en 1710. Vinrent ensuite Louis-Henri, duc de Bourbon et prince de Condé, décédé en 1740, fils des précédents et père de Louis-Joseph, duc de Bourbon et prince de Condé, qui forma durant l'émigration l'armée de Condé et mourut en 1818. Celui-ci avait été le dernier seigneur de Martigné et ses biens y avaient été vendus par la Nation.

Châtellenie d'ancienneté, qualifiée même parfois de baronnie[1], Martigné relevait à l'origine du baron de Vitré ; nous avons mentionné plus haut un aveu de Martigné rendu en 1280 au sire de Vitré ; M. de la Borderie en signale un autre semblable de 1286[2], mais au siècle suivant le seigneur de Martigné s'affranchit de ce vasselage et rendit aveu directement au duc de Bretagne. En 1294 le sire de Martigné devait à l'armée ducale, par les mains du baron de Vitré, deux chevaliers ; en 1451 il fut appelé à siéger aux États de Vannes parmi les bannerets.

Le domaine proche de la châtellenie de Martigné était considérable.

C'était d'abord le château de Martigné, ruiné dès 1516, car l'aveu de cette époque en parle comme suit : « La maison et ancien manoir de la seigneurie de Martigné, nommée la Feillée, au dessoubs des ville et église dudit Martigné, à présent gasté et ruisneux, avec colombier, chesnaye, estang, le tout contenant 32 journaux ». L'aveu de 1680 nous apprend que les prédécesseurs du seigneur avouant avaient « aliéné l'ancienne maison de Martigné, qui estoit en ruisnes, avec son domaine nommé le parc du Fouillot, contenant 32 journaux, et sise près la ville au-dessous de

---

1. Une note de l'intendant de Bretagne en 1718 s'exprime ainsi : « Martigné est une ancienne châtellenie érigée en baronnie » ; mais nous n'avons point trouvé les preuves de cette assertion.
2. *Essai de géographie féodale de Bretagne*, 87.

l'église ».

Il existe encore aujourd'hui, à l'entrée de la ville de Martigné, une rue et une maison appelées la Motte ; ce devait être là que s'élevait au Moyen Âge le château du lieu.

Après la ruine de son château de Martigné, Péan Gaudin vint habiter dans la ville même une « maison et manoir assis proche la cohue de ladite ville » ; c'est là que demeurait aussi son successeur Claude de Villeblanche, en 1516[1].

Le domaine proche comprenait encore le manoir de la Chouannière, – les métairies nobles de la Rivière-Monsieur, la Huberdière, la Gallandière, la Fauconnière et Anguilliers, – un moulin à vent, – l'étang et les deux moulins à eau de Martigné, – l'étang et les deux moulins à eau du Coudray, – la forêt Neuve, la forêt d'Araize et les bois de la Johinière, le tout contenant environ 2,500 journaux de terre, – les halles, auditoire et prison de Martigné, etc.

La châtellenie de Martigné avait une haute juridiction, dont le proche fief ne s'étendait qu'en la paroisse de Martigné ; trois moyennes justices (la Jartière, la Pillardière et la Séguintière) et quatre basses justices en relevaient[2].

Le sceau de cette juridiction, en 1541, portait un écu : *écartelé aux 1er et 4e de gueules à la fasce d'argent accompagnée de trois hures de saumon de même*, qui est de Villeblanche ; aux 2e et 3e *d'argent à une quintefeuille de gueules*, qui est de Martigné.

Les fourches patibulaires de la châtellenie consistaient en quatre piliers dressés en 1560 sur « une motte et haut rocher appelé la Rotruère ».

Le manuscrit de l'aveu rendu en 1560 par le connétable Anne de Montmorency est fort beau ; c'est un volume en vélin de 90 feuillets, portant en tête une page richement enluminée au haut sont les armoiries de Montmorency : *d'or à la croix de gueules cantonnée de seize alérions d'azur*, surmontées d'un tortil de baron et entourées du collier de l'Ordre de Saint-Michel ; à côté est l'écusson du roi de France, tenu par deux anges et surmonté d'une couronne royale ; la lettre F, couronnée et enveloppée d'arabesques, indique que l'aveu de Martigné a été rendu au roi François II[3].

Cet aveu indique les différents fiefs composant la châtellenie de Martigné : Grand Bailliage et Grand Fief de Martigné, Nouvelles-Baillées, fief de la Chouannière, etc., comprenant toute la paroisse de Martigné, qui était fort grande, mais ne s'étendait pas au-delà. Nous y voyons que le seigneur de Martigné jouissait dans ces fiefs de divers droits dont voici les principaux ban et étanche à Martigné pendant quarante jours, à partir des premières vêpres de Saint-Symphorien, – droit de tenir audit Marti-

---

1. *Archives de la Loire-Inférieure*, v° Martigné.
2. *Archives d'Ille-et-Vilaine*, C. 1818.
3. *Archives de la Loire-Inférieure*, v° Martigné.

gné un marché tous les vendredis et cinq foires par an, les vendredis suivant les fêtes de la Pentecôte, Saint-Pierre, Saint-Symphorien et Saint-Michel, – droit de faire tous les nouveaux mariés de Martigné courir quintaine s'ils couchent en la paroisse la première nuit de leurs noces, avec devoir pour eux de payer huit boisseaux d'avoine s'ils sont assez maladroits, dans quatre courses, pour ne pas rompre leurs lances contre l'écusson seigneurial, – droit de supériorité et de fondation en l'église paroissiale de Martigné et en l'église priorale de Saint-Symphorien, avec chapelle prohibitive appelée chapelle de Martigné ou de Condé dans la première de ces églises, – droit d'exiger chaque année quatre charretées de paille blanche de la collégiale de la Guerche ; les chanoines de cette église ayant négligé d'acquitter ce devoir furent condamnés en 1574, par le Présidial de Rennes, à conduire cette paille au duc François de Montmorency, « à son manoir de Martigné ».

MEZIÈRES

hâtellenie d'ancienneté, Mezières[1] relevait de toute antiquité de la baronnie de Vitré. Elle avait au XIIe siècle des seigneurs particuliers qui habitaient un château dont on voyait encore en 1656 des vestiges sur la lande de Mezières, entre le bourg de ce nom et la forêt de Haute-Sève. Ces seigneurs, nommés Robert et Jean, chevaliers, eurent une contestation avec le prieur de Gahard, et ce fut le baron de Vitré qui mit les parties d'accord ; il fut convenu, entre autres choses, que les seigneurs de Mezières pourraient mettre à l'abbaye de Marmoutiers – dont dépendait Gahard – un moine de leur maison sans donner autre chose que son équipage et 50 sols pour son habit ; – qu'en certain cas les vassaux de Gahard pourraient recourir à la juridiction de Mezières ; – enfin, qu'en temps de guerre les moines de Gahard et les seigneurs de Mezières se prêteraient mutuellement secours[2].

Cette famille des premiers seigneurs de Mezières n'a pas laissé d'autres traces de son existence ; à sa disparition les barons de Vitré devinrent possesseurs de la châtellenie de Mezières, pour laquelle nous les voyons rendre aveu au roi en même temps que pour leur baronnie.

Le dernier aveu de Mezières, rendu par un sire de Vitré et venu à notre connaissance, est celui de Guy, comte de Laval, du 11 avril 1542. Neuf ans plus tard François de Montbourcher, seigneur du Bordage, acheta, par contrat du 27 juillet 1551, la châtellenie de Mezières, pour laquelle il rendit aveu au baron de Vitré en 1559. Les seigneurs du Bordage conservèrent la châtellenie de Mezières jusqu'à la Révolution, après l'avoir fait unir en 1565 aux seigneuries du Bordage et de Chasné pour

1. Commune du canton de Saint-Aubin-du-Cormier, arrondissement de Fougères.
2. Maupillé, *Notices ms. sur le canton de Saint-Aubin-du-Cormier*.

former leur marquisat du Bordage, érigé seulement en 1656. La châtellenie de Mezières ne semble avoir eu dans les derniers siècles au moins comme domaine proche que la lande renfermant les derniers débris de l'ancien château seigneurial et à côté un étang et un moulin sur le Couasnon.

La juridiction était une haute justice s'étendant sur deux bailliages : le Grand Fief de Mezières et le fief de la Châtellenie, l'un et l'autre en Mezières. De la seigneurie de Mezières relevaient les moyennes justices de la Hervoye, de la Giraudaye et de Saint-Étienne ; les manoirs de la Scardaye, de la Retaye et de la Ville-Olivier, et partie des seigneuries de Saint-Jean-sur-Couasnon et d'Orenges.

Tous les chasseurs prenant « bestes sauvages, rousses et noires », sur le territoire de la châtellenie de Mezières devaient offrir au seigneur « sçavoir de chacun cerf le cuir et les perches, de la biche le cuir, et de chacune beste noire la hure et les quatre trottins ».

Devaient courir quintaine « chacun nouveau marié de bas estat qui couche en la paroisse de Mezières ô sa femme la première nuit de ses nopces ». Pour faire cette course, le mardi de la Pentecôte, le seigneur de Saint-Étienne devait fournir « l'escu de bois et le rocquet » ; mais en revanche il pouvait « mettre deux hommes à aller quant et celuy qui va courir ladite quintaine, dempuis qu'il est monté à cheval, et chacune fois qu'ils peuvent le prendre le pied hors de l'estrier, appartient audit seigneur de Saint-Étienne deux deniers ». Quant aux coureurs, chacun d'eux devait, outre la course, un boisseau d'avoine grosse, mesure de Saint-Aubin-du-Cormier, et ceux qui étaient trop maladroits ou qui négligeaient de se présenter étaient tenus à payer une amende[1].

Au seigneur de Mezières appartenait sans conteste la supériorité de l'église de la paroisse ; il prétendait aussi au droit de fondation, mais le seigneur de la Hervoye le lui disputait ; enfin il avait au chanceau son banc à queue du côté de l'évangile et ses armoiries « ès lieux éminents ». Des rentes par deniers et certaines redevances de coutumes complétaient, avec un droit de guet et un droit de menée à la cour de Vitré, l'ensemble des droits et des revenus de la châtellenie de Mezières.

LA MONTAGNE

ous avons parlé précédemment des sires de Champagné en Gévezé : une branche cadette de cette famille s'établit de bonne heure au manoir de la Montagne en Visseiche[2] et y demeura plusieurs siècles.

Gohier Ier de Champagné, seigneur de la Montagne en 1246, vendit dix ans plus tard certaine terre à sa parente Perronnelle de Champagné, et

---

1. *Archives du château de la Magnane.*
2. Visseiche, commune du canton de la Guerche, arrondissement de Vitré.

fit en 1257 un accord avec Hugues de Pouancé ; il fut en 1262 l'un des exécuteurs testamentaires de Geoffroy, baron de Châteaubriant[1].

Gohier II de Champagné en 1291 et Pierre Ier de Champagné en 1350 furent ensuite seigneurs de la Montagne. Le fils de ce dernier, Gohier III de Champagné, épousa Seraine de Saint-Didier et jura l'association de la noblesse bretonne en 1379. Son fils Pierre II de Champagné s'unit d'abord à Jamette de Saint-M'Hervé, puis à Isabeau de Beloczac, et prit part en 1371 au siège de Bécherel ; en 1384, il choisit sa sépulture en l'église de Visseiche, près du tombeau de sa première femme, mais il vivait encore en 1389[2].

Pierre III de Champagné épousa Marie du Gué et mourut le 20 juillet 1409 ; l'année suivante, sa veuve bailla au duc, au nom de leur fils Jean, le minu de certaines rentes féodales.

Ce Jean Ier de Champagné, seigneur de la Montagne, épousa Jeanne de Grazay, dame de Louvigné au Maine, et fut chambellan du duc Pierre III ; lui et sa femme moururent en 1466 et furent l'un et l'autre inhumés à Louvigné. Ils eurent douze enfants, parmi lesquels Jean II et François ; ce dernier, cordelier au couvent de Laval, revint mourir à la Montagne et fut inhumé en l'église de Visseiche.

Jean II de Champagné, seigneur de la Montagne et chambellan du duc en 1451, s'unit à Jeanne du Pontrouault, fille du seigneur du Pontrouault, vécut soixante-dix-neuf ans et mourut en 1504. Son fils Jean III de Champagné, seigneur de la Montagne, fut chambellan du duc François II et l'un des cent gentilshommes de la reine Anne de Bretagne en 1491. Il épousa 1° en 1500, Barbe Busson, fille du seigneur de Gazon ; 2° en 1524, Antoinette Papin, fille du seigneur de la Tévinière. Gohier IV de Champagné, sorti de ce premier mariage, seigneur de la Montagne, se maria en 1521 à Catherine de la Marzelière, et rendit aveu pour sa terre de la Montagne en 1533 ; il était connétable de Rennes en 1541 et il mourut le 4 décembre 1549.

Jacques et Jean IV de Champagné, fils du précédent, furent ensuite l'un après l'autre seigneurs de la Montagne ; le premier épousa Jeanne d'Ust, dame du Molant, mais décéda sans postérité ; le second s'unit d'abord en 1550 à Perronnelle de la Villarmois, puis en 1574 à Catherine Le Porc. Du premier lit naquit en 1567 Françoise de Champagné, qui épousa en 1583 Paul Hay, seigneur des Nétumières, et lui apporta la terre seigneuriale de la Montagne.

De cette dernière union sortit Jean Hay, seigneur des Nétumières et de la Montagne, qui épousa : 1° en 1615, Mathurine Bouan, dame de Tizé, dont il eut Paul Hay, baron des Nétumières ; 2° Françoise Pinczon, qui lui donna un second fils Jean Hay, seigneur de la Montagne.

Ce Jean Hay épousa en 1656 Christophlette du Hallay, dame de Bon-

---

1. *Archives du château de la Magnane.*
2. Du Paz, *Histoire généalogique des principales maisons de Bretagne*, 802.

teville en Montours. Il en eut Paul Hay, seigneur de la Montagne et de Bonteville, qui s'unit à Anne-Françoise Huart, fille du seigneur du Boschet, et mourut à la Montagne le 1er mars 1708 ; sa veuve le rejoignit dans la tombe en 1740 et fut inhumée en l'église de Visseiche, proche l'autel de Notre-Dame.

Leur fils Joachim-Daniel Hay, qualifié comte de Bonteville et baron de la Montagne, reçu en 1723 conseiller au parlement de Bretagne, épousa Marguerite de Boiséon et décéda le 10 mai 1765 au manoir de Montbouan en Moulins ; son corps fut apporté dans son enfeu de l'église de Visseiche. Il avait perdu en 1754 sa femme, inhumée le 16 décembre à Saint-Étienne de Rennes.

Hercule-François Hay, fils des précédents, comte de Bonteville et baron de la Montagne, épousa en 1758 Olympe de Rosnyvinen, fille du marquis de Piré ; il rendit aveu en 1765 pour sa seigneurie de la Montagne et mourut à Erquy le 28 octobre 1783. L'année suivante, ses filles et héritières, Émilie et Olympe Hay de Bonteville, rendirent elles-mêmes aveu pour la seigneurie de la Montagne, qui demeura définitivement à la première, mariée en 1779 à Paul Hay, marquis des Nétumières. Celui-ci fut donc le dernier seigneur de la Montagne, et n'ayant point émigré il ne vit point vendre ses biens pendant la Révolution ; aussi la terre de la Montagne appartient-elle encore à la famille Hay des Nétumières.

Qualifiée de châtellenie et même de baronnie aux siècles derniers, la seigneurie de la Montagne avait acquis, en effet, une assez grande importance.

En 1784 les seigneuries de l'Onglée en Visseiche, de Changé et de la Pilate en Chancé, étaient unies à celle de la Montagne ; le seigneur de la Montagne possédait, en outre, depuis 1714, la belle terre seigneuriale de Montbouan[1] en Moulins, paroisse voisine de celle de Visseiche ; il y faisait même sa demeure depuis la ruine du château de la Montagne. Son domaine proche se composait donc alors de ce qui suit :

Le château de la Montagne encore debout quoiqu'abandonné, sa chapelle fondée de messes, son colombier ruiné, ses jeu de paume, mail, bois, jardins et retenue, le tout affermé 450 livres ; – les métairies de la Porte, du Héaulme, de la Noë, de la Galissonnière et les deux métairies de la Motte de Visseiche ; cette dernière terre mérite d'être signalée en 1550, on l'appelait « la maison de Vissaiche, jardin et herbregement avec la motte dudit lieu de Vissaiche ». Ce devait être l'ancienne demeure des seigneurs de Visseiche, alors que ce bourg avait des seigneurs particuliers portant son nom ; – les moulins à eau de Visseiche, sur la rivière de Seiche, et le moulin à vent de la Montagne. Avec les rentes des fiefs de la

---

1. La seigneurie de Montbouan – dont le château est encore possédé et habité par la famille Hay des Nétumières – appartint durant le xve siècle aux Le Vayer, puis passa par mariage en 1515 aux Langan du Boisfévrier, et par acquêt en 1714 aux Hay des Nétumières.

seigneurie, la seule terre de la Montagne était alors estimée valoir 3,000 livres de rente[1].

Le manoir de l'Onglée en Visseiche, avec ses métairies des Haute et Basse-Onglée et du Mellay en Marcillé.

Le manoir de Changé, avec ses métairies de Changé et de la Pilate en Chancé, et ses moulins et étang de Changé.

Tel était en 1784 le domaine proche de la Montagne, sans parler du domaine de Montbouan en Moulins, qui était aussi considérable et consistait en un château, plusieurs métairies, des moulins à vent et à eau, des bois, étangs, etc.

La seigneurie de la Montagne avait une haute justice dont le gibet à quatre piliers s'élevait dans la châtaigneraie du Fourterré ; ses ceps et collier de fer étaient attachés à un poteau aux armes du seigneur dans le bourg de Visseiche et au coin du cimetière.

Ses principaux fiefs étaient le grand fief de la Montagne en Visseiche et Marcillé-Robert, dont certaines rentes se payaient chaque année « sous l'épine plantée à vis la porte du château de la Montagne ». Certains vassaux de ce fief devaient deux paires de gants, et quiconque y possédait un cheval devait une fois l'an le fournir au seigneur pour aller chercher jusqu'à la rivière de Loire le vin nécessaire à la provision de son château. – Au fief des Neuf-Journaux était également due une paire de gants le jour de la mi-Août, « sous l'épine de la Montagne ». – Des fiefs du Beziel en Domalain et Bais relevaient les seigneuries de Pouez et de Princé. – D'autres fiefs de la Montagne s'étendaient en Arbrissel et Nouvoitou. – Enfin, les fiefs du Désert en Visseiche et Marcillé-Robert avaient été vendus en 1624 par le duc de la Tremoille, baron de Vitré, à Paul Hay, seigneur de la Montagne. Or, la seigneurie de la Montagne, aussi bien que le bourg de Visseiche, relevaient de la châtellenie du Désert, alors entre les mains du baron de Vitré ; cette acquisition était donc très importante pour le possesseur de la Montagne, qui se trouva par suite seigneur de Visseiche, tout en demeurant sous la mouvance de la grande châtellenie du Désert unie à Vitré.

Plusieurs droits féodaux – outre ceux ordinaires de bouteillage, coutumes, étalonage, etc. – appartenaient au seigneur de la Montagne.

Le jour de Pâques, à l'issue des vêpres, chaque habitant du bourg de Visseiche devait « un pot de terre neuf qu'il doit délivrer en espèce après la grande messe et présenter en l'auditoire au seigneur ou à son receveur, à peine de 3 livres d'amende contre chaque défaillant[2] ».

Le propriétaire de certaine maison du même bourg était tenu chaque année de fournir au seigneur de la Montagne « une sonnette de cuivre, une demi-aulne de liseret en soie verte, quatre ballottes de laine fine et un battoir à longue paulme ».

---

1. *Archives d'Ille-et-Vilaine*, fonds de Vitré.
2. *Aveux de 1550 et 1765.*

C'était le lundi de la Pentecôte que les nouveaux mariés devaient à Visseiche courir la quintaine ; tous ceux du tiers-état de la paroisse de Visseiche, sauf les vassaux du grand fief de la Montagne, « couchant dans ladite paroisse la première nuit après avoir épousé, doivent au seigneur un truau d'avoine, mesure du Dezert, et sont tenus de se rendre en l'auditoire au bourg de Visseiche, garnis chacun d'un bois bouclé pour frapper la quintaine contre l'escu armoyé des armes du seigneur eslevé dans le bourg pour cet effet près le cep ; et ceux qui rompent le bois dans les trois premiers coups ne doivent que ledit truau d'avoine ; mais ceux qui ne comparoissent point ou sont en defaut de rompre le bois doivent une mine d'avoine ; et en oultre lesdits mariés doivent un pot de vin et un sol de pain à celui qui rend le rocquet d'un chacun d'eux aux mains du seigneur ou de son procureur[1] ».

Le seigneur de la Montagne devait présenter un maître d'école pour la paroisse de Visseiche et l'envoyer au chefcier de la collégiale de la Guerche, qui l'examinait afin de savoir s'il était capable d'instruire la jeunesse.

Ce seigneur nommait également le sacristain de l'église de Visseiche et un sergent pour le grand fief de la Montagne ; mais sacristain et sergent étaient tenus chaque année de sauter, certain jour de fête, dans la rivière de Seiche pour l'amusement du peuple[2].

Au seigneur de la Montagne appartenait le droit de fondation de l'église de Visseiche, dont le baron de Vitré demeurait toutefois seigneur supérieur ; le seigneur de la Montagne avait en cette église un banc à queue et un enfeu avec ses armoiries devant l'autel de la Sainte-Vierge.

Les seigneuries de l'Onglée et de Changé étaient également dotées chacune d'une haute justice. Les fourches patibulaires de l'Onglée, « à deux pots » seulement, se dressaient sur la lande de Truelle en Retiers, et leurs ceps et collier étaient attachés proche la maison de la Basse-Onglée. – Le gibet de Changé, également à deux poteaux, s'élevait « en la champagne de Prévillé » en Chancé, et ses ceps et collier se trouvaient au coin de la maison de l'École au bourg de Chancé. Enfin la seigneurie de la Pilate jouissait aussi d'une haute juridiction.

Le seigneur de la Montagne était fondateur et seul prééminencier de l'église de Chancé ; il avait dans ce bourg des droits de « levage et bouteillage » aux jours de Saint-Marc et de Saint-Étienne. De plus, « toute nouvelle mariée épousant en ladite église de Chancé » devait, « incontinent ses épousailles, dire et chanter une chanson proche la principale passée du cimetière, à peine de 60 sols d'amende[3] ».

La seigneurie de Montbouan, haute justice relevant de la baronnie de Vitré, jouissait aussi d'un droit féodal analogue aux précédents, mais ap-

1. *Aveux de 1765 et 1784.*
2. *Aveu de 1550.*
3. *Aveux de 1765 et 1784.*

pelé « Treiche ». « Les nouveaux mariés et mariées ayant épousé en l'église de Moulins et couché en cette paroisse la première nuit de leurs noces », étaient tenus de « se présenter le jour de la Pentecoste, à l'issue des vêpres, au bourg de Moulins », et là devait « chacun marié frapper d'un baston ou quillard, par trois fois, trois ballottes » qui lui étaient « jetées consécutivement par le seigneur de Montbouan ou ses officiers ». Quant aux nouvelles mariées, « après avoir été présentées par leurs maris », elles devaient « chacune dire une chanson et danser en danse ronde ». Faute de rendre ces devoirs à leur seigneur, mariés et mariées étaient « tenus lui payer chacun deux pots-de-vin blanc et une amende de soixante sols[1] ».

Terminons en disant que le vieux manoir de la Montagne, abandonné au dernier siècle par ses possesseurs, qui lui préférèrent Montbouan, vient d'être remplacé de nos jours par un joli château moderne ; c'est l'œuvre des propriétaires actuels, le comte et la comtesse Élie Hay des Nétumières.

Montbourcher

n croit que la maison de Montbourcher, l'une des plus anciennes de Haute-Bretagne, eut pour auteur un fils cadet de Tristan, baron de Vitré de 1030 à 1045 environ, et d'Inoguen de Fougères, sa femme. Ce premier seigneur de Montbourcher eut deux fils, Simon Ier, qui lui succéda en sa seigneurie de Montbourcher en Vignoc[2], et Guillaume, qui en 1096 suivit à la croisade le duc de Bretagne Alain Fergent. Simon II, sire de Montbourcher, fils de Simon Ier, fut en 1166 témoin d'une donation faite par le duc Conan. Guillaume Ier de Montbourcher, son fils et successeur, fut chargé en 1233 par Pierre Mauclerc de venger ce prince contre un de ses ennemis ; il épousa Julienne l'Espine, qui était veuve de lui en 1259 et fit alors une donation à l'abbaye de la Vieuville. Geffroy Ier, leur fils, sire de Montbourcher, partit pour la croisade en 1271 avec le duc Jean le Roux ; il s'unit à Tiphaine de Tinténiac[3].

Guillaume II de Montbourcher, seigneur dudit lieu et fils des précédents, épousa vers 1310 Anceline du Pinel, dame de cette terre. Son fils et successeur Geffroy II de Montbourcher s'unit à Seraine de Coësmes et mourut en 1330 ; sa veuve ne lui survécut qu'un an. Jean, sire de Montbourcher, leur fils, fut capitaine de Nantes et gouverneur du Limousin ; il se distingua en 1352 à la bataille de Mauron. Vint ensuite Guillaume III, sire de Montbourcher, qui eut de son union avec Marie Couppu Bertrand Ier, seigneur de Montbourcher après lui, marié en 1384 à Roberde de Courceriers, grand-écuyer de Bretagne et chambellan du duc Jean V. Ces

---

1. *Aveux de 1470 et 1751.*
2. Vignoc, commune du canton de Hédé, arrondissement de Rennes.
3. *Ms. de la réform. de la noblesse de Bretagne.*

derniers eurent deux fils, Guillaume et Bertrand ; mais Guillaume mourut sans enfants de sa femme N... de la Cigogne ; Bertrand II, sire de Montbourcher, épousa Jeanne d'Orenges et vivait en 1444. De cette union naquirent également deux garçons :

René, mari d'Olive de Parthenay, dont il n'eut pas de postérité, et Guillaume IV, sire de Montbourcher, qui épousa Françoise Thierry, fille du seigneur du Boisorcant.

Bertrand III, fils des précédents, possédait en 1513 Montbourcher et rendit aveu au roi pour cette seigneurie en 1540. Il s'unit en 1518 à Claudine du Bois, dame de Chambellé en Anjou. René, sire de Montbourcher, leur fils, rendit à son tour aveu au roi pour sa seigneurie en 1555[1] et obtint en 1570 son érection en châtellenie ; il épousa en 1556 Renée de Monteclerc et ne laissa qu'une fille, nommée Françoise.

Françoise de Montbourcher s'unit en 1574 à son parent René de Montbourcher, seigneur du Bordage, et lui apporta la seigneurie de Montbourcher. À partir de cette époque et jusqu'à la Révolution, Montbourcher demeura entre les mains des seigneurs du Bordage que nous retrouverons ailleurs. Montbourcher, comme le Bordage, fut en 1793 confisqué et mis en vente par la Nation.

La seigneurie de Montbourcher fut érigée en châtellenie par lettres patentes de Charles IX, datées de janvier 1570, et données en faveur de René de Montbourcher. Le roi constate dans ces lettres que la nouvelle châtellenie s'étendait déjà alors en quatre paroisses, Vignoc, la Mézière, Gévezé et Montreuil[2].

En 1656 de nouvelles lettres patentes de Louis XIV unirent la châtellenie de Montbourcher à d'autres seigneuries pour former en faveur de René de Montbourcher, seigneur du Bordage, le marquisat de ce nom.

Le domaine proche de Montbourcher était ainsi composé le manoir de Montbourcher, consistant en 1610 en deux corps de logis dans la même cour, l'un appelé la Salle, l'autre les Écuries, – la Vigne de Montbourcher, contenant trois journaux de terre, – la forêt de Montbourcher, renfermant cent journaux, – et la métairie de Montbourcher. Le tout relevait directement du comté de Rennes.

La juridiction de Montbourcher était une haute justice s'exerçant en l'auditoire seigneurial au bourg de Vignoc ; là aussi se trouvaient les halles où le seigneur de Montbourcher faisait tenir un marché le vendredi de chaque semaine et une foire le premier jour du mois d'août ; là enfin étaient fixés les ceps et collier pour punir les malfaiteurs et blasphémateurs. Quant aux fourches patibulaires, elles s'élevaient « à quatre posts » sur le pâtis du Baschamp, au bord de la grande route de Hédé à Rennes.

Le seigneur de Montbourcher avait dans ses fiefs les droits ordinaires de « bouteillage, levage, coustumes, etc. », et de plus un droit dit « d'ad-

---

1. *Archives de la Loire-Inférieure*, v° Vignoc.
2. *Archives du parlement de Bretagne*.

venage » qui consistait en ce que « chaque estager faisant feu et fumée et ayant un journal de terre en entier » devait « six boisseaux d'avoine grosse, mesure de Rennes, une poule et une corvée ». Au même seigneur appartenait le droit de faire tous les nouveaux mariés de la paroisse de Vignoc courir et frapper la quintaine une fois l'an.

Un certain nombre de terres nobles relevaient de Montbourcher, telles que les Roncerais, la Rochette et le Fail en Vignoc, la Châtaigneraye, l'Hostellerie et la Bussonnaye en la Mézière. Le seigneur des Roncerais devait à celui de Montbourcher « une paire d'éperons dorés à chaque mutation de seigneur », et celui de la Bussonnaye « une paire de gants blancs amendables[1] ».

Enfin le sire de Montbourcher était seigneur supérieur, fondateur et prééminencier de l'église de Vignoc. En 1788 on y voyait dans le chanceau et du côté de l'évangile son banc à queue orné de ses armoiries : *d'or à trois channes de gueules*, qui est de Montbourcher ; à côté était l'enfeu seigneurial. Le même blason apparaissait tant sur les pierres tombales que sur la litre extérieure entourant le temple ; enfin on le retrouvait dans la maîtresse-vitre, sur les vêtements d'un chevalier agenouillé devant Dieu et accompagné de son saint patron.

Cette pieuse et noble effigie du seigneur de Montbourcher n'existe plus aujourd'hui dans l'église de Vignoc. L'ancien manoir de Montbourcher, abandonné depuis bien longtemps, est devenu une maison de ferme, mais il appartient encore aux enfants de Mme Hay des Nétumières, née Isidore-Marie de Montbourcher, dernière représentante de la noble famille des sires de Montbourcher. À côté de l'ancienne maison seigneuriale est toujours le bois de Montbourcher ; on y retrouve sous ses grands chênes une motte féodale appelée vulgairement « la Motte-à-Madame » ; c'est le dernier vestige de l'antique châtellenie.

Monthorin

 a terre seigneuriale de Monthorin en Louvigné-du-Désert[2] fut achetée au XVe siècle par Guillaume Brillet, évêque de Rennes en 1427, et donnée à son neveu Geffroy Brillet, seigneur de Laubinière au Maine, qui en rendit aveu à la baronnie de Fougères en 1437 et 1473[3].

Geffroy Brillet mourut en 1486, après avoir épousé : 1° Blanche de Champagné, 2° Guillemette de Montbourcher, qui lui survécut. Guillaume Brillet, issu du premier lit, devint seigneur de Monthorin à la mort de son père ; il est probable que ce fut la fille de ce seigneur, Françoise Brillet, qui épousa Guillaume de Porcon, seigneur de la Regnarsière, et lui appor-

1. *Aveux de 1540, 1610 et 1617.*
2. Louvigné-du-Désert, chef-lieu de canton, arrondissement de Fougères.
3. *Généalogie de la maison de Cornulier*, 1847, suppl. 62.

ta la seigneurie de Monthorin.

En 1513 le manoir de Monthorin, en effet, appartenait à Gilles de Porcon, qui en rendit aveu en 1540 en qualité de fils et héritier de feus Guillaume de Porcon et Françoise Brillet, seigneur et dame de Monthorin. L'année suivante (1541), Gilles de Porcon se présenta à la montre « monté et armé en estat d'archer, avec un aultre homme bien monté et armé aussy en estat d'archer », et déclara avoir 461 livres de revenu noble à Monthorin et environs[1]. Gilles de Porcon épousa Jeanne de Romilley, fille du seigneur d'Ardennes ; celle-ci, devenue veuve, se remaria en 1544 à Julien du Bouays, seigneur de Mesneuf.

Monthorin passa alors aux mains de Bertranne de Porcon, fille ou sœur du précédent seigneur. Cette dame épousa en premières noces François de Chasné, seigneur du Sollier, qui rendit aveu pour la seigneurie de Monthorin en 1544 et 1549 ; en secondes noces, elle s'unit à N… Paisnel, dont elle eut Esther Paisnel, femme d'Antoine de Vassé, seigneur de Foulletorte ; cette dernière rendit aveu pour Monthorin[2].

Annibal de Vassé, seigneur de Monthorin, succéda à sa mère et rendit aveu pour sa seigneurie en 1586 ; il épousa Anne de Troys. Toutefois, comme ses parents, il habita le manoir de Foulletorte en Saint-Georges, dans le Maine. C'est probablement son fils Christophe de Vassé qui fit hommage au roi, le 3 juin 1602, pour la seigneurie de Monthorin.

Mais en 1607 Gilles Ruellan, seigneur du Tiercent, était devenu, par acquêt, propriétaire de Monthorin ; il épousa Jacquette Miolays, dont il eut plusieurs enfants. À sa mort, Monthorin passa à sa seconde fille, Jeanne Ruellan, femme de Thomas du Guémadeuc, gouverneur de Fougères, décapité en 1617.

Leur fille Marie du Guémadeuc porta la seigneurie de Monthorin, d'abord à François de Vignerot, marquis de Pontcourlay, qu'elle épousa en 1626, puis à son second mari Charles de Grivel, marquis d'Ourouer[3]. À la mort de celui-ci, elle vendit Monthorin en 1657, moyennant 100,000 livres, à Gilles de Bellouan, sénéchal de Rennes, qui en rendit aveu en 1661.

Gilles de Bellouan avait épousé Geneviève Le Gouz ; après la mort de ce seigneur, la terre de Monthorin, saisie par ses créanciers, fut vendue en 1676 et achetée par le comte de Poilley ; mais à défaut de paiement de la part de celui-ci, elle fut remise judiciellement en vente et adjugée, le 26 mars 1677, à Jacques des Vaulx, comte de Lévaré, et Marguerite de Poix, sa femme, qui possédaient déjà la seigneurie du Bois-Garnier en Louvigné.

Jacques des Vaulx fit hommage au roi pour Monthorin en 1678 et mourut sans postérité en 1703. Monthorin demeura à sa veuve comme as-

---

1. *Ms. de Missirien* (Bibliothèque de Rennes).
2. *Archives de la Loire-Inférieure*, v° Louvigné-du-Désert.
3. Maupillé, *Notices historiques sur le canton de Louvigné-du-Désert*, 73.

siette de ses deniers dotaux, et passa après la mort de celle-ci à ses nièces, Marguerite de Poix, veuve de René Visdelou, seigneur de Bienassis, et Marie de Lys, femme de François Durand, marquis de Villegaignon. Ce furent ces dames qui, le 23 novembre 1719, vendirent la seigneurie de Monthorin à Jean-Baptiste de Monthulé, conseiller au parlement de Paris, qui en rendit aveu et fit hommage en 1730 au roi.

Ce seigneur mourut en 1750 et eut pour successeur son fils aîné Jean-François de Monthulé, également conseiller au parlement de Paris, qui fournit l'aveu de Monthorin en 1751. Ce dernier était mort lui-même en 1775, lorsque son héritier Isaac-Jean de Monthulé, conseiller d'État, fit hommage au roi pour la seigneurie de Monthorin. Le 15 novembre 1781, ce seigneur vendit à son tour Monthorin à Georges, comte de Cheverue, qui en fit hommage le 14 décembre suivant. Mais par retrait lignager, Charles, marquis du Chilleau, parent du vendeur, fit annuler cette vente et devint lui-même propriétaire de Monthorin[1].

Le marquis du Chilleau fit en 1786 hommage au roi pour sa seigneurie de Monthorin, qu'il posséda jusqu'à la Révolution, demeurant encore en ce manoir en 1793.

Au commencement de ce siècle, le général Baston de la Riboisière devint possesseur de Monthorin, qui se trouve actuellement entre les mains de son petit-fils.

Monthorin n'était à l'origine qu'une petite seigneurie ; celle-ci prit de l'importance par l'adjonction qu'on y fit de bonne heure de la seigneurie du Plessix-Chasné en la Bazouge-du-Désert et du fief de la Trinité de Fougères en Louvigné. Plus tard le seigneur de Monthorin, ayant acquis les seigneuries de Villavran et du Bois-Garnier, se trouva en possession d'une très belle terre seigneuriale qualifiée de châtellenie au xviie siècle, quoiqu'elle ne semble pas avoir jamais été érigée régulièrement en dignité.

Les aveux des xve et xvie siècles prouvent que le manoir primitif de Monthorin se trouvait en la Bazouge-du-Désert ; c'était ce qu'on appela plus tard le Petit-Monthorin. Le manoir actuel, construction assez grandiose des siècles derniers, remplaça l'ancienne maison du Plessix-Monthorin ou de la Salle.

Le domaine proche de Monthorin comprenait le manoir de ce nom, ayant en 1559 « une haulte tour sur l'huisserie, une vis pour servir les chambres et une fuie à pigeon sur ladite tour…, une motte et de vieilles douves à l'entour », et plus tard une chapelle et un colombier ; – la métairie noble du Plessix-Monthorin, sise en 1712 dans la basse-cour du manoir, – la métairie noble de la Rouillaye, ayant en 1540 « une vieille salle, deux mottes à conils, un estang et un colombier, les métairies nobles du Petit-Monthorin, de la Béraye, des Haut et Bas-Plessix-Chasné et de la Bourdière-Chasné, – l'étang et les deux moulins de Monthorin.

1. *Archives de la Loire-Inférieure*, B, 1064.

Ce qui prouve l'importance de la terre de Monthorin, c'est qu'elle fut achetée avec Villavran et le Bois-Garnier 300,000 livres par M. de Monthulé, et que le tout était affermé en 1730 plus de 5,000 livres[1].

Cependant, au point de vue féodal, Monthorin, relevant de la baronnie de Fougères, n'avait à l'origine qu'une moyenne justice ; mais le fief du prieuré de la Trinité qui lui fut uni en 1523 jouissait d'une haute juridiction et donna au seigneur de Monthorin les droits de fondation et prééminence dans l'église de Louvigné, avec banc à queue, enfeu, lisière et armoiries ; plus le droit d'avoir au bourg de Louvigné un marché tous les mardis et deux foires par an, aux fêtes de Saint-Michel Mont-Gargan et de Saint-Jean-Baptiste, avec trépas et coutumes. Le même seigneur avait aussi quelques prééminences dans l'église de la Bazouge, à cause du Plessix-Chasné.

Les fiefs de Monthorin étaient au nombre d'une trentaine, s'étendant surtout en Louvigné et en la Bazouge, mais nous n'y avons point trouvé de droits féodaux méritant d'être signalés.

Actuellement, Monthorin est une fort belle propriété habitée par M. le comte Baston de la Riboisière ; son château occupe le centre d'un vaste et joli parc, et on y accède par une large avenue bordée d'étangs, de pelouses et de bois.

La Motte de Gennes

'après certains généalogistes, la famille de Gennes sortit de la paroisse de ce nom[2], et en 1226 Étienne de Gennes, chevalier, seigneur de la Motte de Gennes, épousa Marie de Saint-Gilles et fut ambassadeur du roi saint Louis.

Au siècle suivant, Claude de Gennes et Perrine Geffrard, mariés en 1372, laissèrent une fille, Marie de Gennes, qui épousa Guy de Couaisnon[3] et lui apporta la seigneurie de la Motte de Gennes ; mais, selon M. de Courcy, cette branche de Couaisnon se fondit dans la famille de Denée.

En avril 1402, Jean de Denée, seigneur de la Motte de Gennes, rendit aveu, en effet, de cette seigneurie ; il mourut le 10 novembre 1423. Son fils aîné, Guillaume de Denée, rendit aveu à son tour pour la Motte de Gennes en 1424, mais il était mort en septembre 1431, laissant trois enfants, Guillaume, Georges et Isabeau, qui avaient alors pour tuteur leur oncle Jean de Denée. Ce fut ce Guillaume qui succéda à son père ; il fournit en 1460 l'aveu de sa seigneurie de la Motte de Gennes[4] ; il épousa Jeanne de Brie, dont il eut Jean de Denée, seigneur de la Motte de Gennes

---

1. *Archives d'Ille-et-Vilaine*, C, 2157.
2. Gennes, commune du canton d'Argentré, arrondissement de Vitré.
3. *Généalogie de la maison de Cornulier*, 1860, p. 253.
4. *Archives de la Loire-Inférieure*, v° Gennes.

après lui ; celui-ci s'unit à Olive d'Erbrée, qui fit par testament plusieurs fondations en l'église de Gennes.

En 1513 la Motte de Gennes appartenait à Jean de Denée, mari de Jeanne d'Argentré ; leur fils, François de Denée, rendit aveu en 1541 pour sa seigneurie de la Motte de Gennes ; il contracta alliance d'abord avec Marguerite Bruslon, puis avec Catherine de Saint-Gilles, et mourut avant le 29 mars 1554.

Nicolas de Denée, fils du précédent et de sa seconde femme, devenu seigneur de la Motte de Gennes, épousa en 1557 Louise de Malestroit, mais décéda sans postérité à la Saint-Jean 1560.

La succession de ce seigneur fut recueillie par des parents éloignés, qui vendirent, par contrat du 13 juin 1562, la terre seigneuriale de la Motte de Gennes à Mathurin du Gué, seigneur dudit lieu.

La Motte de Gennes subit alors le même sort que le Gué de Servon et appartint successivement après la mort de Mathurin du Gué à sa fille unique Marie du Gué, femme de Regnault, sire de la Marzelière, puis à leurs fils, autre Regnault et François de la Marzelière, qui rendirent aveu pour la Motte de Gennes, l'un en 1608, l'autre en 1618.

En 1635, la Motte de Gennes appartenait à Charlotte de la Marzelière, alors veuve d'Henry de Volvire, seigneur de la Chattière ; mais cette dame mourut en 1659, et sa succession fut recueillie par Françoise de la Marzelière, femme de Malo marquis de Coëtquen.

Par contrat du 23 juin 1676, Mme de Coëtquen vendit la Motte de Gennes à César d'Aiguillon, seigneur de la Juliennaye, qui en rendit aveu en 1679. Mais le 30 octobre de la même année, cette seigneurie, remise en vente par César d'Aiguillon, fut achetée par François Morel et Marguerite de Farcy, seigneur et dame de la Barre ; ceux-ci ne la payèrent que 56,500 livres et en firent hommage au roi le 12 mars 1681.

François Morel mourut le 3 février 1692 et sa veuve en 1718. Charles-Gabriel Morel, leur fils, seigneur de la Motte de Gennes, rendit aveu en 1694, mais décéda lui-même en septembre 1710. Il laissait de son union avec Henriette de Caderan cinq enfants mineurs. L'aîné de ceux-ci, Charles-François Morel, seigneur de la Motte de Gennes, épousa à Saint-Étienne de Rennes, le 17 mai 1734, Anne-Esther Martin, fille du seigneur de la Balluère. Cette dame mourut à Rennes le 20 juin 1775 et fut inhumée à Saint-Étienne, âgée de soixante-quinze ans. Son mari lui survécut jusqu'en 1789 et décéda à la Motte de Gennes, le 20 juillet, à quatre-vingt-cinq ans ; son corps fut inhumé en l'église de Gennes.

Son fils ainé, Charles-Jean Morel, qualifié marquis de la Motte de Gennes, conseiller au parlement de Bretagne, avait épousé, le 4 juin 1776, Marie-Émilie de Cornulier, fille du marquis de Châteaufromont. Leur arrière-petite-fille, Marie de Caradeuc, s'unit au comte de Falloux, qui vendit de nos jours la Motte de Gennes à M. de Montcuit, propriétaire actuel.

La seigneurie de la Motte de Gennes relevait en grande partie de la châtellenie du Désert, mais une portion du manoir et de ses dépendances étaient tenus directement du roi. En 1573 Mathurin du Gué en avait obtenu l'érection en châtellenie du roi Charles IX, après avoir fait unir par Sa Majesté les fiefs de la seigneurie du Châtelet en Brielles, qu'il possédait, à ceux de la Motte de Gennes ; mais le baron de Vitré, châtelain du Désert, mit une telle opposition à cette érection que les lettres royales ne furent point enregistrées ; néanmoins la Motte de Gennes garda depuis lors le titre que lui disputait son suzerain.

Comme domaine proche, la Motte de Gennes comprenait : « le chasteau et manoir de la Motte, cours, colombier, douves, etc. », abandonné au XVIe siècle mais restauré à la fin du XVIIe par la famille Morel, – la métairie de la Motte, – l'étang et les moulins de la Motte avec la vigne dudit lieu, – les moulins à eau de Gonniers et à vent de la Massayère, – les métairies de Ville-Tesson, Bourlière, l'Étang, le Gravier, la Rousselière, les Grands-Mottais, les Noës et la Julianière.

Quant au domaine du Châtelet en Brielles, uni par le roi à la Motte de Gennes, il se composait de l'ancien manoir du Châtelet de Brielles, – des métairies du Châtelet et de la Rabatière, – des étangs et des moulins de Raye et de la Planche.

La seigneurie de la Motte de Gennes avait deux hautes justices, celle de la Motte et celle du Châtelet, mais elles s'exerçaient ensemble au bourg de Gennes. Leur juridiction s'étendait dans les paroisses de Gennes, Brielles, Availles, Moutiers, Saint-Germain-du-Pinel et le Pertre. Les fourches patibulaires à quatre piliers s'élevaient pour la Motte sur la lande de la Mottaye, tandis que le gibet du Châtelet était dressé près du Haut-Charil.

Le roi avait accordé en 1565 au seigneur de la Motte de Gennes le droit de tenir à Gennes un marché tous les jeudis et deux foires par an, aux fêtes de Saint-Sulpice en janvier et en août. Le même seigneur de la Motte avait, en outre, le droit d'avoir une foire au Pertre, proche la chapelle Saint-Léonard, à l'une des féries de la Pentecôte, et encore deux autres foires avec droit de bouteillage, l'une au bourg de Brielles à la fête de la Trinité, l'autre le jour Saint-Laurent près la chapelle de Goulias en Gennes.

Parmi les mouvances nobles de la châtellenie de la Motte de Gennes, on remarquait surtout la Roberie, la Haye d'Erbrée, les prieurés de Goulias et de Brielles, et les presbytères de Brielles et de Gennes.

Enfin, le seigneur de la Motte de Gennes était fondateur des églises de Gennes, de Brielles et de Saint-Germain-du-Pinel ; il prétendait au même honneur dans la chapelle priorale de Saint-Laurent de Goulias, et dans toutes ces églises avait en conséquence les prééminences ordinaires.

PARIGNÉ

« Tout porte à croire, dit M. Maupillé, que les seigneurs de Parigné[1] que nous trouvons en Normandie dès le XIIe siècle n'étaient autres que les premiers seigneurs de Parigné en Bretagne ; ils accompagnèrent Guillaume le Conquérant dans son expédition en Angleterre, et, pour prix des services qu'ils lui avaient rendus, reçurent de lui, dans le diocèse d'Avranches, une terre à laquelle ils donnèrent le nom de celle qui avait été leur berceau[2] ».

Mais le premier seigneur de Parigné incontestablement reconnu est Jean de la Motte, vivant en 1340. Il eut pour fils Guillaume Ier, qui prit d'une terre en Villamée le nom de la Bouexière et fut père de Guillaume II de la Bouexière, seigneur de Parigné. Celui-ci servit avec distinction sous les ordres de du Guesclin et devint capitaine de cent hommes d'armes et gouverneur de Châtillon en 1377. Guillaume III de la Bouexière, seigneur de Parigné après lui, épousa en 1410 Nicole de Saint-Remy, dont il eut Perrine de la Bouexière, dame de Parigné. Cette dame s'unit à Michel de Parthenay, seigneur dudit lieu, chambellan du duc de Bretagne et capitaine de Fougères, et lui apporta avec la terre de Parigné celle de Saint-Étienne-en-Coglais, qu'elle possédait également ; elle mourut le 29 mai 1461 et fut inhumée en la cathédrale de Rennes. Elle laissait un fils, Jean de Parthenay, qui épousa d'abord Perrine Le Bouteiller, puis Marie Guibé ; celui-ci fut tué en 1488, à la bataille de Saint-Aubin-du-Cormier, et sa veuve eut en douaire la terre de Parigné. Marie Guibé se remaria avec Briant de Châteaubriant, seigneur d'Orenges, et vint avec lui habiter le château des Acres, chef-lieu de la seigneurie de Parigné ; elle voulut à sa mort être inhumée dans le chanceau de l'église de Parigné. Quant à Michel de Parthenay, il survécut à son fils et ne mourut qu'en 1494.

De son premier mariage Jean de Parthenay avait eu une fille nommée Françoise de Parthenay, dame de Parigné et de Saint-Étienne, qui épousa Jean sire de Lorgeril. Ces derniers moururent de contagion, le même mois, en 1483, laissant une fille unique, Guyonne de Lorgeril, qui s'unit à Jean de Rohan, seigneur de Landal, mais décéda à la fleur de l'âge dès 1502[3].

Hélène de Rohan, fille des précédents et dame de Parigné en 1513, épousa cette même année François, sire de Maure, et lui apporta de nombreuses et importantes seigneuries que possédèrent leurs descendants, Claude † 1564 et Charles † 1575, l'un après l'autre comtes de Maure.

La fille de ce dernier seigneur, l'une des plus riches héritières de Bretagne, Louise comtesse de Maure, épousa d'abord en 1587 Odet de Mati-

---

1. Parigné, commune du canton Nord de Fougères.
2. *Notices historiques sur les cantons de Fougères*, 134.
3. Du Paz, *Histoire généalogique de plusieurs maisons de Bretagne*, 472.

gnon, comte de Thorigny, dont elle n'eut pas d'enfants, puis Gaspard de Rochechouart, marquis de Mortemart ; mais elle conserva elle-même l'administration de sa grande fortune, augmenta encore l'importance des terres de Parigné et de Saint-Étienne en y joignant par acquêt la seigneurie du Sollier en Parigné et mourut vers 1644.

Un fils de cette dame, Louis de Rochechouart, comte de Maure, hérita des terres seigneuriales de Parigné ; le 4 septembre 1653 il vendit Parigné, les Acres et le Sollier à Jean Guérin et Henriette de Volvire, seigneur et dame de la Grasserie ; il vendit aussi Saint-Étienne à Anne de Volvire, marquis de Saint-Brice, beau-père de M. de la Grasserie.

Jean Guérin devint du chef de sa femme marquis de Saint-Brice ; seigneur de Parigné, le Sollier, Saint-Étienne, etc., il laissa toutes ces terres à ses descendants, qui les conservèrent jusqu'à la Révolution. Anne Guérin, son fils, marquis de Saint-Brice et seigneur de Parigné, mourut en 1684, et Parigné passa à sa fille Gillette Guérin ; cette dame vint habiter les Acres et mourut en 1741. Son neveu Anne-Gilles Guérin, marquis de Saint-Brice, hérita d'elle et rendit aveu au roi pour la seigneurie de Parigné en 1742. Ce seigneur n'eut qu'une fille, Thérèse-Félicité Guérin, mariée en 1775 à Louis Le Loup, comte de Chasseloir. Cette marquise de Saint-Brice fut la dernière dame de Parigné, et tous ses biens furent vendus à Parigné par la Nation.

Qualifiée de châtellenie au XVIIe siècle, la seigneurie de Parigné avait une réelle importance, surtout depuis que ses possesseurs y eurent uni les seigneuries de Saint-Étienne et du Sollier le tout était affermé 3,000 livres en 1613.

Le domaine proche de Parigné se composait du château des Acres, chef-lieu de la seigneurie, – du premier manoir de Parigné, devenu la métairie du Haut-Bourg, – des métairies de Pont-Lestard et de la Chesnaye, – des moulins de Mezerettes et de Hérisson.

Le manoir et la métairie de la Cour de Saint-Étienne et les moulins de Saint-Étienne composaient le domaine de Saint-Étienne-en-Coglais.

Le domaine du Sollier comprenait le manoir de ce nom, – les métairies du Sollier, de la Courbe et de l'Abbaye, et le moulin d'Avrillon.

La châtellenie de Parigné jouissait d'une haute justice exercée en ce bourg. Le duc Pierre II avait, en effet, donné, le 22 octobre 1455, à Michel de Parthenay, le droit d'avoir une justice patibulaire à trois pots dans ses terres de Parigné et de Saint-Étienne.

Nous ignorons où s'élevait le gibet de Parigné, mais celui de Saint-Étienne se dressait sur la lande de Saint-Eustache. Dans les deux bourgs de Parigné et de Saint-Étienne étaient fixés les ceps et colliers de la seigneurie.

Par d'autres lettres datées du 11 juin 1451, le même duc Pierre II avait concédé au seigneur de Parigné un droit d'usage dans la forêt de Fougères, tant pour son chauffage que pour rebâtir ou réparer ses châteaux, métairies et moulins ; il l'avait même autorisé à faire paître en cette forêt vingt-deux mères-vaches avec leur suite et trente porcs[1]. Ces droits furent fixés et réduits par l'arrêt de la réformation de 1664 à trente charretées de bois par an.

Les mêmes anciens droits et trente autres charretées de bois appartenaient encore au seigneur de Parigné dans la même forêt de Fougères, à cause de sa terre du Sollier.

Les fiefs de la seigneurie de Parigné s'étendaient en une demi-douzaine de paroisses : Parigné, Montault, Villamée, Lecousse, Louvigné et Mellé ; – ceux de Saint-Étienne en huit paroisses : Saint-Étienne-en-Coglais, Saint-Brice-en-Coglais, Saint-Germain-en-Coglais, Montours, Saint-Mard-sur-Couasnon, Cogles, Baillé et Saint-Sauveur-des-Landes ; – ceux du Sollier en Parigné, Landéan et Saint-Germain-en-Coglais.

À cause de son grand fief de Parigné, le sire de Parigné était seigneur de tout le bourg de ce nom et patron fondateur de l'église paroissiale, du cimetière et du presbytère. Il avait en cette église une chapelle prohibitive du côté de l'Évangile, proche le chanceau, et une lisière armoriée de la *croix pattée de sable sur champ d'argent*, qui est Parigné ; il jouissait encore d'un enfeu et d'un banc avec ses armoiries dans le chanceau même, et d'un autre banc également armorié dans la nef. On conserve à Parigné de nos jours des écussons sculptés en pierre provenant de l'ancienne église et présentant la croix pattée des seigneurs du lieu.

Terminons par quelques mots sur le château des Acres, qui n'a été démoli qu'en 1854.

Construits ou plutôt grandement restaurés en 1560 par Claude, comte de Maure, les Acres se trouvaient « à environ un trait d'arc seulement de l'église parrochiale de Parigné ». Ce château formait un rectangle à deux étages flanqué de quatre tourelles à toits coniques et aigus. Une des tourelles, au nord-est, reposait immédiatement sur le sol et contenait l'escalier ; les trois autres tourelles étaient posées en encorbellement. Une grande arcade voûtée et à cintre surbaissé traversait le corps de logis et servait d'entrée à une vaste cour entièrement close de murs, où se trouvaient la chapelle et un autre logis, avec tourelle octogonale, qui subsiste encore. Des mâchicoulis apparaissaient au-dessus de cette arcade, formant portail, que protégeait aussi une herse de fer. C'était, en somme, un curieux spécimen des manoirs fortifiés du XVIe siècle, et sa disparition est vraiment regrettable.

---

1. *Archives d'Ille-et-Vilaine*, E, 375.

LE PERTRE

ous n'avons qu'un mot à dire de la châtellenie du Pertre. À l'origine, la forêt du Pertre, plus étendue qu'aujourd'hui, couvrait en partie le territoire des paroisses actuelles du Pertre[1], de Bréal, d'Argentré et de Mondevert. « Du xie au xiiie siècle, dit M. de la Borderie[2], elle semble avoir formé entre la Bretagne et le Maine une sorte de terre-frontière et de marche commune, possédée en indivis par les sires de Laval et de Vitré ». Le vieil historien Le Baud raconte même dans ses *Chroniques de Vitré* qu'un baron de Vitré ayant été fait prisonnier par le comte de Laval, avait dû, pour recouvrer sa liberté, céder à son puissant voisin la moitié du territoire du Pertre.

Mais il est certain que plus tard le Pertre se trouva entièrement entre les mains du sire de Vitré ; il forma dès lors une châtellenie faisant non seulement partie de la baronnie, mais de plus unie à la châtellenie même de Vitré.

Cette châtellenie du Pertre comprenait les paroisses du Pertre et de Bréal-sous-Vitré et la trève de Mondevert. Trois hautes justices relevaient de sa propre juridiction : la seigneurie de la Marche au Pertre et les prieurés du Pertre et de Bréal[3].

Le domaine proche de la châtellenie du Pertre se composait de la forêt de ce nom, ayant en 1681 « de fonds et étendue environ trois lieues ». Il est à remarquer que dans la partie de cette forêt, sise en la paroisse du Pertre, est une grosse motte de terre entourée de douves et appelée la motte des Châtelliers.

PIRÉ

a paroisse de Piré[4] renfermait une châtellenie appelée Châteaubriant-à-Piré, dépendant de la baronnie de Châteaubriant et remontant à l'origine même de cette baronnie au xie siècle ; on croit que ce fut un don du duc Conan II au premier sire de Châteaubriant. De cette châtellenie relevaient la plupart des manoirs seigneuriaux situés en Piré, et en particulier celui du Plessix-Guerriff ; c'est ce dernier qu'on nomme aujourd'hui le château de Piré. Nous allons voir comment son fief absorba la châtellenie de Châteaubriant-à-Piré et devint en grandissant la châtellenie de Piré.

Le nom de Plessix-Guerriff que portait le manoir du Plessix de Piré tire son nom d'un Guerriff, fils d'un Bonenfant : « *in feodo Guerriff filii Boni Infantis* », dit un acte de 1205. Au xive siècle il se trouvait entre les

---

1. Le Pertre, commune du canton d'Argentré, arrondissement de Vitré.
2. *Revue de Bretagne et de Vendée*, XXIX, 189.
3. Abbé Paris-Jallobert, *Journal de Vitré*, 204 et 370.
4. Commune du canton de Janzé, arrondissement de Rennes.

mains de Robin Bonenfant, dont les descendants le conservèrent longtemps. Ce Robin Bonenfant fut mis en 1317 par le baron de Châteaubriant en possession des moulins à vent et à eau de Piré, ce qui fut confirmé l'an 1362 en faveur de son fils Jamet Bonenfant, l'une des deux cents lances d'Olivier de Clisson en 1377.

Georges Bonenfant, seigneur du Plessix-Guerriff, épousa Jeanne Le Bart et fut capitaine de Sablé ; par son testament, en date de 1413, il choisit sa sépulture au chanceau de l'église de Piré et fut tué en 1422, dans une rencontre avec les Anglais. Jacques Bonenfant, son fils, seigneur du Plessix-Guerriff et capitaine de cent hommes d'armes, fut aussi chambellan du duc Jean V. En 1432, pendant le siège de Pouancé, auquel prit part Jacques Bonenfant combattant pour Jean V, son manoir du Plessix-Guerriff fut attaqué par les ennemis du duc ; son frère Georget Bonenfant y fut tué et ses serviteurs faits prisonniers. Le manoir fut pillé, puis brûlé, ainsi que trois métairies en dépendant. Jacques Bonenfant épousa d'abord Tiphaine Raguenel, puis Gervaise Bourgneuf, dame de la Groumillaye. Il mourut en 1434, après avoir ordonné qu'on célébrât pour le repos de son âme, en l'église de Piré, six trentièmes et deux mille messes, qu'on donnât cinq deniers à chaque pauvre assistant à son enterrement, et qu'on envoyât des pèlerins prier pour lui à Notre-Dame de Rocamadour, au Mont Saint-Michel, à Saint-Pierre de Rennes, aux Trois-Maries, à Saint-Armel et à Notre-Dame de Janzé[1].

Robert Bonenfant, fils et successeur du précédent seigneur du Plessix-Guerriff, issu de son premier mariage, s'unit à Isabeau de Beaumanoir, fille du seigneur du Bois de la Motte, et mourut en 1474. René Bonenfant, son fils, lui succéda et épousa Jeanne Rabaud, fille du seigneur de la Rabaudière. Ce seigneur ne laissa que des filles, dont l'aînée, Hélène Bonenfant, se trouva dame du Plessix-Guerriff en Piré, du Plessix-Bonenfant en Saulnières et de la Groumillaye en Québriac[2].

Hélène Bonenfant contracta trois alliances ; elle épousa 1° le 23 janvier 1471, Guillaume de Rosnyvinen, premier échanson du roi, veuf de Perrine de Meulant et décédé lui-même en 1494 ; 2° en mars 1495, Jacques de Mathefelon, seigneur de la Lande ; 3° en mai 1505, Guy de Coëtlogon, seigneur de Méjusseaume. Elle n'eut d'enfants que de son premier mariage et mourut en 1516.

François Ier de Rosnyvinen, fils des précédents, mourut à trente-cinq ans, dès 1513, trois ans avant sa mère ; il avait épousé en 1509 Madeleine Paynel, fille du seigneur du Vaufleury, et laissait un fils, François II de Rosnyvinen, qui devint à la mort de sa grand'mère seigneur du Plessix-Guerriff. Ce François II épousa en 1530 Renée du Gué, fille du seigneur du Gué de Servon ; en 1541 il se présenta à la montre d'armes « bien monté et armé en estat d'homme d'armes, accompagné d'un coustilleux

---

1. *Archives d'Ille-et-Vilaine*, fonds de Piré.
2. *Généalogie ms. de la maison Bonenfant.*

bien armé et d'un page ; il remonstre qu'il souloit soy présenter à la monstre accompagné luy cinquiesme de chevaulx... mais requiert estre déchargé et avoir rabeix à cause de grand nombre de depenses de guerre qu'il avoit cy-devant faictes » ; il déclara avoir de quatorze à quinze cents livres de revenu noble[1]. Le 6 novembre 1543 il acheta d'avec Charles de Bourbon, prince de la Roche-sur-Yon, et Philippe de Montespedon, sa femme, la châtellenie de Châteaubriant-à-Piré, dont cette dame avait hérité à la mort de son parent Jean de Laval, baron de Châteaubriant ; mais Louise de Scepeaux, également parente du défunt et femme de René Anger, seigneur de Crapado, fit casser cette vente et se fit adjuger par retrait lignager la châtellenie. François II de Rosnyvinen mourut au Plessix-Guerrif vers 1558.

Guy de Rosnyvinen, son fils aîné, seigneur du Plessix-Guerriff, épousa 1° Claude de Camarec, 2° Perronnelle de la Villarmois ; il décéda dès 1565, laissant un fils unique de sa première union. Ce fils fut Claude de Rosnyvinen, seigneur du Plessix-Guerriff, qui épousa, étant encore mineur, en 1576, Claude d'Argentré, fille du sénéchal de Rennes, puis en 1585 Suzanne Le Bouteiller, veuve du seigneur de la Roche-Colombière ; mais Claude de Rosnyvinen mourut quelques jours après cette seconde union, à l'âge de vingt-six ans, assassiné comme ligueur par deux de ses vassaux royalistes du bourg de Piré.

Il eut pour successeur son fils aîné Bertrand de Rosnyvinen, né en 1580 ; celui-ci se maria dès 1597 avec Louise du Chastellier, fille aînée de Pierre, sire du Chastellier, et de Nicole Anger, petite-fille et héritière des seigneur et dame de Crapado ; aussi apporta-t-elle à son mari cette châtellenie de Châteaubriant-à-Piré, qu'enviaient les seigneurs du Plessix-Guerriff. Bertrand de Rosnyvinen perdit sa femme le 22 juillet 1622 et l'inhuma au chanceau de l'église de Piré. Puis il se remaria d'abord en 1624 à Gillette de la Belinaye, puis en 1632 à Suzanne du Bot, et enfin, en quatrièmes noces et en 1657, à Bertranne Gibon du Pargo. Reçu conseiller au parlement de Bretagne en 1615, ce seigneur du Plessix-Guerriff mourut à Rennes et y fut inhumé dans la cathédrale le 4 février 1660.

Jean de Rosnyvinen, fils aîné de Bertrand et de Louise du Châtellier, succéda à ses père et mère et prit de la châtellenie qu'avait apportée sa mère le titre de seigneur de Piré, que conservèrent ses descendants ; reçu en 1640 conseiller au parlement, il épousa en 1643 Michelle d'Espinoze, fille du seigneur des Renaudières, et mourut à Rennes le 24 janvier 1662 ; son corps fut inhumé devant le maître-autel de l'église de Piré. Sa veuve se remaria à Jean de Boisgeslin, seigneur de Mayneuf, et ne mourut qu'en 1706.

Christophe de Rosnyvinen, seigneur de Piré et fils des précédents, épousa le 1er septembre 1676 Louise Descartes. Il acheta en 1680 les fiefs

---

1. *Ms. de Missirien* (Bibliothèque de Rennes).

de la châtellenie de Sauldecourt à Piré et ceux de la Cour de Chaumeré d'avec Charles, duc de la Trémoille, puis en 1682 la seigneurie du Hautbois en Moulins d'avec François du Chastellier, seigneur de la Haultaye. Christophe de Rosnyvinen décéda le 24 février 1732 et sa veuve le suivit dans la tombe le 16 mars 1740.

Ils laissaient leur seigneurie de Piré à leur petit-fils Guillaume de Rosnyvinen, qualifié marquis de Piré, fils de Jean-Baptiste de Rosnyvinen, reçu conseiller au parlement de Bretagne en 1707 et décédé dès 1719, et de Judith Picquet, qui ne mourut qu'en 1778 et marié depuis 1732 à Louise de Visdelou, fille du seigneur de Bienassis. Guillaume de Rosnyvinen présida la noblesse aux États de Bretagne et se trouva impliqué dans l'affaire de La Chalotais, ce qui le fit exiler pendant quelques années ; il mourut à Rennes, âgé de quatre-vingt-quatre ans, le 16 mars 1796 ; son fils Pierre de Rosnyvinen, marié en 1773 avec Hélène Éon du Vieuxchâtel, continua la filiation des marquis de Piré, dont le dernier est mort de nos jours.

Ce fut au commencement du XVIIe siècle que fut formée la châtellenie de Piré, par l'union des seigneuries de Châteaubriant-à-Piré et du Plessix-Guerriff, « union ou consolidation naturelle du fief servant (le Plessix) au fief dominant » (Châteaubriant), de sorte que la seigneurie du Plessix-Guerriff, qui relevait de Châteaubriant, se trouva dès lors, comme celle-ci, tenue directement du roi.

Par lettres patentes de septembre 1627, Louis XIII accorda à la nouvelle châtellenie de Piré le droit de tenir au bourg de Piré deux foires, le vendredi après les Rois et le vendredi après la mi-août, plus un marché tous les vendredis ; Sa Majesté permit en conséquence à Bertrand de Rosnyvinen de construire des halles au bourg de Piré.

Par d'autres lettres patentes datées du 21 juillet 1683, Louis XIV unit à la châtellenie de Piré – qualifiée par lui de châtellenie d'ancienneté à cause de Châteaubriant-à-Piré – les seigneuries de Sauldecourt en Piré, de Chaumeré et du Hautbois, qu'avait achetées Christophe de Rosnyvinen ; ces lettres royales furent enregistrées au parlement de Bretagne le 14 juillet 1684[1].

Le domaine proche de la châtellenie de Piré se composa dès lors de ce qui suit :

Le manoir du Plessix-Guerriff, avec les métairies de la Closerie, Baudour, Quétay, la Mandaye et la Grée, plus la maison du Plessix au bourg de Piré, et les moulins à eau d'Atillé sur la Seiche et de la Faucheraye et la Vallée sur la Bérue, le tout en Piré, – la maison noble de la Cour de Chaumeré en Chaumeré, – le manoir du Hautbois, les métairies du Tertre et de la Motte avec le moulin à vent du Hautbois et le moulin à eau des Glanettes, le tout en la paroisse de Moulins, plus encore la maison noble de Connay en Piré. – Il n'y avait plus de domaine proche en Château-

---

1. *Archives du parlement de Bretagne.*

briant-à-Piré depuis que les moulins de la Seiche avaient été cédés au seigneur du Plessix-Guerrif par le baron de Châteaubriant en 1317.

Mais au point de vue féodal la vieille châtellenie de Châteaubriant-à-Piré avait de l'importance. Elle se composait de deux grands fiefs : la Grande-Verge et les Bordages, s'étendant en Piré, Saint-Aubin-du-Pavail, le Boistrudan et Châteaugiron ; ces fiefs comprenaient la paroisse de Piré presqu'entière et la plupart des manoirs qu'elle renfermait relevaient de Châteaubriant. Parmi les droits attachés à ces fiefs, notons les suivants : la supériorité et le patronage des églises de Piré et du Boistrudan, l'obligation pour certains vassaux de contribuer « au peschage en la Seiche » et d'entretenir un messager entre Piré et la ville de Châteaubriant, une paire d'éperons dorés offerts par le propriétaire de la maison de la Barre au seigneur, en l'église du Boistrudan, sur l'autel de Notre-Dame et à l'issue de la grand-messe de la fête de la Pentecôte, une rente de cent boisseaux d'avoine due par le prieur de Béré sur ses fiefs en Piré, etc.

La seigneurie du Plessix-Guerriff se composait de six fiefs en Piré et d'un bailliage en Châteaubourg. La seigneurie de Sauldecourt, démembrement de la châtellenie de ce nom, ne comprenait qu'un fief assez important en Piré, avec une haute justice.

La seigneurie de Chaumeré se composait de trois petits fiefs en Piré et Chancé et d'un autre bailliage comprenant toute la paroisse de Chaumeré. Le seigneur de Chaumeré avait un droit de bouteillage le jour Saint-Laurent au bourg de Chaumeré, et le même jour « tout nouveau marié qui couche la première nuit de ses noces esdits fiefs de Chaumeré est tenu de frapper la quintaine, rompre le bois et donner huit ou quatre boisseaux d'avoine », suivant sa maladresse ou sa réussite audit jeu de quintaine. Enfin la seigneurie du Hautbois se composait d'une dizaine de fiefs en Moulins, Bais et Piré, avec haute justice, prééminences, banc et enfeu dans l'église de Moulins, bouteillage, foires et marchés au bourg de Moulins, etc.

Au siècle dernier l'intendant de Bretagne estimait 7,000 livres le revenu de la châtellenie entière de Piré[1].

La haute justice de Piré s'exerçait au bourg ; nous connaissons des sentences de mort portées par ses juges en 1598 et 1643 ; voici la dernière, atteignant Pierre Le Bauldrier et Jean son fils, convaincus d'avoir volé la nuit dans un champ un bœuf et une vache engraissés ; ils seront « conduits teste et pieds nuds, la corde au col, au pastis de Piré et à la justice patibulaire y estant eslevée pour y estre pendus et estranglés jusqu'à extermination de la vie, et leurs corps y demeurer jusques à consommation, et au préalable seront exposés à la torture des escarpins pour révélation de leurs complices[2] ».

De tout temps le seigneur du Plessix-Guerriff avait prétendu avoir le

---

1. *Archives d'Ille-et-Vilaine*, C, 2157.
2. *Ibidem*, E, 144.

droit de fondation de l'église de Piré, et le roi François Ier le confirma en 1533 dans la possession de ses prééminences. Il y avait en effet, dans le chanceau, son enfeu, son banc à queue et ses armoiries. Devenu possesseur de la châtellenie de Châteaubriant-à-Piré, il se trouva le premier prééminencier de cette église ; aussi y retrouvait-on partout les écussons des Bonenfant : *d'argent à la croix pallée de sable*, et des sires de Rosnyvinen : *d'or à la hure de sanglier de sable, arrachée de gueules et défendue d'argent*.

Un mot en finissant sur le château de Piré.

L'ancien manoir du Plessix-Guerriff était fortifié en 1432, puisque le duc de Bretagne y mit alors garnison ; après qu'il eut été brûlé par l'ennemi, les Bonenfant le reconstruisirent avec « quelques tours et fortifications à la mode du temps et fossez à l'entour[1] ». Mais en 1722 Christophe de Rosnyvinen fit raser toutes ces fortifications et combler les fossés pour construire le manoir actuel, qui prit le nom de château de Piré ; il conserva néanmoins une aile de l'ancienne demeure qui subsiste encore. Ce fut lui qui fit aussi reconstruire la chapelle de son château et la fonda de messes ; enfin il planta autour de la maison toutes les belles avenues et promenades qui faisaient au siècle dernier du château de Piré une des plus remarquables habitations du pays de Rennes. Actuellement encore, le château de Piré, possédé et bien entretenu par M. Carron, continue d'être, avec son parc superbe, une demeure des plus agréables.

PLÉLAN

lélan devait à l'origine faire partie du domaine royal de Bretagne, puisqu'au IXe siècle le roi Salomon y possédait des châteaux où il faisait sa résidence ; l'une de ces maisons fut donnée par lui à saint Convoyon, qui, chassé de Redon par les Normands, vint s'y réfugier et fonda par suite en ce lieu le monastère de Maxent ; l'autre demeure royale se trouvait au Gué de Plélan et resta le chef-lieu de la seigneurie de Plélan.

Après la dévastation du Poutrecoët par les invasions normandes, le territoire de Plélan fit partie de la baronnie de Lohéac, dont nous retrouverons ailleurs les seigneurs.

À la mort de Péan, sire de Lohéac, tué en 1347 au combat de la Roche-Derrien, les seigneuries de Lohéac et de Plélan passèrent à son fils Éon de Lohéac, tué lui-même en 1364 à la bataille d'Auray. Celui-ci ne laissait de son union avec Béatrice de Craon que des filles, dont l'aînée, Isabeau de Lohéac, épousa Raoul VIII, sire de Montfort, et lui apporta les terres de Lohéac et de Plélan. Le petit-fils de cette dame, Jean de Montfort, s'unit en 1406 à Anne, dame de Laval, et devint par suite de ce mariage Guy XIII, comte de Laval.

---

1. *Ibidem*, fonds de Piré.

De cette union sortirent plusieurs enfants, entre autres Guy XIV, comte de Laval et sire de Montfort, André, seigneur de Lohéac, et Jeanne, dame de Plélan. Celle-ci épousa en 1424 Louis de Bourbon, comte de Vendôme, et lui apporta en dot la seigneurie de Plélan, détachée pour cela de la baronnie de Lohéac.

À la mort de Jeanne de Laval, arrivée le 18 décembre 1468, son fils Jean de Bourbon, comte de Vendôme, hérita de Plélan et en rendit l'année suivante aveu au duc de Bretagne ; il épousa Élisabeth de Beauveau et mourut en 1477, laissant Plélan à son propre fils François de Bourbon, comte de Vendôme, qui en paya le rachat au duc en 1479[1].

Il est probable que ce dernier seigneur vendit la seigneurie de Plélan à l'un de ses grands-oncles André et Louis de Laval, successivement seigneurs de Lohéac. Il est du moins certain que ce dernier posséda Plélan, car après sa mort Guy XV, comte de Laval, fournit en 1494 au roi le minu de cette terre seigneuriale, qui lui était échue par le décès de son oncle, Louis de Laval, sire de Lohéac, mort le 18 août 1489[2].

Plélan demeura pendant un certain temps dans les mains des comtes de Laval ; Guy XVI en 1506, Guy XVII en 1541 en rendirent aveu au roi. En 1562, leurs successeurs y annexèrent le fief de Maxent, qu'aliéna l'abbé de Redon ; pendant les guerres de la Ligue, Anne d'Alègre, comtesse de Laval, fit transporter à son château de Comper tous les papiers importants de la seigneurie de Plélan, preuve que celle-ci lui appartenait. Ce fut probablement Henri, duc de la Trémoille, devenu comte de Laval en 1605, qui vendit vers 1630 Plélan à Louise de Maure, dame de Lohéac, femme de Gaspard de Rochechouart, marquis de Mortemart. Les descendants de cette dame conservèrent Plélan, que Louis de Rochechouart, duc de Mortemart, donna en 1689 à sa femme Marie-Anne Colbert, comme portion de l'assiette de ses deniers dotaux.

La duchesse de Mortemart fit hommage au roi en 1690 pour sa terre de Plélan, puis lui en rendit aveu en 1695. Mais, par contrat du 28 mai 1701, elle vendit cette châtellenie à Jean Picquet, seigneur de la Motte, qui la revendit presqu'aussitôt après à Françoise de Quelen, veuve de François de Montigny, président au parlement de Bretagne. Cette dame laissa Plélan à son fils Yves-Joseph de Montigny, baron de Gaël, qui en rendit aveu en 1748. Celui-ci eut de sa seconde femme, Anne-Marie de Langle, deux fils, Yves-Claude et Louis-François, qui furent l'un après l'autre barons de Gaël et seigneurs de Plélan ; ce Louis-François de Montigny fit en 1784 hommage au roi pour sa terre de Plélan, dont il fut le dernier seigneur.

Châtellenie d'ancienneté, la seigneurie de Plélan relevait du duc de Bretagne, puis du roi, sous le domaine de Rennes. Au siècle dernier elle s'étendait en Plélan, Maxent, Treffendel et environs, et se composait de

---

1. Du Paz, *Histoire généalogique des principales maisons de Bretagne*, 173.
2. *Archives de la Loire-Inférieure*, v° Plélan.

trois éléments : la seigneurie de Plélan proprement dite, la seigneurie de la Chèze-d'Erbrée en Plélan et une partie de la seigneurie des Brieux.

Voici quel était le domaine proche de la châtellenie :

L'emplacement de l'ancien château du Gué de Plélan, ainsi décrit en 1494 : « La motte ancienne en laquelle y avoit aultrefois chasteau et forteresse, sise entre le bourg de Plélan et le gué dudit lieu de Plélan, comme elle se poursuilt ô les douves et fossez, le tout couvert de boays ancien[1]. »
– « Une grande place près ledit emplacement de chasteau, de la consistance de sept à huit journaux » en laquelle se tiennent les foires et marchés de Plélan ; – l'étang de Trécouët et les deux moulins à eau du Bois.

Le manoir de la Chèze-d'Erbrée, ses métairie, étang, moulins et bois.

L'emplacement de l'ancien château des Brieux, le moulin à eau de la Contaye, les bois et landes de Burnohel et la dîme du Fief-Briand.

Féodalement, la seigneurie de Plélan se composait surtout de plusieurs fiefs en cette paroisse, qui relevait tout entière d'elle en arrière-fief. Ces fiefs jouissaient d'une haute justice exercée au Gué de Plélan. Le seigneur de Plélan avait droit de tenir au même lieu un marché tous les samedis et deux foires par an, aux jours des fêtes de saint Yves et de la Commémoration des Morts[2].

Parmi les fiefs de Plélan se trouvait le grand fief du Thélin, dont les habitants ne vivaient point en République, comme on l'a prétendu, mais jouissaient de plusieurs privilèges et se gouvernaient, sous l'autorité du seigneur, d'une manière toute patriarcale.

Tous les manoirs de Plélan relevaient de la châtellenie ; le seigneur de Beaulieu devait chaque année « quatre campanes à faucon et un gant à fauconnier » ; le seigneur de Francmont, « quatre vernelles d'argent et quatre campancs à faucon, à la my-aoust » ; le propriétaire de la tenue Brillo, « une paire de gants blancs, le premier jour de l'an, à l'issue de la messe de matin ». Le recteur de Plélan devait laisser les officiers de la châtellenie tenir leurs plaids généraux « devant le presbytère et mesme en sa galerie ». Enfin les vassaux de la Rivière avaient droit d'usage dans une partie de la forêt de Brécilien, à condition d'y faire la hue pendant les chasses du seigneur et de porter ses lettres de Plélan à Lohéac[3].

Nous avons dit précédemment en quoi consistait la portion de la châtellenie des Brieux unie à celle de Plélan.

Quant à la seigneurie de la Chèze-d'Erbrée, – achetée vers 1700 par la duchesse de Mortemart et revendue presqu'aussitôt après par elle avec la châtellenie de Plélan à laquelle elle l'avait annexée, – c'était une haute justice qui s'étendait sur un certain nombre de fiefs en Plélan ; parmi ces fiefs était celui du Mariage, tenu en juveignerie de la seigneurie de la

1. *Ibidem*, v° Plélan. – En 1695, cette motte du Gué était afféagée à Pierre Guyomart, à devoir chaque année d'un chapon apprécié 10 sols.
2. *Aveu de 1541.*
3. *Aveu de 1695.*

Muce en Baulon ; en ce fief toutes les filles non mariées devaient au seigneur 18 deniers, une demi-buce d'avoine et une poule à la mi-août. Le sieur de la Prévotaye devait de son côté au seigneur de la Chèze-d'Erbrée, chaque année, le premier jour de janvier, « un arc de couldre blanche encordé et douze sagettes (flèches) non ferrées, mais tout impannées et cirées de cire verte ».

Le seigneur de Plélan était naturellement seigneur supérieur et premier prééminencier en l'église paroissiale de Plélan et en l'église tréviale de Treffendel ; mais il n'était reconnu comme fondateur de l'église de Plélan qu'en qualité de seigneur de la Chèze-d'Erbrée, le fief du Bourg ou du Prieuré de Plélan, où se trouvait cette église, ayant été acheté en 1590 par le seigneur de la Chèze. En 1623, on yoyait encore dans les anciennes verrières de l'église de Plélan les armoiries des sires de Lohéac, seigneurs de Plélan, *vairé d'argent et d'azur*.

LA PLESSE

a seigneurie de la Plesse, en la paroisse de Saint-Grégoire[1], appartenait au commencement du XVe siècle à Jean du Breil, mari en 1407 de Guillemette Le Porc, et possesseur en 1427 des terres nobles de la Plesse, Launay, le Chesnay et Haudebert, toutes situées en Saint-Grégoire.

Jean du Breil laissa un fils nommé Jean comme lui, qui épousa Marguerite de Bintin, dont il eut Gilles du Breil, et une fille, Jeanne du Breil, femme d'André Brunel, dont elle eut Guillaume Brunel.

Jean du Breil, seigneur de la Plesse, mourut en mars 1459, après son fils, de sorte que ce fut son petit-fils, Gilles du Breil, qui hérita de la terre de la Plesse, pour laquelle il rendit aveu au duc en 1461[2]. Mais Gilles du Breil mourut lui-même le 21 novembre 1467, et comme il ne laissait pas de postérité, ce fut son cousin Guillaume Brunel, seigneur du Breil en Gévezé, qui hérita de la seigneurie de la Plesse, dont il fournit à Rennes le minu en 1468 ; en considération de ses services, le duc François II fit à cette occasion remise à Guillaume Brunel du rachat qu'il lui devait pour cette terre de la Plesse[3].

L'an 1503, Jean Brunel, seigneur de la Plesse et du Breil, rendit aveu au roi ; il épousa Marie Baud et décéda le 19 mai 1538. Il eut pour successeur son petit-fils Gilles Brunel, fils probablement d'autre Gilles Brunel et de Jeanne du Boschet qui rendit aveu en 1540 ; celui-ci avait épousé Françoise de Breneuc ; il parut à la montre de 1541, « monté et armé en estat d'archer et bien en ordre », et déclara tenir 250 livres de revenu

---

1. Commune du canton Nord-Est de Rennes.
2. *Archives de la Loire-Inférieure*, v° Rennes.
3. *Ibidem*, B, 371.

noble et lui être dû par sa mère environ 100 livres d'autre rente noble[1]. Il mourut encore jeune, en mai 1550, laissant un fils mineur, nommé Gilles, sous la tutelle d'Olivier Brunel, chanoine de Rennes. Mais ce dernier, Gilles Brunel, mourut sans postérité.

Les seigneuries du Breil et de la Plesse passèrent alors à un cousin du défunt, Pierre du Boisbaudry, seigneur de Trans, qui descendait de Christophe du Boisbaudry et d'Olive Brunel.

Pierre du Boisbaudry rendit aveu au roi en 1601 pour la Plesse, qu'il laissa à son fils aîné, Claude du Boisbaudry, seigneur de Trans ; mais ce dernier vendit vers 1609 la seigneurie de la Plesse à Pierre Henry et Jacquette des Hayers, seigneur et dame de la Chesnaye en Saint-Grégoire. Jacquette des Hayers, devenue veuve, fit hommage au roi en 1617, en mentionnant que Claude du Hallay, douairière de la Plesse, veuve de Gilles Brunel, puis remariée à Jean Le Bouteiller, seigneur de Maupertuis, vivait encore[2].

Pierre Henry, seigneur de la Plesse et de la Chesnaye, avocat général au présidial de Rennes, fut anobli par lettres royales du 22 mai 1631[3], et acheta en 1634 les fiefs de la châtellenie du Désert à Saint-Grégoire ; il épousa Gabrielle Cormier, qui fut inhumée le 1er mai 1657 en l'église Saint-Aubin de Rennes, et lui-même dut mourir vers le même temps.

Leur fils, François Henry, avocat du roi au présidial de Rennes, devint alors seigneur de la Plesse et de la Chesnaye et rendit aveu au roi en septembre 1657. Il s'unit à Françoise Le Chevalier, qui lui donna sept garçons, baptisés à Saint-Aubin de Rennes ; mais il mourut en 1667, et en 1672 sa veuve fit hommage au roi comme tutrice de ses enfants. Ce fut aussi cette dame qui obtint du roi l'érection de la Plesse en châtellenie ; mais en 1692 elle se démit de sa fortune en faveur de son fils et mourut deux ans après ; elle fut inhumée le 20 octobre 1694 en l'église Saint-Aubin de Rennes.

Son fils, Toussaint Henry, épousa en juillet 1692 Pélagie de Cornulier, fille du seigneur du Boismaqueau, et fit hommage au roi le 16 septembre suivant pour sa châtellenie de la Plesse[4]. Devenu veuf, il se remaria le 28 janvier 1721 avec Sylvie du Breil, fille du seigneur du Plessix-Chalonge.

De la première union naquit Jean-Baptiste Henry, seigneur de la Plesse, reçu conseiller au parlement de Bretagne en 1718 et marié : 1° à Marie-Madeleine de Chef-du-Bois ; 2° vers 1722 à Bertranne Le Fer, fille du seigneur de la Sauldre.

Ce fut de ce second mariage que sortit une fille unique, Marie-Sainte Henry, qui hérita de la châtellenie de la Plesse à la mort de son père, décédé trois mois après sa naissance, le 5 août 1727, à l'âge de trente-quatre

---

1. *Ms. de Missirien* (Bibliothèque de Rennes).
2. *Archives de la Loire-Inférieure*, v° Saint-Grégoire.
3. *Archives du parlement de Bretagne*, 18e reg., 26.
4. *Archives de la Loire-Inférieure*, B, 1025.

ans ; mais cette enfant mourut dès 1729. Ses héritiers vendirent la Plesse l'année suivante à Renaud-Gabriel du Boisgeslin, marquis de Cucé, et à Jeanne du Roscoat, sa femme.

Le marquis de Cucé décéda en 1774, laissant sa châtellenie de la Plesse à son fils, Jean-de-Dieu-Raymond du Boisgeslin, archevêque d'Aix. Ce prélat, héritant aussi du château et de la seigneurie de la Lande-Coëtlogon en Rennes, vendit par contrat du 21 décembre 1781, pour 228,000 livres, ces deux terres seigneuriales de la Plesse et de la Lande. Les acquéreurs furent Louis Charette, baron de la Colinière, et Louise de Courtoux, sa femme. Président au parlement de Bretagne, Louis Charette vint habiter la Lande-Coëtlogon ; il fut tué à Paris dans les massacres de septembre 1792.

La seigneurie de la Plesse relevait en partie du roi dans son domaine de Rennes et en partie des regaires de l'évêque de Rennes.

Louis XIV, par lettres patentes datées du mois de février 1679, unit en faveur de Françoise Le Chevalier, veuve de François Henry, la seigneurie de la Plesse à celle du Désert à Saint-Grégoire, – démembrement de la châtellenie du Désert, – que Claude Pantin, seigneur de la Hamelinière, avait vendue à Pierre Henry en 1634. Le roi érigea le tout en châtellenie sous le nom de la Plesse ; les lettres royales furent enregistrées au parlement de Bretagne le 20 novembre 1679[1].

Le domaine proche de la châtellenie se composait seulement de ce qui suit : le manoir de la Plesse, situé au bord de la rivière d'Ille, mais abandonné depuis longtemps ; présentement, il n'en reste que l'emplacement, reconnaissable aux douves qui l'entouraient jadis ; cette maison relevait de l'évêque de Rennes « à debvoir d'une rente annuelle de dix quartiers de froment[2] » ; – les métairies du Chesnay et de la Plesse, – le four banal du Désert au bourg de Saint-Grégoire, – les deux moulins à eau de Cherbonnières sur l'Ille, etc.

Sous le rapport des fiefs, la châtellenie de la Plesse se composait d'une douzaine de bailliages s'étendant en six paroisses : Saint-Grégoire, Saint-Martin et Saint-Aubin de Rennes, Melesse, Vezin et la Chapelle-des-Fougeretz.

L'un de ces fiefs, Espinay en Saint-Grégoire, distrait de l'ancienne châtellenie d'Espinay, relevait du vicomte de Rennes[3].

La haute justice de la Plesse s'exerçait en 1767 dans une salle du présidial de Rennes ; mais les ceps et collier pour punir les malfaiteurs étaient au bourg de Saint-Grégoire.

Le seigneur de la Plesse jouissait de deux foires en ce même bourg, aux deux fêtes de saint Grégoire, le 12 mars et le 3 septembre. Ces foires avaient été accordées en mars 1587, par lettres patentes d'Henri III à Jean

---

1. *Archives du parlement de Bretagne*, 24e reg., 118.
2. *Archives d'Ille-et-Vilaine*, 1 G, 1.
3. *Ibidem*, E, fonds de Vitré.

Avril et Jacqueline de la Bouëxière, sa femme, seigneur et dame du Désert à Saint-Grégoire[1].

Au châtelain de la Plesse appartenaient aussi les droits de seigneur supérieur, fondateur et prééminencier de l'église Saint-Grégoire. Il y avait deux enfeus et deux bancs, l'un au chanceau « au-devant du sacraire », l'autre dans la nef « vis-à-vis l'autel de Nostre-Dame ». Un acte de 1503 prétend qu'on voyait alors au-dessus de ce dernier tombeau l'inscription suivante : *Jehan du Breil, sieur de la Plesse, fist bastir ceste église l'an mil quatrecens sept*[2].

Naguères, on retrouvait encore en ce temple quelques écussons des anciens seigneurs, notamment ceux des Brunel : *de gueules au lion parti d'or et d'argent*.

POLIGNÉ

es origines de la seigneurie de Poligné[3] sont fort obscures ; on trouve bien en 1189 un Harculfe de Poligné et vers 1250 un Guillaume de Poligné témoins de pieuses donations[4], mais rien ne prouve qu'ils fussent seigneurs de la paroisse de ce nom. Il faut arriver au commencement du XVe siècle pour voir Valence de Bain, dame de Poligné, apporter cette seigneurie à Patry II, sire de Châteaugiron ; encore ne savons-nous rien des ancêtres de cette dame, qui mourut le 19 septembre 1436.

Toujours est-il que les seigneurs de Châteaugiron conservèrent ensuite Poligné : Geffroy de Malestroit † 1463 et sa femme Valence de Châteaugiron † 1435, puis leur fils Jean de Malestroit, baron de Châteaugiron.

Ce dernier donna en partage à sa sœur Gillette de Malestroit, dite de Châteaugiron, la seigneurie de Poligné, qu'elle apporta à son mari Jean Raguenel, vicomte de la Bellière. Ceux-ci ne laissèrent qu'une fille, Françoise Raguenel, qui épousa Jean, sire de Rieux.

En 1471 mourut Jean Raguenel ; sa fille hérita alors de Poligné et en rendit aveu au duc de Bretagne, de concert avec son mari, le 23 mai 1475 ; mais Françoise Raguenel étant décédée elle-même en 1479, sa fille unique, Françoise de Rieux, hérita d'elle, et son père et tuteur Jean de Rieux rendit de nouveau aveu au duc pour Poligné le 9 janvier 1482[5]. Françoise de Rieux s'unit à François de Laval, baron de Châteaubriant, qui trépassa en 1503 ; elle lui survécut longtemps et ne mourut à Châ-

---

1. *Archives du parlement de Bretagne*, 8e reg., 241.
2. *Archives de la Loire-Inférieure*, v° Saint-Grégoire.
3. Commune du canton de Bain, arrondissement de Redon.
4. Dom Morice, *Preuves de l'Histoire de Bretagne*, I, 714. – Blancs-Manteaux, XXXVI, 208.
5. *Archives de la Loire-Inférieure*, v° Poligné.

teaubriant que le 30 octobre 1532. Leur fils unique Jean de Laval, baron de Châteaubriant, devint alors seigneur de Poligné et décéda sans postérité le 11 février 1543.

L'une des héritières de ce seigneur fut sa cousine Anne de Montejean, veuve de Jean V, sire d'Acigné ; elle rendit aveu en 1544 pour la seigneurie de Poligné qui lui était échue avec la baronnie de Châteaugiron. Cette dame étant morte au mois de mai 1562, son fils Jean VI, sire d'Acigné et baron de Châteaugiron, lui succéda et rendit aveu pour Poligné en 1571[1] ; il mourut deux ans plus tard, ne laissant qu'une fille, Judith d'Acigné, qui épousa Charles de Cossé, comte de Brissac, et décéda elle-même en 1598. Leur fils aîné, François de Cossé, duc de Brissac et baron de Châteaugiron, vendit par contrat du 22 juillet 1636, avec faculté de remérer pendant quatre ans, la seigneurie de Poligné à François, marquis de la Marzelière ; mais peu de temps après il reprit cette terre, qu'il laissa en mourant, en 1651, à son fils Louis de Cossé, duc de Brissac et baron de Châteaugiron, lequel fit au roi la déclaration de Poligné en 1657. Ce seigneur décéda en 1661, laissant sa veuve, Marguerite de Gondy, tutrice de leur fils Henri-Albert de Cossé ; devenu majeur, ce dernier fut duc de Brissac et seigneur de Poligné ; mais poursuivi par ses créanciers, il leur abandonna cette dernière terre, qui fut vendue judiciairement en 1683.

La seigneurie de Poligné fut alors adjugée, au prix de 48,400 livres, à François Denyau, avocat au parlement de Paris et fils du seigneur de Chanteloup ; mais par retrait féodal elle passa, le 19 juin 1684, aux mains de Jean-Baptiste de Coëtquen et de Françoise de Coëtquen, sa sœur, enfants de feu Henri de Coëtquen, marquis de la Marzelière, et sous la tutelle de leur mère Guillemette Belin. Ceux-ci jouirent d'abord en indivis de la seigneurie de Poligné ; toutefois Jean de Coëtquen mourut à la guerre, âgé de dix-sept ans, en 1693, et sa sœur se trouva seule en possession de Poligné[2].

Françoise de Coëtquen épousa Charles, comte de Mornay, et mourut sans enfants le 19 mai 1743. Sa succession à Poligné fut recueillie par Renée-Thérèse de Boiséon, femme de Louis de la Bourdonnaye, seigneur de Montluc. Cette dame mourut à Rennes en 1758 ; son mari décéda à Paris en 1775, et l'aîné de leurs enfants, Charles de la Bourdonnaye, marquis de Montluc, époux de Renée Berthou de Kerversio, fut le dernier seigneur de Poligné[3].

La seigneurie de Poligné, châtellenie d'ancienneté qualifiée parfois de baronnie au siècle dernier, relevait partie du domaine ducal puis royal de Rennes, partie des regaires de l'évêque de Rennes.

Le domaine proche de Poligné relevant du roi comprenait les bois de la Sauldraye, de la Perche, du Buron, du Chalonge et de Pouez, dans les

---

1. *Ibidem.*
2. *Archives d'Ille-et-Vilaine*, fonds de Laillé.
3. *Ibidem.*

paroisses de Poligné, Pancé, Saulnières et Chanteloup, – la motte de Ferchault dans les bois de Pouez (cette motte était différente de la motte de Pouez, sise dans les mêmes bois, mais appartenant au seigneur de Châteloger), – un moulin à vent au Sel, etc.

Le domaine proche relevant de l'évêque de Rennes se composait des moulins de Roudun et de Choaisel, – des étangs de Choaisel, Trésouët et du Boisglaume, – des bois de la Bousselière – et des « landes et perrières » du Tertre-Gris[1].

Il est à remarquer que dans toute cette énumération il n'est point fait mention de château ni de manoir. En revanche, on y trouve signalée la motte de Ferchault, qui pouvait bien être l'assiette d'un vieux château ; de plus, il existe encore aujourd'hui une autre motte fort considérable et entourée de douves dans le bois du Chalonge ; enfin, nous savons qu'en 1539 on voyait à côté de l'étang du Boisglaume 4 journaux de terre en « buissons et aulnayes, buttes et vieilles murailles[2] ».

La haute justice de Poligné s'exerçait au bourg de ce nom. Elle s'étendait sur de nombreux fiefs : les uns, en Poligné et Pancé, relevaient de l'évêque ; les autres, en Saulnières, le Sel, Pléchâtel, Chanteloup, Brie, Cornuz, Tresbœuf, la Couyère et Lalleu, relevaient du roi. Les mouvances nobles de Poligné étaient en grand nombre : c'étaient les seigneuries du Plessix-Bonenfant, de la Marchée, du Chesne-Blanc, de la Filochaye, de la Motte de Saulnières, du Plessix de la Couyère, des Pommerayes, de Caran, etc.

Les vassaux du fief de Poligné devaient à leur seigneur chaque premier dimanche de Carême « une paire de gants et une jonchée de loches[3] moitié mortes, moitié vives ».

Le seigneur de Poligné avait un droit de coutume en trois passages : au Pont-Neuf sur la Vilaine, au pont de Roudun sur le Samnon et au bourg du Sel. Il jouissait du même droit de coutume et du droit de bouteillage à la foire du Petit-Fougeray, le premier mardi après la Saint-Gilles de septembre, et le seigneur de la Marchée en Saulnières était chargé par lui de la police de cette foire et d'y faire le guet. Enfin le sire de Poligné était seigneur supérieur et fondateur des églises paroissiales de Poligné, le Sel, Saulnières et la Couyère, et des chapelles du Petit-Fougeray, la Bosse et Sainte-Marguerite du Sel[4].

---

1. En 1775, « les perrières de tripoli au Tertre-Gris » étaient affermées 120 livres.
2. Aveu rendu au seigneur de Poligné.
3. Petits poissons qu'on pêche en rivière.
4. Déclarations de la seigneurie de Poligné en 1541, 1679 et 1759.

LE PONTAVICE

a seigneurie du Pontavice a donné son nom à une noble famille qui subsiste encore et qui posséda longtemps cette terre en la paroisse de Tremblay[1]. Guillaume du Pontavice, seigneur dudit nom, rendit aveu au baron de Fougères, en 1414, pour sa terre du Pontavice ; il était sous les armes en 1419 comme écuyer de la retenue de Bertrand de Dinan, maréchal de Bretagne. Il vivait encore en 1444, ayant vu mourir, en février 1432, son fils Jean du Pontavice. Ce fut son petit-fils, autre Jean du Pontavice, qui lui succéda et rendit aveu pour le Pontavice en 1454[2]. Ce seigneur épousa Thomine de la Barre, dont il était veuf en 1470. Il vivait encore en 1496 et eut pour successeur François du Pontavice[3].

Rolland du Pontavice, fils de François et seigneur du Pontavice en 1513, fit la déclaration de sa terre au roi en 1540 ; l'année suivante, obligé de se présenter à la montre du Mans, il se fit remplacer à celle de Rennes par Jean Le Chat, qui parut « monté et armé en estat d'archer » et jura que le revenu noble dudit seigneur du Pontavice n'était à Tremblay que de 120 livres[4].

Charles du Pontavice succéda à son père qui précède et fit hommage au roi pour sa seigneurie du Pontavice le 29 avril 1560[5]. L'année suivante il se fit maintenir dans ses droits de haute justice et dans ses prééminences en l'église de Tremblay. L'auteur[6] de la *Généalogie de la maison du Pontavice* dit que Charles du Pontavice fut créé chevalier de l'Ordre du roi et tué avec ses deux fils en combattant pour Henri IV contre le duc de Mercœur, vers 1594.

Il fut le dernier seigneur mâle du nom du Pontavice à posséder cette seigneurie, mais il laissa au moins deux filles : Marguerite du Pontavice, mariée à René Budes, seigneur de Sacé, qui hérita du Pontavice, en fit hommage au roi en 1618, mais mourut en avril 1634, ne laissant pas de postérité, et Anne du Pontavice, qui épousa Pierre de la Palluelle.

Ce fut Charles de la Palluelle, baron de Corbery et fils des précédents, qui hérita de sa tante et fit hommage au roi, en 1634 et 1653, pour sa seigneurie du Pontavice[7]. Ce seigneur prenait en 1672 les titres de marquis de la Palluelle, comte du Pontavice et doyen des chevaliers de l'Ordre du roi ; il habitait ordinairement son château de la Palluelle en Normandie, ce qui ne l'empêcha pas de doter généreusement la chapelle de Saint-Au-

1. Commune du canton d'Antrain, arrondissement de Fougères.
2. *Archives de la Loire-Inférieure*, v° Tremblay.
3. *Archives d'Ille-et-Vilaine*, fonds Maupillé.
4. *Ms. de Missirien* (Bibliothèque de Rennes).
5. *Archives de la Loire-Inférieure*, B, 1009.
6. M. Hémery de Goascaradec.
7. *Archives de la Loire-Inférieure*, B, 1011.

bin, voisine du Pontavice[1].

Mais par contrat du 17 décembre 1680, Isaac, marquis de la Palluelle, et Marie de Rosmadec, sa femme, vendirent la terre seigneuriale du Pontavice, moyennant 30,000 livres, à Yves Labbé, seigneur du Hino ; l'année suivante, celui-ci revendit le Pontavice, le 30 novembre, à Sébastien de Lys, seigneur de Beaucé. Toutefois Pierre Labbé, fils du vendeur, retira féodalement, le 23 décembre 1681, cette seigneurie qui lui demeura[2].

Yves Labbé, seigneur du Hino, veuf de Nicolle Letort, mourut à Paris le 14 décembre 1710 ; son fils fit apporter son cœur en l'église de Tremblay. Pierre Labbé lui-même, qualifié comte du Pontavice, mourut au mois d'août 1735 ; il ne laissait pas d'enfants, mais de nombreux héritiers collatéraux, qui vendirent ces biens pour s'en partager la valeur[3].

La seigneurie du Pontavice fut achetée, par contrat du 29 décembre 1737, par Louis Le Gras, seigneur de Charost, doyen des conseillers du présidial de Rennes, qui fit hommage au roi de son acquisition[4]. Ce seigneur décéda le 27 mars 1755, laissant le Pontavice à son fils Pierre Le Gras, seigneur de Charost, lequel en rendit aussitôt aveu au roi. Mais ce dernier ne conserva point cette terre seigneuriale, qu'il vendit en 1760 à Emmanuel-Agathe, marquis du Hallay ; celui-ci, qualifié seigneur châtelain du Pontavice, mourut en 1802, après avoir émigré et avoir vu vendre nationalement la terre du Pontavice.

L'auteur de la *Généalogie de la maison du Pontavice* dit que la seigneurie du Pontavice était une « ancienne châtellenie ». Quoique nous n'ayons point retrouvé les lettres d'érection de cette châtellenie, son assertion semble confirmée par l'habitude qu'avaient les seigneurs du Pontavice, aux deux derniers siècles, de se dire comtes ou châtelains dudit lieu.

Une partie de la seigneurie du Pontavice relevait de la baronnie de Fougères et par suite du roi depuis le XVIe siècle ; son possesseur devait même chaque année à Noël payer au baron de Fougères une rente de 36 sols en l'église Saint-Léonard de Fougères, entre la messe de minuit et celle du point du jour. De plus, les deux moulins à eau du Pontavice appartenaient en indivis à ce baron de Fougères et au seigneur du Pontavice ; au XVe siècle le sire de Fougères affermait 20 livres par an sa moitié des moulins du Pontavice au seigneur du lieu[5].

Mais à la même époque l'ancien manoir du Pontavice, relevant de Fougères, était déjà en ruines, et en 1454 le seigneur du Pontavice habitait à peu de distance un nouveau manoir appelé aussi le Pontavice, qu'il tenait comme juveigneur du sire de Saint-Brice. Ce manoir, qui continua d'être l'habitation seigneuriale du Pontavice, demeura toujours tenu pro-

1. *Archives d'Ille-et-Vilaine*, 9 G, 19.
2. *Archives de la Loire-Inférieure*, B, 1032
3. *Ibidem*, v^o Tremblay.
4. *Ibidem*, B, 1037.
5. *Archives d'Ille-et-Vilaine*, fonds Maupillé.

chement du seigneur de Saint-Brice, comme faisant partie de la Grande vairie de Tremblay, membre de la baronnie de Saint-Brice.

Voici maintenant de quoi se composait la seigneurie du Pontavice en domaine proche : l'emplacement ou « assiette d'hostel ancien appelé les Vieilles Salles du Pontavice » et la motte du Tronchay, le tout dans un bois futaie de 30 journaux, « circuité de la rivière de Couasnon » et appelé bois du Pontavice, – les deux moulins sur ledit Couasnon, – le manoir du Pontavice, avec son colombier, qui devint en dernier lieu la métairie du Bas-Pontavice, au bord même du Couasnon, – les métairies de la Porte, du Haut-Pontavice, des Fontenettes et de la Fournairie (toutes relevant de Saint-Brice), la métairie de la Mahonnerie, relevant du roi, etc[1].

À tout cela le marquis du Hallay avait uni au dernier siècle sa métairie de Rinan, et « la halle de Rinan avec son horloge », en Tremblay. Il avait, en effet, obtenu de Louis XVI, en juillet 1787, le droit d'avoir un marché tous les mercredis à Rinan[2].

Le seigneur du Pontavice jouissait d'une haute justice dans les fiefs qu'il possédait dans la baronnie de Fougères. Mais dans les fiefs qu'il tenait de Saint-Brice, il n'avait qu'une moyenne justice ; il y était d'ailleurs regardé comme sergent féodé du sire de Saint-Brice en sa vairie de Tremblay, qui était elle-même une haute justice.

Les fiefs en haute justice relevant du roi étaient le Vieil-fief du Pontavice en Tremblay, le fief de Montbaudry en Romazy, le fief du Pontavice en Roz-sur-Couasnon[3], et un fief en Antrain dont nous ignorons le nom.

Les fiefs en moyenne justice relevant de Saint-Brice étaient ceux de la Mahonnerie, des Fossés, de Villechien, du Tertre et du Val-de-Couasnon, tous en Tremblay. Les habitants de ce dernier fief devaient chaque année au seigneur du Pontavice, sous peine d'amende, le jour de la fête du Saint-Sacrement, « deux cierges de cire blanche, armoyés des armes dudit seigneur, allumés et flambants, chacun pesant une livre et demye », et présentés au banc seigneurial du Pontavice, en l'église de Tremblay, « lorsqu'on commence la procession du Sacre ».

Le seigneur du Pontavice jouissait aussi des droits de quintaine, de soule et de mai. Voici comment ils s'exerçaient en 1685 ; les deux premiers regardaient les vassaux d'Antrain, le mai concernait ceux de Tremblay :

« Tous les nouveaux mariés de bas estat de la paroisse d'Antrain sont tenus comparoir chaque lundy de la Pentecoste en la place sise au bord de la rivière de l'Oisance, au dessoubs de la ville d'Antrain ; au milieu de laquelle place y a un post chargé des armes du seigneur du Pontavice, et ayant chacun un cheval et des gaules sont tenus lesdits mariés courir la

---

1. Déclarations du Pontavice en 1540, 1685 et 1730.
2. *Archives du parlement de Bretagne*, 44ᵉ reg., 186.
3. Ce dernier fief, détaché de la seigneurie du Pontavice au XVIIᵉ siècle, fut alors donné à Marguerite de la Palluelle quand elle épousa Gervais de Marcille.

quintaine contre ledit post et faire leur debvoir sous peine d'amende. »

Le devoir de la soule se rattachait à celui de la quintaine, comme on va voir : « Doibt le prévost ou coustumier[1] d'Antrain comparoir à la principale porte du cimetière de l'église parochiale dudit lieu d'Antrain, chaque jour de Noël, à l'issue de la messe du point du jour, et y jeter une soule ou boise de la part du seigneur du Pontavice, laquelle soule sera courue par lesdits paroissiens d'Antrain non nobles, et celui qui l'emportera sera quitte l'année suivante du debvoir de quintaine, en la rapportant audit seigneur ou à son procureur. »

Enfin « est en possession le seigneur du Pontavice, de temps immémorial, de faire nommer, par ses juge et procureur d'office, un habitant de la paroisse de Tremblay pour estre capitaine de ladite paroisse, lequel capitaine choisit, le premier jour de may, une fille appelée capitainesse ; et doibvent (lesdits capitaine et capitainesse) danser ledit jour dans le bourg de Tremblay, en la cour du prieuré qui y est situé ; puis aller, avec des sonneurs, dans la basse-cour de la maison du Pontavice, et y doibvent pareillement faire sonner, danser et lever un may au-devant de la grande porte de ladite basse-cour[2] ».

Dans l'église de Tremblay, toutes les prééminences et droits de supériorité et de fondation appartenaient au seigneur du Pontavice. Dès 1540, Rolland du Pontavice déclarait au roi avoir à Tremblay « toutes les prééminences avec lisière, banc et armoiries és vitres et en bosse ». On retrouve encore dans cette église une pierre tombale provenant de l'ancien enfeu des seigneurs du Pontavice ; elle porte, traversé par une épée, un écusson : *d'argent au pont à trois arches de gueules, accompagné d'un croissant au canton dextre du chef et d'une fleur de lys en pointe*. Ce sont les armoiries du Pontavice avec brisures.

PONTUAL

a seigneurie de Pontual en Saint-Lunaire[3] avait assez d'importance pour donner son nom à cette paroisse, qu'on appelait au Moyen Âge Saint-Lunaire de Pontual. Elle fut le berceau d'une famille distinguée dont une branche cadette subsiste encore.

Le premier de cette maison venu à notre connaissance est Olivier de Pontual, qui en 1259 fonda l'anniversaire de Geoffroy, évêque de Saint-Malo. En 1333 le duc de Bretagne concéda à Alain de Pontual, seigneur dudit lieu, une foire à tenir au bourg de Pontual le 1ᵉʳ juillet, fête de saint Lunaire.

À la fin du XIVᵉ siècle vivait Jean Iᵉʳ de Pontual, seigneur dudit lieu et époux de Jeanne Le Bouteiller. Il en eut plusieurs enfants, entre autres

---

1. On appelait ainsi celui qui recueillait l'imposition des coutumes.
2. Aveu du Pontavice en 1685.
3. Commune du canton de Dinard, arrondissement de Saint-Malo.

Henri et Jacques.

Henri de Pontual épousa N... de Plumaugat, mais mourut avant son père qui, en 1420, se trouvait tuteur de sa fille ; celle-ci s'unit à Olivier de Plouër, et celui-ci possédait en 1427, à cause d'elle, la seigneurie de Pontual. Leur fille, N... de Plouër, épousa Amaury Ier Gouyon, sire de la Moussaye, dont les descendants conservèrent Pontual pendant un siècle et demi[1].

Le 4 septembre 1503 mourut, en effet, Amaury Ier Goyon, seigneur de la Moussaye et de Pontual ; il laissait ces terres à son fils Amaury II Goyon, sire de la Moussaye, qui rendit aveu le 12 décembre 1504 pour sa terre de Pontual[2]. Celui-ci fut père de Jacques Goyon, seigneur de la Moussaye, époux de Louise de Châteaubriant et décédé en 1538. Vint ensuite Amaury III Goyon, fils de Jacques, baron de la Moussaye et seigneur de Pontual, chevalier de Saint-Michel, qui épousa d'abord Catherine du Guémadeuc, puis Claudine d'Acigné, et mourut le 21 octobre 1582. Charles Goyon, sorti du premier lit, succéda à son père ; il s'unit en 1570 à Claudine du Chastel, dont il eut Amaury IV Goyon, marquis de la Moussaye et seigneur de Pontual, marié à Catherine de Champagné, veuve de lui en 1642. Il laissait plusieurs enfants, entre autres Henri Goyon, marquis de la Moussaye, époux de Suzanne de Montgommery. Ce fut ce dernier qui dut vendre, vers 1672, la seigneurie de Pontual à René de Pontual, seigneur de la Villerevault.

Voyons maintenant ce qu'était ce dernier.

Nous avons dit que Jean Ier de Pontual, seigneur dudit lieu en 1400, avait laissé deux fils, Henri et Jacques, et nous venons de voir la descendance de l'aîné, Henri. Le cadet, Jacques de Pontual, eut en partage la seigneurie de la Villerevault, aussi en Saint-Lunaire, et cette terre ne sortit plus ensuite des mains de sa famille.

Ce Jacques de Pontual épousa en 1425 Marie Boutier, dont il eut Jean II de Pontual, vivant en 1471 et marié 1° à Jeanne de Champagné, 2° à Yvonne de Lespinay.

Le fils de ce dernier, Jean III de Pontual, seigneur de la Villerevault après lui, rendit aveu pour cette terre en 1502 ; il se maria trois fois : 1° à Olive de la Bourdonnaye, 2° à Charlotte Brillaut, 3° à Catherine du Gouray, qui lui survécut ; il mourut vers 1540, époque à laquelle son fils, Julien Ier de Pontual, rendit hommage et paya le rachat dû pour la terre de la Villerevault, dont il venait d'hériter[3] ; celui-ci avait épousé dès 1511 Perrine Aronde, dont il laissa Yves de Pontual, seigneur de la Villerevault[4].

Yves de Pontual s'unit d'abord à Suzanne de Saint-Briac, décédée en 1556, puis à Marguerite Gouyon de Beaucorps, et mourut lui-même vers

---

1. La Chesnaye-Desbois, *Dictionnaire de la noblesse*, XVI, 146.
2. *Archives de la Loire-Inférieure*, v° Pleurtuit.
3. *Archives de la Loire-Inférieure*, B, 1007.
4. *Ibidem*, v° Saint-Lunaire.

1566. Il laissait de sa première union Julien II de Pontual, qui rendit aveu au roi pour la seigneurie de la Villerevault en 1572. Julien II avait épousé en 1566 Isabeau de la Villéon, fille du seigneur du Boisfeillet. Son fils aîné, Gilles, mourut sans avoir contracté d'alliance, et ce fut son fils cadet, Jean IV de Pontual, qui devint après lui seigneur de la Villerevault. Ce dernier rendit aveu en 1602 ; il avait épousé en 1596 Françoise du Breil, fille du seigneur de Pontbriand, qui lui apporta en dot la terre du Pontbriand en Saint-Lunaire, dite le Petit-Pontbriand, et qui mourut veuve en 1662[1].

De cette union sortit René Ier de Pontual, seigneur de la Villerevault, acquéreur de la seigneurie de Pontual.

René Ier de Pontual rendit aveu en 1647 pour les seigneuries de la Villerevault et du Petit-Pontbriand, fut reçu en 1651 président à la chambre des comptes de Bretagne, fit en 1673 hommage au roi pour la seigneurie de Pontual, obtint en 1681 l'érection de cette terre en châtellenie et mourut âgé de quatre-vingt-dix ans, en février 1698. Il avait épousé : 1° en 1630, Françoise du Plessix de Grénédan ; 2° en 1651, Prudence Le Lou, veuve de Maurille des Landes.

Le successeur à Pontual de René Ier fut son petit-fils, René II de Pontual, fils de Sébastien de Pontual, président à la chambre des comptes de Bretagne en 1661, décédé le 10 septembre 1696, et de Marie Rousseau, fille du seigneur de Saint-Aignan, morte elle-même le 2 avril 1689.

René II de Pontual rendit aveu en 1699 pour la châtellenie de Pontual[2] ; baron du Guildo, conseiller au parlement de Bretagne, il avait épousé en 1681 Marie Briand, décédée à l'âge de trente-trois ans, à Saint-Malo, et inhumée le 4 novembre 1691 au chanceau de l'église de Saint-Lunaire ; lui-même mourut en décembre 1720.

Il laissa sa châtellenie à son fils Sébastien de Pontual, qualifié comte de Pontual et baron du Guildo, reçu en 1719 conseiller au parlement de Bretagne. Celui-ci s'unit d'abord en 1718 à Marie de la Pierre, fille du baron de la Forêt, puis en 1738 à Marie Raujon[3]. Il mourut le 21 juin 1757, ayant eu deux garçons de son premier mariage. L'aîné de ceux-ci, Armand, baron de Pontual, ne lui survécut pas longtemps ; il mourut sans postérité, âgé de quarante ans, au château de Keravéon, le 23 avril 1761, et fut inhumé à Erdeven. Son frère, Toussaint, comte de Pontual, grand-veneur du duc de Parme, chevalier de Malte, etc., épousa le 17 septembre 1770 Augustine Boux, fille du seigneur de Saint-Mars-de-Coutais. Il mourut à Paris le 7 décembre 1788[4]. Il laissait une fille unique, Renée de Pontual, qui se maria, le 27 janvier 1791, avec Jonathas-Hyacinthe de Penfentenio de Cheffontaines. Ceux-ci ayant émigré, les terres de Pontual

---

1. *Généalogie de la maison du Breil de Pontbriand*.
2. *Archives de la Loire-Inférieure*, v° Saint-Lunaire.
3. Frédéric Saulnier, *Malouins et Malouines*, 7.
4. *Généalogie ms. de la maison de Pontual*.

et de la Villerevault furent vendues nationalement.

Comme on l'a vu, la châtellenie de Pontual se composait de deux seigneuries principales, Pontual et la Villerevault ; par lettres patentes du mois de mai 1681, Louis XIV unit ces terres en faveur de René de Pontual et y joignit aussi la seigneurie de la Ville-aux-Morais en Pleurtuit et le grand bailliage de Saint-Énogat ; il érigea le tout en châtellenie sous le nom de Pontual. Ces lettres royales furent enregistrées au parlement de Bretagne le 19 novembre 1682.

Un siècle plus tard, Toussaint de Pontual obtint de Louis XVI, en septembre 1783, l'exercice au bourg de Saint-Lunaire des deux juridictions réunies, Pontual et la Ville-aux-Morais, cette dernière juridiction s'exerçant auparavant au bourg de Pleurtuit[1].

Le domaine proche de la châtellenie de Pontual était considérable ; c'était 1° en Saint-Lunaire : « l'ancien chasteau de Pontual, où il y a (en 1699) plusieurs logements en ruisne et il n'en reste d'habité que pour l'usage du fermier ; ses colombier, estang, chapelle, emplacement de moulin, bois, terres et landes, le tout contenant 400 journaux » ; – le manoir de la Villerevault, ses chapelle, colombier, bois, rabines, étang, etc. ; – les métairies nobles de la Villerevault, du Tertre-Allot, du Petit-Pontbriand, de la Motte-Cartier, de la Ville-Pinolle et de la Ville-Ruette ; – les autres métairies de la Broussette, de la Rouaudaye, de la Dauphinaye et de la Ville-Grignon ; – les moulins à vent du Jaunay et de Plate-Roche ; – les deux tiers de la dîme de Saint-Lunaire « ayant cours ès paroisses de Saint-Lunaire, Saint-Briac et Saint-Énogat » ; 2° en Pleurtuit : l'ancien manoir de la Ville-aux-Morais, avec son colombier ; – les métairies de la Ville-aux-Morais, du Bois-Aupied, de la Ville-Auvay et des Vergers ; – le moulin à vent de la Ville-aux-Morais ; – quelques dimereaux en la paroisse de Pleurtuit[2].

Les principaux fiefs de la châtellenie, relevant du roi sous son domaine de Dinan, étaient le grand bailliage de Pontual et le grand bailliage de Pontbriand, l'un et l'autre en Saint-Lunaire, – dix-huit bailliages en Saint-Lunaire formant la seigneurie de la Villerevault, – quatorze bailliages en Pleurtuit constituant la seigneurie de la Ville-aux-Morais, – le grand bailliage de Saint-Énogat, composé de douze fiefs, – enfin quelques autres bailliages en Saint-Briac et en Langrolay[3].

Le seigneur de Pontual avait droit de tenir au bourg de Saint-Lunaire un marché chaque semaine et une foire le 1er jour de juillet ; ce jour-là le possesseur de la Pierrette en Saint-Lunaire devait fournir à ce seigneur « quatre fers neufs dont il doibt ferrer le cheval ou la mule qui porte ledit seigneur à sadite foire ».

Dans l'église paroissiale de Saint-Lunaire, en 1684, « possède le sei-

---

1. Archives du parlement de Bretagne, 25e reg., 19, et 44e reg., 50.
2. Déclarations de la seigneurie de Pontual en 1572, 1683 et 1699.
3. *Ibidem*.

gneur de Pontual un tombeau eslevé dans le chœur, au pied du tombeau du Saint dudit lieu, et deux autres pierres tombales dans les deux chapelles prohibitives qui sont des deux costés du chœur de ladite église, luy appartenant avec ses armes et tous les droits et marques honorifiques, tant en relief qu'aux vitrages et ailleurs ». À l'origine, de ces deux chapelles, l'une, celle du côté de l'Évangile, appartenait au seigneur de Pontbriand à cause de sa terre du Petit-Pontbriand ; on y retrouve encore deux superbes tombeaux avec statues, réunis sous un grand écusson portant les armes des sires de Pontbriand : *d'azur au pont d'argent maçonné de sable* ; l'autre chapelle, au Midi, était celle de Pontual ; on y voit aussi un curieux tombeau-arcade avec statue tumulaire d'une dame du XIVe siècle ; mais on n'y retrouve plus l'écusson des sires de Pontual : *de sinople au pont de trois arches d'argent ; trois canes de même, membrées et becquées de sable passant sur le pont*.

Le seigneur de Pontual avait encore au Moyen Âge une chapelle dite « des Trois Maries, bastie aut derrière de l'église dudit Saint-Lunaire ». Cette chapelle fut probablement détruite quand on reconstruisit, tel qu'il est aujourd'hui, le chœur de l'église de Saint-Lunaire, et c'est alors que les seigneurs de Pontual se firent inhumer dans le chœur même ; on vient de retrouver deux pierres tombales avec effigies provenant de leur enfeu en cet endroit.

Enfin, à cause de sa terre de la Ville-aux-Morais, le seigneur de Pontual avait encore un enfeu et un banc avec ses armoiries dans l'église de Pleurtuit, « vis-à-vis l'autel Monsieur sainct Sébastien[1] ».

Pendant que les Goyon de la Moussaye possédaient la seigneurie de Pontual, le château de ce nom se trouva naturellement abandonné et tomba en ruines ; il n'en reste plus aujourd'hui que l'emplacement sur une butte de terre couverte de bois et qu'entourait en partie un étang. La Villerevault devint par suite le chef-lieu de la châtellenie, quand son propriétaire, ayant acheté Pontual, en obtint l'érection.

Ce château de la Villerevault fut pillé et ravagé par les Anglais lorsqu'ils descendirent sur nos côtes, en 1758. On vient de construire à quelque distance une nouvelle habitation, propriété de M. le comte Brunet du Guillier, descendant des anciens seigneurs de Pontual.

LA PRÉVALAYE

Avec son vieux manoir restauré dans le style gothique, ses longues et larges avenues de chênes, ses immenses prairies qu'arrose la Vilaine, la terre de la Prévalaye, sise en la paroisse de Toussaints de Rennes, est une des plus belles propriétés des environs de cette ville. Elle a aussi sa célébrité historique, car Henri IV y vint chasser en 1598 et son souvenir y demeure toujours fidèlement conservé.

---

1. Aveux divers de la seigneurie de Pontual.

Au commencement du xve siècle, la Prévalaye appartenait à la famille Boisvin, peut-être à Pierre Boisvin, conseiller en 1403 du duc de Bretagne ; en 1427, c'était la propriété de Raoullet Boisvin, qui vivait encore en 1468, mais elle passa bientôt aux mains de la famille Thierry par le mariage de Michel Thierry avec Marguerite Boisvin[1].

Ce Michel Thierry, dont les descendants devaient conserver la Prévalaye jusqu'à nos jours, était fils de Julien Thierry, seigneur du Boisorcant en 1475. Michel Thierry, receveur des fouages de Rennes et argentier de la reine Anne de Bretagne, fut anobli par elle en 1500[2] ; il mourut le 1er septembre 1516, laissant un fils mineur nommé François ; ce dernier, devenu ainsi seigneur de la Prévalaye, épousa Marguerite d'Acigné, fille du seigneur de la Rochejagu. En 1541, François Ier Thierry, étant malade, se fit représenter aux montres par Bertrand Marcadé, qui vint « très bien monté et armé en estat d'homme d'armes, accompagné d'un coustilleux et d'un page bien montés et armés, et fournist la déclaration du revenu dudit seigneur de la Prévalaye, montant à environ 1,250 livres de rente noble[3] ».

François Ier Thierry mourut le 2 juin 1549 et sa veuve, Marguerite d'Acigné, le 11 août 1553[4]. Eux aussi laissaient mineur leur fils Julien, et ce fut René de la Chapelle, tuteur de ce dernier, qui fit en son nom hommage au roi en 1556 pour la seigneurie de la Prévalaye.

Julien Thierry fut un personnage ; capitaine de Rennes et chevalier de l'Ordre de Saint-Michel, il épousa Esther du Bouchet, fille du seigneur de Sourches ; il eut l'honneur de recevoir à la Prévalaye Henri IV, le 11 mai 1598, et mourut à la fin de décembre 1610 ; il fut, le dernier jour de cette année-là, inhumé en son enfeu, dans l'église de Toussaints à Rennes. Sa veuve lui survécut jusqu'en novembre 1622.

François II Thierry, seigneur de la Prévalaye, fils du précédent, fut comme son père chevalier de l'Ordre du roi[5] ; il s'unit en 1618 à Renée Raoul, fille du seigneur de la Guibourgère. Il en eut Pierre Thierry, seigneur de la Prévalaye après lui, reçu en 1649 conseiller au parlement de Bretagne, marié dès 1646 à Jeanne Avril, et qui fit hommage au roi en 1652[6].

En 1674, celui-ci avait pour successeur François III Thierry, son fils, qui fut à son tour reçu alors conseiller au parlement, et rendit aveu au roi pour la Prévalaye en 1680. François III Thierry mourut en 1700, à l'âge de cinquante ans, et fut inhumé au tombeau de ses ancêtres, le 26 décembre, en l'église de Toussaints à Rennes. L'année suivante, sa veuve, Catherine des Nos, qu'il avait épousée le 24 février 1675 se remaria avec

1. *Généalogie ms. de la famille Thierry*, attribuée à Hévin.
2. Potier de Courcy, *Nobiliaire de Bretagne*.
3. *Ms. de Missirien* (Bibliothèque de Rennes).
4. *Archives de la Loire-Inférieure*, v° Rennes.
5. *Archives de la Roche-Montbourcher*.
6. *Archives de la Loire-Inférieure*, B, 987.

Bernardin Fouquet, comte de Chalain. Cette dame avait reçu en remboursement de ses deniers dotaux la propriété de la Prévalaye, pour laquelle elle et son second mari rendirent aveu au roi en 1711 ; mais à sa mort, arrivée le 8 octobre 1732, François-Hyacinthe Thierry, issu de son premier mariage, hérita d'elle et rendit aveu à son tour au roi pour la Prévalaye[1] ; il fut capitaine des vaisseaux du roi et chevalier de Saint-Louis, épousa Perrine de la Roche-Macé et laissa à son décès sa seigneurie à son fils Pierre-Bernardin Thierry, lequel en rendit aveu au roi en 1744. Celui-ci, qualifié marquis de la Prévalaye, chef d'escadre et commandeur de Saint-Louis, avait épousé Marie-Jeanne de Robien le 6 février 1742. Il mourut âgé de soixante-quinze ans et fut inhumé, le 26 décembre 1786, en son enfeu dans l'église de Toussaints.

Le fils aîné du défunt, Pierre-Dymas Thierry, marquis de la Prévalaye, fut le dernier seigneur du lieu. Il épousa : 1° Julie de Geoffrion, 2° Adélaïde de Robien, veuve d'André Riquetti, vicomte de Mirabeau, décédée en 1814 ; lui-même mourut à la Prévalaye en 1816, avec le titre de contre-amiral.

La Prévalaye ne prit d'importance qu'au XVIe siècle, par suite de l'acquisition que firent ses possesseurs de plusieurs fiefs voisins. Le plus beau de ces fiefs fut celui de Matignon-à-Rennes, composé de quatre bailliages ; c'était un membre de la baronnie de Matignon, et Foulcher de Matignon le vendit en 1535 à François Thierry.

Au mois de février 1679, Louis XIV donna au seigneur de la Prévalaye des lettres patentes par lesquelles Sa Majesté unissait à jamais les fiefs de la Prévalaye, Matignon-à-Rennes, Sainte-Foi, Beaucé, Chevillé et Champagné, comprenant ensemble vingt-trois bailliages, en une seule seigneurie décorée d'une haute justice et devant s'appeler désormais la Prévalaye-Matignon ; ces lettres royales furent enregistrées au parlement le 17 mai 1681[2]. C'est à partir de ce moment que la Prévalaye fut considérée comme une châtellenie, quoiqu'elle ne semble pas avoir été érigée par le roi en cette dignité.

Les fiefs de la Prévalaye s'étendaient en douze paroisses Toussaints, Saint-Hélier, Saint-Germain et Saint-Laurent de Rennes, Saint-Jacques-de-la-Lande, Noyal-sur-Seiche, Saint-Erblon, Vern, Bruz, Chartres, Moigné et Le Rheu. La haute justice attachée à ces fiefs s'exerçait dans une salle du présidial de Rennes. De la seigneurie de la Prévalaye relevaient les manoirs de la Courouze près Rennes et de Château-Letard en Saint-Erblon, ainsi que la maison de la Rivière en Saint-Jacques ; le possesseur de cette dernière terre était tenu « d'apporter chacun an, au terme d'Angevine, au carrefour de la Rivière, une chaire pour asseoir le seigneur de la Prévalaye ou son receveur commis pour faire la recepte de ses rentes ».

Les fourches patibulaires de la seigneurie s'élevaient « à trois posts »

---

1. *Ibidem*, v° Rennes.
2. *Archives du parlement de Bretagne*, 24e reg., 176.

dans la pièce de terre du Bassouer.

Le sire de la Prévalaye jouissait à Rennes de certaines prééminences d'honneur dans l'église de Saint-Germain ; mais dans celle de Toussaints, sa paroisse, il avait une chapelle prohibitive, dite de Saint-Michel, près du chanceau et du côté de l'Évangile, avec un tombeau « en arc et voulte enlevée dans la muraille », banc à queue et accoudoir armoiriés de ses armes, enfin écussons dans la maîtresse-vitre du chanceau et dans les vitres des chapelles Saint-Michel et Saint-Sébastien.

À cause de son fief de Matignon, le seigneur de la Prévalaye avait la haute police des bouchers de Rennes, et ceux-ci, aussi bien que leur halle, dépendaient de lui. Ils devaient, entre autres redevances, lui fournir tous les samedis « un os moullier de bœuf », et chaque fois que le seigneur venait résider en ville, lui bailler de la paille blanche pour ses chevaux et son train et aussi pour ses espagneuls et chiens pendant huit jours ». Le Mardi-Gras de chaque année, à la tenue des plaids généraux de la seigneurie en la Haute cohue de Rennes, devait « le maistre boucher comparoir à ladite audience, revestu de la robe ordinaire qu'il porte le Mardy-Gras, suivant l'ancienne coustume », accompagné des « provosts de la frairie des bouchers et assisté de joueurs d'instruments ». Ce maître boucher présentait alors au seigneur de la Prévalaye ou à son procureur « une pièce honneste de bœuf » avec les clefs de la halle de la boucherie, que le seigneur pouvait faire vider et fermer aussitôt[1].

Le domaine proche de la seigneurie de la Prévalaye était ainsi composé : le manoir de la Prévalaye avec sa chapelle à laquelle le Pape Innocent XI avait, en 1685, accordé une indulgence plénière le jour sainte Catherine, avec aussi son colombier, ses rabines, vigne, bois et jardins ; – les métairies nobles des Bougrières, de la Vieuxville, de la Planche, de la Telaye et de Sainte-Foy ; près de cette dernière se trouve encore le chêne d'Henri IV, à l'ombre duquel se reposa, dit-on, le bon roi ; – le moulin à eau de la Prévalaye ; – la lande de la Courouze ; – enfin l'hôtel de la Prévalaye à Rennes, dans la rue de la Laiterie en 1542, plus tard en la rue Vasselot[2].

La terre seigneuriale de la Prévalaye était, vers 1730, estimée valoir environ 4,000 livres de rente. C'est aujourd'hui la propriété de M. Espivent de la Villeboisnet, qui l'a reçue de sa mère, Louise Thierry, petite-fille du dernier seigneur de la Prévalaye. M. Espivent de la Villeboisnet est lui-même qualifié marquis de la Prévalaye.

QUÉBRIAC

---

1. Déclaration de la Prévalaye en 1680.
2. *Idem.*

e château de Québriac, situé dans la paroisse de ce nom[1], fut le berceau d'une noble famille qui figure dans les chartes du XIIe siècle. Payen de Québriac en 1133, Guillaume de Québriac en 1147, et Thomas de Québriac en 1180 apparaissent d'abord[2]. Normand ou Morvan de Québriac fut maréchal de Bretagne au temps du duc Pierre Mauclerc ; Jean de Québriac prit part, en 1248, à la croisade entreprise par le roi saint Louis ; Pierre de Québriac parut parmi les seigneurs bretons qui ratifièrent, en 1276, le changement de bail ou garde noble en rachat[3].

Viennent ensuite Thomas de Québriac, chevalier, mentionné en 1322 ; Jean de Québriac, exécuteur, en 1338, du testament de Jean, sire de Maure ; Guillaume et Alain de Québriac, qui servirent dans l'armée du duc de Bretagne et dont nous avons encore les sceaux donnés en 1370.

Mais on ne peut établir la suite généalogique certaine des seigneurs de Québriac qu'à partir de la fin du XIVe siècle. À cette époque vivait un Thomas, sire de Québriac, qui semble être le Thomas de Québriac héritier en 1383 de sa mère défunte, la dame de Muélien, remariée après la mort de son père à Thébaud de la Rivière[4]. Ce Thomas Ier épousa d'abord Marie de Parthenay, puis en 1399 Honorée de Montbourcher, dame de la Tourniole ; il fut en 1417 l'un des exécuteurs testamentaires de Pierre, sire de Maure.

De sa première union sortit Thomas II de Québriac, mari en 1436 de Jeanne de Montbourcher ; cette dame lui apporta la terre de Brecé, à laquelle était attachée la dignité de grand écuyer de Bretagne, dont il jouit et ses descendants après lui.

Ce sire de Québriac rendit en 1446 aveu pour sa seigneurie au baron de Combour et décéda en octobre 1472[5].

Thomas III, seigneur de Québriac, son fils, épousa d'abord Guillemette Piedevache, puis Renée d'Espinay, et mourut le 10 mars 1508 ; sa veuve fit en 1517 une fondation en la collégiale de Champeaux et termina ses jours le 16 mai de l'année suivante. Ils laissaient un fils mineur qui fut Thomas IV, sire de Québriac, mari de Jeanne de Guitté, décédé à l'âge de quarante-six ans et inhumé à Québriac le 11 juin 1553[6].

Ce fut le dernier représentant mâle de la branche aînée de Québriac, mais cette famille s'est perpétuée jusqu'à nos jours dans une branche cadette.

Thomas IV de Québriac ne laissait, en effet, qu'une fille, Marguerite de Québriac, qui, épousant en 1539 François du Guémadeuc, seigneur dudit lieu, lui apporta la terre de Québriac, ainsi que celles de Blossac et de

1. Commune du canton de Hédé, arrondissement de Rennes.
2. Dom Morice, *Preuves de l'Histoire de Bretagne*, I, 568, 602 et 693.
3. De Couffon, *La Chevalerie de Bretagne*, I, 336.
4. *Archives de la Loire-Inférieure*, v° Rennes.
5. *Archives du château de Combour*.
6. Abbé Pâris-Jallobert, *Registres de la paroisse de Québriac*.

Brécé.

François du Guémadeuc devint veuf en 1559 de Marguerite de Québriac, qui légua ses seigneuries à son fils Thomas du Guémadeuc ; lui-même, âgé de cinquante-deux ans et remarié à Hélène de la Chapelle, mourut en 1568 et fut inhumé, le 21 septembre, dans l'église de Québriac.

Thomas du Guémadeuc, sire de Québriac, épousa Jacquemine de Beaumanoir, décédée dès l'âge de vingt-sept ans, le 27 janvier 1588, et inhumée à Québriac. Ce seigneur résidait ordinairement à son château de Québriac, dont il augmenta les fortifications ; blessé au combat de Loudéac, en 1591, il mourut à Rennes le 15 juillet de l'année suivante, et son corps fut apporté le 25 en l'église de Québriac.

Il laissait deux fils qui lui succédèrent l'un après l'autre : Toussaint du Guémadeuc, sire de Québriac, marié à Marie de Botloy, qui ne lui donna pas d'enfants, tué en duel à l'âge de vingt-quatre ans, et inhumé le 4 décembre 1606 à Québriac[1] ; – et Thomas du Guémadeuc, gouverneur de Fougères, décapité en place de Grève, à Paris, le 27 septembre 1617.

Cet infortuné seigneur de Québriac avait épousé Jeanne Ruellan, fille du baron du Tiercent ; il n'en eut qu'une fille, Marie-Françoise du Guémadeuc, mariée 1° en 1626 à François de Vignerot, marquis de Pontcourlay ; 2° en 1617 à Charles de Grivel de Gamaches, comte d'Ourouer. Ce fut cette dame qui vendit, le 4 novembre 1659, pour 180,000 livres la seigneurie de Québriac à Louis-Hercule de Francheville[2].

Le nouveau sire de Québriac était cet abbé-poète dont parle l'*Anthologie des poètes bretons*. Abbé commendataire de Saint-Jagu, il renonça à l'Église à l'âge de cinquante-cinq ans et épousa à Gévezé, le 19 août 1686, Françoise de Marbœuf, veuve de Jean-François du Han. Il en eut une fille unique, qui mourut âgée de quatorze ans, le 26 juillet 1702 ; lui-même ne lui survécut que quelques jours et fut inhumé près de cette enfant le 6 août suivant, à la Chapelle-aux-Filzméens, dont la seigneurie lui appartenait.

Le successeur de M. de Francheville fut son arrière-neveu César-Alexis de Freslon, marquis d'Acigné[3], qui fit hommage au roi en 1723 pour sa seigneurie de Québriac. Mais ce seigneur mourut à Paris le 7 avril 1748 sans laisser d'enfants de son union avec Françoise Gouyon de Beaufort.

La seigneurie de Québriac passa alors à la sœur du défunt, Éléonore-Rose Freslon, veuve de Louis-Germain de Talhouët, comte de Bonamour. Le fils de cette dame, Jean-Jacques de Talhouët-Bonamour, marquis d'Acigné, épousa en 1758 Gillette-Esther Tranchant du Tret ; il mourut à Rennes le 17 avril 1789, laissant pour fils Louis-Céleste de Talhouët-Bo-

---

1. *Ibidem.* – Cette publication nous a permis de rectifier certaines dates données précédemment, v° *Blossac*.
2. Trévédy, *Bulletin de la Société d'Émulation des Côtes-du-Nord*, XXXVI, 197.
3. Descendant de Gabriel Freslon, seigneur de la Freslonnière, et de Marie de Francheville, sœur du seigneur de Québriac.

namour, dernier marquis d'Acigné et seigneur de Québriac, mari d'Élisabeth Baude de la Vieuville, et décédé en 1812[1].

L'importance du château de Québriac au Moyen Âge faisait considérer comme châtellenie la seigneurie de ce nom. Ce château était encore au XVIe siècle une forteresse renommée ; en 1591 le prince de Dombes y mit une garnison royaliste ; néanmoins les Ligueurs s'emparèrent de la place et le duc de Mercœur la confia à Fontlebon, qui y commandait en 1593. L'année suivante ce capitaine se rallia à Henri IV et rendit Québriac au parti du roi ; il y soutint deux sièges contre les Ligueurs, en 1595 et 1596[2]. Après la soumission du duc de Mercœur les États de Bretagne demandèrent la démolition du château de Québriac, qui fut démantelé en 1599. Toutefois, en 1667, il demeurait encore debout trois tours de la forteresse ; mais M. de Francheville, qui habitait son château de la Chapelle-aux-Filzméens, ne releva point celui de Québriac. Actuellement, les vieilles tours des sires de Québriac ne subsistent plus ; elles sont remplacées par une habitation moderne qu'habite le propriétaire, M. de Castellan, et à laquelle l'heureux mélange des eaux et des bois qui l'entourent donne un attrayant aspect.

La seigneurie de Québriac relevait pour la plus grande partie de la baronnie de Combour, mais certains de ses fiefs étaient néanmoins tenus directement du roi.

Le domaine proche se composait en 1585 de ce qui suit le château de Québriac, « consistant en quatre corps de logis, trois tours et forteresse adjacentes les unes aux autres » ; ses pourpris, rabines et bois ; – les métairies nobles de Québriac, de la Ville-Odierne et de la Rivière ; – les étangs et moulins du Gué-Martin et du Grand-Moulin ; – le Grand Bois de la Ville-Odierne, etc. ; le tout de la terre contenait alors 1,500 journaux[3].

Parmi les fiefs composant la seigneurie, notons ceux du grand bailliage de Québriac et de la Ville-Odierne. À cause de ces fiefs le sire de Québriac devait foi et hommage à celui de Combour, plus une rente de 45 sols de garde payable à l'Angevine. Il jouissait d'une haute justice exercée au bourg de Québriac, des droits de fondation et prééminence en l'église paroissiale et d'un droit de coutume acquitté à la croix du pont à l'Abbesse par tous les marchands se rendant aux foires de Tinténiac ; enfin, le roi avait accordé en 1583 à Thomas du Guémadeuc le droit d'avoir au bourg de Québriac une foire chaque année et un marché toutes les semaines[4].

---

1. Boislisle, *Généalogie de la maison de Talhouët*.
2. *Histoire de la Ligue en Bretagne*, IV, 25, 164 et 272.
3. *Archives du château de Combour*.
4. *Archives du parlement de Bretagne*, 8e reg., 154.

RETIERS

etiers[1] était au IXe siècle une des résidences des rois de Bretagne ; on l'appelait alors *aula Rester*. « Deux chartes du *Cartulaire de Redon*, l'une de 868, l'autre de 871, prouvent que le roi breton Salomon y venait assez souvent tenir sa cour et son souverain tribunal.

« Aux XIIe et XIIIe siècles, Retiers est une seigneurie importante dont le possesseur devait fournir à l'ost du duc de Bretagne, par la main soit du sire de Vitré, soit de celui de la Guerche, un chevalier sujet de débat entre ces deux barons.[2] »

À cette dernière époque, Retiers appartenait aux sires de Coësmes, car nous voyons en 1191 et 1201 Briant de Coësmes disposer des dîmes de Retiers et construire une chapelle à son manoir de la Borderie, déjà résidence des seigneurs de Retiers[3].

Dans le courant du XIIIe siècle, Guillaume du Hallay épousa Catherine de Coësmes. Par suite de cette union, les sires du Hallay possédèrent la seigneurie de Retiers jusqu'à la Révolution ; comme nous les avons fait précédemment connaître en parlant du Hallay, nous ne répéterons pas ici leur suite généalogique.

Il faut toutefois remarquer qu'après la mort d'Emmanuel du Hallay, en 1723, la seigneurie de Retiers cessa quelque temps d'appartenir à l'aîné de la famille et vint aux mains du frère cadet du marquis du Hallay, René-Christophe du Hallay. Ce dernier mourut dès l'âge de trente ans et fut inhumé, le 8 avril 1730, dans le chœur de l'église de Retiers ; il laissait deux filles de son mariage avec Marie-Renée de Bizien ; mais ces enfants ne conservèrent pas Retiers, dont leur cousin, chef de la famille, Emmanuel-Agathe, marquis du Hallay, fut le dernier seigneur.

Retiers, qu'on peut considérer comme une châtellenie d'ancienneté, se composait de deux seigneuries distinctes à l'origine et relevant l'une et l'autre de la baronnie de Vitré, ou plus exactement l'une, la Motte de Retiers, du Désert uni à Vitré, l'autre, la Borderie, de Marcillé-Robert membre de Vitré.

Depuis la destruction du château de la Motte, dont il ne reste qu'un vague souvenir, le manoir de la Borderie était la résidence des sires de Retiers. Cette dernière maison fut d'ailleurs fortifiée, et en mai 1590 Étienne du Hallay s'y défendit contre une troupe de paysans du parti de la Ligue, qui finirent par s'en rendre maîtres ; les vainqueurs brûlèrent la Borderie après l'avoir pillée[4].

Le domaine proche de la châtellenie de Retiers se composait en 1788

---

1. Chef-lieu de canton, arrondissement de Vitré.
2. De la Borderie, *Bretagne contemporaine, Ille-et-Vilaine*, 110.
3. *Archives d'Ille-et-Vilaine*, fonds Hévin.
4. *Histoire de la Ligue en Bretagne*, III, 186.

de ce qui suit :

Le château de la Borderie, avec sa chapelle, son colombier, « une très belle avenue, deux immenses châtaigneraies et le bois de la Mazuraye » ; – les métairies de la Borderie, la Rivière, la Mazuraye, le Boismacé et Mezin ; – les moulins à eau et à vent et l'étang des Renaudayes ; – les dîmes de la Gontraye, la Biardière, Lodiaye et Coësmes-à-Retiers ; – cinq garennes à lapins, etc.

Une quinzaine de fiefs en Retiers, Le Teil et environs, avec une haute justice exercée au bourg de Retiers, composaient la seigneurie ; les vassaux nouvellement mariés y étaient tenus au devoir de quintaine « les jours Saint-Pierre et Saint-Estienne d'aoust ». Le seigneur de Retiers était fondateur de l'église paroissiale, où il avait ses banc, enfeu et armoiries ; il jouissait du droit de pêche prohibitive en l'étang de Marcillé-Robert, appartenant au sire de Vitré, et du droit de « faire lever les portes ou vannes de la pescherie de cet estang depuis la Saint-Georges jusqu'à la mi-septembre, lorsque l'eau excède la hauteur d'une borne de fer placée devant ces portes ». Enfin, à cette époque, le revenu de la seigneurie de Retiers atteignait environ 7,000 livres, dont 4,000 livres en argent et le reste en grains et autres redevances[1].

Confisqué par la Révolution et vendu nationalement le 13 septembre 1795, parce que le marquis du Hallay avait émigré, l'ancien château de la Borderie n'est plus aujourd'hui qu'une grosse maison de ferme.

LA RIGAUDIÈRE

ituée dans la paroisse du Teil[2], la Rigaudière est un joli château moderne se mirant dans les eaux d'un bel étang et entouré de grands bois ; c'est la propriété de la famille de Léon des Ormeaux.

Au XIVe siècle, la Rigaudière, appartenant à la famille Le Vayer, fut apportée par Tiphaine Le Vayer à son mari, Éven de Keranrais, qu'elle épousa en 1369 ; ce seigneur ratifia en 1381 le traité de Guérande et eut pour successeur Éon, sire de Keranrais qui, le 11 juin 1399, rendit aveu au duc de Bretagne pour sa seigneurie de la Rigaudière[3].

Anne de Keranrais, fille unique du précédent, épousa 1° Olivier, vicomte de Coëtmen ; 2° Jean, sire de Montauban, et mourut très âgée en 1499. Mais longtemps avant sa mort, par contrat du 9 janvier 1450, cette dame avait vendu la Rigaudière à Michel de Parthenay et Perrine de la Bouëxière, sa femme[4]. Ceux-ci donnèrent le jour à Jean de Parthenay qui, après la mort de sa mère, décédée en 1461, fournit en 1464 au duc de

---

1. *Archives d'Ille-et-Vilaine*, E, 31.
2. Commune du canton de Retiers, arrondissement de Vitré.
3. *Archives de la Loire-Inférieure*, v° Essé.
4. La Chesnaye-Desbois, *Dictionnaire de la noblesse*, XVII, 551.

Bretagne le minu de sa terre de la Rigaudière[1]. Jean de Parthenay épousa 1° Perrine Le Bouteiller, dame du Loroux ; 2° Marie Guibé, et fut tué, en 1488, à la bataille de Saint-Aubin-du-Cormier. Il laissa la Rigaudière à sa petite-fille Guyonne de Lorgeril, fille de Jean, sire de Lorgeril, et de Françoise de Parthenay, lesquels deux époux étaient morts dès 1183. Il parait d'ailleurs que Michel de Parthenay jouit jusqu'à son décès, arrivé le 5 septembre 1491, de la Rigaudière, car en 1494 le tuteur de Guyonne de Lorgeril paya le rachat de la Rigaudière dû par la mort de ce vieux seigneur[2].

Guyonne de Lorgeril épousa Jean de Rohan, sire de Landal, et mourut comme sa mère, à la fleur de l'âge, le 22 août 1502. Elle laissait une fille, Hélène de Rohan, mariée en 1513 à François, sire de Maure. Cette dernière dame décéda à la Rigaudière, le 15 mai 1541. Son fils Claude, comte de Maure, lui succéda et épousa Françoise de Pompadour, qui mourut douairière à la Rigaudière, le 22 juillet 1593 ; ses entrailles furent déposées en l'église du Teil et son corps conduit à l'église de Maure[3]. Cette dame avait vu mourir son mari en 1564 et son fils Charles de Maure en 1573 ; ce fut sa petite-fille Louise, comtesse de Maure, qui hérita de la Rigaudière.

Celle-ci épousa : 1° en 1587, Odet de Matignon, comte de Thorigny ; 2° en 1600, Gaspard de Rochechouart, marquis de Mortemart. Elle mourut vers 1644, laissant la Rigaudière à son fils Louis de Rochechouart, comte de Maure, qui s'empressa de vendre cette seigneurie le 1er avril 1648[4].

L'acquéreur de la Rigaudière fut René de Lopriac, baron de Coëtmadeuc, conseiller au parlement de Bretagne ; il fit, le 3 septembre 1661, hommage au roi pour son acquisition[5]. Ce seigneur épousa : 1° en 1645 Hélène Romieu, décédée en 1675 à Rennes ; 2° en 1681 Marguerite de Langourla ; 3° en 1704 Jeanne Sauvaget ; il mourut le 4 décembre 1709.

Il laissait deux fils de son premier mariage : Jacques de Lopriac, marquis de Brie, qui rendit aveu au roi pour la Rigaudière en 1708, mais décéda à Paris, sans postérité, le 29 août 1712, et René de Lopriac, marquis de Brie après la mort de son frère aîné, qui s'était uni en 1696 à Judith Rogon, et qui mourut en juillet 1734. De cette union sortit Guy-Marie de Lopriac, comte de Donges, auquel son père donna la Rigaudière dès 1721 ; il avait épousé en 1718 Marie-Louise de la Rochefoucault de Roye et mourut subitement le 10 juillet 1764, ayant vu décéder avant lui, en 1747, son seul fils, Guy-Louis de Lopriac, marquis de Donges, âgé de vingt-trois ans.

Sa succession fut recueillie par sa fille, Félicité de Lopriac, femme de

1. *Archives de la Loire-Inférieure*, v° Essé.
2. *Ibidem*.
3. *Registres paroissiaux du Teil*.
4. *Archives d'Ille-et-Vilaine*, E, 102.
5. *Archives de la Loire-Inférieure*, B, 987.

Louis-Joseph, marquis de Kerhoent ; ceux-ci vendirent, le 21 septembre 1766, la châtellenie de la Rigaudière à Pierre Petit, directeur général des fermes de Bretagne, mari de Gillette Morel ; ce dernier en fit aussitôt hommage au roi et conserva la Rigaudière jusqu'à la Révolution[1].

La châtellenie de la Rigaudière, qualifiée d'ancienne en 1623, se composait de trois seigneuries unies dès le xve siècle : la Rigaudière, Sucé et le Loroux.

La Rigaudière relevait directement du duc de Bretagne, puis du roi, comme nous l'avons vu ; c'était une haute justice, exercée au Teil, et dont le gibet se dressait sur la lande Hardineuse. Ses fiefs s'étendaient en le Teil, Essé, Janzé, et même dans la rue Vasselot, à Rennes[2]. Son domaine. proche comprenait le château de la Rigaudière, avec ses deux cours cernées de douves, sa chapelle, son colombier, ses bois et son étang ; – les métairies de la Porte, la Naschardière, le Rozay et la Pommeraye ; – le moulin à eau de la Rigaudière. Le tout fut acheté par Pierre Petit 71,745 livres.

La seigneurie de Sucé se trouvait également en la paroisse du Teil ; on y avait annexé aux siècles derniers la seigneurie et la terre du Rouvray, et les terres nobles de la Couldre, du Bois-Clérissay, de la Motte et du Plessix-Baume ; c'était également une haute justice, mais elle relevait de la châtellenie du Teil. Son domaine proche comprenait l'emplacement des anciens châteaux de Sucé et de la Motte, – la métairie de Sucé, – les étangs et moulins de la Motte et de Ricordel, – les métairies de la Couldre, du Plessix-Baume, de la Motte, du Rouvray, de la Pironnière, de la Gaignère, de l'Arturaye et des Petits-Champs.

Les fiefs de Sucé s'étendaient en Essé et au Teil. Le tout fut distrait de la Rigaudière en 1766 et acheté par Guillemette Le Gué, veuve de Jean Delisle, pour 105,000 livres[3].

Le troisième membre de la châtellenie de la Rigaudière était la seigneurie du Loroux, en la paroisse d'Essé ; c'était encore une haute justice relevant en partie du roi et en partie du sire du Teil ; ses fiefs s'étendaient en Essé, Chantepie, Brecé, Servon et Noyal-sur-Vilaine ; elle donnait à son possesseur les droits de fondation en l'église d'Essé et il était d'usage immémorial que les cloches de ce temple fussent mises en branle toutes les fois. que le seigneur du Loroux se dirigeait vers son église paroissiale. Le domaine proche se composait de « l'emplacement du chasteau du Loroux ô ses douves », avec un colombier, des garennes et des bois ; – de la métairie du Loroux, – de l'étang et des deux moulins à eau de même nom. La terre du Loroux fut également séparée de la Rigaudière en 1766 et achetée avec ses fiefs par Louis, comte de Langle, en même temps que

---

1. *Archives d'Ille-et-Vilaine*, E, 16.
2. *Ibidem*, C, 1818.
3. *Notice sur la Rigaudière*, par M. Amand de Léon.

le marquisat de Brie et Janzé, appartenant aussi à M. et Mme de Kerhoent[1].

Comme l'on voit, l'ensemble de la châtellenie de la Rigaudière était important. Un peu gêné au Teil par le baron de Châteaubriant, seigneur du Teil, le sire de la Rigaudière dominait entièrement à Essé et jouissait dans tout le pays d'une grande autorité.

RIMOU

« Rimou[2] semble avoir été dès le XIIe siècle une localité assez importante ; importance qu'elle devait sans doute à l'existence d'un pont qui établissait une communication entre les deux rives du Couasnon. Dans la grande charte de 1163 en faveur de Rillé, Raoul II, seigneur de Fougères, donne à cette abbaye la dîme des moulins, du passage et du cens de Rimou[3].

À cette époque, le baron de Fougères devait posséder la seigneurie entière de Rimou avec son château, bâti près du bourg et au bord du Couasnon, sa métairie l'avoisinant et les deux moulins assis près de la rivière. Mais de bonne heure le puissant seigneur abandonna à l'un de ses nobles vassaux tout le domaine proche de Rimou et lui concéda même un fief, parce que ce vassal s'obligea à devenir le sergent féodé de la châtellenie de Rimou que se réservait le sire de Fougères.

À partir de ce moment, il y eut deux seigneuries portant le nom de Rimou la châtellenie, membre de la baronnie de Fougères, comprenant toute la paroisse de Rimou et s'étendant même aux environs, et la terre seigneuriale de Rimou, gage féodé de la sergentise de cette châtellenie.

Nous n'avons pas à nous occuper ici de la seigneurie de Rimou, possédée à l'origine par une famille d'écuyers portant le nom de Rimou et éteinte au XVe siècle.

Quant à la châtellenie de Rimou, nous n'en dirons qu'un mot : elle demeura toujours entre les mains des barons de Fougères, qui l'unirent souvent à leurs châtellenies d'Antrain, de Marcillé et de Bazouges. Une seule fois, semble-t-il, Rimou fut distrait de Fougères, quand le duc d'Alençon démembra cette baronnie pour payer sa rançon aux Anglais. La châtellenie de Rimou fut alors vendue, le 4 août 1427, à un habitant de Vitré nommé Guillaume Pichot, moyennant 2,000 écus d'or ; mais cette vente fut annulée bientôt, car Jean V, duc de Bretagne, ayant acheté dès 1428 la baronnie même de Fougères, remboursa ledit Pichot et prit possession de Rimou en 1439[4].

D'après M. Maupillé, le revenu fixe de la châtellenie de Rimou ne consistait plus, au commencement du XVIIIe siècle, qu'en 236 livres en ar-

1. *Ibidem.*
2. Commune du canton d'Antrain, arrondissement de Fougères.
3. Maupillé, *Notices historiques sur le canton d'Antrain*, 70.
4. *Inventaire des archives du château de Nantes.*

gent et 59 boisseaux d'avoine[1]. Le baron de Fougères était seigneur supérieur et premier prééminencier de l'église de Rimou, à cause de sa châtellenie, mais le droit de fondation de la paroisse appartenait au seigneur de Rimou, dans le fief duquel elle se trouvait.

On voit encore aujourd'hui l'antique motte féodale du château de Rimou, baignée par les eaux du Couasnon ; c'est le dernier souvenir de la châtellenie.

La Rivaudière

n 1394 Robin de Baulon rendit aveu au sire de Betton pour sa seigneurie de la Rivaudière, en la paroisse de Chevaigné[2]. C'était un noble écuyer qui avait signé en 1379 l'acte d'association contre l'envahissement de la Bretagne par l'étranger. Il mourut en décembre 1401, laissant sa seigneurie à son fils aîné Éon de Baulon, époux de Marguerite de Québriac. Ceux-ci étaient eux-mêmes décédés en 1415 lorsque Pierre de Baulon, tuteur de leurs enfants mineurs, Robin et Isabeau, rendit aveu en leur nom au seigneur de Betton pour la terre de la Rivaudière[3]. Mais ce jeune Robin de Baulon mourut dès le mois de mai 1425, probablement avant d'avoir pu contracter d'alliance, et la Rivaudière échut à sa sœur Isabeau de Baulon, qui venait d'épouser Guillaume du Pontrouault, seigneur dudit lieu ; ce fut ce dernier qui fournit le minu de la succession de son beau-frère, mais il l'adressa directement au duc de Bretagne[4] ; toutefois, il rendit également aveu au sire de Betton en 1431. Nous avons déjà rencontré à Lassy ce seigneur du Pontrouault et ses successeurs, contentons-nous de nommer ceux-ci : Jean Ier du Pontrouault, époux de Marie de Pellan et mort le 29 septembre 1462 ; – Pierre du Pontrouault, décédé le 8 août 1468, sans enfants de sa femme Marie de la Chapelle ; – Jean II du Pontrouault, son frère, époux de Marie Chandrier, qui vit le 19 mai 1477 mourir sa grand'mère Isabeau de Baulon, et décéda lui-même le 5 août 1504, et François du Pontrouault, mort sans postérité le 1er avril 1538.

Mais à cette date ce dernier seigneur ne possédait plus la Rivaudière ; vers 1520 il l'avait donnée ou vendue à sa sœur Jacquette du Pontrouault, femme de Pierre Thierry, seigneur du Boisorcant. En 1522 cette dame mourut, et son fils aîné, Julien Thierry, fit aveu au duc, le 19 août, pour la seigneurie de la Rivaudière, qu'elle lui avait léguée. La même année Pierre Thierry fonda des messes en la chapelle du manoir de la Rivaudière, puis il se fit prêtre et mourut le 27 mai 1527. Quant à Julien Thierry, il ne survécut guère à son père et décéda au service du roi en juin

---

1. *Notices historiques sur le canton d'Antrain.*
2. Commune du canton de Saint-Aubin-d'Aubigné, arrondissement de Rennes.
3. *Archives du château de la Magnane.*
4. *Archives de la Loire-Inférieure*, v° Chevaigné.

1528 ; il ne laissait point d'enfants de son union avec Louise de Châteaubriant et ce fut son frère François qui hérita de la Rivaudière.

François Thierry, seigneur du Boisorcant et de la Rivaudière, épousa Françoise du Puy du Fou ; ce sont eux qui sont représentés dans la superbe verrière datée de 1550 qui garnit encore le chevet de l'église de Chevaigné. Décédé en 1566, François Thierry ne laissa que deux filles, Marguerite et Catherine ; la première épousa Jean d'Angennes, baron de Poigny, et conserva jusqu'en 1588 la propriété de la Rivaudière ; mais vers cette époque elle l'attribua, à titre de partage, à sa sœur Catherine, femme du farouche ennemi des Ligueurs René de la Guezille, chevalier de l'Ordre du roi et seigneur de la Tremblaye[1].

Cette dernière était veuve en 1598 et elle donna la Rivaudière à sa fille Renée de la Guezille, femme d'Urbain Turpin, seigneur de la Fresnaye de Crissé, qui possédait cette seigneurie en 1623. Deux ans plus tard, la Rivaudière fut vendue judiciairement et adjugée, le 17 novembre 1625, pour 68,000 livres, à Claude de Marbœuf ; mais usant de son droit lignager, Marguerite Thierry, qui vivait encore, en opéra le retrait par acte du 27 juin 1626[2].

Après le décès de Marguerite Thierry, arrivé en décembre 1631, la Rivaudière appartint à ses fils et petit-fils les marquis de Poigny, Jean d'Angennes † le 7 janvier 1637, Charles d'Angennes † le 17 juillet 1666, et Joseph d'Angennes † le 22 mars 1687. Ce dernier avait épousé d'abord Anne-Marie de Loménie de Brienne, puis Marie de Châtillon d'Argenton ; il laissait des enfants des deux lits et ses affaires passablement embrouillées. On résolut donc de vendre une partie de ses biens et, le 16 mai 1698, la terre seigneuriale de la Rivaudière fut achetée 65,000 livres par Pierre Castel, connétable de Rennes, et Jeanne Davy, sa femme[3].

Les acquéreurs de la Rivaudière en rendirent aveu au roi en 1703. Ils laissèrent deux enfants : Joseph Castel, inhumé à Chevaigné le 29 septembre 1721, et qualifié « seigneur de ladite paroisse », Perrine Castel, qui épousa à Rennes, le 11 juillet 1723, Mathurin Bréal, seigneur des Chapelles. Cette dame, devenue propriétaire de la Rivaudière, en fit hommage au roi en 1748 ; mais ayant perdu son mari, elle vendit cette seigneurie le 15 juin 1751, pour 93,000 livres, à Charles Hay, comte des Nétumières, et à Jeanne-Marguerite Hay de Tizé, sa femme[4].

Le nouveau seigneur de la Rivaudière ne la posséda pas longtemps ; il mourut dès le 11 juillet 1757, et ce fut sa fille, Marie-Félix Hay des Nétumières, qui hérita de cette terre ; elle épousa, le 17 juin 1766, Toussaint, marquis de Cornulier, et lui apporta la Rivaudière. Mais cette dame devint veuve dès le 11 décembre 1779 et mourut elle-même, âgée de vingt-

---

1. Frédéric Saulnier, *Seigneurs et seigneuries*, 17.
2. *Ibidem*.
3. *Archives de la Loire-Inférieure*, v° Chevaigné.
4. *Archives du château de la Magnane*.

huit ans, le 3 mai 1781, à la Rivaudière, qu'elle habitait. Son fils aîné, Toussaint de Cornulier, marquis de Châteaufremont, fut le dernier seigneur de la Rivaudière ; il épousa, le 28 avril 1788, Amélie de Saint-Pern de Ligouyer, et fut exécuté sur l'échafaud révolutionnaire de Paris le 19 juillet 1794[1].

Qualifiée de châtellenie dans les actes des deux derniers siècles, la Rivaudière relevait partie du roi et partie de la seigneurie de Betton ; elle avait aussi quelques terres relevant du Fief-Morblé. Il y eut longtemps discussion entre les seigneurs de Betton et ceux de la Rivaudière pour la mouvance du manoir et du fief de ce nom ; nous avons vu que les seigneurs de la Rivaudière aimaient à rendre aveu directement au duc de Bretagne ; toutefois, le sire de Betton obtint en juin 1509 des lettres patentes de Louis XII lui confirmant le don que lui avait fait Anne de Bretagne de la proche mouvance de la Rivaudière, « devant à l'avenir relever de la châtellenie de Betton[2] ». Mais cette question fut de nouveau soulevée au XVIIe siècle et résolue cette fois en 1667 en faveur des seigneurs de la Rivaudière, qui rendirent dès lors sans conteste directement hommage au roi.

La châtellenie de la Rivaudière se composait, à partir du XVIe siècle, de deux seigneuries : la Rivaudière et la Motte de Chevaigné.

La seigneurie de la Rivaudière consistait en onze principaux fiefs s'étendant en Chevaigné, Betton, Melesse, L'Hermitage, Montreuil-sur-Ille, Mouazé, Saint-Aubin-d'Aubigné, Feins, Saint-Martin et Toussaints de Rennes. Ses fourches patibulaires s'élevaient en 1531 sur la lande Gautret, près de Mouazé. Sa haute justice s'exerçait au bourg de Chevaigné, et les manoirs de la Gavouyère en Saint-Aubin-d'Aubigné, de la Piglaye et du Gahil en Mouazé relevaient d'elle.

Le domaine proche comprenait dès 1394 le manoir de la Rivaudière et les métairies nobles de la Rivaudière, du Bois-Robert et de la Hirdelaye ; – le moulin de Choisel, – la dîme de la Clairejandière, etc[3].

La seigneurie de la Motte de Chevaigné se composait seulement de trois fiefs en Chevaigné ; elle relevait de la baronnie d'Aubigné et lui devait « chacun an, au jour de foire Nostre-Dame de la my-aoust, une paire de gants blancs ô foy et hommage sans rachapt ». Mais pour rendre ce devoir au baron d'Aubigné, le sire de Chevaigné n'avait pas besoin d'acheter de gants, car il lui était à lui-même dû par un vassal du grand bailliage de Chevaigné, « chacune feste de Noël, une paire de gants offerts à la porte de l'église de Chevaigné, à l'issue de la messe de minuit[4] ».

Le seigneur de Chevaigné jouissait aussi du droit de lever des coutumes dans toute l'étendue de la baronnie d'Aubigné, aux ponts de Che-

1. *Généalogie de la maison de Cornulier.*
2. *Archives du château de la Magnane.*
3. *Archives de la Loire-Inférieure.*
4. *Archives du château de la Magnane.*

vaigné, de Pontillet, de Melesse et de Janczon. Enfin à la Motte de Chevaigné appartenaient les droits de fondation et de prééminence dans l'église paroissiale de Chevaigné.

Quant au domaine proche de cette seigneurie, il se composait de l'ancien manoir devenu métairie noble de la Motte de Chevaigné, des moulins de la Motte et du Pont, des bois de la Motte et des landes de Gauterel[1].

L'ensemble de la châtellenie de la Rivaudière, s'étendant en dix paroisses, valait au siècle dernier environ 7,000 livres de rente, en y comprenant les revenus et casuels des fiefs, qui rapportaient 2,300 livres[2].

Aujourd'hui l'on retrouve au bord du canal d'Ille-et-Rance la Rivaudière et la Motte de Chevaigné, devenues de simples métairies ; cette dernière n'offre plus de cachet d'antiquité, mais la Rivaudière présente encore une portion de manoir gothique de la fin du XVe siècle. On y remarque surtout une tourelle octogonale sur la façade et une lucarne à fronton aigu, ornée d'un écusson qui semble être celui des du Pontrouault. L'ancien colombier est également debout, mais la chapelle construite dans un bois futaie, au bord de la rivière d'Ille, a complètement disparu.

La Rivaudière appartient aujourd'hui à M. du Boisbaudry.

LA ROCHE-MONTBOURCHER

ans un frais vallon de la paroisse de Cuguen[3] se dressent sur un rocher que baignait jadis un étang les ruines pittoresques d'une antique forteresse ; le donjon, de forme carrée, et une tour ronde dominent un amoncellement de blocs cimentés, derniers vestiges de murailles écroulées depuis des siècles ; la porte du donjon, que précédait un pont-levis, est à une grande hauteur au-dessus du sol, comme la porte du château de Combour.

Ces intéressants débris d'architecture militaire du Moyen Âge sont tout ce qui demeure du château de la Roche, appelé, du nom de ses propriétaires, d'abord la Roche-Espine, puis la Roche-Montbourcher[4].

La famille l'Espine était très considérée au XIIe siècle dans le pays de Combour ; elle possédait en Cuguen deux belles seigneuries : la Roche et le Plessix. Eudon l'Espine figure vers 1160 parmi les bienfaiteurs de l'église de Cuguen ; Hamon l'Espine fut fait prisonnier à Dol en 1173 ;

1. *Ibidem.*
2. Laisné, *Généalogie de la maison de Cornulier.*
3. Commune du canton de Combour, arrondissement de Saint-Malo.
4. D'après Potier de Courcy (*Nobiliaire de Bretagne*, III, 48), la Roche donna son nom à une famille noble portant : *de gueules à deux léopards d'or* et représentée par Brice de la Roche, croisé en 1202, et Geoffroy de la Roche, son petit-fils, créé chevalier au combat des Trente en 1350.

Geoffroy l'Espine, qualifié chevalier en 1190, prit part en 1205 aux États de Vannes ; enfin autre Geoffroy l'Espine se croisa en 1248.

Les sceaux de ces chevaliers portaient leurs armoiries : *trois écus, placés 2, 1, avec des merlettes en orle*[1].

Au XIIIe siècle, Julienne l'Espine épousa Guillaume, sire de Montbourcher, et lui apporta vraisemblablement en dot le château et la seigneurie de la Roche, qui prirent alors le nom conservé jusqu'à nous. En 1259 Julienne l'Espine était veuve, et elle fit une donation à l'abbaye de la Vieuville du consentement de son fils Geffroy de Montbourcher[2]. Nous avons déjà parlé de ce Geffroy Ier, sire de Montbourcher, et de ses successeurs, Guillaume II, – Geffroy II † 1330, – Jean, – Guillaume III, – Bertrand Ier – et Bertrand II, tous sires de Montbourcher. Ce dernier seigneur rendit aveu au baron de Combour en 1461 et 1471 pour sa seigneurie de la Roche-Montbourcher. Son fils et successeur, Guillaume IV de Montbourcher, épousa Françoise Thierry, fille du seigneur du Boisorcant.

C'est vers le même temps que la Roche-Montbourcher vint aux mains de la famille Thierry. En 1503, en effet, cette seigneurie appartenait à Michel Thierry, seigneur de la Prévalaye, frère de la dame de Montbourcher et mari de Marguerite Boisvin. À partir de cette époque et jusqu'à la Révolution, les seigneurs de la Prévalaye furent en même temps seigneurs de la Roche ; ils voulurent même appeler cette terre la Roche-Thierry[3] et rendirent quelques aveux en la nommant ainsi, mais le nom de Roche-Montbourcher est vulgairement resté au vieux château. Comme nous avons donné précédemment la liste généalogique des seigneurs de la Prévalaye, nous ne la répéterons pas ici. Signalons seulement le don à viage de la Roche-Montbourcher fait par un seigneur de la Prévalaye à son frère cadet, l'abbé Hyacinthe Thierry de la Prévalaye, recteur de Grandchamp en 1696 et mort en 1716[4]. Disons aussi que le dernier seigneur de la Roche-Montbourcher, Pierre-Dymas Thierry, marquis de la Prévalaye, avait une sœur, Monique Thierry, mariée à Pelage de Coniac, seigneur d'Allineuc ; c'est le petit-fils de ces derniers, M. Pelage de Coniac, qui possède encore présentement la terre de la Roche-Montbourcher.

Châtellenie d'ancienneté, la Roche-Montbourcher relevait de la baronnie de Combour comme juveignerie d'aîné. C'était une haute justice composée d'une douzaine de fiefs s'étendant en Cuguen, Combour, Dingé et Noyal-sous-Bazouges[5].

En 1530, François Thierry fut maintenu en possession des préémi-

1. Dom Morice, *Preuves de l'Histoire de Bretagne*.
2. *Revue historique de l'Ouest*, XI, 82.
3. Au XVIe siècle, les seigneurs de la Roche-Montbourcher usaient d'un sceau portant les armoiries des Thierry : *d'azur à trois têtes de lévrier d'argent, coupées et accolées de gueules, bouclées et clouées d'or*, avec la légende S. DE LA COURT DE LA ROCHE-THIERRY (*Archives de la Roche-Montbourcher*).
4. *Archives de la Roche-Montbourcher*.
5. *Archives du château de Combour*.

nences de l'église de Cuguen, dont il était le fondateur ; le sire de la Roche-Montbourcher avait également des droits honorifiques en l'église de Noyal-sous-Bazouges et le patronage du petit prieuré de la Roche-Montbourcher, membre de l'abbaye du Tronchet et fondé près de son château par ses prédécesseurs à une époque très reculée. Le domaine proche de la seigneurie comprenait le château de la Roche-Montbourcher avec ses pourpris, colombier, etc. ; – les métairies de la Roche et de la Fosse-Pornichet ; – les moulins à eau de la Roche et de la Busnelière ; – l'étang et le bois de la Roche, etc.[1].

Le château de la Roche-Montbourcher était, comme nous l'avons dit en commençant, une forteresse d'une certaine importance. Pendant la guerre de la Ligue, il fut occupé par le parti du duc de Mercœur ; mais Saint-Luc, lieutenant général pour le roi en Bretagne, vint l'assiéger et s'en rendit maître en 1595[2]. Il est probable qu'à la pacification, la vieille Roche-Montbourcher subit le sort de beaucoup d'autres châteaux et fut démolie sur la demande des États de Bretagne.

ROMILLÉ

a châtellenie de Romillé, dont le chef-lieu se trouvait au bourg même de ce nom[3], est une de ces vieilles seigneuries dont on ignore l'origine ; c'était peut-être bien une création des sires de Bécherel, issus des barons de Dinan.

Toujours est-il que la première mention faite de la seigneurie de Romillé est à propos de Guillaume de Tinténiac, sire dudit lieu, de Bécherel et de Romillé en 1303[4]. Or, ce seigneur tenait Bécherel de sa mère, Havoise d'Avaugour, femme d'Olivier de Tinténiac.

Quoi qu'il en soit, Romillé demeura longtemps entre les mains des barons de Bécherel : Olivier de Tinténiac, mari d'Eustaice de Châteaubriant, – Briand de Tinténiac, leur fils, décédé sans postérité, – Jean de Tinténiac, frère du précédent, et l'un des héros du combat des Trente en 1350, époux de Jeanne de Dol, – et Isabeau de Tinténiac, leur fille, qui épousa Jean de Laval, sire de Châtillon en Vendelais.

De cette dernière union naquit Jeanne de Laval, qui épousa d'abord le connétable Bertrand du Guesclin, puis son cousin Guy XII, comte de Laval, et mourut le 27 octobre 1433[5].

Les comtes de Laval Guy XIII et Guy XIV possédèrent ensuite Romillé, et ce dernier rendit aveu au duc de Bretagne pour cette seigneurie le 23 février 1469 ; il déclara en avoir hérité de sa mère, Anne de Laval,

---

1. Déclarations de la Roche-Montbourcher en 1628 et 1667.
2. *Mémoires de Montmartin.*
3. Commune du canton de Bécherel, arrondissement de Montfort.
4. Du Paz, *Histoire généalogique de plusieurs maisons de Bretagne*, 577.
5. *Ibidem.*

décédée en 1466[1].

Guy XIV, comte de Laval, épousa d'abord Isabeau de Bretagne, puis Françoise de Dinan, et mourut le 2 septembre 1486.

Ce fut un fils issu de son second mariage, François de Laval, alors sire de Montafilant, qui reçut en partage la terre de Romillé.

Devenu baron de Châteaubriant à la mort de sa mère, arrivée en 1500, François de Laval mourut lui-même le 5 janvier 1503, laissant Romillé à son fils, Jean de Laval, baron de Châteaubriant. Ce dernier fournit des aveux de la seigneurie de Romillé en 1506 et 1510[2] ; il la possédait encore en 1513, mais il dut la vendre quelque temps après à Pierre Thierry, seigneur du Boisorcant, car celui-ci eut pour successeurs ses deux fils, Julien et François, et en 1531 ce dernier fournit au roi un double minu de la seigneurie de Romillé, comme héritier de son père † 1527 et de son frère † 1528[3].

Les seigneurs du Boisorcant, que nous connaissons, conservèrent durant tout le XVIe siècle la châtellenie de Romillé, que possédait encore en 1611 Marguerite Thierry, veuve de Jean d'Angennes, baron de Poigny. Ce dut être cette dame qui la vendit en 1627 à Jean de Saint-Gilles, seigneur de Perronnay et de la Durantaye. Ces deux dernières seigneuries, sises en Romillé, relevaient de la châtellenie de ce nom, de sorte que le nouveau propriétaire de Romillé, unissant le tout, se créa une très belle seigneurie tenue directement du roi.

Ce Jean de Saint-Gilles épousa en 1639 Renée du Breil, fille du comte de Pontbriand ; il fit en 1653 rebâtir le château de Perronnay, dont les fortifications avaient été rasées pendant les guerres de la Ligue, et rendit hommage au roi en 1660 pour sa châtellenie de Romillé[4]. Il eut pour successeur son fils aîné René-Nicolas de Saint-Gilles, marié en 1663, en la chapelle du château de Trans, avec Françoise du Boisbaudry, fille du baron de Trans ; mais celui-ci mourut jeune, vers 1671, et en 1680 c'était ses enfants mineurs qui possédaient Romillé sous la tutelle de leur aïeule Renée du Breil.

L'aîné de ces enfants, Jean-Baptiste de Saint-Gilles, seigneur de Romillé, épousa en 1688 Jeanne-Marquise du Guesclin, fille du seigneur de la Roberie, et mourut dès le 15 janvier 1693. Son fils aîné, Jean-Baptiste-René, qualifié marquis de Saint-Gilles, rendit aveu au roi en 1703 pour sa châtellenie de Romillé[5] ; il épousa à Campénéac, le 27 juillet 1716, Marie-Angélique de Trécesson, fille du comte de Trécesson. De cette union naquit Jean-Polycarpe, marquis de Saint-Gilles et seigneur de Romillé, qui s'unit à Charlotte Magon de la Lande et mourut émigré à Mons, le 21

1. Cette dame avait épousé Jean de Montfort, qui avait pris le nom de Guy XIII, comte de Laval.
2. *Archives de la Loire-Inférieure*, v° Romillé.
3. *Ibidem*.
4. *Ibidem*, B, 987.
5. *Archives de la Loire-Inférieure*, B, 452.

mai 1792. Il laissait un neveu, Joseph de Saint-Gilles, qui prenait dès 1780 le titre de marquis de Romillé. En 1794, le Directoire de Rennes, prétendant émigré ce dernier seigneur, mit sous séquestre la terre de Romillé comme bien lui appartenant[1].

Comme beaucoup d'anciennes seigneuries, celle de Romillé n'avait qu'un assez petit domaine proche : c'était dans la ville de ce nom une grosse motte de terre, « emplacement d'ancien chasteau et forteresse » ; ce château était encore debout en 1480, mais il fut détruit peu après, pendant la dernière guerre de l'indépendance bretonne[2] ; – les halles dudit Romillé, « basties sur posts de bois, et les maisons de la Geolle ou prison et de l'Auditoire, adjoignantes auxdites halles » ; – la forêt de Romillé, contenant 200 journaux de terre ; – l'étang et le moulin de Boucquillé, et le moulin à eau de la Cage[3].

Féodalement, cinq bailliages seulement composaient la châtellenie, mais les mouvances comprenaient la plupart des maisons nobles de la paroisse. La haute justice de Romillé, exercée le jeudi au bourg ou petite ville de ce nom, avait ses fourches patibulaires à quatre piliers élevées dans le clos de la Justice, au bord du chemin de Romillé à Rennes ; un poteau ayant ceps et collier se dressait au « grand bout des halles ». Sous ces halles et « places circonvoisines » se tenaient un marché tous les jeudis et trois principales foires fixées à la fête de saint Aubin (1er mars), à l'Ascension et au 15 septembre.

Conjointement avec le seigneur de Bécherel, celui de Romillé avait droit de menée au présidial de Rennes, le quatrième jour des plaids généraux ; il était « en possession d'avoir francs de fouages et tailles deux forestiers, un sergent et un grenetier » ; enfin il était seigneur fondateur de l'église de Romillé et y avait au chanceau son banc clos à queue et accoudoir, son tombeau avec enfeu et ses armoiries « tant peintes ès vitres que gravées ès murailles[4] ».

Nous avons dit que Jean de Saint-Gilles avait uni à la seigneurie de Romillé celles de Perronnay et de la Durantaye ; cette union lui procura un domaine assez considérable comprenant, en dehors de celui de Romillé le château de Perronnay et le manoir de la Durantaye, avec leurs chapelles et colombiers, – les métairies de Perronnay, la Durantaye, le Guyoche, Boucquillé, Launay et la Ville-Hattes, – les moulins et étangs de Perronnay et de la Durantaye, etc. En outre, le seigneur de Perronnay jouissait des fiefs de Perronnay, de la Durantaye, de Maillechapt et de Balansac, lesquels formaient à l'origine quatre petites seigneuries distinctes ; à cause de ces diverses terres nobles, il possédait dans l'église de Romillé une chapelle prohibitive dédiée au Sauveur et appelée chapelle

---

1. *Registres du Directoire de Rennes*, VII, 25. – *Archives d'Ille-et-Vilaine*, 1 Q, 271.
2. *Bretagne contemporaine, Ille-et-Vilaine*.
3. Aveu de la seigneurie de Romillé en 1541.
4. *Ibidem*, en 1680.

de Perronnay, et des bancs avec écussons et pierres tombales devant les autels de Notre-Dame et de Saint-Nicolas.

La destruction du château de Romillé et la résidence qu'affectionnait en dernier lieu son seigneur en celui de Perronnay faisaient souvent donner à toute la châtellenie le nom de Perronnay ; mais, comme on l'a vu, ce titre de châtellenie n'appartenait réellement qu'à Romillé.

Présentement, la motte de Romillé, encore debout au milieu du bourg, rappelle seule le souvenir des anciens seigneurs du lieu. Quant au château de Perronnay, il appartient à M. de la Hamelinaye.

Saint-Aubin-du-Cormier

e fut en 1223 que le duc Pierre Mauclerc commença la construction – à l'extrémité de la forêt de Rennes faisant partie du domaine ducal – du château de Saint-Aubin-du-Cormier[1] ; la forteresse fut achevée en 1225, et cette année-là le prince accorda de larges privilèges à ceux qui viendraient habiter le nouveau château et ces alentours. L'acte de cette concession fut solennellement approuvé à Nantes la veille de la Pentecôte par tous les grands seigneurs de Bretagne, et ses privilèges furent confirmés par les successeurs de Pierre Mauclerc, notamment en 1427 par le duc Jean V[2].

Ce dernier prince fit aussi faire de grands travaux à Saint-Aubin ; non seulement en 1435 il ordonna la construction de la belle chapelle qui s'élevait dans la cour intérieure, mais il augmenta beaucoup les fortifications extérieures ; son œuvre fut complétée par d'autres travaux de même genre accomplis plus tard par le duc François II[3].

Aussi, dit d'Argentré, le château de Saint-Aubin-du-Cormier, « petite place quant à l'enclos », devint « telle forteresse que de ce temps-là elle estoit imprenable à tous hommes, estant deffendue et garnie d'hommes et de vivres. Ce chasteau dura jusques à quelques ans après la journée de Saint-Aulbin (1488) ; lequel estant rendu par composition aux François, le roi Charles VIII le fist demolir comme encore il est. Mais la structure en fut telle que nul ouvrier ne scauroit encore aujourd'huy, à force de marteaux, rompre ny tirer plus de son faix de pierre, tant il estoit bien cimenté et la muraille bonne et telle qu'il ne s'en fait plus[4]. »

Entouré d'une double enceinte de murailles et de tours que baignaient les eaux d'un étang, le donjon de Saint-Aubin était de forme mono-cylin-

---

1. Chef-lieu de canton, arrondissement de Fougères.
2. Dom Morice, *Preuves de l'Histoire de Bretagne*, I, 854, et II, 1177. Ces privilèges consistaient surtout en exemptions de certains impôts et en droits d'usage dans la forêt de Rennes. Après l'union de la Bretagne à la France, tous nos rois les confirmèrent.
3. Voyez les *Mémoires de l'Association Bretonne*, 1893, p. 182.
4. *Histoire de Bretagne*, 1re édition, 290.

drique ; il n'en reste qu'une moitié dans le sens de la verticale. « La sape et la mine, écrit M. de la Borderie, ont fait sauter depuis le bas jusqu'en haut toute une moitié du cylindre ; l'autre reste debout, montrant la trace des divers étages, les cheminées accrochées aux parois, les volées d'escalier pendantes et rompues, tout l'intérieur de la tour, et levant au ciel un front ravagé qui semble protester contre la mutilation de l'édifice. Ce magnifique fragment a une cinquantaine de pieds de hauteur[1]. »

Nous ne pouvons entreprendre l'histoire de Saint-Aubin-du-Cormier, qui fut plusieurs fois assiégé, notamment en 1341 par Charles de Blois et en dernier lieu par Louis de la Trémoille ; il donna son nom à la funeste bataille du 28 juillet 1488 qui se livra dans ses environs et qui décida du sort de la Bretagne, définitivement vaincue par la France. Nommons seulement quelques-uns des braves capitaines qui le défendirent : Jean de Saint-Gilles (1367), Jean du Hallay (1381), Georges Chesnel (1402), Arthur Bricart (1458) et l'héroïque Guillaume de Rosnyvinen qui, en 1487, excita l'admiration de ses adversaires.

La châtellenie de Saint-Aubin-du-Cormier avait pour domaine proche le château de ce nom et toute la forêt de Rennes ; ses fiefs s'étendaient dans les quatre paroisses de Saint-Aubin, Liffré, Gosné et Ercé-sous-Liffré. Elle fit toujours partie du domaine ducal, puis royal. Mais nos souverains, tant les ducs de Bretagne que les rois de France, la donnèrent souvent temporairement en apanage ou en récompense. C'est ainsi qu'elle fut concédée à deux princesses bretonnes pour partie de leurs douaires : Yolande de Dreux, veuve du duc Arthur II, en 1312, et la Bienheureuse Françoise d'Amboise, veuve du duc Pierre II, en 1457. Plus tard, en 1496, la duchesse Anne fit don de Saint-Aubin à son chancelier Philippe de Montauban ; le roi François Ier fit la même chose en 1516 en faveur de Jean, sire d'Acigné, et en 1554 le roi François II accorda également l'usufruit de Saint-Aubin au maréchal de Saint-André.

La position du château de Saint-Aubin-du-Cormier est vraiment belle ; il est assis sur la crête d'un mamelon d'où les regards plongent sur une large et fertile vallée qui se prolonge, dans ses vertes ondulations, jusqu'aux collines et aux murs de Fougères.

Saint-Énogat

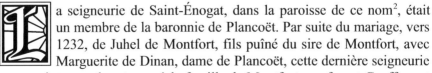 a seigneurie de Saint-Énogat, dans la paroisse de ce nom[2], était un membre de la baronnie de Plancoët. Par suite du mariage, vers 1232, de Juhel de Montfort, fils puîné du sire de Montfort, avec Marguerite de Dinan, dame de Plancoët, cette dernière seigneurie appartint assez longtemps à la famille de Montfort ; ce furent Geoffroy et Olivier de Montfort qui fondèrent en Saint-Énogat, au commencement du

---

1. *Mémoires de l'Association Bretonne*, 1886, p. 186.
2. Saint-Énogat, commune du canton de Dinard, arrondissement de Saint-Malo.

XIVe siècle, le prieuré de Dinart ; ils furent inhumés dans l'église de cette maison, et l'on y voit encore leurs belles statues tumulaires. Mais Pierre de Montfort, sire de Plancoët en 1346, ne laissa qu'une fille, Jeanne de Montfort, qui épousa Pierre du Guesclin, seigneur du Plessix-Bertrand, et lui apporta la terre de Plancoët[1].

Plus tard, Typhaine du Guesclin, femme de Pierre Tournemine, sire de la Hunaudaye, vit son château de Plancoët pris et rasé par le duc Jean IV en 1389 ; mais elle vendit en 1417 à son successeur, le duc Jean V, la seigneurie de Plancoët, c'est-à dire « les ville, chastel et mottes de Plancoët, de Sainct-Énogat et de la Motte-aux-Montfortins[2], ô leurs fonds, appartenances et dependances ». Le 24 octobre 1420, Jean V céda ces terres et seigneuries à Robert de Dinan, baron de Châteaubriant[3]. La nièce et héritière de celui-ci, Françoise de Dinan, femme de Guy XIV, comte de Laval, les donna à son fils, François de Laval, baron de Châteaubriant, père de Pierre de Laval, sire de Montafilant ; mais ce dernier mourut en 1524, sans laisser d'enfants de sa femme Françoise Tournemine.

Vers cette époque la châtellenie de Saint-Énogat fut démembrée de Plancoët et fut elle-même divisée : le grand bailliage de Saint-Énogat, ne comprenant pas moins de douze fiefs, fut vendu le premier ; les du Breil, sires de Plumaugat, l'achetèrent, et il finit par être uni à la châtellenie de Pontual. Quant au reste de la seigneurie de Saint-Énogat, comme l'ancien château de ce nom s'y trouvait, on lui conserva le titre de châtellenie. C'était au commencement du XVIIe siècle la propriété de Jean d'Avaugour et de Marguerite d'Illiers, seigneur et dame du Bois-de-la-Motte ; mais, le 2 juin 1634, ils vendirent cette terre seigneuriale de Saint-Énogat à François Ladvocat, seigneur de la Crochaye, et à Françoise du Breil, sa femme. Ceux-ci en rendirent aveu au roi le 15 avril 1638[4].

À partir de cette époque et jusqu'à la Révolution, la famille Ladvocat, qui ordinairement habitait en Ploubalay le manoir de la Crochaye, posséda Saint-Énogat. En 1653 fut inhumée en l'église de Saint-Énogat Françoise du Breil ; dame de la paroisse[5].

François Ladvocat, seigneur de la Crochaye et fils des précédents, épousa Perronnelle du Dresnay. Il en eut Jean Ladvocat, également seigneur de la Crochaye, époux de Claudine du Breil, qui rendit aveu au roi en 1678 pour sa châtellenie de Saint-Énogat[6] et mourut le 18 décembre 1714.

René Ladvocat, fils de Jean, seigneur de la Crochaye, rendit aveu

---

1. De Barthélemy, *Mélanges archéologique sur la Bretagne*.
2. Terre noble en Pleurtuit, qui tirait son nom de sa motte féodale et de ses possesseurs, les sires de Monfort-Plancoët.
3. *Lettres de Jean V*, III, 11 et 35.
4. *Archives de la Loire-Inférieure*, v° Saint-Énogat.
5. Abbé Paris-Jallobert, *Registres paroissiaux de Saint-Énogat*.
6. *Archives nationales*, P. 1710.

pour Saint-Énogat en 1715 et en fit hommage au roi en 1729[1] ; il prenait les titres de vicomte de Dinan et de chevalier de Saint-Lazare et décéda à la Crochaye le 16 mai 1743. Deux jours après il fut inhumé dans le cimetière, à la porte de l'église de Saint-Énogat, suivant ses dernières volontés. Il laissait deux fils qui furent successivement après lui seigneurs de la Crochaye et de Saint-Énogat : Jean Ladvocat, qui fournit aveu pour Saint-Énogat en 1714, épousa Marie Durand et mourut sans postérité, et François-Xavier Ladvocat, qui rendit aveu également pour Saint-Énogat en 1757[2], et s'unit à Marie-Rose Chrestien de Tréveneuc.

Claude Ladvocat, probablement fils de ces derniers, dut être le dernier seigneur de Saint-Énogat ; en 1792, sa veuve, Élisabeth Rouxel, en qualité de tutrice des enfants qu'elle avait eus de lui, réclama contre sa prétendue émigration et le sequestre mis sur ses biens en Saint-Énogat. Cette dame habitait alors la Provôtaye en Corseul[3].

La châtellenie de Saint-Énogat n'avait en dernier lieu pour domaine proche que « l'emplacement du chasteau de ladite chastellenie, sis en la paroisse de Saint-Énogat et joignant la rivière de Rance, avec son colombier, ses garennes, nielles, vallons et deports, le tout contenant dix journaux de terre[4] ».

Saint-Énogat relevait directement du roi et jouissait d'une haute justice s'étendant sur quelques fiefs dans la paroisse. Le seigneur de Saint-Énogat avait des droits de « bouteillage, coustume et trespas au port de Dinart » ; tous les bateliers passant de Dinard à Saint-Malo devaient devant lui « comparoir pour recevoir police, et lui doibvent lesdits bateliers chacun 60 sols pour an pour ledit passage ». Enfin, les droits de supériorité et de fondation dans l'église de Saint-Énogat et ceux de fondation seulement dans l'église priorale de Dinard appartenaient au seigneur de Saint-Énogat[5] ; aussi avait-il dans ces sanctuaires les prééminences, avec bancs et enfeus, et l'on y voyait au siècle dernier peintes et sculptées ses armes : *d'azur à la bande dentelée d'argent, accostée de trois coquilles d'or, 2, 1*, qui est Ladvocat.

Ce château de la châtellenie de Saint-Énogat, dont il ne restait plus que l'emplacement au bord de la Rance, devait être le château de Dinart célébré dans le Roman d'Aquin :

> En Dinart est riche garnison ;
> Fors d'une part assauldre n'y peut-on,
> Car mer y enclot par tretout environ.

Cette forteresse s'élevait, en effet, sur le promontoire de Dinart, à

1. *Archives de la Loire-Inférieure*, B, 1029.
2. *Ibidem*, v° Saint-Énogat.
3. *Archives d'Ille-et-Vilaine*, Directoire de Rennes.
4. Aveux de la seigneurie de Saint-Énogat en 1638 et 1678.
5. *Ibidem*.

l'embouchure de la Rance et en face de la grande mer, à peu près là où fut créé, à la fin du dernier siècle ou au commencement de celui-ci, un fort moderne aujourd'hui abandonné. Cette position est singulièrement forte, et l'on comprend bien qu'au Moyen Âge on y ait construit un château pour surveiller l'entrée de la Rance.

SAINT-GILLES

Le château de Saint-Gilles, en la paroisse de ce nom[1], a été le berceau d'une des plus anciennes familles nobles de Haute-Bretagne. Ses premiers membres connus sont Guillaume de Saint-Gilles, vivant en 1163, et Hervé de Saint-Gilles, qui se croisa en 1248. À cette dernière date vivait aussi Tison Ier de Saint-Gilles, seigneur dudit lieu, dont Agathe de la Barre était veuve en 1272[2]. Ce seigneur laissa trois fils : Bertrand, seigneur de Saint-Gilles, Tison, seigneur de Betton en 1276, et Guillaume, inhumé en 1286 chez les Cordeliers de Rennes[3].

Bertrand de Saint-Gilles, seigneur dudit lieu dès 1266, eut pour fils Tison II, sire de Saint-Gilles, mari en 1283 de Perronnelle de Montfort, fille d'Eudon[4] ; devenu veuf, Tison II se remaria avec Amette de Maure. Vinrent ensuite Guillaume de Saint-Gilles et Jean de Saint-Gilles, son fils. Nous avons le sceau de ce dernier, capitaine de Saint-Aubin-du-Cormier en 1367, aussi bien que celui d'Olivier de Saint-Gilles, qui ratifia en 1381 le traité de Guérande ; ces sceaux présentent un *semé de fleurs de lys d'argent sur champ d'azur*, blason que porte encore la famille de Saint-Gilles.

Le 12 novembre 1394, Jean, sire de Saint-Gilles, rendit aveu au duc de Bretagne pour son manoir et partie de sa seigneurie de Saint-Gilles ; il épousa Constance de Rosmadec, qu'il laissa veuve le 9 janvier 1442 ; le 8 juin suivant, leur fils aîné, Guillaume de Saint-Gilles, fournit au duc le minu de sa terre de Saint-Gilles[5]. Ce Guillaume s'unit à Jeanne de Rohan, qui devint veuve à son tour le 5 août 1462.

Bertrand de Saint-Gilles, fils des précédents, rendit aveu pour la seigneurie de Saint-Gilles en 1464, et épousa 1° Marguerite de Coëtlogon, 2° Catherine de l'Hôpital ; celle-ci vivait encore quand il mourut, vers 1492. Cette année-là, en effet, sa succession fut recueillie par sa fille, Anne de Saint-Gilles, qui avait épousé, par contrat du 22 mai 1475, Guillaume Le Lionnays, seigneur du Ponthay en Plouer[6].

Guillaume Le Lionnays et sa femme firent aveu au duc en 1492 pour

---

1. Commune du canton de Mordelles, arrondissement de Montfort.
2. Dom Morice, *Preuves de l'Histoire de Bretagne*, I, 1027.
3. *Cartulari Sancti Melanii*, 215 et 217. *Necrol. Sancti Francisci Redhon.*
4. *Généalogie ms. de la maison de Rieux.*
5. *Archives de la Loire-Inférieure*, v° Saint-Gilles.
6. *Archives du château de la Magnane.*

leur seigneurie de Saint-Gilles ; mais Anne de Saint-Gilles étant morte dès avril 1498, cette seigneurie échut à sa fille, Mathurine Le Lionnays, qui, femme de François de Saint-Amadour, seigneur de Tizé, rendit aveu pour Saint-Gilles en 1501[1].

Ce fut encore la fille de ces derniers seigneurs, Anne de Saint-Amadour, mariée le 5 avril 1513 avec François de Malestroit, seigneur de Keraer, qui hérita de la seigneurie de Saint-Gilles ; elle en fit aveu au roi en 1519. Devenue veuve en 1529, elle se remaria avec Geffroy Bouan, avec qui elle rendit de nouveau aveu pour Saint-Gilles en 1541[2].

De son premier mariage Anne de Saint-Amadour avait un fils, Claude de Malestroit, seigneur de Keraer, et une fille, Jeanne de Malestroit, mariée en 1542 à François de Montbourcher, seigneur du Bordage. Lorsqu'en mai 1563 mourut la dame de Saint-Gilles, son petit-fils René de Malestroit, seigneur de Keraer, représentant son propre père Claude, alors décédé, donna en partage la châtellenie de Saint-Gilles à son cousin René de Montbourcher, encore sous la tutelle de son père et représentant sa mère, Jeanne de Malestroit, également décédée[3].

René de Montbourcher, sire du Bordage, devint donc seigneur de Saint-Gilles, terre pour laquelle il fit aveu au roi en 1565 et 1573. Il la laissa en mourant, le 23 janvier 1593, à son fils, autre René de Montbourcher, seigneur du Bordage ; celui-ci la vendit à réméré, en 1598, à François Bonnier et Julienne Busnel, seigneur et dame de la Gaudinaye, mais ne tarda pas à la racheter, car il en rendit encore aveu en 1604. Après la mort de René de Montbourcher, décédé en 1647, son fils aîné donna la terre seigneuriale de Saint-Gilles, par indivis, à ses quatre sœurs, les dames de Mesneuf, de Craville et de Montgommery, et Débora de Montbourcher ; mais pour ne pas diviser la châtellenie, les trois dernières cédèrent en 1650 à la première, moyennant finances, tous leurs droits sur Saint-Gilles[4].

C'est ainsi qu'Henriette de Montbourcher, femme de Paul du Bouays, seigneur de Mesneuf, demeura seule propriétaire de la châtellenie et vint avec son mari habiter le château de Saint-Gilles. Mais huit ans plus tard, ils étaient morts l'un et l'autre, et le tuteur de leurs enfants mineurs rendit aveu au roi en leur nom, le 12 avril 1658, pour la terre de Saint-Gilles[5]. L'aîné de ces enfants, René du Bouays, qualifié comte de Saint-Gilles, épousa : 1° en 1674, Élisabeth de l'Isle du Gast, 2° Henriette de la Chapelle, décédée le 11 février 1685. Il fit en 1679 sa déclaration au roi de la seigneurie de Saint-Gilles ; mais le 12 juillet 1689 il vendit cette châtellenie à Pierre Beschart et Anne de Robien, seigneur et dame du Coudray en

---

1. *Archives de la Loire-Inférieure*, v° Saint-Gilles.
2. *Archives d'Ille-et-Vilaine*, E, 623.
3. *Ibidem*.
4. *Ibidem*, E, 622 et 623.
5. *Ibidem*, fonds de Laillé.

Langouët, pour 80,000 livres[1].

Le nouveau seigneur de Saint-Gilles mourut à Rennes le 1ᵉʳ mai 1708, laissant deux enfants : André Beschart, seigneur de Saint-Gilles, et Anne Beschart, femme de Louis-Hyacinthe de Visdelou, seigneur de la Villetheart ; or, dès 1710, André Beschart était mort, et en 1713 sa sœur le suivit dans la tombe.

Ce fut le fils de cette dernière, Pierre de Visdelou, comte de la Villethéart, qui hérita de la seigneurie de Saint-Gilles, pour laquelle il rendit aveu au roi en 1734. Il mourut le 12 septembre 1754, laissant veuve Arthuze du Boisbaudry, qui, au nom de ses enfants mineurs, fournit l'année suivante au roi le minu de la terre de Saint-Gilles[2]. L'aîné de ces enfants, François de Visdelou, comte de la Villethéart, épousa le 3 février 1766 Prudence de Rosnyvinen, fille du marquis de Piré. Toutefois, le 26 janvier 1767, les jeunes époux, qui habitaient en Erquy le château de Bienassis, vendirent 147,000 livres la châtellenie de Saint-Gilles[3].

L'acquéreur fut Jean-Polycarpe, marquis de Saint-Gilles, seigneur de Romillé, qui rentrait ainsi en possession de la terre dont il portait le nom et qui depuis trois siècles n'appartenait plus à sa famille. Le marquis de Saint-Gilles fit hommage au roi le 9 décembre 1783[4] ; il avait épousé Charlotte Magon de la Lande. Il émigra et mourut à Mons le 21 mai 1792. Sa terre de Saint-Gilles fut vendue nationalement le 12 septembre 1796[5].

La seigneurie de Saint-Gilles était considérée comme châtellenie, et au xvᵉ siècle ses possesseurs étaient appelés aux États de Bretagne à siéger parmi les bannerets. Elle relevait en partie du roi sous son domaine de Rennes, à devoir de simple rachat sans aucune rente, – en partie du comté de Montfort, dont elle fut peut-être distraite à l'origine, à devoir d'obéissance seulement. Au xviiᵉ siècle, le seigneur de Saint-Gilles augmenta l'importance de sa châtellenie en achetant du duc de la Trémoille, en 1642, le grand fief de Saint-Gilles en Saint-Gilles et Clayes, puis du prieur de Saint-Gilles le fief du Bourg ou du Prieuré ; ces acquisitions le rendirent seigneur supérieur des églises de Saint-Gilles et de Clayes, et fondateur sans conteste de la paroisse de Saint-Gilles.

Les fiefs de la châtellenie de Saint-Gilles, au nombre d'une douzaine, s'étendaient dans huit paroisses Saint-Gilles, Clayes, Pacé, Mordelles, Breteil, Pleumeleuc, l'Hermitage et Cintré ; ses mouvances nobles étaient nombreuses : relevaient de Saint-Gilles les seigneuries de Clayes, du Breil-Hay, de Cacé, de Cohan, de la Riollaye, de Launay-Sinant, de la Touche-Parthenay, du Ménéhil, etc.[6]. Par lettres patentes datées de juillet

1. *Ibidem*, E, 623.
2. *Archives de la Loire-Inférieure*, v° Saint-Gilles.
3. *Archives d'Ille-et-Vilaine*, E, 57.
4. *Archives de la Loire-Inférieure*, B, 1062.
5. *Archives d'Ille-et-Vilaine*, 1 Q, 30.
6. *Ibidem*, E, 638.

1631, Louis XIII avait accordé à René de Montbourcher, seigneur de Saint-Gilles, le droit de tenir au bourg de ce nom un marché tous les lundis et deux foires par an, le 1er septembre, fête de saint Gilles, et le 2 novembre[1].

La haute justice de la châtellenie s'exerçait en son auditoire au bourg de Saint-Gilles ; là aussi se trouvaient les halles, la prison et le poteau auquel étaient attachés les ceps et collier pour punir les malfaiteurs. Mais une particularité distinguait cette juridiction ; on n'y connaissait point de fourches patibulaires en bois ou en pierres ; le gibet ordinaire était remplacé à Saint-Gilles par un gros chêne planté au milieu du Champ de la Justice, et « à cet arbre vif » étaient pendus les coupables. En 1656 « le procureur de ladite juridiction déclara qu'il a fait lui-même faire exécution de criminels audit chesne, qui communément s'appelle la Justice Verte[2] ».

Le domaine proche de la châtellenie se composait de ce qui suit :

Le château de Saint-Gilles avec ses douves, ses pavillons et ses deux tours, et une chapelle à l'intérieur fondée de messes par Pierre Beschart ; – le colombier, la retenue, les bois et rabines, etc ; – les métairies de la Porte et du Ménéhil (celle-ci en Breteil) ; – l'étang et le moulin du Moulinet en Saint-Gilles ; – l'étang et les deux moulins de la Motte en Breteil ; – l'étang de la Vallée en Saint-Gondran ; des dîmes de vin, blé et filasse en Saint-Gilles, etc.

Toute la seigneurie fut, en 1645, affermée 3,000 livres tournois[3].

Présentement, le vieux château de Saint-Gilles est en partie détruit et ce qu'il en reste est insignifiant ; une habitation moderne a été construite un peu plus bas, au milieu d'un joli parc. Au pied du perron de cette nouvelle maison est une pierre tombale des sires de Saint-Gilles, provenant d'un ancien enfeu et présentant encore leur écusson *semé de fleurs de lys*, accosté d'une épée. Les mêmes armoiries sont aussi sculptées en bannière au-dessus d'une belle porte de l'église paroissiale remontant au xve siècle. La terre de Saint-Gilles appartient aujourd'hui à M. Arnault de Guényveau, avocat général à la Cour de Rennes.

Saint-Jean

a seigneurie de Saint-Jean, sise en la paroisse de Saint-Malon[4], donna naissance à une famille noble de ce nom portant *d'azur à trois bandes d'argent*, mais qui ne la possédait plus dès le commencement du xve siècle. Le 1er août 1418, en effet, mourut Guillaume Le Roux, seigneur de Saint-Jean, laissant veuve Marguerite de

1. *Archives du parlement de Bretagne*.
2. Prise de possession de la seigneurie de Saint-Gilles.
3. *Archives d'Ille-et-Vilaine*, E, 625.
4. Commune du canton de Saint-Méen, arrondissement de Montfort.

Montfort avec un fils nommé Jean Le Roux[1]. Est-ce ce dernier que la Réformation de 1427 désigne simplement ainsi : « Jehan seigneur de Saint-Jehan », ou faut-il voir en celui-ci un membre de la famille de Saint-Jean alliée aux Le Roux ? Toujours est-il que le 8 juillet 1442, Jean Le Roux, seigneur de Saint-Jean, rendit aveu au baron de Montfort, seigneur de Saint-Malon, pour « ses manoir, terre et seigneurie de Saint-Jean », qu'il possédait également en 1445[2].

Quelques années plus tard, nous trouvons Pierre Lévesque, seigneur de Saint-Jean, mais il se dit ailleurs héritier de feue demoiselle Phelippote de Saint-Jean, dame de Bonespoir, décédée le 3 mars 1477[3]. Ce devait être par suite d'alliances contractées entre les familles de Saint-Jean, Le Roux et Lévesque, que la terre de Saint-Jean était venue aux mains de ces dernières.

Ce Pierre Lévesque épousa Françoise Chauvin, fille du chancelier Guillaume Chauvin.

Jean Lévesque, son fils, possédait en 1513 le « manoir de Saint-Jean » ; il s'était uni à Barthélemye de Saint-Père, fille du seigneur de la Sauldraye en Bonaban ; lui et sa femme étaient morts le 10 avril 1535 ; François Lévesque, leur fils, hérita de la terre de Saint-Jean[4].

Vint ensuite Rolland Lévesque, seigneur de Saint-Jean, qui épousa en juin 1551 Marguerite de Cadaran, fille du seigneur du Plessix-Tizon, et mourut avant le 6 septembre 1556. Guillaume Lévesque, fils des précédents, s'unit par contrat du 15 mars 1576 à Jeanne Robinaud, fille du seigneur de la Haye de Mordelles. Ceux-ci laissèrent une fille, Anne Lévesque, mariée le 16 août 1593 à Jean de Saint-Pern, seigneur du Lattay, auquel elle apporta la seigneurie de Saint-Jean[5].

Le seigneur du Lattay mourut le 8 avril 1637, laissant pour héritier autre Jean de Saint-Pern, seigneur du Lattay et de Saint-Jean ; celui-ci obtint du roi l'érection de ces deux terres en châtellenies distinctes. Il avait épousé, par contrat du 24 août 1630, Hélène de la Noue, fille du seigneur de Vair[6].

Par contrat du 21 juin 1658, ce Jean de Saint-Pern vendit sa châtellenie de Saint-Jean à René d'Andigné et Françoise Charpentier, sa femme[7].

Le nouveau seigneur de Saint-Jean était le troisième fils de François d'Andigné, seigneur de la Châsse ; il mourut en 1661, et sa veuve, Françoise Charpentier, se remaria le 5 juillet 1671, en la chapelle Saint-Jean, avec Pierre Picault, seigneur de Quéhéon. Jean d'Andigné, fils du précédent, lui succéda et rendit aveu au roi pour sa châtellenie de Saint-Jean en

---

1. *Archives de la Loire-Inférieure*, v° Bazouges-sous-Hédé.
2. *Archives d'Ille-et-Vilaine*, E, 7. *Réformation de la noblesse de Bretagne.*
3. *Archives de la Loire-Inférieure*, v° Bazouges-sous-Hédé.
4. Communication de M. le baron René de Saint-Pern.
5. *Ibidem.*
6. *Ibidem.*
7. *Archives d'Ille-et-Vilaine*, E, 7.

1687 et 1698. Il mourut en 1708, laissant veuve Marie-Jeanne de Sauvaget, laquelle lui survécut jusqu'en 1736 et mourut alors à Rennes, le 19 juin, âgée de quatre-vingt-un ans. Jean d'Andigné semble avoir laissé une succession assez obérée, qui fut recueillie par son cousin Charles-René d'Andigné, seigneur de la Châsse.

À partir de ce moment, la châtellenie de Saint-Jean demeura entre les mains des seigneurs de la Châsse ; le dernier possesseur en fut donc Joseph d'Andigné de la Châsse, ancien évêque de Châlon-sur-Saône, décédé à Paris le 12 juillet 1806 ; il avait en 1784 fait hommage au roi pour sa châtellenie de Saint-Jean[1].

La seigneurie de Saint-Jean relevait prochement de la seigneurie de Saint-Malon et en arrière-fief du comté de Montfort. Par lettres patentes données en avril 1653, Louis XIV érigea en châtellenie la terre de Saint-Jean en faveur de Jean de Saint-Pern, seigneur du Lattay ; le roi agit ainsi en considération des « bons et agréables services que ledit seigneur et ses ancêtres avaient rendus à la couronne de France ». Par ces lettres, la seigneurie de Saint-Jean devint une haute justice avec fourches patibulaires à quatre piliers ; il fut permis d'y bâtir « un chasteau avec douves, pont-levis, creneaux et machicoulis » ; enfin le nouveau châtelain fut autorisé à créer au bourg de Saint-Malon un marché tous les mercredis et deux foires par an, le Jeudi-Saint et le 21 septembre, et à tenir de plus deux autres foires près la chapelle Saint-Jean-des-Landes, dépendant de la châtellenie, le 6 mai et le 27 décembre de chaque année. Malgré l'opposition que firent à cette création de Saint-Jean en châtellenie les seigneurs de la Châsse et de Gaël, les lettres du roi furent maintenues et enregistrées au parlement le 9 avril 1660[2].

Les fiefs constituant la seigneurie de Saint-Jean ne semblent avoir été ni nombreux ni importants ; ils ne s'étendaient guère au-delà de la paroisse de Saint-Malon ; leur haute justice s'exerçait au bourg même.

Le seigneur de Saint-Jean jouissait d'un droit d'usage en la forêt de Brécilien : c'était, pour son chauffage, du bois « à faire feu à cinq cheminées en son manoir », plus le droit de « faire pasturer son bestial en ladite forest sans poyer aucun salaire ». Jean de Saint-Pern fut maintenu dans la jouissance de ces privilèges par sentence du 26 juillet 1636[3].

Le domaine proche de la châtellenie se composait en 1682 du « manoir noble de Saint-Jean-d'Andigné, dit auparavant de Saint-Jean-Lévesque, avec ses cours, douves et pont-levis, chapelle et colombier, rabines et bois, etc. », – des métairies de la Porte, le Haut-Saint-Jean, la Touche, Trimel et la Guinardière, – de l'étang et du moulin de Saint-Jean, – du moulin dit Moulin-au-Provost, etc.[4]

1. *Archives de la Loire-Inférieure*, B, 1063.
2. *Archives du parlement de Bretagne*, 22e registre, 70.
3. Communication de M. le baron René de Saint-Pern.
4. *Archives d'Ille-et-Vilaine*, E, 7.

Actuellement, Saint-Jean n'est plus qu'une maison de ferme appartenant aux héritiers de feu M. le marquis d'Andigné de la Châsse.

SAINT-MALON

a création de la châtellenie de Saint-Malon, en la paroisse de ce nom[1], nous semble une conséquence de l'érection de Saint-Jean en châtellenie.

Saint-Malon n'était à l'origine qu'un grand fief faisant partie du comté de Montfort ; le 4 février 1626, Henri, duc de la Trémoille et sire de Montfort, vendit ce fief de Saint-Malon à François d'Andigné, seigneur de la Châsse ; celui-ci en fit hommage au roi le 12 août 1630[2]. Lorsqu'en 1653 Louis XIV érigea en châtellenie la seigneurie de Saint-Jean sise en Saint-Malon, Jean-Baptiste d'Andigné, seigneur de la Châsse et de Saint-Malon, s'opposa vivement à cette érection ; s'il finit par retirer ses protestations en 1658, c'est qu'il venait alors d'obtenir une compensation de ce qu'il regardait comme une atteinte portée à son autorité à Saint-Malon. Le roi, en effet, par lettres patentes datées de septembre 1655, érigea en châtellenie sa propre seigneurie de Saint-Malon, ou plutôt confirma ce fief en état de châtellenie, comme démembrement du comté de Montfort. Nous n'avons pu, en effet, retrouver les lettres royales de 1655 ; mais celles de 1707, unissant les seigneuries de la Châsse, Cahideuc et Saint-Malon, mentionnent formellement « la confirmation du fief de Saint-Malon en titre de châtellenie par lettres patentes de septembre 1655[3] ».

En 1673 François d'Andigné, seigneur de la Châsse, fit hommage pour sa châtellenie de Saint-Malon, et sa veuve Jeanne de Cahideuc rendit aveu en 1679 au roi pour la même seigneurie.

Vers la fin du XVIIe siècle, Saint-Malon fut saisi par des créanciers et vendu judiciellement à Alexandre de Moucheron, seigneur de Châteauvieux, mais Charles-René d'Andigné retira cette seigneurie et obtint du roi en 1707 son union à celle de la Châsse.

À partir de ce moment Saint-Malon fit partie de la châtellenie de la Châsse, possédée en dernier lieu par Joseph d'Andigné de la Châsse, ancien évêque de Châlon-sur-Saône, décédé en 1806.

La châtellenie de Saint-Malon consistait « en un seul bailliage appelé le Fief de Saint-Malon, s'extendant ès paroisses de Saint-Malon, Iffendicq, Paimpont, Saint-Gonlay et autres paroisses circonvoisines ».

De Saint-Malon relevaient un certain nombre de terres nobles, telles que celles de Saint-Jean, les Maisons-Neuves, Ranlou, le Plessix, l'Espinay, le prieuré de Saint-Malon, etc.

La haute justice de Saint-Malon avait des fourches patibulaires à

---

1. Commune du canton de Saint-Méen, arrondissement de Montfort.
2. Archives de la Loire-Inférieure, B, 1016.
3. Archives du parlement de Bretagne, 31e registre, 109.

quatre poteaux, des ceps et collier au bourg paroissial, les droits de supériorité, fondation et prééminences en l'église de Saint-Malon et le privilège de menée à la cour royale de Ploërmel. Enfin le jour Saint-Étienne, chaque année, le dernier homme marié dans la paroisse de Saint-Malon était tenu, sous peine de 60 sols d'amende, de présenter une soule à son seigneur[1].

Quant au domaine proche de la seigneurie de Saint-Malon, il était à peu près nul ; il consistait seulement en 1682 « en maisons de la geolle ou prison et de l'auditoire, avec leurs jardins et pourpris ».

Comme l'on voit, la famille noble de Saint-Malon n'a jamais possédé la châtellenie de ce nom ; cette famille, qui portait dès 1398 : *d'argent à trois écureuils rampant de gueules*, habitait en 1445 et 1513 le manoir du Plessix, relevant de la seigneurie de Saint-Malon.

Saint-Père

aint-Père-Marc-en-Poulet[2] a donné naissance à la famille de Saint-Père, dont un membre, dès 1366, portait comme blason : *d'or à la bande d'azur cotoyée de deux cotices de même*.

Cette famille, possédant la seigneurie de Saint-Père en sa paroisse d'origine, s'éteignit au xve siècle quant à la branche aînée du moins en une fille qui épousa un sire de Tréal et lui apporta la terre seigneuriale de Saint-Père.

Par lettres patentes du 8 janvier 1474, le duc François II permit à son chambellan, Jean de Tréal, sire dudit lieu et de Saint-Père, d'ériger un troisième pilier aux fourches patibulaires de sa seigneurie de Saint-Père[3].

Ce seigneur laissa, pour fille aînée, Gillette de Tréal, qui épousa Guyon de Sévigné, sire dudit lieu, et lui apporta la terre de Tréal ; le sire de Sévigné prit même le titre de seigneur de Saint-Père, mais sa femme, ayant une sœur cadette nommée Jeanne de Tréal, abandonna la seigneurie de Saint-Père à cette dernière, qui la transmit à son mari, Guillaume de Guitté, sire de Vaucouleurs.

En 1513, ceux-ci possédaient Saint-Père et ils rendirent aveu au roi en 1527[4]. Jeanne de Tréal étant morte le 19 juillet 1532, ce fut sa fille, Jeanne de Guitté, qui hérita de la terre de Saint-Père. Elle épousa Thomas, sire de Québriac, décédé en juin 1553, laissant une fille unique, Marguerite de Québriac, femme de François, seigneur du Guémadeuc. Il parait que Jeanne de Guitté était morte avant son mari, car dès 1552 nous trouvons les seigneur et dame du Guémadeuc en possession de la seigneurie de Saint-Père. Leur fils, Thomas, sire du Guémadeuc, épousa Jac-

1. Aveux de 1679 et 1687.
2. Commune du canton de Châteauneuf, arrondissement de Saint-Malo.
3. Archives du château de Châteauneuf.
4. *Archives de la Loire-Inférieure*, v° Saint-Père.

quemine de Beaumanoir et décéda le 15 juillet 1592. Ce seigneur laissait des enfants mineurs et une fortune ébréchée par les dépenses des guerres de la Ligue, aussi fallut-il vendre la terre seigneuriale de Saint-Père, qu'achetèrent le 10 juin 1598, pour 12,000 écus, Josselin Frotet et Guillemette Brisard, seigneur et dame de la Landelle[1].

Les acquéreurs de Saint-Père en prirent possession le 25 juin 1598 et en firent hommage au roi le 28 février 1600[2]. Ils laissèrent, après leur mort, cette seigneurie à leur fils, Nicolas Frotet, qui en rendit aveu en 1624. Vint plus tard Josselin Frotet, seigneur de Saint-Père, qui fit en 1653 déclaration de cette terre au roi ; il épousa Marguerite de la Rondoitte, veuve de lui en 1680 avec deux enfants, Josselin Frotet et Servanne Frotet, épouse d'Auffray de Lescouët. Ce furent ces deux frère et sœur qui vendirent 90,000 livres la seigneurie de Saint-Père, en 1689, à Jacques de Béringhen, comte de Châteauneuf. Celui-ci en prit possession le 10 octobre de cette année-là[3].

Le fils de l'acquéreur, Henri de Béringhen, et son petit-fils, Jacques-Louis de Béringhen, l'un et l'autre sires de Châteauneuf, possédèrent ensuite Saint-Père ; en 1702, le premier de ces seigneurs, faisant ériger par le roi Châteauneuf en marquisat, obtint de Sa Majesté l'union de la seigneurie de Saint-Père à celle de Châteauneuf. Ces deux marquis de Châteauneuf moururent la même année 1723 et eurent pour successeurs François de Béringhen, évêque du Puy, et Henry-Camille de Béringhen, son frère.

Ce fut ce dernier seigneur qui, le 1er février 1740, vendit à Étienne-Auguste Baude, seigneur de la Vieuville, et à ses associés, le marquisat de Châteauneuf, dans lequel se trouvait comprise la seigneurie de Saint-Père. L'un des associés du seigneur de la Vieuville était son frère, Henri Baude, seigneur du Val ; il entra pour un tiers dans l'acquisition de Châteauneuf et eut pour sa part la seigneurie de Saint-Père et quelques portions de celles du Vaudoré et de la Tourniolle[4].

Henri Baude, seigneur de Saint-Père et plus tard comte de Rays et baron de Pont-l'Abbé, épousa : 1° le 30 août 1742, Françoise Baude de la Vieuville, 2° le 17 novembre 1744, Reine Vincent ; il mourut à Quimper le 12 mars 1754, laissant de ses deux unions des enfants mineurs. Sa veuve, Reine Vincent, vendit, le 29 mai 1759, la seigneurie de Saint-Père, et ne mourut que le 23 septembre 1780, au manoir des Guimerais en Saint-Servan ; son corps fut inhumé le 25 en l'église de Châteauneuf.

Ce fut encore trois associés qui achetèrent pour 120,000 livres, en 1759, la seigneurie de Saint-Père : Étienne-Auguste Baude, marquis de Châteauneuf, – Louis Baudran, seigneur des Châtelliers, – et Marie-Mo-

---

1. *Archives du château de Châteauneuf.*
2. *Archives de la Loire-Inférieure*, B, 1015.
3. *Archives du château de Châteauneuf.*
4. *Ibidem.*

deste Martin, dame du Boismartin, femme séparée de biens de Jean Le Gobien, de concert avec son fils Pierre Le Gobien. Saint-Père fut alors démembré et divisé comme suit : le marquis de Châteauneuf prit pour lui les fiefs lui convenant le mieux et les unit à son marquisat ; il rendit hommage au roi pour ces fiefs le 18 septembre 1784, et les conserva jusqu'à la Révolution, qui l'envoya périr sur l'échafaud de Rennes le 4 mai 1794 ; – Pierre Le Gobien unit à son tour à sa seigneurie du Boismartin les fiefs de Saint-Père voisins de cette terre, et en fit aussi hommage au roi le 7 janvier 1784 ; il mourut en 1789, laissant veuve Louise Quentin ; – Louis Baudran eut pour sa part le manoir de la Ville-Hermessant, résidence ordinaire des seigneurs de Saint-Père, et les fiefs l'avoisinant ; il mourut le 23 février 1768, léguant sa seigneurie à sa fille, Marie-Anne Baudran, mariée à François White d'Albyville ; ces derniers en firent hommage au roi en 1775 ; ils étaient morts en 1786, laissant un fils, Louis White d'Albyville, seigneur de Saint-Père et de la Ville-Hermessant, qui fit hommage au roi pour ces terres le 3 mars 1786[1].

Pour se rendre compte de ce qu'était la seigneurie de Saint-Père, il faut la considérer avant tout démembrement.

Cette seigneurie avait assez d'importance pour qu'au xve siècle son possesseur fût appelé par le duc de Bretagne à siéger aux États parmi les bannerets[2].

Le domaine proche était considérable : dès 1527 il se composait du manoir de Saint-Père près du bourg de ce nom, – des métairies nobles de la Ville-Hermessant, du Breil et des Chesnes, cette dernière avec une chapelle, – des manoirs de Launay-Ravilly et de la Villemenguy (qui furent détachés dans le courant du xvie siècle), – de l'étang et du moulin de Saint-Père, – du moulin à eau de Gagnepetit en Miniac, – des moulins à vent de Saint-Père, dit le Moulin-Neuf, des Tourantes près les Chesnes et de Langle en Miniac, – de pressoirs banaux à vin et à cidre, – de la dîme de Saint-Père, rapportant de 20 à 25 mines de grain, d'un droit sur les pêcheries de Saint-Benoît-des-Ondes, etc.[3]

Mais dès le xvie siècle le manoir de Saint-Père était en ruine en 1598 « le logis de Saint-Père est complètement ruisné et dans la cour sont des mazières qui ne peuvent plus qu'estre rasées et des douves comblées ; seuls restent debout le portail de ladite cour close de murs et la chapelle dudit lieu abandonnée et servant de grange ; le colombier également ruisné[4] ».

À la suite de cette destruction du manoir de Saint-Père, les seigneurs du lieu allèrent habiter la Ville-Hermessant, qu'ils reconstruisirent ; ils y joignirent une chapelle, une fuie, des rabines et des bois de décoration.

1. *Archives de la Loire-Inférieure*, B, 1063.
2. Dom Morice, *Preuves de l'Histoire de Bretagne*, II, 1673.
3. *Archives de la Loire-Inférieure*, v° Saint-Père.
4. *Archives du château de Châteauneuf.*

Les fiefs composant la seigneurie de Saint-Père s'étendaient en onze paroisses Saint-Père-Marc-en-Poulet, Saint-Guinou, Miniac-Morvan, Châteauneuf, Lillemer, Saint-Meloir et Saint-Benoît-des-Ondes, la Gouesnière, la Fresnaye, Pleudihen et Saint-Jouan-des-Guérets. L'ensemble de la seigneurie relevait du roi sous son domaine de Rennes, mais quelques fiefs relevaient de Châteauneuf, de Coëtquen, de Bonaban et de la Bellière[1].

La haute justice de la seigneurie de Saint-Père s'exerçait au bourg de ce nom, où se trouvaient l'auditoire, la prison et les ceps et collier pour la punition des malfaiteurs.

Quoique le sire de Châteauneuf se prétendit seigneur supérieur de l'église de Saint-Père, le seigneur de ce nom en était certainement le fondateur. Aussi y possédait-il du côté de l'évangile une chapelle prohibitive dans laquelle se trouvait son enfeu. C'était une tombe-arcade de style ogival, où furent inhumés un seigneur et une dame dont les effigies subsistent encore dans l'église actuelle ; l'écusson accompagnant ces effigies est celui des Frotet : *d'argent à la barre de sable chargée de trois besans d'argent, accompagnée de trois croissants de gueules*.

Sous l'arcade séparant cette chapelle seigneuriale du chanceau de l'église se trouvait le banc clos et à queue du sire de Saint-Père ; on y voyait sculptés deux écussons portant : *écartelé : au premier d'azur à la croix d'argent*, qui est de Guitté ; *au deuxième de gueules au croissant burelé d'argent et d'azur*, qui est de Tréal ; *au troisième d'azur à trois fleurs de lys d'argent*, qui est de Québriac ; *au quatrième d'or à la bande d'azur côtoyée de deux cotices de même*, qui est de Saint-Père ; sur le tout Frotet[2].

Une magnifique verrière garnissait le chevet de l'église ; là étaient répétées les armoiries des premiers sires de Saint-Père : *d'or à la bande d'azur côtoyée de deux cotices de même* ; on y admirait aussi les représentations d'un seigneur et d'une noble dame agenouillés et priant ; le blason ornant la cotte d'armes du seigneur était celui des sires de Tréal, celui garnissant la robe de sa femme était celui de Saint-Père.

Sur une cloche, conservée encore en 1689, était aussi gravé un écusson *écartelé aux premier et quatrième de gueules au croissant burelé d'argent et d'azur*, qui est de Tréal ; *aux deuxième et troisième d'or à la bande d'azur côtoyée de deux cotices de même*, qui est de Saint-Père[3].

Ces armoiries prouvent d'une façon irréfragable que la seigneurie de Saint-Père est venue aux sires de Tréal par l'alliance de l'un d'eux avec l'héritière du nom et de la terre de Saint-Père.

---

1. *Archives d'Ille-et-Vilaine*, 1 Q, 434.
2. Prise de possession de Saint-Père en 1689.
3. *Terrier ms. de Châteauneuf.* – Prise de possession de Saint-Pére en 1689.

Saint-Pern

La famille de Saint-Pern, l'une des plus distinguées de Haute-Bretagne, tire son origine et son nom de la paroisse de Saint-Pern[1]. Elle remonte à Guirmarhoc, fondateur, avec sa femme Rotrouce, du prieuré de Saint-Pern, vers 1050[2].

Hervé de Saint-Pern prit en 1248 part à la croisade du roi saint Louis ; plus tard Louis de Saint-Pern, fils de Philippe, épousa Havoise de Mauny et en eut Bertrand Ier de Saint-Pern, parrain en 1320 de Bertrand du Guesclin[3]. Bertrand Ier s'illustra au siège de Rennes en 1356 et s'unit à Jeanne Ruffier, qui dut lui apporter en dot le manoir seigneurial de Ligouyer en Saint-Pern, juveignerie du Vauruffier[4]. Jusqu'alors, semble-t-il, les seigneurs de Saint-Pern avaient habité les châteaux de la Vieille-Tour et de la Tour, berceaux de leurs ancêtres ; mais les ayant perdus ou aliénés, ils fixèrent vers cette époque leur résidence à Ligouyer.

Du mariage de Bertrand Ier de Saint-Pern et de Jeanne Ruffier, seigneur et dame de Ligouyer, naquit Bertrand II, filleul de Bertrand du Guesclin et l'une des cautions de sa rançon en 1364. Bertrand II de Saint-Pern, seigneur de Ligouyer, épousa dès 1360 Catherine de Champalaune, dame dudit lieu en Pacé. Celle-ci mourut veuve le 28 septembre 1407, et au mois de janvier suivant ce fut sa bru Jeanne Milon, veuve elle-même de Geffroy de Saint-Pern qui, en qualité de tutrice de ses propres enfants, fournit le minu de Champalaune, que laissait à ceux-ci leur aïeule[5].

Bertrand III, aîné de ces enfants, seigneur de Ligouyer, épousa : 1° Jeanne de la Houssaye ; 2° Jeanne Le Prévost, qu'il laissa veuve en 1445. Jean de Saint-Pern, son fils, lui succéda et s'unit, le 26 juillet 1473, à Isabeau de Lorgeril ; il mourut avant 1493. Simon de Saint-Pern, fils des précédents et seigneur de Ligouyer, épousa 1° Gillette Thierry, fille du seigneur du Boisorcant ; 2° le 13 janvier 1513, Jeanne Le Roy, qui se trouvait en 1531 veuve de lui et tutrice de son fils Judes.

Judes de Saint-Pern, seigneur de Ligouyer et chevalier de Saint-Michel en 1574, s'unit : 1° en 1543 à Renée de la Marzelière ; 2° en 1561 à Catherine de Châteaubriant, veuve de Jean de Coëtquen ; il mourut à Rennes le 17 mars 1595. Son fils René Ier de Saint-Pern, sire de Ligouyer, épousa en 1588 Gabrielle du Parc, fille du seigneur de Locmaria. Il était mort en 1602 lorsque sa veuve fit hommage au roi. Leur fils René II de Saint-Pern épousa en 1618 Mathurine de Saint-Gilles, fille du seigneur de Perronnay[6]. Ce seigneur de Ligouyer décéda en 1656, après s'être dé-

---

1. Commune du canton de Bécherel, arrondissement de Montfort.
2. *Revue historique de l'Ouest*, Documents, III, 41.
3. Laisné, *Archives de la noblesse*.
4. Communication de M. le baron René de Saint-Pern.
5. *Archives de la Loire-Inférieure*, v° Pacé et Montgermont.
6. De Rosmorduc, *Les Filles de Saint-Cyr*, 432.

pouillé de tous ses biens en faveur de son fils Gabriel, et voulut par humilité être inhumé à la porte de l'église de Saint-Pern, où l'on voit encore sa pierre tombale.

Gabriel de Saint-Pern fit, le 4 septembre 1652, hommage au roi pour sa seigneurie de Ligouyer[1] ; l'année suivante, il obtint l'érection de cette terre en châtellenie sous le nom de Saint-Pern. Il avait épousé, le 27 septembre 1651, Marie de Forsanz, fille du seigneur de Gadisseul. Leur fils Joseph-Hyacinthe de Saint-Pern, seigneur de Ligouyer et capitaine de la noblesse de l'évêché de Saint-Malo, épousa, le 27 février 1683, Julienne Botherel de Quintin et mourut le 11 septembre 1693[2]. Il laissait sa seigneurie à son fils Pierre-Mathurin-Bertrand de Saint-Pern, qualifié comte de Ligouyer, reçu conseiller au parlement de Bretagne en 1714 et marié le 3 octobre 1715 à Marie de Derval, dame de Couellan. Ce seigneur décéda à Rennes le 17 février 1725 et sa veuve mourut à Paris le 17 janvier 1731. Le corps du comte de Ligouyer fut inhumé au chanceau de l'église de Saint-Pern et l'on y voit encore son tombeau.

René-Célestin-Bertrand, marquis de Saint-Pern, fils aîné des précédents, épousa en 1741 Marie Lolivier de Saint-Maur, mais il abandonna la seigneurie de Ligouyer à son frère Louis-Bonaventure de Saint-Pern, lieutenant-général des armées du roi, qui prit alors le titre de comte de Ligouyer. Celui-ci épousa, le 25 mai 1762, Reine du Vergier de Kerhorlay et n'en laissa que deux enfants, Bertrand-Marie-Hyacinthe de Saint-Pern, admis aux honneurs de la Cour en 1787, émigré et tué au siège de Saint-Jean-d'Acre en 1799, et Anne-Marie de Saint-Pern, qui hérita de Ligouyer et laissa, en mourant religieuse en 1819, cette terre à la famille Desmiers de Chenon, qui la possède encore[3].

Par ses lettres patentes d'avril 1653, Louis XIV érigea en faveur de Gabriel de Saint-Pern la seigneurie de Ligouyer en châtellenie. Sa Majesté autorisa ce seigneur « à édifier des fourches patibulaires à quatre piliers, et un chasteau décoré de douves, pontlevis, créneaux et machicoulis » ; à tenir deux foires par an près de la chapelle de la Villernoul en Saint-Pern, le 6 mai et le 4 novembre, fête de saint Hubert ; à appeler « doresnavant et à toujours la chastellenie de Ligouyer du nom de Saint-Pern, marqué avantageusement dans l'histoire par les services que lui et ses prédécesseurs ont rendus à la Couronne » ; enfin à unir à l'ancienne juridiction de Saint-Pern la seigneurie de la Villernoul[4].

La seigneurie de Ligouyer relevait de la baronnie de Bécherel en son fief de Saint-Pern. La châtellenie se composait en 1680 de sept fiefs avec haute justice. Au siècle dernier, le seigneur du Vauruffier contestait à ce-

1. *Archives de la Loire-Inférieure*, B, 987.
2. *Ibidem*, v° Pacé.
3. Laisné, *Archives de la noblesse*.
4. Communication de M. le baron René de Saint-Pern. – Il faut remarquer que dès 1569 Judes de Saint-Pern avait obtenu du roi permission de fortifier Ligouyer.

lui de Ligouyer le droit de fondation de l'église de Saint-Pern ; mais le duc de Duras, seigneur du Vauruffier par sa femme Maclovie de Coëtquen, finit par vendre, par une sorte de transaction, ce droit et les prééminences de Saint-Pern à Louis-Bonaventure de Saint-Pern, qui en prit possession le 18 septembre 1760.

Quant au domaine proche de Ligouyer, il se composait du manoir de ce nom avec sa chapelle, consacrée le 10 avril 1560, son colombier, son étang, son moulin et ses bois, – des métairies de la Porte, d'Enhaut, de la Vieille-Villernoul et des Piguelayes-Grénedan, – de quelques dîmes, etc.

En 1731 on estimait la terre de Ligouyer valoir 120,000 livres de capital et 5,389 livres de rente[1].

Mais quoique Ligouyer eût été érigé en châtellenie sous le nom de Saint-Pern, cette seigneurie était bien moins importante que ne devait être l'ancienne terre de Saint-Pern ; ne serait-il pas possible de se faire une idée de ce qu'était celle-ci.

La seigneurie primitive de Saint-Pern devait comprendre les châteaux de la Vieille-Tour et de la Tour et le fief de Saint-Pern. Le château de la Vieille-Tour appartenait au XVIIe siècle au comte de Laval, qui le donna en 1623 au sieur de la Motte-Hay, lequel le vendit aussitôt à Jean Le Bel, déjà seigneur de la Tour[2]. Or, le comte de Laval était seigneur de Bécherel, et ce fut le même qui vendit l'année suivante la baronnie de Bécherel et le fief de Saint-Pern en faisant partie à Jean Glé, seigneur de la Costardaye[3]. À une époque antérieure au XVe siècle, le château de la Tour était passé, on ne sait comment, aux mains de la famille Callouel, qui le légua plus tard aux Le Bel.

Pour nous, il semble bien qu'à une époque reculée les seigneurs de Saint-Pern ont vendu ou cédé aux barons de Bécherel non seulement leur château de la Vieille-Tour, mais encore le fief de Saint-Pern. Ils ont ensuite dans ce même fief construit le château de la Tour (relevant de Bécherel au XVIIe siècle) et ils l'ont aliéné lorsque Ligouyer est devenu leur résidence.

Il faut bien remarquer que le château de la Vieille-Tour relevait directement du roi, aussi bien que le fief de Saint-Pern. Ce fief donnait encore en 1680 à son possesseur : la supériorité en l'église de Saint-Pern et une haute justice exercée au bourg de Saint-Pern avec ceps et collier, « pour marque de supériorité sur tous les autres seigneurs qui ont fiefs et justices en ladite paroisse de Saint-Pern[4] ».

Mais perdue dans l'agglomération des vastes domaines du Bécherel primitif, privée de son fief vendu séparément, la seigneurie de la Vieille-Tour se trouva réduite à n'avoir plus pour domaine proche qu'un grand

1. *Ibidem.*
2. *Ibidem.*
3. Lequel fit unir le fief de Saint-Pern à sa seigneurie de la Costardaye en Médréac.
4. Déclaration de la Costardaye en 1680.

étang et un moulin ; encore se trouvaient-ils en Plouasne, paroisse dont avait été distraite au xiie siècle celle de Saint-Pern.

Quant à la seigneurie de la Tour, elle consistait en trois fiefs en Saint-Pern, parmi lesquels était le bailliage du Bourg ; elle avait une haute justice exercée au même bourg de Saint-Pern en 1709 ; son domaine proche comprenait le manoir de la Tour avec sa chapelle et son colombier, deux moulins à eau, et les métairies de la Porte, de la Noë-Giffard et du Nouyer[1].

Elle appartenait au commencement du xve siècle à Olivier Callouel ; environ cent ans plus tard, Jeanne Callouel apporta la Tour à son mari Eustache Le Bel, seigneur de la Gavouyère. François Le Bel, fils cadet des précédents, forma la branche des seigneurs de la Tour ; un de ses descendants, Jean Le Bel, acheta en 1623 la Vieille-Tour, mais ne la conserva pas, et son fils, François Le Bel, vendit la seigneurie même de la Tour, vers 1659, à Jean de Saint-Pern, fils puîné de René II, seigneur de Ligouyer[2].

Jean de Saint-Pern, seigneur de la Tour, épousa Marguerite Henry de la Chesnaye et en eut Gabriel de Saint-Pern, également seigneur de la Tour après lui ; celui-ci acheta en 1679 la Vieille-Tour, vendue judiciairement à la requête des créanciers de Sébastien de Rosmadec et unie définitivement à la Tour.

Gabriel de Saint-Pern, mort en 1709, laissa, de son mariage avec Marguerite d'Andigné, François de Saint-Pern, seigneur de la Tour, marié en 1715 à Rodolphine Chereil de la Rivière et décédé en 1756. Le fils de ce dernier, Jean, comte de Saint-Pern, épousa en 1759 Marie-Eulalie de Derval, et fut le dernier seigneur de la Tour. Les héritiers de sa fille, Mme Quimberteau, vendirent en 1856 la terre de la Tour aux Petites-Sœurs des Pauvres, qui en ont fait le magnifique établissement religieux de la Tour Saint-Joseph.

Quant au château de Ligouyer, c'est une vaste construction ancienne à tourelles, entourée de grands bois et habitée par ses propriétaires.

L'église de Saint-Pern renferme encore un grand nombre d'écussons qui rappellent la puissance des anciens seigneurs du lieu. Ce sont d'abord les armoiries des sires de Saint-Pern : *d'azur à dix billettes percées d'argent, posées 4, 3, 2, 1* ; puis celles des familles qui leur étaient alliées de Derval, de la Marzelière, du Vergier, etc. ; on y voit même celles de du Guesclin, dont le nom glorieux est intimement lié à celui de Saint-Pern. Tout autour du temple règne intérieurement une litre aux armes de Saint-Pern.

---

1. Communication de M. le baron René de Saint-Pern.
2. *Ibidem.*

SAULDECOURT

ans la paroisse de Louvigné-de-Bais[1], une enceinte formée par de larges fossés qu'alimente le vaste étang de Daniel, situé immédiatement au-dessous de l'étang des Rochettes, est tout ce qui demeure de l'antique château de Sauldecourt.

Cette maison seigneuriale appartint d'abord à une famille Gaste, éteinte en la personne de Jeanne Gaste, dame de Sauldecourt, femme de Pierre de la Courbe. De cette union sortit autre Pierre de la Courbe, seigneur de Sauldecourt, qui épousa Jeanne de Denée et en eut une fille unique, Marguerite de la Courbe. Cette dernière s'unit, vers le commencement du XVe siècle, à Robert II, sire d'Espinay ; mais il paraît bien que la seigneurie de Sauldecourt ne fut pas apportée entièrement par elle à son mari, car le père de celui-ci, Robert Ier d'Espinay, est déjà qualifié dans son épitaphe, en 1439, de seigneur de Sauldecourt, terre qu'il avait peut-être achetée en partie lors du mariage de Robert II[2].

Quoi qu'il en fût, la seigneurie de Sauldecourt demeura, durant tous les XVe et XVIe siècles, la propriété des sires d'Espinay, que nous faisons connaître ailleurs. Par contrat du 7 avril 1633, Charles de Schomberg, duc d'Halluin, – fils d'Henri de Schomberg et de Françoise d'Espinay – vendit en même temps le marquisat d'Espinay et la châtellenie de Sauldecourt, qui lui était unie, à Henri, duc de la Trémoille, comte de Laval et baron de Vitré, et celui-ci fit à son tour unir Sauldecourt à sa baronnie.

Les barons de Vitré conservèrent Sauldecourt jusqu'à la Révolution. Le domaine de cette seigneurie, confisqué sur Jean-Bretagne, duc de la Trémoille et baron de Vitré, mort émigré à Aix en Savoie en 1792, fut vendu nationalement le 3 janvier 1799[3].

La châtellenie de Sauldecourt, châtellenie d'ancienneté, se composait des seigneuries de Sauldecourt, Maimbier, Elberte, Chaumeré et la Douberie[4]. Ce fut le 4 novembre 1431 que Jean V, duc de Bretagne, donna à Robert d'Espinay la seigneurie de Maimbier, confisquée sur Hardouin de Maimbier, capitaine de Châteaugontier, qui avait pris contre ce prince le parti de son neveu rebelle le duc d'Alençon, seigneur de Châteaugontier[5]. La terre de Maimbier s'étendait en Torcé et Bais, et le sire d'Espinay n'en conserva que les fiefs situés dans cette dernière paroisse. – Elberte, en Bais, fut acheté au commencement du XVIe siècle par le seigneur d'Espinay, mais le duc de la Trémoille en revendit en 1637 le manoir aux Bénédictins de Vitré, et en 1653 le fief d'Elberte-en-Moulins au seigneur de la

---

1. Commune du canton de Châteaubourg, arrondissement de Vitré.
2. Voyez Du Paz, *Histoire généalogique de plusieurs maisons de Bretagne*, 276 et 277.
3. *Archives d'Ille-et-Vilaine*, 1 Q, 72.
4. *Ibidem*, fonds de Vitré. – Déclaration de Sauldecourt en 1537.
5. Du Paz, *Historique généalogique de plus maisons de Bretagne*, 275.

Haultaye. – Chauméré, longtemps propriété des seigneurs de Maimbier, puis des sires d'Espinay, comprenait toute la paroisse de ce nom et s'étendait, en outre, en Piré et Chancé ; le duc de la Trémoille tira encore cette seigneurie de sa châtellenie de Sauldecourt et la vendit en 1680 au seigneur de Piré. – Enfin, la Douberie était un fief en Bais, possédé à l'origine par les seigneurs d'Elberte, uni ensuite à Sauldecourt et aliéné par le duc de la Trémoille en faveur du seigneur de Trozé.

La châtellenie de Sauldecourt relevait en partie du roi, sous son domaine de Rennes, et en partie du baron de Vitré. Relevaient directement du roi les fiefs de Sauldecourt et de la Ville en Louvigné, d'Elberte en Bais et Moulins, de Lourme en Domagné, de Barguigné en Châteaubourg, et de Chauméré en Chauméré et Piré. Les autres fiefs étant en Louvigné, Bais, Torcé, Vergeal, Châteaubourg, Chancé, Arbrissel, Domalain et Moussé, relevaient du baron de Vitré ; en somme, Sauldecourt s'étendait en treize paroisses.

La haute justice de Sauldecourt s'exerçait en la ville de Louvigné et relevait du présidial de Rennes[1]. Ses fourches patibulaires à quatre piliers se dressaient sur la lande des Marais et avaient été concédées au sire de Sauldecourt, en 1477, par le duc François II. Son possesseur était seigneur prééminencier en l'église de Louvigné[2] et y avait une chapelle prohibitive dédiée à saint Nicolas.

À cause des fiefs d'Elberte, le sire de Sauldecourt avait un droit de quintaine sur ses vassaux de Bais, le 21 juin, fête de saint Marse ; les nouveaux mariés devaient ce jour-là, « équipés par le sergent de la seigneurie », courir à cheval et rompre une lance contre un poteau armorié, planté sur la place du bourg de Bais ; les maladroits étaient condamnés à fournir un provendier d'avoine (4 boisseaux mesure de Vitré), les défaillants deux provendiers[3].

Également à cause de sa seigneurie d'Elberte, le sire de Sauldecourt était seigneur supérieur et fondateur de l'église paroissiale de Bais et de la chapelle Saint-Père près de ce bourg ; il avait aussi droit d'instituer un maître d'école à Bais, et les cep et collier de sa juridiction étaient attachés au chanceau de l'église de Bais.

Comme seignor de Chauméré, le sire de Sauldecourt avait un autre droit de quintaine sur les derniers mariés de Chauméré à la fête de saint Laurent ; il avait aussi ce même jour un droit de bouteillage et de coutume à cause de l'assemblée se tenant au bourg de Chauméré. À chaque fête de Pâques-Fleuries il lui était dû, à l'issue de la grand messe chantée à Chauméré, une paire de gants blancs par le propriétaire du Chesnot en

---

1. *Archives d'Ille-et-Vilaine*, C, 1818.
2. Le sire de Sauldecourt se disait même fondateur de cette église ; en 1548, l'évêque de Rennes acquiesça à cette prétention, que lui refusèrent en 1682 les commissaires de la chambre des comptes.
3. Déclarations de Sauldecourt en 1682 et 1712.

Moulins[1].

Enfin au seigneur de Sauldecourt appartenaient encore un droit de coutume à l'assemblée de Saint-Louis en Moulins et certaines rentes amendables qu'on devait lui payer à chaque fête de Noël dans la salle même de son manoir du Grand-Maimbier en Torcé[2].

Au mois de mars 1549 le roi accorda au sire de Sauldecourt, par des lettres patentes enregistrées au parlement de Bretagne en 1560, un marché tous les mercredis à Louvigné. Par d'autres lettres le roi créa en cette même petite ville quatre foires par an, le 9 mars et aux fêtes de saint Jean-Baptiste, de saint Patern et de saint Nicolas ; en 1565 ces foires furent transférées aux mercredis les plus voisins de ces jour et fêtes[3].

Aux siècles derniers, les seigneurs de Sauldecourt ayant aliéné la majeure partie de leurs domaines d'Elberte, Chaumeré et Maimbier, leur châtellenie n'avait plus que le domaine proche qui suit :

« Le manoir et maison-forte de Sauldecourt avec ses cours, portail, chapelle, ponts, douves, jardins, vergers, chesnaye et bois de haulte fustaye », – nous reviendrons bientôt à ce château, qui relevait directement du roi, – les halles de Louvigné et l'auditoire de Sauldecourt en cette même ville, – les métairies du Champ-du-Poirier, de la Retenue et de la Babinière, – les étangs et moulins de Daniel et des Rochettes, – les landes de Sauldecourt, contenant 250 journaux de terre, le moulin à eau de Chapuzel en Piré et le moulin à vent de Chaumeré, etc.[4].

En 1548, le château de Sauldecourt était encore en bon état, car le sire d'Espinay y conduisit le maréchal de Vieilleville et l'y traita « magnifiquement deux jours entiers ». C'était alors « une maison fort belle et de très puissante assiette[5] ». Pendant les guerres de la Ligue, le seigneur de Fouesnel se trouvait capitaine de Sauldecourt, où se renfermèrent plusieurs gentilshommes du pays[6]. Enfin, en 1616, il est fait mention des réparations effectuées au château de Sauldecourt, telles que couverture d'une guérite et autres travaux de ce genre[7].

Mais lorsque les barons de Vitré eurent acheté Sauldecourt, ils laissèrent cette forteresse tomber en décadence, et moins d'un siècle plus tard on ne voyait déjà plus que « l'emplacement du chasteau ruisné de Sauldecourt[8] » ; ce fut même là qu'en 1759 on vint chercher des pierres pour construire la petite nef méridionale de l'église de Louvigné[9].

1. *Ibidem,* en 1525.
2. *Ibidem,* en 1537.
3. *Archives du parlement de Bretagne*, 4ᵉ registre, 38. – *Archives d'Ille-et-Vilaine*, fonds de Vitré.
4. Déclarations de Sauldecourt en 1545 et 1682.
5. Mémoires du maréchal de Vieilleville.
6. *Archives d'Ille-et-Vilaine*, C, 2921.
7. *Comptes des trésoriers de Louvigné-de-Bais.*
8. Déclaration de Sauldecourt en 1712.
9. *Registres paroissiaux de Louvigné-de-Bais.*

SÉRIGNÉ

ur le territoire actuel de Liffré[1] fut créée, au commencement du XIIe siècle, la paroisse de Sérigné, confiée à un religieux-prieur dépendant de l'abbaye de Saint-Sulpice-des-Bois. Cette paroisse subsista jusqu'au XVIe siècle et son territoire fut alors annexé à ceux de Liffré et de la Bouëxière.

C'est, en effet, dans la paroisse de la Bouëxière[2] que se trouva placé le manoir de Sérigné, après l'extinction de la paroisse de ce nom, quoiqu'il fût assez voisin du bourg de Sérigné, concédé à Liffré.

Cette seigneurie de Sérigné donna son nom à une famille représentée au XIIe siècle à la cour des barons de Vitré par Robert de Sérigné[3]. Mais, en 1406, Sérigné était devenu la propriété de Marie de Rochefort, femme de Bertrand Gouyon, sire de Matignon, décédé l'année suivante. Cette dame mourut elle-même en mars 1419, laissant plusieurs fils, dont un cadet, Lancelot Gouyon, prit alors le titre de seigneur de Sérigné[4] ; l'aîné toutefois, Jean Gouyon, sire de Matignon, hérita en réalité de cette seigneurie, pour laquelle il rendit aveu au duc de Bretagne le 15 mai 1424[5].

Jean Gouyon épousa Marguerite de Mauny, dont il eut, entre autres enfants, Marie Gouyon, mariée en 1433 à Richard, sire d'Espinay, qui reçut en dot la seigneurie de Sérigné. Mais la dame d'Espinay mourut à la fleur de l'âge et sans enfants, le 18 mars 1434, et Sérigné revint aux mains de son père, le sire de Matignon[6].

Jean Gouyon décéda à son tour le 23 février 1450, laissant la seigneurie de Sérigné à son fils aîné Bertrand Gouyon, sire de Matignon, qui en fournit deux ans plus tard le minu au duc de Bretagne[7]. Bertrand Gouyon ne conserva pas Sérigné ; il donna, le 19 septembre 1467, cette terre en partage à sa sœur Isabeau Gouyon, femme de Guy, sire d'Espinay[8].

À partir de cette époque les sires d'Espinay possédèrent Sérigné, qu'ils firent unir par le roi à leur marquisat d'Espinay, érigé en 1575. Leur héritier, Charles de Schomberg, duc d'Halluin, – fils d'Henri de Schomberg et de Françoise d'Espinay – vendit, le 7 avril 1633, le marquisat d'Espinay, comprenant la châtellenie de Sérigné, à Henri, duc de la Trémoille et baron de Vitré.

Ce dernier seigneur retira Sérigné du marquisat d'Espinay pour en avoir plus d'argent. Il commença par vendre, le 9 mars 1635, à François

---

1. Chef-lieu de canton, arrondissement de Rennes.
2. Commune du canton de Liffré.
3. Dom Morice, *Preuves de l'Histoire de Bretagne*, I, 717 et 778.
4. *Ibidem*, II, 990.
5. *Archives de la Loire-Inférieure*, v° la Bouëxière.
6. *Ibidem*, v° Saint-Aubin-du-Cormier.
7. *Ibidem*, v° Liffré.
8. *Archives du château de la Magnane*.

du Poulpry, conseiller au parlement de Bretagne, et Guillemette Le Drenec, sa femme, le manoir et la métairie de Sérigné, les étangs et moulins dudit lieu, les droits d'usage en la forêt de Saint-Aubin, en un mot tout le domaine proche de la châtellenie de Sérigné[1]. Un peu plus tard, le 24 novembre 1654, il céda pour 55,000 livres la seigneurie même de Sérigné à René VII de Montbourcher, marquis du Bordage, qui la fit unir par le roi à son marquisat en 1656[2].

Lorsqu'en 1669 René de Montbourcher, fils de René VII, épousa Élisabeth Gouyon de la Moussaye, son père lui donna par contrat de mariage la châtellenie de Sérigné. Les successeurs de ce seigneur, devenu marquis du Bordage à la mort de son père, conservèrent jusqu'à la Révolution cette châtellenie de Sérigné, dont le dernier possesseur fut René-François de Montbourcher, marquis du Bordage, décédé seulement en 1835.

Châtellenie d'ancienneté, Sérigné relevait en partie du roi sous ses domaines de Rennes et de Saint-Aubin-du-Cormier, et en partie de la baronnie de Vitré. Cette seigneurie comprenait quinze fiefs avec haute justice s'étendant en neuf paroisses : Sérigné, Liffré, Gosné, Ercé-près-Liffré, la Bouëxière, Dourdain, Chasné, Livré et Acigné. La juridiction de Sérigné s'exerçait au XVIIe siècle au bourg de la Bouëxière, mais un arrêt du parlement de Bretagne rendu en 1704, à la requête du marquis du Bordage, ordonna la translation de ce tribunal au bourg d'Ercé-près-Liffré[3]. Les fourches patibulaires de Sérigné se composaient de quatre piliers élevés sur la lande de Guinebert en Dourdain ; des ceps et colliers pour la punition des malfaiteurs se trouvaient aux bourgs de Gosné et de Dourdain[4]. De la châtellenie de Sérigné relevaient plusieurs belles seigneuries, telles que le Plessix-Pillet et le Plessix-Dourdain, le Bertry, la Normandaye, le Plessix-d'Ercé, l'Estourbeillonnaye, l'Aubouclère, etc.[5]

Le seigneur de Sérigné était prééminencier supérieur et fondateur des églises paroissiales de Sérigné, Dourdain et Gosné, et avait en chacune d'elles des bancs et enfeus et ses armoiries « en peinture et relief[6] ».

Il avait reçu des ducs de Bretagne un droit de pacage et d'usage pour bois de construction et de chauffage dans leur forêt de Saint-Aubin-du-Cormier.

Voici quel était au XVe siècle le domaine proche de la châtellenie de Sérigné : le manoir de Sérigné et la métairie du même nom, – le bois de Sérigné, – les étangs de Sérigné et leurs moulins tant à draps qu'à blé, – et le moulin de Quincampoix.

Nous avons dit que ce domaine fut distrait de la châtellenie en 1635 et

1. *Archives d'Ille-et-Vilaine*, E, 289. – En 1657, M. et Mme du Poulpry revendirent la terre de Sérigné à Mathurin Blohio, seigneur de Kervern.
2. *Archives du château de la Magnane*.
3. *Ibidem*.
4. *Ibidem*.
5. *Archives nationales*, P. 1709 et 1722.
6. *Ibidem*.

acquis presque tout entier par M. du Poulpry. Néanmoins ce dernier n'acheta point le moulin de Quincampoix, sur le bord de l'Islet en Gosné ; il devint la propriété du seigneur de la Dobiaye qui, en 1665, le tenait féodalement de la juridiction de Sérigné, à devoir d'offrir chaque année au seigneur, pendant le mois de janvier, « deux sonnettes d'argent avec leurs longes de rubans rouge et bleu[1] ».

De nos jours, l'ancien bourg de Sérigné n'est plus qu'un village et son vieux manoir est devenu un établissement industriel : un haut-fourneau a été établi au bord de ses vastes étangs, dans une des plus jolies vallées des environs de Rennes.

Le Teil

La seigneurie du Teil, dans la paroisse de ce nom[2] appartenait au XIIIe siècle aux sires de Rougé. Nous en avons la preuve dans une charte du Cartulaire de Melleray, datée de 1243. On y voit alors Bonabes, seigneur de Rougé, donner aux religieux cisterciens de Melleray un emplacement convenable pour construire une grange dimeresse dans son bourg du Teil ; il est de plus fait mention dans l'acte de cette donation des deux fils de Bonabes, nommés Olivier de Rougé et Geffroy du Teil[3].

La châtellenie du Teil suivit le sort de celle de Rougé et appartint successivement aux seigneurs de Rougé et de Derval.

Lorsque Béatrice de Rieux devint, en 1416, veuve de Jean de Rougé, elle reçut en douaire la seigneurie du Teil. Jean de Malestroit, baron de Derval, était en 1464 seigneur de Rougé et du Teil[4] ; sa sœur, Gillette de Malestroit, épousa Jean Raguenel, vicomte de la Bellière, dont elle eut Françoise Raguenel, femme de Jean, sire de Rieux. Quand mourut en 1482 le baron de Derval, sa petite-nièce, Françoise de Rieux, issue du précédent mariage, hérita des seigneuries de Rougé et du Teil, qu'elle apporta à son mari, François de Laval, baron de Châteaubriant.

Le fils aîné de ces derniers, Jean de Laval, à son tour baron de Châteaubriant, ayant perdu l'unique enfant qu'il avait eue de la belle Françoise de Foix, sa femme, donna en 1539 au connétable Anne de Montmorency la baronnie de Châteaubriant et plusieurs autres seigneuries, parmi lesquelles figurèrent les châtellenies de Rougé et du Teil. Le connétable en prit possession l'année suivante et obtint du roi en 1554 l'union de toutes ces terres à la baronnie de Châteaubriant.

À partir de cette époque et jusqu'à la Révolution, le Teil, faisant par-

---

1. *Archives du château de la Magnane.*
2. Le Teil, commune du canton de Retiers, arrondissement de Vitré.
3. *Bibliothèque nationale*, Blancs-Manteaux, XXXVI, 206. – L'abbé de Melleray levait la dîme des grains au Teil, mais devait y laisser le tiers des pailles.
4. Du Paz, *Histoire généalogique de plusieurs maisons de Bretagne*, 170 et 171.

tie de Châteaubriant, fut la propriété d'abord des ducs de Montmorency, puis des princes de Condé.

Quoique la châtellenie du Teil semble avoir toujours appartenu aux sires de Rougé, elle formait cependant une seigneurie distincte, étant séparée de Rougé par la baronnie de Vitré et la châtellenie du Désert, et se trouvant dans le diocèse de Rennes, tandis que Rougé appartenait à l'évêché de Nantes. Le Teil avait d'ailleurs son château particulier et sa juridiction distincte de celle de Rougé.

Châtellenie d'ancienneté, la seigneurie du Teil se composait de six principaux bailliages : le grand bailliage du Teil et celui de la Bûcherie au Teil et Coësmes, le grand bailliage d'Essé en Essé, et les bailliages de Piré, de Janzé et d'Arbrissel dans les paroisses de mêmes noms. Au siècle dernier, les revenus de ces fiefs étaient d'environ 600 livres, plus 205 boisseaux d'avoine, 37 poules, une paire de gants et deux éteufs ou balles de jeu de paume[1]. La haute justice attachée à ces fiefs s'exerçait encore au siècle dernier « dans la ville du Teil, estant néanmoins du ressort de la juridiction de la ville de Châteaubriant, à laquelle viennent les appellations des sentences du Teil[2] ». Son gibet, composé de quatre piliers, se dressait sur la lande du Sauldre, au bord du chemin du Teil à Marcillé-Robert.

Le sire du Teil était seigneur supérieur et fondateur de l'église du Teil et seulement supérieur des églises d'Essé et d'Arbrissel. Il avait droit de tenir des foires chaque année et un marché tous les lundis « dans sa ville du Teil ». Enfin, de nombreux seigneurs relevaient de lui, savoir ceux de Sucé, le Loroux, le Boisrouvray, le Boistaillé, Lassejambe, le Plessis-Baume, la Trousselière, etc.

Le domaine proche de la châtellenie consistait surtout en la forêt du Teil, contenant en 1680 environ 1,150 journaux de terre. À l'entrée de cette forêt et au bord d'un étang se trouvait le château de la Motte-du-Teil, qui avait dû servir de résidence aux juveigneurs de Rougé, tels que ce Geffroy du Teil signalé en 1243. Mais depuis plusieurs siècles cette forteresse n'existait plus, et un aveu de 1628 mentionne seulement : « l'emplatz de l'ancien chasteau de la Motte du Tail, à présent ruisné ». La métairie de la Motte et deux moulins (le moulin de la Motte et celui de Ramet) dépendaient aussi de ce château. Au XVIIe siècle le prince de Condé, baron de Châteaubriant, afféagea les ruines du château de la Motte, aussi bien que la métairie et les moulins, et le tout appartenait en 1680 à René de Lopriac, seigneur de la Rigaudière en la paroisse du Teil[3].

Dès lors, le domaine de la châtellenie ne se composa plus que de la

1. *Archives d'Ille-et-Vilaine*, C, 2157.
2. *Ibidem*, C, 1819.
3. Déclaration de Rougé-au-Teil en 1680. – À la Révolution, cette terre de la Motte-du-Teil fut confisquée sur les émigrés François Viard de Mouillemusse et Charles Viard de Jussé ; elle fut vendue nationalement le 23 septembre 1796.

forêt du Teil, que posséda jusqu'à la Révolution le prince de Condé, et des halles, de l'auditoire et de la geôle, construits au bourg du Teil ; cette geôle ou prison seigneuriale, confisquée sur « Joseph Capet dit Condé », fut vendue par la nation le 3 juin 1794[1].

Actuellement, on retrouve encore au bord de la forêt du Teil la motte considérable de l'ancien château de la Motte-du-Teil, avec ses douves et quelques monticules formés par les débris de son enceinte fortifiée. Dans la même forêt, non loin du village de la Bûcherie, s'élève une autre motte seigneuriale[2].

TEILLAY

eillay[3], naguère dans la paroisse d'Ercé-en-la-Mée, actuellement paroisse et commune distinctes d'Ercé, est un très ancien lieu dont l'origine se perd vraiment dans la nuit des temps. Féodalement, c'était une châtellenie d'ancienneté dont le chef-lieu était un important château bâti près d'une petite ville que traversait la voie gallo-romaine d'Angers à Carhaix ; château et ville étaient à l'entrée d'une vaste forêt portant le nom de forêt de Teillay et subsistant encore.

Dès l'origine de leur établissement sur les bords de la Chère, c'est-à-dire dès le XIe siècle, les barons de Châteaubriant semblent avoir possédé Teillay, et il est vraisemblable que le château de ce nom fut alors construit par eux. Tant qu'exista la châtellenie de Teillay, elle fut en leurs mains ; successivement, ces puissants barons : sires de Châteaubriant proprement dits, puis sires de Dinan et de Laval, et enfin ducs de Montmorency et princes de Condé, furent seigneurs de Teillay depuis le XIe siècle jusqu'à la Révolution. Nous n'avons pas à donner ici leur nomenclature, qui se retrouve ailleurs dans cet ouvrage.

On sait peu de chose du château de Teillay ; une tradition, confirmée par l'historien Le Baud, veut que Geoffroy, baron de Châteaubriant, ait donné asile en cette forteresse, en 1196, à l'infortunée duchesse Constance de Bretagne, poursuivie par les Anglais ; mais le roi Richard Cœur-de-Lion la fit prendre à Teillay par le comte de Chester, qui l'emmena prisonnière[4]. Il est probable que le château de Teillay fut détruit, soit pendant la guerre civile qui ravagea, en 1222, les environs de Châteaubriant, soit durant les troubles du XIVe siècle ; il est certain du moins qu'au siècle suivant, en 1452, il n'existait plus ; il avait même perdu son nom de Teillay pour prendre celui d'une chapelle construite sur ses ruines en l'honneur de saint Eustache.

La châtellenie de Teillay, relevant directement du roi en sa cour de

---

1. *Archives d'Ille-et-Vilaine*, 1 Q, 329.
2. Ogée, *Dictionnaire de Bretagne*, nouvelle édition, I, 504.
3. Commune du canton de Bain, arrondissement de Redon.
4. *Les Chroniques de Vitré*, chap. XXXII.

Rennes, avait une haute justice s'étendant dans les paroisses d'Ercé-en-la-Mée, Saint-Sulpice-des-Landes, Lalleu et Tresbœuf. Cette juridiction s'exerçait dans la ville de Teillay en un auditoire qui subsiste encore, pittoresque édicule à claire-voie, élégamment couvert. Les fourches patibulaires à quatre piliers s'élevaient sur la lande Gosnel, à la sortie de la ville.

Au seigneur de Teillay appartenaient les droits de « prévosté et coutumes, foires et marchés en sadite ville », et droit de faire faire la hue par ses vassaux dans sa forêt lorsqu'il y chassait.

Le sire de Teillay était, en outre, seigneur supérieur et fondateur de l'église de Teillay, fillette de celle d'Ercé ; le jour de la Quinquagésime il avait le droit de lancer à la porte de ce sanctuaire une soule pour la réjouissance de ses vassaux de Teillay. Il avait aussi les mêmes droits de supériorité et fondation, et toutes prééminences à l'origine du moins dans les églises d'Ercé, Saint-Sulpice, Lalleu et Tresbœuf.

De la châtellenie de Teillay relevaient plusieurs belles seigneuries, telles que la Roche-Giffart, la Motte-d'Ercé, Hugères, le prieuré de Saint-Malo de Teillay, etc.[1]

À cause de sa forêt le domaine de Teillay avait de l'importance ; voici comment s'exprime la déclaration faite au roi, le 30 septembre 1500, par François de Laval, baron de Châteaubriant et sire de Teillay :

« La ville dudit lieu de Teillay ô ses appartenances entre ses quatre portes, en laquelle sont hommes estagers (suivent les noms des habitants) ; – un four à ban en icelle ville ; – la forest de Teillay[2], ayant trois lieues de longueur et deux lieues de traverse (contenant 4,800 journaux de terre en 1680) ; – près ladite ville de Teillay, l'assiette d'un vieil chasteau nommé le chastel de Saint-Eustache, auquel y a murs et murailles, douves et fossez, et au dedans duquel y a une chapelle fondée de Saint-Eustache, près lequel y a trois estangs, l'un d'iceux joignant auxdites douves nommé le Grand Estang de Saint-Eustache, duquel l'eau descend en un autre estang nommé le Petit Estang, dont l'eau va en un troisiesme estang appelé l'Estang Neuf, sur les bornes de ladite forest ; – le bois du Fayel, contenant 100 journaux de terre (en 1680) ; – les moulins des estangs de Teillay et le moulin de Briant, sur le Samnon, en Tresbœuf[3]. »

Soixante ans plus tard les trois étangs de Teillay étaient desséchés et leur sol converti en prairies ; c'est encore l'état actuel des lieux. Quant à la ville de Teillay, « à laquelle il y avait autrefois quatre portes », répète l'aveu de 1680 ce n'est plus aujourd'hui qu'un modeste bourg, avec

1. Déclaration de Teillay en 1680.
2. En 1651, Louis de Bourbon, prince de Condé, vendit à Henry de la Chapelle, seigneur de la Roche-Giffart, la forêt de Teillay et la Forêt-Neuve, s'entrejoignant et s'étendant en Ercé, Rougé, Ruffigné, Sion et Saint-Sulpice. Le prix fut de 200,000 livres tournois, mais comme il ne fut point payé, le baron de Châteaubriant reprit possession de ses forêts.
3. *Archives de la Loire-Inférieure*, v° Châteaubriant.

Texue

exue, aujourd'hui grosse métairie dans la paroisse de Pacé[1], était au Moyen Âge un manoir qui donna son nom à une noble famille portant pour armoiries : *d'argent au chef de sinople*.

Le premier auteur connu de cette maison fut Guillaume de Texue, mentionné dans un sauf-conduit délivré en 1357 par le roi d'Angleterre à certains écuyers de la suite de Charles de Blois. Il épousa, selon du Paz, Marie de la Roche-Épine. Robert de Texue, fils de ce Guillaume et son héritier, servit également comme écuyer, en 1371, sous les ordres de du Guesclin[2].

Vint ensuite autre Guillaume de Texue, qui mourut au mois d'août 1414 et eut pour successeur Bertrand de Texue. Dès le 2 février de l'année suivante décéda ce Bertrand, laissant veuve Jeanne de Lanvallay ; son fils aîné, Geffroy de Texue, rendit aveu au duc de Bretagne pour sa seigneurie de Texue le 19 novembre 1416[3].

Geffroy de Texue épousa, peu de temps après, Jeanne de Saint-Pern, fille du seigneur de Ligouyer. Il en eut Guillaume de Texue, mari de Jeanne de Romelin, décédée le 18 mai 1469. L'année suivante, Guillaume fournit un minu au nom de son fils mineur Noël de Texue, héritier de ladite dame sa mère[4].

Mais Noël de Texue mourut à la fleur de l'âge, le 24 juillet 1479, laissant sa seigneurie à son fils Gilles, qui en rendit aveu au duc le 5 février 1480[5].

Gilles de Texue, seigneur dudit lieu, fut d'abord écuyer d'écurie de la reine Anne de Bretagne, puis gentilhomme de sa garde, capitaine de Brest et capitaine de vingt hommes d'armes et de quarante archers[6]. Il épousa Louise de Bintin, dame de Clairefontaine, et mourut le 12 juillet 1514 ; sa veuve lui survécut jusqu'en juin 1518[7]. Leur fille et unique héritière fut Jeanne de Texue, qui s'unit à Jean de la Ferrière, seigneur de la Boulaye.

---

1. Commune du canton Nord-Ouest de Rennes.
2. Dom Morice, *Preuves de l'Histoire de Bretagne*, I, 1517, 1651 et suiv.
3. *Archives de la Loire-Inférieure*, v° Pacé.
4. *Ibidem*.
5. *Ibidem*.
6. De Couffon, *La Chevalerie de Bretagne*, I, 484.
7. *Archives de la Loire-Inférieure*, v° Vignoc.

Cette dame était veuve lorsqu'en décembre 1520 elle choisit par testament sa sépulture dans l'église de Bonne-Nouvelle, à Rennes[1]. Elle laissa ses seigneuries de Texue et de Clairefontaine à son petit-fils René de Bintin, fils de sa fille unique Jeanne de la Ferrière, qui avait épousé Jean de Bintin, seigneur de Bazouges-sous-Hédé. Ce dernier fournit au duc le minu de cet héritage le 7 juin 1521, au nom de son fils encore mineur[2].

René de Bintin, dit le Vieux, seigneur de Texue, mourut sans postérité le 5 mai 1532 et eut pour héritier son frère cadet, René de Bintin, dit le Jeune. Mais celui-ci décéda également sans enfants, et sa fortune échut à son petit-neveu, François de la Motte, seigneur de Vauclerc, fils de Laurent de la Motte, décédé en 1553, fils lui-même de Christophe de la Motte, seigneur de Vauclerc, et de Jeanne de Bintin, sœur des sires de Texue[3].

Ce fut au mois de décembre 1555 que Joseph de la Motte, protonotaire apostolique, rendit aveu au roi pour la seigneurie de Texue, en qualité d'oncle et tuteur du jeune François de la Motte[4]. Mais ce dernier mourut peu de temps après sans postérité, et la seigneurie de Texue revint à Bonne de Texue, descendante d'une branche cadette de Texue, formée par Guillaume de Texue, fils puîné de Bertrand de Texue.

Ce Guillaume de Texue avait épousé Jeanne Louvel, dame de la Rivière, en Gévezé, terre qui échut à leur fils Bertrand en 1462 – époque de la mort de Jeanne Louvel – et qui prit alors le nom qu'elle conserve encore de la Rivière-Texue. De Bertrand de Texue sortit Jean de Texue, seigneur de la Rivière-Texue en 1488, mari de Béatrice Brunel.

Ceux-ci laissèrent leur seigneurie à leur fille Bertranne de Texue, qui épousa un de ses parents de même nom qu'elle – probablement Alain de Texue, seigneur de la Gonzée en 1513 – dont elle eut Gilles de Texue, qui rendit aveu au roi en 1540 pour la Rivière-Texue provenant de sa défunte mère[5].

Gilles de Texue, seigneur de la Rivière-Texue, s'unit à Gillette Le Bel, dont il eut Bonne de Texue, qui recueillit le double héritage de Texue et de la Rivière-Texue.

Bonne de Texue apporta ces seigneuries à son mari Pierre Bruslon, alors seigneur de Beaumont et plus tard sire de la Musse. Les deux époux firent hommage au roi pour la terre de Texue le 13 mai 1560[6]. Ils eurent neuf enfants, dont l'aîné, Sébastien Bruslon, devint seigneur de Texue, épousa en septembre 1587 Claude du Châtel et mourut sans postérité.

La sœur aînée de ce dernier, Gabrielle Bruslon, mariée en 1574 à Georges de Châteaubriant, seigneur de Beaufort, hérita de Texue et fut

1. *Archives d'Ille-et-Vilaine*, I H, 1.
2. *Archives de la Loire-Inférieure*, v° Pacé.
3. Du Paz, *Histoire généalogique de plusieurs maisons de Bretagne*, 787.
4. *Archives de la Loire-Inférieure*, v° Pacé.
5. *Ibidem*, v° Gévezé.
6. *Archives de la Loire-Inférieure*, B, 1009.

mère de Pierre de Châteaubriant, sire de Beaufort et de Texue, qui épousa en 1607 Françoise de Saint-Gilles. Celle-ci donna le jour à Gabriel de Châteaubriant, baptisé le 1ᵉʳ juillet 1614 dans la chapelle du manoir de Texue. Cet enfant devint seigneur de Beaufort et mourut en 1633, sans laisser d'enfants de sa femme Marie de Montigny.

Mais quand il décéda, Texue ne lui appartenait pas. Cette terre avait été précédemment vendue à Gilles Ruellan, baron du Tiercent, qui dès 1622 prenait le titre de seigneur de Texue. Après la mort du baron du Tiercent, arrivée en 1627, Texue passa d'abord à son fils cadet, Pierre Ruellan, seigneur de la Mézière, qui en jouissait en 1647, mais ne laissa point de postérité de son union avec N... Maupeou, – puis à la sœur de ce seigneur, Vincente Ruellan, femme de Jacques Barrin, seigneur de la Galissonnière. Vers 1670, le fils de ces derniers, Jacques Barrin, marquis de la Galissonnière, vendit tout à la fois les seigneuries de Texue et de la Mézière à Eustache-Joseph du Han, baron de Poulnic, qui en fit hommage au roi en 1672[1].

Le baron de Poulnic vint avec sa femme, Françoise de Coëtlogon, habiter le manoir de Texue, où il construisit une nouvelle chapelle en 1682. Il était mort dix ans plus tard, époque à laquelle son fils Louis-Hercule, comte du Han, fit hommage pour la seigneurie de Texue[2], et sa veuve le suivit au tombeau en 1694. Mais Louis-Hercule, comte du Han, mourut lui-même le 25 mars 1713, laissant veuve Charlotte-Françoise Denyau, mère et tutrice de Guy du Han, qui décéda à son tour à Rennes le 20 août 1721 et fut inhumée dans l'église de Pacé. Ce Guy, comte du Han, épousa, le 16 février 1719, Louise de la Bourdonnaye, fille du seigneur de Blossac, et fit hommage au roi pour Texue en 1725[3].

Les nouveaux époux eurent plusieurs enfants, baptisés à Saint-Étienne et Saint-Aubin de Rennes, de 1720 à 1736. Guy, comte du Han et seigneur de Texue, mourut en son hôtel, à Rennes, près les Portes-Mordelaises, le 20 avril 1749[4].

L'aîné de ses fils, Regnault, comte du Han et sire de Texue, né en 1720, épousa Louise Botherel de Bédée, dont il ne laissa qu'une fille, Bonne-Louise du Han, femme en 1779 de Charles-Hyacinthe de Visdelou, qualifié marquis de Bédée. Ceux-ci furent les derniers seigneur et dame de Texue ; ayant émigré, ils virent vendre nationalement cette terre le 25 juillet 1796[5].

La seigneurie de Texue fut érigée par Charles IX en châtellenie par lettres patentes datées de septembre 1570, enregistrées au parlement de Bretagne le 16 octobre suivant et à la chambre des comptes de Nantes le

---

1. *Ibidem*, B, 988. – *Archives du château de la Magnane.*
2. *Archives de la Loire-Inférieure*, B, 1025.
3. *Ibidem*, B, 1028.
4. *Registres des baptêmes et sépultures de Saint-Étienne et Saint-Aubin de Rennes.*
5. *Archives d'Ille-et-Vilaine*, 1 Q, 28.

22 mai 1576 ; ces lettres furent données en faveur de Pierre Bruslon pour le récompenser, ainsi que son père le sire de la Musse, des services rendus par eux à Sa Majesté[1]. Du Paz ajoute qu'en 1588 Henri III fut tellement touché du dévouement que lui montra Sébastien Bruslon qu'il érigea en baronnie sa seigneurie de Texue[2] ; mais ce nouveau témoignage de la faveur royale ne semble pas avoir régulièrement été sanctionné par le parlement et la chambre des comptes, aussi n'eut-il point d'effet.

La châtellenie de Texue relevait en plus grande partie directement du duc puis du roi en leur cour de Rennes, mais elle tenait quelques fiefs du seigneur de Betton. Elle jouissait de deux hautes justices exercées l'une à Pacé et l'autre à la Mézière, et s'étendait, en outre, dans les paroisses de Gévezé, Montreuil-le-Gast, l'Hermitage et Mordelles. Ses fourches patibulaires consistaient en deux gibets ou justices : « une justice verte apostée en Pacé au fief de la Foucheraye ès chesnes appelés les Chesnes Fourchus, au pastiz de la Foucheraye, sur le chemin de Rennes, – et une justice seiche apostée au fief de Gey en Gévezé, au clos de la Justice, joignant la lande de Gey[3] ».

Appartenaient aussi au seigneur de Texue des ceps et collier attachés à un poteau armorié à ses armes près du cimetière de Gévezé.

Le sire de Texue avait des prééminences, litres, bancs, enfeus et écussons dans les églises de Pacé, Gévezé et la Mézière[4].

Par lettres datées du mois de février 1594, Henri IV concéda à Georges de Châteaubriant et Gabrielle Bruslon, seigneur et dame de Texue, un marché tous les mercredis au village de la Foucheraye, voisin de Texue[5].

Le seigneur de Texue avait aussi le droit de tenir quatre foires par an : l'une le 26 mars au Gué en Pacé, l'autre à la fête de saint Barnabé (11 juin) au bourg de la Mézière, la troisième à la mi-août, à la porte du château de Texue, et la dernière le 16 octobre, fête de l'Apparition de saint Michel sur le Mont-Tombe, au pâtis de la Foucheraye. Plus tard, la foire du 11 juin et le marché de la Foucheraye furent transférés au bourg de Gévezé[6].

Parmi les autres droits féodaux de la châtellenie de Texue signalons encore les coutumes du bourg de la Mézière, – le bouteillage d'un pot par barrique de cidre et de vin, – la quintaine courue le lundi de Pâques, à l'issue de la grand-messe de la Mézière, au pâtis de Gey, sous peine d'une amende de 3 livres ; « et doibvent les vassaux de Gey poser l'écusson et le post, fournir deux douzaines de gaules d'aulne aux nouveaux mariés et

1. *Archives de la Loire-Inférieure*, B, 117. – *Archives du parlement de Bretagne*, 5ᵉ registre, 280.
2. *Histoire généalogique de plusieurs maisons de Bretagne*, 788.
3. Déclaration de Texue en 1555.
4. *Ibidem*.
5. *Archives du parlement de Bretagne*, 8ᵉ registre, 404.
6. Déclarations de Texue en 1555, 1717 et 1750.

des fers de lance pour lesdites gaules ; plus doibvent présenter au seigneur une douzaine d'œufs, ledit jour, dans un couvre-chef blanc, ô peine de 3 livres d'amende » ; – par les tenanciers du bourg de Gévezé, « une paire de couteaux à manches dorés, évalués 2 livres, deubs le jour de la foire Saint-Barnabé, sous le chapitreau de l'église de Gévezé » ; – par certain habitant du bourg de la Mézière, « deux cierges de cire blanche présentés au seigneur à son banc en l'église de la Mézière, à la messe de minuit à Noël » ; – par les vassaux de Lessart en Pacé, « une paire de gants blancs valant 8 sols et deux esteufs blancs valant 4 sols » ; – par ceux de la Foucheraye, « six pommes de Caspendu et un bouquet de fleurs[1] ».

Le domaine de la châtellenie se composait du manoir ou château de Texue, ayant sa chapelle, son colombier et ses moulins dès 1480. Au siècle dernier c'était un grand logis flanqué de tourelles et placé entre deux cours, le tout entouré de grandes douves. Non loin de là coulait le Flume, qui formait en ce lieu un étang dont les eaux faisaient tourner deux moulins. Enfin les métairies de Texue et du Hilmilscent complétaient ce domaine.

Ce qui donnait une plus grande importance à Texue, c'est que le seigneur du lieu possédait aux derniers siècles, non loin de son manoir, les deux seigneuries de la Mézière en la paroisse de ce nom, et de la Grimaudaye en Melesse. Mais quoique ces deux terres fussent censées dépendre de Texue, elles ne semblent pas cependant avoir été régulièrement unies à la châtellenie ; aussi ne faisons-nous que les signaler ici.

Tinténiac

inténiac[2] a donné son nom à une des plus anciennes familles de Bretagne, portant pour armes : *d'or à deux jumelles d'azur, au bâton de gueules brochant en bande sur le tout.*

En l'an 1032, le duc de Bretagne Alain III donna à l'abbaye de Saint-Georges de Rennes la châtellenie de Tinténiac. Les religieuses de ce monastère, en « nonnes bien avisées, tout en y gardant de beaux droits fort lucratifs, retrocédèrent la plus grande partie de ce fief à une rude race militaire qui porta haut ce nom breton de Tinténiac[3] ».

Ce fut en 1036, selon du Paz, qu'Adèle, abbesse de Saint-Georges, permit à son noble vassal Donoald de se bâtir un château à Tinténiac. Quelques années plus tard, le successeur de Donoald, Guillaume, surnommé Ismaëlite, construisit une chapelle dans son château de Tinténiac ; la même abbesse Adèle régla alors avec Guillaume, en 1060, la question

---

1. *Ibidem,* en 1555, 1717 et 1750.
2. Chef-lieu de canton, arrondissement de Saint-Malo.
3. A. de la Borderie, *Revue de Bretagne et de Vendée,* XXXVI, 352.

assez importante alors des oblations faites en cette chapelle[1].

« Les descendants de Guillaume continuèrent pendant plusieurs générations à porter le surnom d'Ismaëlites. C'est au XIIe siècle seulement qu'ils commencent à prendre le nom de Tinténiac. En 1180 et 1197, Guillaume de Tinténiac, dans des donations à Saint-Georges, parle le premier de son père Guillaume de Tinténiac et de son oncle Geoffroy de Tinténiac[2].

Mais à cette époque le château de Tinténiac n'existait plus. En 1168, Henri II, roi d'Angleterre, guerroyant contre Eudon de Porhoët, vint attaquer ce château, le prit, le rasa, le détruisit de fond en comble. Ce fut alors que les héritiers des Ismaëlites bâtirent à quelque distance de Tinténiac, dans la paroisse des Iffs, le château de Montmuran. « Construite sur une éminence qui domine la contrée avoisinante, cette nouvelle forteresse remplaça pour les sires de Tinténiac leur ancien donjon réduit en ruines. Elle doit dater au moins du XIIIe siècle, car en 1269 Olivier de Tinténiac, rendant hommage à Agnès d'Erbrée, abbesse de Saint-Georges, s'engageait à lui payer annuellement sur ses seigneurie et terres de Montmuran une rente de 48 livres pour demeurer quitte des tailles et mangers que percevait l'abbaye sur ses vassaux, ainsi que des droits, profits et émoluments qu'elle tirait du marché ou cohue de Tinténiac, dont ledit Olivier restait concessionnaire[3]. »

Néanmoins, quoique privée de son château, la petite ville de Tinténiac conserva ou releva ses propres fortifications, puisqu'en 1373 elle fut assiégée et prise par du Guesclin[4].

Les premiers seigneurs de Tinténiac ne nous sont guère connus que par leurs donations aux Bénédictins de Saint-Melaine et à l'abbaye de Saint-Georges, où fut inhumée Eremburge, femme de Guillaume II et mère d'Olivier Ier de Tinténiac.

Olivier Ier épousa une dame nommée Théophile et en eut Alain, sire de Tinténiac, père d'Olivier II, qui s'unit à Havoise d'Avaugour, dame de Bécherel. Ces derniers donnèrent le jour à Guillaume III, sire de Tinténiac et de Bécherel, vivant en 1303.

Olivier III, fils de ce dernier, épousa Eustaisse de Châteaubriant, fille du baron Geoffroy VI, dont il eut plusieurs garçons, entre autres Briand et Jean, qui lui succédèrent l'un après l'autre dans sa seigneurie de Tinténiac, – et Olivier, qui créa une branche cadette subsistant encore, établie au XVIe siècle en la seigneurie de Quimerc'h en Cornouaille.

Briand, sire de Tinténiac, étant mort, en effet, sans postérité, sa châtellenie passa à son frère cadet Jean, mari de Jeanne de Dol. Celui-ci, l'un des héros du combat des Trente – dans lequel figura encore son troisième

1. *Cartulaire de Saint-Georges*, 91, 99 et 101.
2. Paul de la Bigne Villeneuve, *Cartulaire de Saint-Georges*, Prolégomènes, 70.
3. *Ibidem.* – Dans la *Bretagne contemporaine*, M. de la Bigne Villeneuve dit que Montmuran pourrait remonter au XIIe siècle.
4. Dom Lobineau, *Histoire de Bretagne*, 406.

frère, Alain de Tinténiac – fut tué à la bataille de Mauron, en 1352, ne laissant qu'une fille, Isabeau de Tinténiac, qui épousa Jean de Laval, seigneur de Châtillon-en-Vendelais, et lui apporta la châtellenie de Tinténiac.

De cette union naquit Jeanne de Laval, dame de Tinténiac, qui épousa d'abord l'illustre connétable Bertrand du Guesclin, dont elle n'eut point d'enfants, puis, en 1384, son cousin Guy II, sire de Laval et de Vitré ; elle mourut le 27 octobre 1433[1].

À partir de cette époque, les barons de Vitré – que nous retrouverons ailleurs – possédèrent la châtellenie de Tinténiac jusqu'à la mort de Guy XVI, comte de Laval et sire de Vitré, décédé en 1531, laissant veuve Antoinette de Daillon, qui le suivit au tombeau en 1539.

Charlotte de Laval, fille de ces derniers, eut en partage la châtellenie de Tinténiac, et épousa en 1547 le célèbre amiral de France Gaspard de Coligny. Elle mourut en 1568 et son mari fut massacré, comme l'on sait, à la Saint-Barthélemy, en 1572. Leur fils aîné, François, comte de Coligny, leur succéda à Tinténiac, s'unit en 1581 à Marguerite d'Ailly et décéda en 1591. Sa veuve devint tutrice de son fils Gaspard, comte de Coligny et seigneur de Tinténiac[2]. Celui-ci, amiral et maréchal de France, épousa en 1615 Anne de Polignac et mourut le 4 janvier 1646[3].

De son mariage il laissait plusieurs enfants, entre lesquels Henriette de Coligny, qui eut en partage la châtellenie de Tinténiac. Cette dame épousa : 1° en août 1643, Thomas Hamilton, comte de Hadington ; 2° Gaspard de Champagne, comte de la Suze, duquel elle obtint d'être séparée.

Ce fut Henriette de Coligny qui vendit, par contrat du 22 août 1662, la châtellenie de Tinténiac, moyennant 273,000 livres, à Gilles Huchet, seigneur de la Bédoyère[4]. Mais Henri de Coëtquen, qualifié marquis de la Marzelière, parent de Mme Hamilton, demanda le retrait lignager au parlement de Paris, et celui-ci, par arrêt rendu en août 1665, le lui accorda[5].

Henri de Coëtquen fixa sa résidence au château de Montmuran, dans la chapelle duquel il épousa, le 22 octobre 1668, Guillemette Belin, dont il eut deux enfants, Jean et Françoise de Coëtquen. Ceux-ci se trouvaient en 1680 sous la tutelle de leur mère devenue veuve. Mais Jean de Coëtquen mourut à la guerre en 1693, âgé de dix-sept ans, et sa sœur Françoise se trouva par suite maîtresse de la châtellenie de Tinténiac.

Françoise de Coëtquen, mariée à Charles, comte de Mornay, décéda sans postérité le 19 mai 1743, laissant une grande fortune à de nombreux héritiers collatéraux. Ces derniers vendirent, entre autres seigneuries, la

---

1. P. Anselme, *Les Grands officiers de la couronne*, III, 629.
2. *Archives du château de Châteauneuf.*
3. Moreri, *Grand dictionnaire historique.*
4. *Archives d'Ille-et-Vilaine*, E, 133.
5. *Arrêts de Frain*, 50.

châtellenie de Tinténiac, qu'acheta presque entière[1] Joseph-Marie de la Motte, seigneur du Boisthomelin, par contrat du 7 juillet 1750[2].

Joseph-Marie de la Motte, qualifié dès lors comte de Montmuran, fonda en 1787 une maison des Filles de la Sagesse aux Iffs, de concert avec sa femme Marie-Anne de Vion. Cette dame mourut l'année suivante et le comte de Montmuran décéda, émigré à Jersey, le 18 octobre 1795, âgé de quatre-vingt-deux ans. Il ne laissait point d'enfants et son principal héritier fut son neveu Pierre-Martial de la Motte, qualifié dès 1784 de marquis de Montmuran et décédé en 1823[3]. Mais le 13 juillet 1794 le château et la terre de Montmuran avaient été nationalement vendus[4].

Il est certain que Tinténiac était une châtellenie d'ancienneté ; mais il est dit, de plus, dans le contrat de 1662, que « les terres et seigneuries de Tinténiac et Montmuran ont été érigées en comté par lettres du roy ». On n'indique point toutefois la date de ces lettres, dont il n'est à notre connaissance nullement ailleurs fait mention, ce qui nous rend leur authenticité très problématique.

La châtellenie de Tinténiac relevait, avons-nous dit, en très grande partie de l'abbaye de Saint-Georges de Rennes ; néanmoins, quelques-uns de ses fiefs relevaient directement du roi en sa cour de Rennes. Les bailliages tenus de l'abbaye se trouvaient en Tinténiac, les Iffs, Trimer, la Baussaine, Cardroc, la Chapelle-Chaussée et Saint-Domineuc[5]. Les bailliages relevant du roi s'étendaient en Bazouges-sous-Hédé, Saint-Méloir-des-Bois, la Fresnaye, Hédé, Dinan, Châteauneuf, Dingé, Guipel et Combour[6]. C'était donc en seize paroisses qu'avait droit le seigneur de Tinténiac.

De ces paroisses, les Iffs, la Baussaine, la Chapelle-Chaussée, Cardroc, Saint-Domineuc et Trimer considéraient ce seigneur comme leur fondateur, la supériorité y étant seule retenue par l'abbesse de Saint-Georges[7]. Dans l'église de Tinténiac, le seigneur n'avait droit qu'à un banc avec enfeu et armoiries, le tout placé au-dessous des banc, enfeu et armoiries appartenant à l'abbesse[8]. Enfin ce seigneur était présentateur des chapellenies de Montmuran et de la Magdeleine en Tinténiac.

La haute justice du seigneur de Tinténiac s'exerçait en la petite ville de ce nom, où se trouvaient ses ceps et collier ; elle avait « deux potences de tout temps eslevées pour l'exécution de ses jugements, l'une d'icelles

---

1. Étienne Baude, marquis de Châteauneuf, acquit en effet alors un huitième de la châtellenie.
2. *Archives de la Loire-Inférieure*, B, 1040.
3. De l'Estourbeillon, *Les familles françaises à Jersey*, 170.
4. *Archives d'Ille-et-Vilaine*, 1 Q, 96.
5. Aveux de Tinténiac en 1560 et 1609.
6. Aveux de Tinténiac, rendus au roi en 1545 et 1763. – Contrat de vente de 1662.
7. *Archives d'Ille-et-Vilaine*, 26 H, 349.
8. *Ibidem*.

plantée au bout des halles de ladite ville de Tinténiac, et l'autre en une pièce de terre appelée de toute antiquité le clos de la Justice, située près le Pont-à-l'Abbesse », sur le bord du chemin allant vers Rennes. Le possesseur de la Rufaudière, sergent féodé de Tinténiac, devait fournir un exécuteur lorsque les officiers de la juridiction condamnaient « en peine corporelle » ; il devait aussi « la garde et représentation de l'estalon des mesures de la seigneurie pour le vin ou cildre[1] ».

Appartenaient au seigneur de Tinténiac les droits de tenir en la ville de ce nom un marché le mercredi et trois foires par an : le jour Saint-Barthélemy, le premier mercredi de mai et le mercredi suivant la Toussaint ; plus trois assemblées avec privilège de bouteillage, aux fêtes de saint Pierre et de saint Fiacre, au bourg des Iffs, et au jour Saint-Laurent à la Baussaine[2].

Certain tenancier de la ville de Tinténiac était tenu d'offrir chaque année à son seigneur « une paire de gants blancs ».

De son côté, le sire de Tinténiac devait à l'abbaye de Saint-Georges une rente annuelle de 40 livres et simple obéissance, plus une pareille somme de 40 livres pour chaque rachat[3].

Le domaine proche de la châtellenie de Tinténiac se composait de ce qui suit :

Dans la ville même de Tinténiac, l'auditoire et les prisons avec cour et jardin, les halles, et non loin de là la prairie Saint-Michel ; – le château de Montmuran aux Iffs, avec ses fortifications, chapelle, colombier, étang et moulin, forêt et parc d'environ 40 journaux de terre ; – les métairies de la Porte et de la Boulaye aux Iffs, de Baymas et de la Landelle en Cardroc ; – les moulins de la Bigotière aux Iffs, de Rouillon en Saint-Méloir-des-Bois, les deux moulins de Théloyer, en Cardroc, le moulin Jean et le moulin Perret ; – la terre de Châtelain en Tinténiac, avec les bois de la Plesse et de la Garenne de Tanouarn, le tout contenant 200 journaux de terre[4]. « À cause de ladite mestairie de Chastelain (était dû au sire de Combour par le seigneur de Tinténiac) un debvoir de parc aux bestes domestiques prises en la forest de Tanouarn par les officiers et forestiers dudit sire de Combour[5]. »

« Le château de Montmuran a de beaux souvenirs historiques, dit M. Paul de la Bigne Villeneuve. Du Guesclin y fut armé chevalier en 1354, après avoir battu et fait prisonnier Hue de Caverley qui, avec ses routiers, essayait de pénétrer dans Montmuran par surprise. Du Guesclin l'assiégea et en chassa encore les Anglais en 1380. De la forteresse contemporaine de ces hauts faits d'armes on retrouve à Montmuran deux tours imposantes, dont l'une peut remonter au XIIe siècle ; un long corps

1. Aveu de Tinténiac à Saint-Georges en 1609.
2. *Ibidem.*
3. *Ibidem.*
4. Déclarations de Tinténiac en 1609 et 1763.
5. Déclaration de Combour en 1580.

de logis moderne s'étend de l'une à l'autre. Le châtelet ou tour géminée, à créneaux et machicoulis, qui protège l'entrée où jouaient la herse et le pont-levis, est du XIVe siècle. Une chapelle de style flamboyant a remplacé, au-dessus de la porte, celle qui avait vu la veille d'armes de Bertrand du Guesclin. De grands bois et de magnifiques jardins enveloppent cette superbe résidence[1], qui domine au Nord-Ouest une gorge abrupte profondément creusée dans le flanc des deux collines opposées. Un étang dort au fond du ravin ; des roches escarpées s'amoncellent, mêlées aux massifs de verdure, et le vieux donjon du XIIe siècle semble dresser la tête pour surveiller le large bassin vers lequel s'inclinent, en s'adoucissant, les rampes du double coteau, ménageant aux regards une délicieuse perspective[2]. »

Tizé

gée nous a donné une liste des premiers seigneurs de Tizé qui semble fort peu authentique : « En 1160, dit-il, le château de Tizé, maison seigneuriale de Cesson, appartenait à Eveillard de Cesson, en 1190 à Geoffroy de Cesson, en 1223 à Bertrand, chevalier, seigneur de Tizé et de Cesson, et en 1240 à Raoul de Cesson, qui partit avec Pierre de Dreux, duc de Bretagne, pour aller combattre les infidèles[3]. »

Il faut d'abord remarquer que Tizé ne fut jamais la maison seigneuriale de Cesson et qu'Ogée fait même erreur en plaçant ce château en Cesson, car il a toujours fait partie de la paroisse de Thorigné[4]. Il est bien vrai qu'il existait aux XII et XIIIe siècles une famille noble portant le nom de Cesson, mais rien ne prouve qu'elle ait possédé Tizé. Du Paz, qui vit « grand nombre de titres en la maison de Tizé » et qui dressa l'histoire généalogique des seigneurs de Tizé[5], ne mentionne même pas ces prétendus sires de Cesson. Il nous dit, au contraire, qu'en 1225 la seigneurie de Tizé appartenait à Bertrand de Tizé ; puis il ajoute : « Et depuis cette maison a esté possédée par successeurs qui portoient mesme nom et mesmes armes jusqu'au temps qu'elle tomba en main de fille qui fut mariée avec messire Auffray de Montbourcher, chevalier, auquel en l'an 1314 le duc Jean III donna l'usage en ses forests de Rennes et de Liffré, tant pour chauffage qu'à merrain, pour les bastiments de son hostel de Tizé[6]. »

Raoul de Montbourcher, fils d'Auffray, hérita de la seigneurie de Tizé ; vivant en 1342, il épousa Honorée Giffart, de laquelle il n'eut qu'une

1. Propriété actuellement de M. de la Villéon.
2. *Bretagne contemporaine*, Ille-et-Vilaine, 75.
3. *Dictionnaire de Bretagne*, nouvelle édition, I, 159.
4. Commune du canton Nord-Est de Rennes.
5. *Histoire généalogique de plusieurs maisons de Bretagne*, 790.
6. *Ibidem*.

fille, Marie de Montbourcher, femme de Geffroy de Cheveigné, seigneur de Noyal-sur-Vilaine. De cette dernière union sortirent deux garçons, Auffray et Guillaume de Cheveigné, qui furent l'un après l'autre seigneurs de Noyal et de Tizé. Auffray mourut sans postérité en avril 1397, mais Guillaume, mentionné en 1399 comme seigneur de Tizé, laissa une fille nommée Marguerite[1].

Marguerite de Cheveigné s'unit à Armel de Châteaugiron, seigneur de Saint-Jean de Laillé. Elle en eut un fils, Patry de Châteaugiron, seigneur de Tizé en 1406, et une fille, Guillemette de Châteaugiron.

Celle-ci reçut de son frère, par héritage ou en partage, les seigneuries de Tizé et de Noyal, qui demeurèrent unies jusqu'à la Révolution. Elle épousa Foulques de Saint-Amadour, seigneur dudit lieu, fils d'Anne de Saint-Amadour, qui s'était allié à Jeanne de Montbourcher, fille d'un seigneur de Tizé. Aussi quand cette dernière dame mourut en 1403, Foulques de Saint-Amadour hérita-t-il de quelques fiefs qu'elle possédait en Noyal[2].

Ce Foulques eut de Guillemette de Châteaugiron un fils nommé Guy de Saint-Amadour, qui rendit aveu en 1433 pour sa seigneurie de Tizé[3]. Celui-ci épousa Jacquette de Malestroit et mourut le 5 mars 1461.

Guillaume de Saint-Amadour, fils des précédents, fournit en 1463 le minu de sa terre de Tizé. Il épousa Marguerite de Québriac et décéda le 8 décembre 1478. François de Saint-Amadour, son fils aîné, lui succéda. Chambellan de François II et capitaine de Saint-Aubin-du-Cormier, ce seigneur de Tizé s'unit à Marguerite Le Lyonnais et mourut en 1521.

Anne de Saint-Amadour, issue de cette dernière union, épousa : 1° en 1513, François de Malestroit, seigneur de Beaucours, décédé en 1529 ; 2° en 1531, Geoffroy Bouan, seigneur de Ponthay en Plouër, qui rendit aveu, en son nom, pour la seigneurie de Tizé en 1533 et en fit hommage au roi en 1540[4].

L'année suivante, Jean Brillant Bardelays se présenta à la montre « bien monté à cheval, accompagné de trois autres hommes à cheval aussi bien montés et sans armes, remonstra l'indisposition et maladie de Mre Geffroy Bouan, seigneur de Tizé ; déclara iceluy avoir 770 livres de revenu noble et offrit pour ledit seigneur de Tizé et la dame de Saint-Amadour, sa compaigne, faire le service du roy[5] ».

Mathurin Bouan, fils aîné des précédents, baptisé à Cesson en 1533, hérita de la seigneurie de Tizé, pour laquelle il présenta hommage au roi en 1564. Chevalier de l'Ordre du roi, il servit sous cinq rois, depuis François Ier jusqu'à Henri IV. Il offrit l'hospitalité à Bertrand d'Argentré lorsque celui-ci fut chassé de Rennes par les Ligueurs, et c'est à Tizé que

1. *Ibidem.* – Archives de la Loire-Inférieure, v° Noyal-sur-Vilaine.
2. *Archives de la Loire-Inférieure*, v° Noyal-sur-Vilaine.
3. *Archives d'Ille-et-Vilaine*, fonds de Vitré.
4. *Archives de la Loire-Inférieure*, B, 1007.
5. *Ms de Missirien* (Bibliothèque de Rennes).

mourut, en 1590, le célèbre jurisconsulte et historien breton. Mathurin Bouan épousa Catherine de Boisglé, dame de Lohingat, dont il eut deux fils, René, tué à la fleur de l'âge au combat de Craon, et Briand, qui lui succéda[1].

Ce Briand Bouan, né en 1567 et seigneur de Tizé, ne laissa qu'une fille de son union avec Renée de Montecler ; cette enfant, Mathurine Bouan, se trouvait en 1608 sous la tutelle de son parent, le sire de Châteaubourg ; elle épousa en 1615 Jean Hay, qui devint baron des Nétumières en 1634. Mais elle mourut dès 1624, époque à laquelle son mari fit une fondation en l'église des Grands-Carmes de Rennes, à l'occasion du dépôt qu'on fit en ce sanctuaire du cœur de ladite dame[2]. Jean Hay se remaria en 1627 avec Françoise Pinczon. De sa première union naquit Paul Hay, baron des Nétumières et seigneur de Tizé, qui épousa en 1640 Renée Le Corvaisier et en eut autre Paul Hay, également baron des Nétumières et seigneur de Tizé, qui rendit aveu pour cette châtellenie en 1679[3].

Ce dernier seigneur eut de Françoise de Bréhant, sa femme, épousée en 1664, beaucoup d'enfants, entre autres Jean-Paul Hay, baron des Nétumières, et François-Augustin Hay, qui prit le titre de seigneur de Tizé, épousa en 1709 Gilonne Bidault et mourut le 15 décembre 1748, âgé de soixante-huit ans[4]. Mais malgré le titre que portait ce dernier, Tizé demeura la propriété du baron des Nétumières, et Jean-Paul Hay fit unir par le roi, en 1702, plusieurs fiefs à cette seigneurie, pour laquelle il rendit hommage en 1711[5].

De Jean-Paul Hay et d'Élisabeth de Cornulier, sa femme, sortit Sainte-Renée Hay, mariée le 20 août 1720 à Claude-Gabriel de Kerroignant, seigneur de Trezel et plus tard comte d'Estuer[6].

Le 5 septembre 1737, Claude-Gabriel de Kerroignant, ayant perdu sa femme, acheta pour les enfants qu'elle lui avait laissés, par contrat de licitation, d'avec Charles-Paul Hay, marquis des Nétumières, la châtellenie de Tizé, pour laquelle douze ans plus tard il fit hommage au roi[7].

Ce seigneur de Tizé étant décédé en 1762, son fils Joseph de Kerroignant, comte de Trezel, hérita de la châtellenie. Lieutenant de la grande louveterie du roi, il fit hommage pour Tizé en 1783[8]. Quand vint la Révolution, ce seigneur mourut et ses deux fils émigrèrent[9].

Tizé était considéré comme étant une châtellenie d'ancienneté en

---

1. Du Paz, *Histoire généalogique de plusieurs maisons de Bretagne*, 795.
2. *Archives d'Ille-et-Vilaine*, 20 H, 3.
3. *Archives nationales*, P. 1709.
4. Frain, *Tableaux généalogiques*, I, 7 et 8.
5. *Archives de la Loire-Inférieure*, B, 1256.
6. *Registres paroissiaux d'Etrelles*.
7. *Archives de la Loire-Inférieure*, B, 1039.
8. *Ibidem*, B, 1002.
9. *Archives d'Ille-et-Vilaine*, 1 Q, 277.

1455 et en 1462 le sire de Tizé fut appelé à siéger parmi les bannerets aux États de Bretagne[1].

La châtellenie de Tizé relevait pour une moitié du roi en sa cour de Rennes, et pour une moitié du baron de Vitré ; ainsi le château de Tizé était tenu de Vitré et sa métairie tenue du roi ; les fiefs étaient également partagés entre Rennes et Vitré. Nous avons vu que dès le xive siècle la seigneurie de Noyal-sur-Vilaine, relevant directement du duc puis du roi, fut unie à celle de Tizé, dont elle grossit singulièrement l'importance.

En 1702, Louis XIV avait encore réuni à la seigneurie de Tizé une dizaine de fiefs en Cesson et environs, relevant partie de la cour de Rennes et partie des regaires de l'évêque de cette ville, et avait érigé le tout en haute justice[2].

L'ensemble de la châtellenie de Tizé s'étendait en six paroisses : Cesson, Saint-Didier et Thorigné (fiefs relevant du baron de Vitré), Noyal-sur-Vilaine, Acigné et Piré (fiefs relevant du roi).

La haute juridiction de Tizé s'exerçait tout à la fois au bourg de Noyal-sur-Vilaine et à Rennes, dans une salle du présidial[3]. Au bourg de Noyal se trouvaient attachés les ceps et collier ; dans les communs de Forges en Cesson s'élevaient les trois piliers du gibet de Tizé[4].

Au seigneur de Tizé appartenaient les droits de fondateur de l'église de Noyal et de la chapelle de Calendrou en Cesson, de prééminencier en l'église de Thorigné, et de présentateur des chapellenies de Tizé en l'église de Noyal et de Sainte-Catherine du manoir de Tizé.

C'était au chanceau de l'église de Noyal que se trouvait le principal enfeu des sires de Tizé : là furent notamment inhumés aux xve et xvie siècles Anne de Saint-Amadour, Briand Bouan et Renée de Montecler, sa femme.

La châtellenie de Tizé jouissait encore des droits suivants pêche prohibitive dans la rivière de Vilaine, à Tizé et en Noyal, « depuis le moulin de Brécé jusqu'au gué de l'Aulne ; » – usage de bois de chauffage et de construction dans les forêts de Rennes et de Saint-Aubin-du-Cormier ; – coutumes à l'assemblée de Saint-Jean-Baptiste au bourg de Noyal, « et appartient au seigneur de Tizé de chaque marchand un chef-d'œuvre et espèce de marchandises exposées en vente ledit jour » ; – bouteillage le même jour « d'un pot par pipe et d'un pain par boulanger » ; – encore le même jour Saint-Jean, « quintaine courue par les mariés qui couchent la première nuit de leurs noces en la paroisse de Noyal ; et la doibvent courir près le bas du cimetière de Noyal, au lieu du Chaussix ; et ceux qui ne rompent pas leurs bois doibvent un provendier d'avoine, mesure de Châteaugiron, 5 sols et 2 oies[5] ».

1. Dom Morice, *Preuves de l'Histoire de Bretagne*, II, 1673 ; III, 7.
2. *Archives du parlement de Bretagne*, 30e registre, 238.
3. *Archives d'Ille-et-Vilaine*, C, 1818.
4. Déclaration de Tizé en 1747.
5. *Ibidem,* en 1470, 1679 et 1747.

Parlons maintenant du domaine proche de la châtellenie.

C'était d'abord « les motte, manoir et chasteau de Tizé en Thorigné, avec cour close, douves, fossez et pontlevis, lesdits fossez séparant ledit chasteau (qui relève de Vitré) de la métairie et chapelle, qui relèvent du roi[1] » ; – les jardins de Tizé, contenant trois journaux de terre en vigne en 1463 ; – le parc fermé de murailles ; – le colombier et la chapelle Sainte-Catherine de Tizé ; la métairie et le moulin de Tizé.

C'était ensuite « les manoir et mestairie noble de Noyal-sur-Vilaine, près le cimetière et chanceau de l'église paroissiale, y compris les avenues et la motte eslevée où estoit anciennement basti le chasteau dudit lieu[2] » ; – et le moulin de Moncor sur la Vilaine.

En 1838, ce qui reste debout du château de Tizé fut soigneusement étudié par un savant architecte, M. Langlois[3]. Celui-ci n'eut pas de peine à prouver combien était erronée l'opinion d'un auteur écrivant dans le *Lycée Armoricain* que la partie ancienne de l'édifice, « le frontispice, l'escalier et sa jolie guirlande, datent de l'an 1314 ». En réalité, c'est un beau spécimen de l'architecture de la première moitié du XVIe siècle. Malheureusement, il n'en demeure plus qu'un pavillon et le centre de la façade principale, occupé par un charmant escalier en spirale, escalier ajouré d'arcades superposées et richement décoré dans le style de la Renaissance. Les deux tours qui accompagnaient le château du côté de la rivière, et dont la base était baignée par les eaux de la Vilaine, n'existent plus. Tizé n'est donc, hélas ! qu'une ruine qu'avoisine la métairie de même nom.

La Villouyère

a Villouyère – appelée aussi la Vinouyère, notamment dans ses lettres d'érection en châtellenie – a une origine fort humble. Ce n'était, semble-t-il, en 1445 qu'une métairie noble en la paroisse de Vignoc[4], appartenant au sire de Malestroit[5].

Un peu plus tard la Villouyère est un petit manoir avec fief, étang et moulin, propriété de Guillaume Bouëdrier, seigneur du Fail en Vignoc. Ce dernier mourut le 28 juillet 1469, laissant veuve Guillemette de Maimbénart. Son héritage fut recueilli par ses deux filles, femmes l'une de Pierre Blanchet, seigneur de la Rivière, et l'autre d'Olivier Baud, seigneur de la Boulaye[6].

La Villouyère échut au seigneur de la Rivière, qui eut une fille, Marie

---

1. *Ibidem*, en 1669.
2. *Ibidem*, en 1747.
3. *Note sur le château de Tizé* (Bulletin de la Société des Sciences et Arts de Rennes).
4. Commune du canton de Hédé, arrondissement de Rennes.
5. *Anciennes réformations de la noblesse de Bretagne*.
6. *Archives de la Loire-Inférieure*, v° Vignoc.

Blanchet, dame de la Villouyère, épouse de Jean de Sérent. Cette dame mourut le 11 août 1504 et la Villouyère passa successivement aux mains de ses deux fils, Olivier de Sérent, décédé sans enfants le 24 août 1506, et Jean de Sérent, qui rendit aveu au roi pour cette terre en 1508[1].

Jean de Sérent, seigneur de la Villouyère, mourut le 14 février 1539, laissant son fils aîné, Gilles de Sérent, sous la tutelle de sa femme, Bertranne de Chasné[2], qui rendit aveu au roi le 14 novembre suivant et lui fit hommage en 1540[3].

Ce Gilles de Sérent mourut en 1560, léguant les terre et seigneurie de la Villouyère à son neveu, fils de sa sœur, Jacques de la Belinaye, qui en fit hommage au roi en 1575[4]. Le seigneur de la Belinaye était fils, en effet, de Jean de la Belinaye et de Marguerite de Sérent, mariés en 1537.

Jacques de la Belinaye, seigneur de la Belinaye et de la Villouyère, épousa Guillemette ou Gillette de Romilley, dame de Forest ; il avait un demi-frère appelé René, issu d'un second mariage contracté par son père avec Madeleine du Han ; à la mort de Jean de la Belinaye, arrivée en 1580, Jacques céda la Villouyère à René, qui en rendit hommage au roi le 16 mai 1584[5].

René de la Belinaye, seigneur de la Villouyère, et reçu en 1580 conseiller au parlement de Bretagne, épousa Françoise du Pont, dont il eut un fils baptisé à Rennes en 1586. Un autre de ses fils, Pierre de la Belinaye, lui succéda à la Villouyère et fit hommage de cette terre le 31 mai 1617. Mais ce dernier mourut sans postérité et sa succession fut recueillie par une parente collatérale, Françoise des Prez, femme de René de la Ferrière, seigneur de Pailpré. Le 27 janvier 1653, cette dame vendit la Villouyère à Jean Le Marchand, sieur de la Rebourcière, conseiller au présidial de Rennes.

Riche bourgeois de Rennes, Jean Le Marchand rendit aveu pour la Villouyère en 1663 et 1678[6] et mourut en 1696. Sa fille, Renée Le Marchand, devint alors propriétaire de la Villouyère, pour laquelle elle fit aveu le 8 mai 1697[7]. Elle avait épousé, le 12 janvier 1679, Jacques, marquis du Cambout et vicomte de Carheil, qui fut tué au combat de Carpi en Piémont, le 10 juillet 1701. Ce fut probablement leur fils, Pierre-Louis, marquis du Cambout, qui vendit les terre et seigneurie de la Villouyère à Guy Picquet, seigneur de la Motte, les possédant en 1710.

Guy Picquet, seigneur de la Motte et de la Villouyère, reçu en 1701 conseiller au parlement de Bretagne, épousa en 1716 Hélène-Julie Robert de la Bellangeraye, dont il eut plusieurs enfants ; il mourut le 15 octobre

1. *Ibidem.*
2. Alias de Chancé.
3. *Archives de la Loire-Inférieure*, B, 1007.
4. *Ibidem*, B, 1012.
5. *Ibidem.*
6. *Archives nationales*, P. 1711.
7. *Archives de la Loire-Inférieure*, v° Vignoc.

1753, et l'un de ses fils, Louis-Jacques Picquet, seigneur de Montreuil-le-Gast et de Launay-du-Han, reçu en 1738 conseiller au parlement de Bretagne, hérita de la Villouyère, pour laquelle il fit aveu au roi le 23 septembre 1754[1]. Mais ce dernier seigneur ne laissa pas d'enfants de ses deux femmes, Marie-Anne Souchay, décédée en 1780, et Marie-Anne-Maurice de la Moussaye, qui lui survécut. Il mourut à Rennes, âgé de soixante-dix ans, le 10 janvier 1786, et fut inhumé en son enfeu au couvent de Bonne-Nouvelle[2]. En conséquence, la terre seigneuriale de la Villouyère vint aux mains de son frère, l'illustre amiral Jean-Toussaint de la Motte-Picquet, lieutenant-général des armées navales. Celui-ci fit hommage au roi en 1787 pour la Villouyère, dont il fut le dernier seigneur[3]. Il mourut à Brest le 11 juin 1791.

Par lettres patentes de Louis XV, datées du mois de juillet 1727, données en faveur de Guy de la Motte-Picquet, enregistrées au parlement de Bretagne le 22 août suivant et à la chambre des comptes de Nantes le 7 février 1728, le roi unit une quinzaine de fiefs s'étendant en cinq paroisses, Vignoc, Saint-Symphorien, la Mézière, Montreuil-le-Gast et Melesse, et érigea le tout en châtellenie, sous le nom de la Vinouyère (*sic*). Sa Majesté permit en outre d'exercer la haute justice de cette châtellenie toutes les semaines, le lundi au bourg de Montreuil-le-Gast et le vendredi au bourg de Vignoc[4].

Sauf quelques fiefs tenus du seigneur de Montbourcher, la châtellenie de la Villouyère relevait directement du roi, partie en sa cour de Rennes, partie en celle de Hédé.

Le domaine proche de la châtellenie comprenait le manoir de la Villouyère, « avec tourelle et pavillon, cour fermée de murailles, chapelle et colombier, bois et jardins, métairie, étang et moulin[5] ».

Primitivement, des vignes et pressoirs en Saint-Martin de Rennes, comprenant quatre journaux de terre en 1470, dépendaient de la Villouyère, aussi bien qu'un bailliage en cette paroisse appelée alors Saint-Martin-des-Vignes[6]. Mais il n'est plus fait ensuite mention de ces vignes et de ce fief, qui durent être aliénés.

Aujourd'hui le château de la Villouyère appartient à la famille de la Motte de Broons de Vauvert.

Fin.

1. *Ibidem*, v° Montreuil-le-Gast.
2. *Registres des sépultures de la paroisse Saint-Aubin de Rennes*.
3. *Archives de la Loire-Inférieure*, B, 1065.
4. *Archives du parlement de Bretagne*, 25ᵉ registre, 164. – *Archives de la Loire-Inférieure*, B, 100.
5. Déclaration de la Villouyère en 1697.
6. *Ibidem*, en 1470.

L'abbé Amédée Guillotin de Corson, président de la Société Archéologique d'Ille-et-Vilaine, d'après une peinture de F. Birotheau, Rouault graveur. Musée de Bretagne, Rennes.

Table des matières

Antrain	9	Chevré	103
Bagatz	10	La Clarté	104
Bain	13	La Claye	107
Bazouges-la-Pérouse	17	Coësmes	109
Bazouge-sous-Hédé	18	Les Cours	112
Beaufort	21	La Crozille	114
Beaumont	25	Comblessac	118
La Bédoyère	28	Le Désert	120
Betton	30	La Fontaine	122
Blossac	35	Fourneaux	126
Le Boberil	38	Le Gué de Servon	129
Bœuvres	40	Guichen	132
Le Boisduliers	44	Le Hallay	136
Le Boisorcant	46	La Haye de Saint-Hilaire	138
Bonaban	49	Hédé	141
Boullet	53	Laillé	143
Bourgbarré	54	Langan	147
Bréal	56	Lassy	150
Brecé	59	Launay-du-Han	152
Brécilien	63	Lesnen	156
Bréhant	67	Linières	159
Bréquigny	70	Le Lou	162
Les Brieux	74	La Mancelière	165
Cahideuc	76	Marcillé-Raoul	167
Champagné	78	Marcillé-Robert	169
Chasné	81	Martigné-Ferchaud	172
La Châsse	83	Mezières	176
Le Châtellier	85	La Montagne	177
Le Châtellier	87	Montbourcher	182
Le Châtellier	89	Monthorin	184
Châteloger	89	La Motte de Gennes	187
Châtillon-en-Vendelais	93	Parigné	190
Chaudebœuf	95	Le Pertre	193
Chauvigné	99	Piré	193
La Chesnaye	100	Plélan	198

La Plesse	201	Saint-Gilles	238
Poligné	204	Saint-Jean	241
Le Pontavice	207	Saint-Malon	244
Pontual	210	Saint-Père	245
La Prévalaye	214	Saint-Pern	249
Québriac	217	Sauldecourt	253
Retiers	221	Sérigné	256
La Rigaudière	222	Le Teil	258
Rimou	225	Teillay	260
La Rivaudière	226	Texue	262
La Roche-Montbourcher	229	Tinténiac	266
Romillé	231	Tizé	271
Saint-Aubin-du-Cormier	234	La Villouyère	275
Saint-Énogat	235		

INDEX DES NOMS DE LIEUX

Il n'est pas toujours évident de faire la distinction entre noms de lieux et de personnes, en particulier avant le XIIIe siècle. Jean de Dol, seigneur de Combourg, est aussi appelé Jean de Combourg ; l'expression « le seigneur de Bagatz » désigne une personne mais Bagatz est ici bien un nom de lieu. C'est pourquoi nous invitons le lecteur à ne pas s'arrêter à cette distinction, et à consulter aussi l'index des noms de personnes qui suit celui-ci.

Les noms de lieux ne concernant pas directement les notices ne sont pas recensés. Nous n'avons indiqué que la première occurrence de chaque nom par notice.

Abbaye (l')	191	Baronnie (la)	43
Acigné	104, 257, 274	Barre (la)	128
Acres (les)	190	Bas-Brignerault (les)	19
Alleu (l')	56, 143	Bas-Coudray (le)	102
Alliez (les)	24	Bas-Pontavice (le)	209
Amanlis	88, 92, 121	Bas-Villiers (le)	49
Anguilliers	175	Baschamp (le)	183
Antrain	**9**, 17, 209, 225	Basse-Bouexière (la)	53
Araize (forêt)	175	Basse-Cour (la)	13, 131
Arbrissel	92, 180, 254, 259	Basse-Onglée (la)	180
Argentré	193	Basses-Chaslayes (les)	72
Artoire (l')	136	Basses-Forges (les)	131
Arturaye (l')	224	Bassouer (le)	217
Atillé	196	Baudour	196
Aubigné	42	Baulac	38
Aubigné (baronnie)	99, 228	Baulon	57, 75, 201
Aubouclère (l')	257	Baussaine (la)	269
Availles	121, 126, 189	Baymas	270
Avignon	125	Bazouge	142
Babinière (la)	255	Bazouge (la)	138
Bagatz	**10**, 173	Bazouge-sous-Hédé	**18**, 86, 142, 154
Baguer-Morvan	166	Bazouges	225
Baguer-Pican	32, 165	Bazouges-la-Pérouse	**17**, 68, 99
Baillé	99, 192	Bazouges-sous-Hédé	269
Bain	**13**, 40, 120	Beaucé	124, 216
Bais	121, 170, 180, 253	Beauchesne	49
Balansac	233	Beaudouin	40
Balazé	54	Beaufort	**21**
Ballue (la)	18	Beaujardin	49
Balue (la)	10	Beaulieu	77
Barbotaye (la)	100	Beaumanoir	125
Barguigné	254	Beaumanoir (baronnie)	158

Beaumont	25	Boisrouvray (le)	259
Beauregard	12, 70	Boistaillé (le)	259
Beauvais	54, 64, 65, 142	Boistrudan (le)	197
Beauvais-Moulines	18	Bonaban	**49**
Bécherel (baronnie)	158, 250	Bonnefontaine	10
Bécherel (domaine)	251	Bonnemain	167
Bédoyère (la, forêt)	30	Bonrepos	19
Bédoyère (la)	**28**	Bordage (marquisat du)	81
Belinaye (la)	10	Bordages (les)	197
Bellenton	66	Borderie (la)	137, 221
Bellière (la)	248	Bossac	40
Béraye (la)	186	Bosse (la)	206
Béré	41	Boucherie (la)	58
Béré (prieuré)	13	Boucquillé	233
Bertry (le)	257	Bouëdrier (le)	72
Besso (le)	42	Bouessay (le)	18
Betton	**30**	Bouexière (la)	29, 60, 103, 190, 256
Betton-à-Dol	32	Bougraye (la)	86
Beziel (le)	180	Bougrières (les)	217
Biardière (la)	222	Boulaye (la)	33, 270
Bidouazière (la)	48	Boullet	**53**
Bigotière (la)	141, 270	Bourdière-Chasné (la)	186
Bintin	149	Bourg-des-Comptes	12, 121, 146
Bléruais	84	Bourg-Roger (baillage)	123
Blochet	92	Bourgbarré	**54,** 92, 146
Blohio	257	Bourgouët	53
Blossac	**35,** 218	Bourlière	189
Boberil (le)	**38**	Boussac (la)	107, 166
Bodel	40	Bousselière (la)	206
Boële (le)	146	Boutavant	65
Bœuvres	17, **40**	Bouverie (la)	98
Bœuvres-à-Bain	40	Brays	92
Bois-Aupied (le)	213	Bréal	12, 27, 29, 37, **56,** 135, 150, 193
Bois-aux-Moines (le)	15	Bréal-sous-Montfort	39
Bois-Clérissay (le)	224	Brecé	48, **59,** 72, 131, 218, 224, 274
Bois-de-Bintin (le)	30, 65	Brécilien	**63**
Bois-de-Cuillé (le)	129	Brécilien (forêt)	75, 200, 243
Bois-Geffroy (le)	53	Bréhant	18, **67,** 89
Bois-Hamart (le)	53	Breil (le)	149, 247
Bois-Martin (le)	52	Breil au Seigneur (le)	66
Bois-Robert (le)	228	Breil-Durand (le)	144
Boisbaudry (le)	18	Breil-Épine (le)	166
Boisduliers (le)	**44**	Breil-Hay (le)	240
Boisdy (le)	47	Breilhardy (le)	40
Boisfévrier (le)	147	Bréquigny	**70**
Boisgeffroy (le)	33	Breteil	240
Boisgervily (le)	84	Bretesche (la)	142
Boisgirouet (le)	40	Brétignolles	105
Boisglaume (le)	206	Bretterie (la)	131
Boishardy (le)	69	Breuil (le)	131
Boismacé (le)	222	Briant	261
Boismaigné (le)	19	Brie	48, 92, 206
Boismine	100	Brielles	121, 189
Boisorcant (le)	**46**	Brieux (les)	65, **74,** 200
Boisrobin (le)	170	Brillo	200

Brimblin (le)	100
Brocéliande (forêt)	64
Broons	104, 105, 131
Brosse-Allée (la)	80
Brosses (les)	33
Broussette (la)	213
Bruc	27
Brûlais (les)	119
Bruz	62, 72, 146, 216
Bûcherie (la)	259, 260
Burnohel (bois)	75, 200
Buron (le)	205
Busnelaye (la)	33
Busnelière (la)	231
Bussonnaye (la)	184
Buttes du Châtel (les)	169
Cacé	240
Caffort	58
Cage (la)	233
Cahideuc	**76**, 244
Cahot	42
Calendrou	274
Campel	75
Cancale	51
Canet (le)	64
Caran	206
Cardroc	269
Carfantain	166
Carray	64
Carreaux (les)	60, 73
Carrée de Landeroux (la)	18
Castonnet	65
Cérizay (le)	131
Cesson	32, 48, 81, 271
Chalonge (le)	92, 205
Champ-du-Poirier (le)	255
Champagné	**78**, 216
Champeaux	104
Champeaux (collégiale)	218
Champs-Chouaran (les)	154
Champs-Léon (les)	140
Chancé	121, 170, 197, 254
Changé	179
Chanteloup	15, 88, 92, 206
Chantepie	92, 121, 224
Chapelle-Chaussée (la)	85, 142, 269
Chapelle-des-Fougeretz (la)	81, 203
Chapelle-Saint-Aubert (la)	140, 161
Chapelle-Thouarault (la)	40
Chapuzel	255
Chartres	62, 72, 131, 216
Chasné	**81**, 176, 257
Châsse (la)	**83**
Chasteau de Maugis (le)	87
Chastenay	64
Chastre	40
Châtaigneraye (la)	184
Château-Letard	216
Châteaubourg	105, 129, 131, 254
Châteaubriant	13, 41, 113
Châteaubriant (baronnie)	193
Châteaubriant-à-Cornuz	88
Châteaubriant-à-Piré	88, 193
Châteaugiron	59, 92, 113, 120
Châteaugiron (baronnie)	131
Châteauletard	92
Châteauneuf	23, 156, 269
Châtel (le)	99, 167
Châtelain	270
Châtelet (le)	189
Châtellier (le)	67, **85, 87, 89**, 102, 124, 161
Châtelliers (les)	193
Châteloger	**89**
Châteloger-à-Cornuz	88
Châtillon-en-Vendelais	**93**
Châtillon-sur-Seiche	62, 72, 92, 131
Chatou	146
Chattière (la)	10, 142
Chaudebœuf	**95**
Chaumeré	92, 196, 253
Chaussée (la)	149
Chaussix (le)	274
Chauvigné	10, **99**
Chavagne	27
Chelun	44
Chenaudière (la)	170, 171
Cherbaudière (la)	140
Cherbonnières	203
Cherrueix	167
Cherville	33
Chesnay (le)	201
Chesnaye (la)	**100**, 191
Chesne-Blanc (le)	206
Chesneflos (le)	35
Chesnes (les)	52, 247
Chesnes Fourchus (les)	265
Chesnevières (les)	48
Chesnot (le)	114, 254
Chesre (la)	42
Chevaigné	32, 226, 227
Chevaleraye (la)	149
Chevillé	216
Chevré	**103**
Chevré (forêt)	104
Chévrigné	141
Chèze-d'Erbrée (la)	200
Choaisel	206
Choisel	228
Chouannière (la)	175

Cintré	240	Crozille (la)	86, **114**
Clairefontaine	154	Cruande	70
Clairejandière (la)	228	Cruslé	70
Clarté (la)	**104**	Cuguen	229
Claye (la)	**107**	Dahouaye (la)	30
Clayes	240	Daniel	253
Clos (le)	118	Danserie (la)	141
Clos aux Belles-Femmes (le)	123	Dauphinaye (la)	213
Clos-Guinel (le)	92	Delisle	224
Closerie (la)	196	Désert (le)	120, 180, 188, 202, 221
Cochonnaye (la)	125	Désert-à-Laillé (le)	143
Coëfferie (la)	110, 111	Dinan	156, 269
Coësmes	92, **109**, 170, 259	Dinart	156
Coësmes-à-Retiers	111, 222	Dinart (prieuré)	236
Coëtquen	164, 248	Dingé	230, 269
Coganne	64	Dol	32
Coglais (le)	168	Dom Hux	147
Cogles	192	Domalain	121, 180, 254
Cogueneuc	15	Domloup	48
Cohan	240	Dompierre-du-Chemin	94
Comblessac	**118**	Douberie (la)	253
Combourg	147, 269	Dourdain	104, 257
Communs (les)	72	Dreurie (la)	98
Comper	64, 83, 199	Échange (l')	42
Concoret	63	Écuries (les)	183
Connay	196	Elberte	253
Contaye (la)	75, 200	Enhaut	251
Coquillonnaye (la)	100	Épinais (les)	131
Cornillé	104	Épine (l')	170
Cornuz	55, 87, 92, 121, 206	Épinerie (l')	46
Correlet (le)	30	Épiniac	166
Costardaye (seigneur de la)	11	Ercé	92, 260
Coudrais (les)	101	Ercé-en-la-Mée	15, 260
Coudrasserie (la)	128	Ercé-près-Liffré	257
Coudray (le)	15, 30, 175	Ercé-sous-Liffré	235
Couesbouc	142	Espinay	203
Couescon	43	Espinay (l')	244
Couesplaye (la)	86	Espinay (marquisat)	253, 256
Couldre (la)	224	Essarts (les)	20, 116
Coulon	30, 85	Essé	224, 259
Cour de Bazouge (la)	20	Establehon	156
Cour de Chaumeré (la)	196	Establère (l')	161
Cour de Lassy (la)	150	Estanchet (l')	46
Cour de Saint-Étienne (la)	191	Estang (de l')	19
Cour-Briant (la)	114	Estourbeillonnaye (l')	257
Couraudaye (la)	85	Étang (l')	189
Courbe (la)	65, 191	Étrelles	94, 121
Courouze (la)	216	Évran	158
Cours (les)	**112**	Fail (le)	47, 184
Couyère (la)	92, 206	Faucheraye (la)	196
Cramou	27	Faucillon	141
Créolle (la)	56	Fauconnière (la)	175
Croix (la)	131	Fauvelaye (la)	100
Croix-Boisselée (la)	69	Fauxfiot	43
Croix-du-Lou (la)	164	Fayel (le)	261

Feil (le)	140	Gavouyère (la)	228
Feillée (la)	122	Gazon	106
Feins	53, 228	Gennes	121
Fercé	170	Georgerie (la)	110
Ferchault	206	Georgie (la)	111
Ferté (la)	15	Gervaisais (la)	91
Feuillée (la)	58	Gévezé	78, 142, 149, 183, 265
Fief de Laillé (le)	143	Gey	265
Fief Doré (le)	122	Gibet (le)	86
Fief-au-Bouteiller (le)	58	Giraudaye (la)	177
Fief-au-Duc (le)	43	Glanettes (les)	196
Fief-Briand (le)	75, 200	Gonniers	189
Fief-Morblé (le)	228	Gontraye (la)	222
Fief-sous-le-Duc (le)	47	Goronnière (la)	131
Filochaye (la)	206	Gorrière (la)	19
Fleurigné	138	Gorze	154
Folie (la)	59	Gosné	235, 257
Follepensée	64	Gosnel	261
Fontaine (la)	91, **122**	Gouesnière (la)	49, 248
Fontenelle (la)	18, 68	Goulias (prieuré)	189
Fontenettes (les)	209	Goven	12, 37, 57
Forêt-Neuve (la)	261	Grand Trait (le)	170
Forges	131, 170, 274	Grand-Islot (le)	51
Fosse-Pornichet (la)	231	Grand-Maimbier (le)	255
Fossés (les)	209	Grand-Moulin (le)	220
Foucheraye (la)	265	Grand'Cour (la)	52
Fougères	9, 17, 93, 122	Grand'Rivière (la)	42
Fougères (baronnie)	68, 95, 100, 136, 184, 208	Grande Métairie (la)	35
		Grande-Forêt (la)	145
Fougères (forêt)	123, 125, 136, 192	Grande-Planche (la)	118
Fouilletière (la)	154	Grande-Touche (la)	33
Foulleret	118	Grande-Verge (la)	197
Fourairies (les)	125	Grands-Mottais (les)	189
Fournairie (la)	209	Gravier (le)	189
Fourneaux	**126**	Gravot	15
Fourterré (le)	180	Grée (la)	196
Franceulle (la)	121	Grézillonnaye (la)	58, 132, 133
Francmont	65, 200	Grimaudaye (la)	266
Fresnaye (la)	51, 105, 167, 248, 269	Groumillaye (la)	194
Fretay (le)	14	Gué de Plélan (le)	64, 75, 198
Fretaye (la)	56	Gué de Servon (le)	104, **129**, 188
Frohardière (la)	30	Gué-Landry (le)	125
Gaël (baronnie)	63	Gué-Martin (le)	220
Gagnepetit	247	Guéhardière (la)	19
Gahil (le)	33, 228	Guerche (baronnie)	128
Gaignère (la)	224	Guerche (la)	120
Gaillarde	64	Guéret	95
Galachet	95	Guerne (le)	30
Galissonnière (la)	179	Guespinière (la)	161
Gallandière (la)	175	Guichen	10, 15, 40, 57, **132**, 146
Gannes	103	Guignen	12, 42, 133
Garenne de Tanouarn (la)	270	Guillermont	65
Garmeaux	112	Guilleu (le)	75
Garrelière (la)	40	Guimerais (les)	246
Gaudinaye (la)	43	Guimondière (la)	154

Guinardaye (la)	82	Isaugouët	65
Guinardière (la)	243	Izé	104
Guinebert	257	Janczon	82, 229
Guinemenière (la)	143	Jandière (la)	154
Guipel	20, 117, 142, 269	Janzé	120, 224, 259
Guipry	42, 133, 150	Jartière (la)	175
Guyoche (le)	233	Jaunay (le)	213
Hallay (le)	**136**	Johinière (la)	175
Hallay-Robert (le)	137	Josselinaye (la)	72
Haplaye (la)	20	Jousselinière (la)	114
Haudebert	201	Jouvante	156
Haultaye (la)	112	Juandreries (les)	100
Haut-Bourg (le)	191	Julianière (la)	189
Haut-Brignerault (les)	19	Justice (la)	233
Haut-Charil (le)	189	Kervern (seigneur de)	257
Haut-Pontavice (le)	209	Laignelet	122
Haut-Saint-Jean (le)	243	Laillé	12, 121, **143**, 153
Hautbois (le)	91, 196	Laillé (forêt)	146
Haute-Bouexière (la)	53	Lalleu	112, 206, 261
Haute-Onglée (la)	180	Lalleu-Saint-Jouin	113
Haute-Sève (forêt)	176	Lampastre	38, 58
Hautes-Chaslayes (les)	72	Lancé	72
Hautes-Forges (les)	131	Landal	147
Haye (la)	19, 53	Landal (comté)	108
Haye d'Erbrée (la)	189	Lande (la)	58, 89, 132
Haye d'Iré (la)	18	Lande de Brecé (la)	62
Haye de Saint-Hilaire (la)	**138**	Lande-Coëtlogon (la)	203
Haye-Menjard (la)	164	Landeamy	24
Hayrie (la)	58	Landéan	136, 192
Héaulme (le)	179	Landelle (la)	270
Hédé	120, **141**, 269	Langan	117, 142, **147**
Hédé (domaine)	20, 80, 149, 277	Langle	247
Héraudière (la)	154	Langotière	52
Hérisson	191	Langouët	86, 142, 149, 154
Herminière (l')	111	Langrolay	213
Hermitage (l')	32, 38, 228, 240, 265	Lanrigan	70
Hervoye (la)	177	Lassejambe	259
Heuzelaye (la)	163	Lassy	**150**, 226
Hidouze	49	Launay	201, 233
Hilmilscent (le)	266	Launay-Baudouin	166
Hirdelaye (la)	228	Launay-Bezillart	80
Hirel	167	Launay-Bruslon	63
Hostellerie (l')	52, 184	Launay-Busnel	52
Houssaye (la)	43, 144	Launay-du-Han	**152**
Houx (le)	30	Launay-Picquet	154
Houzillé	110	Launay-Pitel	164
Hubaudière (la)	141	Launay-Ravilly	247
Huberdière (la)	175	Launay-Sinant	240
Hucheloup	65	Launay-Thébault	164
Hugères	261	Le Clavier	163
Huguetières (les)	132, 133	Le Gué	224
Iffendic	76, 83, 244	Lecousse	102, 124, 192
Iffs (les)	267, 269	Lesnen	**156**
Igné	124	Lesnen-Petitbois	158
Île-de-Marcillé (l')	170	Lesnen-Pommerit	158

Lessart	266	Massayère (la)	189
Liffré	235, 256, 257	Matignon-à-Rennes	216
Liffré (forêt)	271	Matignonnière (la)	52
Ligouyer	249	Maure	27, 74
Lillemer	51, 248	Maxent	75, 199
Linières	159	Mazuraye (la)	222
Livré	104, 257	Melesse	32, 154, 203, 228, 277
Lizerie (la)	126, 128	Mellay (le)	180
Lodiaye	222	Mellé	192
Loges (les)	41	Melleray (abbaye)	13, 258
Lohéac	40, 56, 133	Ménéhil	240
Lohéac (baronnie)	198	Menselle (la)	102
Lohéac (forêt)	63	Mernel	150
Loirie (la)	95	Mesnil (le)	24
Longaulnay	158	Messac	15, 40
Lorière	72	Métairie-Neuve (la)	69, 118
Loroux (le)	259	Mettrie (la)	111
Lossac	113	Mezerettes	191
Lou (le)	**162**	Mézière (la)	183, 277
Lourmais	100	Mézières	**176**
Lourmays	92	Mezin	222
Lourme	254	Miaye (la)	38
Loutehel	27	Miniac	156
Louvigné	192	Miniac-Morvan	248
Louvigné-de-Bais	48, 105, 253	Minières (les)	40
Louvigné-du-Désert	102, 168, 184	Moigné	27, 32, 216
Luraigne	53	Molant (le)	39
Maffay (le)	53	Monceaux	113
Magdeleine (la)	19, 269	Moncor	275
Mahonnerie (la)	209	Mondevert	193
Maillechapt	233	Mont Saint-Michel (abbaye)	156
Maimbier	253	Mont-Dol	32
Mainuraye (la)	33	Montagne (la)	170, **177**
Maisons-Neuves (les)	244	Montaigu	89
Malestroit	114	Montalembert	170
Mancelière (la)	**165**	Montauban	63
Mandaye (la)	196	Montault	102, 192
Manoir (le)	128	Montbaudry	209
Mansardaye (la)	164	Montbouan	179
Marais (le)	64	Montbourcher	**182**
Marchée (la)	206	Montbourcher (forêt)	183
Marcillé	225	Montbrault	137
Marcillé-Raoul	18, 68, **167**	Montdésir	138
Marcillé-Robert	**169**, 221	Montdidier	20
Margat (le)	33	Montdol	51, 167
Mariage (le)	200	Monterfil	84
Marigné	101	Montfort	29
Marmoutiers (abbaye)	9, 172, 176	Montfort (abbaye)	35
Marpiré	104	Montfort (baronnie)	63
Marre (la)	46, 70, 164	Montfort (comté)	19, 240, 244
Martigné (de)	172	Montfort (forêt)	30
Martigné-Ferchaud	**172**	Monthorin	**184**
Marzelière (la)	14, 42	Montigné	131
Mascheraye (la)	40	Montigny	47
Massaye (la)	58, 135	Montmoron	10

Montmuran	267	Noyal-sous-Bazouges	18, 150, 230
Montours	102, 192	Noyal-sur-Seiche	48, 60, 72, 92, 131, 216
Montreuil	183	Noyal-sur-Vilaine	81, 92, 104, 129, 131, 224
Montreuil-le-Gast	117, 142, 152, 154, 265, 277	Noyers (les)	125
Montreuil-sur-Ille	228	Olivet	131
Morandière (la)	128	Onglée (l')	179
Mordelles	25, 32, 40, 120, 240, 265	Orange	18
Morihan	92	Orenges	177
Morinaye (la)	85	Orgères	55, 72, 146
Morlays (la)	92	Ormeaux (les)	161
Mottay (le)	141	Ossé	48
Mottaye (la)	189	Pacé	27, 32, 42, 78, 240, 262
Motte (la)	10, 18, 76, 80, 92, 108, 124, 196, 224, 241	Paimpont	63, 85, 244
		Paimpont (abbaye)	64, 158
Motte de Chevaigné (la)	228	Paimpont (forêt)	66
Motte de Gennes (la)	**187**	Palfrérière (la)	20
Motte de Moutiers (la)	128, 170	Pancé	15, 206
Motte de Retiers (la)	221	Paramé	51
Motte de Saulnières (la)	206	Parigné	**190**
Motte de Visseiche (la)	179	Pas-aux-Chèvres (le)	64
Motte-aux-Montfortins (la)	236	Passoir (le)	158
Motte-Berthier (la)	69	Pastis (le)	49
Motte-Cartier (la)	213	Perche (la)	205
Motte-d'Ercé (la)	261	Perray (le)	64
Motte-du-Teil (la)	259	Pertre (le, forêt)	193
Motte-Girault (la)	52	Pertre (le)	121, 189, **193**
Motte-Picquet (de la)	154	Peschetière (la)	19
Mottes en Coësmes (les)	109	Petit-Bréquigny (le)	73
Mouazé	228	Petit-Fougeray (le)	206
Moulin-au-Provost (le)	243	Petit-Launay (le)	154
Moulin-Chaussée (le)	105	Petit-Monthorin (le)	186
Moulin-Jean (le)	270	Petit-Pontbriand (le)	212
Moulin-Neuf (le)	247	Petite-Chesre (la)	42
Moulin-Perret (le)	270	Petits-Champs (les)	224
Moulin-René (le)	141	Pierrette (la)	213
Moulinet (le)	241	Pigeonnière (la)	53
Moulins	121, 170, 180	Piglaye (la)	228
Moulins-Pinel (les)	98	Piguelayes-Grénedan (les)	251
Moussé	254	Pilate (la)	179
Moutiers	121, 128, 170, 189	Pillardière (la)	175
Muce (la)	58, 59, 201	Pille (la)	111
Naschardière (la)	224	Pin (le)	92
Neuf-Journaux (les)	180	Pinto	128
Neuve (forêt)	175	Piré	48, 88, 92, **193**, 254, 259, 274
Nidecor (forêt)	86	Pironnière (la)	224
Noë (la)	58, 179	Planche (la)	19, 189, 217
Noë-Giffard (la)	252	Planches (les)	124
Noës (les)	69, 75, 189	Plancoët (baronnie)	235
Normandaye (la)	257	Plantis (le)	89
Notre-Dame de Dol	166	Plate-Roche	213
Nouvelles Baillées (les)	34	Pléchâtel	15, 206
Nouvoitou	48, 56, 92, 121, 180	Plélan	74, **198**
Nouyer (le)	252	Plerguer	21
Noyal	170	Plesder	158

Plesse (la)	33, 128, **201**, 270	Préaux (les)	111
Plessis-Baume (le)	259	Prés (les)	46
Plessix (le)	42, 150, 196, 229, 244	Prés de la Ruice (les)	64
Plessix de la Couyère (le)	206	Pressouer (le)	38
Plessix de Marcillé (le)	18	Prévalaye (la)	**214**
Plessix-Bardoul (le)	17	Prévillé	181
Plessix-Baume (le)	224	Prévoté de la Rigadelaye (la)	29
Plessix-Bertrand (le)	22	Princé	121, 170, 180
Plessix-Bonenfant (le)	194, 206	Prise (la)	92
Plessix-Brunard (le)	70	Provôtaye (la)	237
Plessix-Chasné (le)	186	Pulleraye (la)	20
Plessix-d'Ercé (le)	257	Quancerue (la)	13
Plessix-Dourdain (le)	257	Québriac	194, **218**
Plessix-Guerriff (le)	193	Querrée	102
Plessix-Inoguen (le)	93	Quétay	196
Plessix-Maillechat (le)	53	Quimerc'h	267
Plessix-Pillet (le)	257	Quincampoix	257
Pleudihen	248	Rabatière (la)	189
Pleumeleuc	240	Rachapt (le)	144, 146
Pleurtuit	213	Racinoux	161
Ploërmel	75	Raimbaudière (la)	43
Plouasne	158, 252	Raimbert	114
Poilley	102, 124	Ramet	259
Poligné	15, 92, 113, **204**	Ramet (étng)	111
Pommeraye (la)	17, 89, 111, 224	Ranlou	65, 244
Pommerayes (les)	206	Raoulette	70
Pommerie (la)	154	Raye	189
Pont (le)	139, 229	Rays (comte de)	246
Pont-aux-Asnes (le)	125	Rebintinais (la)	40
Pont-de-Pacé (le)	80	Recette (la)	52
Pont-Hus (le)	41	Relaissés (les)	64
Pont-l'Abbé (baron de)	246	Renaudayes (les)	222
Pont-Lestard	191	Rennes (comté)	183
Pont-Neuf (le)	206	Rennes (domaine)	80, 149, 199, 203, 205, 240, 248, 254, 257, 261, 277
Pontauroux (le)	40		
Pontavice (le)	10, **207**	Rennes (forêt)	33, 82, 104, 234, 271, 274
Pontdouet (le)	40	Rennes (vicomté)	203
Pontillet	229	Retaye (la)	177
Pontmeniac	17, 43	Retenue (la)	102, 255
Pontpéan (le)	136	Retiers	109, 120, 137, 170, **221**
Pontréan	12	Rheu (le)	27, 40, 216
Pontréant (le)	58	Richebourg	42
Pontual	**210**, 236	Ricordel	224
Port de Messac (le)	40	Rigadelaye (la)	30
Portail (le)	118	Rigaudière (la)	222
Porte (la)	13, 35, 40, 49, 69, 73, 89, 118, 131, 146, 154, 164, 179, 224, 241, 243, 251, 270	Rigolet (le)	49
		Rillé (abbaye)	138, 225
		Rimou	18, **225**
Porte Morel (la)	170	Rinan	209
Porte-de-la-Rivière (la)	114	Riollaye (la)	240
Portes (les)	10, 18	Rivaudière (la)	33, **226**
Pouez	180, 205	Rivière (la)	38, 69, 200, 216, 220, 222
Pouez (la)	92	Rivière-du-Désert (la)	121
Poulardière (la)	161	Rivière-Garmeaux (la)	112
Pozé	81	Rivière-Monsieur	175

Roberie (la)	170, 189	Saint-Domineuc	269
Robinaye (la)	17	Saint-Énogat	213, **235**
Roche (la)	229	Saint-Erblon	62, 72, 92, 121, 146, 216
Roche-Espine (la)	229	Saint-Étienne	177
Roche-Giffart (la)	261	Saint-Étienne de Rennes	27, 72
Roche-Montbourcher (la)	**229**	Saint-Étienne-en-Coglais	140, 161, 190
Roche-Trémelin (la)	65	Saint-Georges	99, 185
Rochelle (la)	59, 128	Saint-Georges de Rennes (abbaye)	266
Rocher de la Gelinaye (le)	102	Saint-Germain de Rennes	62, 72, 92, 216
Rochette (la)	184	Saint-Germain-du-Pinel	121, 189
Rochettes (les)	253, 255	Saint-Germain-en-Coglais	102, 124, 192
Rohéart	24	Saint-Gilles	**238**
Rollain	40	Saint-Gondran	86, 117, 142
Rolland	15	Saint-Gonlay	77, 84, 244
Romagné	161	Saint-Grégoire	32, 121, 201
Romazy	9	Saint-Guinou	51, 248
Romillé	**231**	Saint-Hélier de Rennes	72, 131, 216
Roncerais (les)	184	Saint-Hilaire-des-Landes	138, 159
Ronceray (le)	150	Saint-Ideuc	51
Ronceraye (la)	86	Saint-Jacques-de-la-Lande	72, 216
Rosselerie (la)	13	Saint-Jean	144, **241**, 244
Rossignolière (la)	80	Saint-Jean de Laillé	55
Rotruère (la)	175	Saint-Jean de Montfort	85
Rouaudaye (la)	213	Saint-Jean-sur-Couasnon	177
Roudun	206	Saint-Jean-sur-Vilaine	104, 105
Rouelle (la)	82	Saint-Jouan	51
Rougé	13, 261	Saint-Jouan-des-Guérets	248
Rouillon	270	Saint-Judoce	158
Roullaye (la)	102	Saint-Laurent de Rennes	216
Rousselaye (la)	158	Saint-Lazare	65
Rousselière (la)	189	Saint-Léger	9
Rouvray (le)	224	Saint-Léonard de Fougères	97, 102, 124
Roz-sur-Couasnon	18, 209	Saint-Lunaire	210
Rozay (le)	224	Saint-Malo de Dinan (prieuré)	22
Rufaudière (la)	270	Saint-Malo de Teillay (prieuré)	261
Ruffigné	261	Saint-Malo-de-Phily	133
Ruffray (le)	15	Saint-Malon	84, 241, **244**
Saint Eustache	260	Saint-Marc-le-Blanc	99
Saint-Armel	48, 56, 92	Saint-Marcan	109
Saint-Aubin (forêt)	257	Saint-Mard-le-Blanc	10, 140
Saint-Aubin de Rennes	203	Saint-Mard-sur-Couasnon	161, 192
Saint-Aubin-d'Aubigné	32, 120, 228	Saint-Martin de rennes	228
Saint-Aubin-des-Landes	105	Saint-Martin de Rennes	203, 277
Saint-Aubin-du-Cormier	**234**, 238	Saint-Martin-des-Vignes	277
Saint-Aubin-du-Cormier (domaine)	257	Saint-Maugan	77, 84
Saint-Aubin-du-Cormier (forêt)	257, 274	Saint-Melaine (abbaye)	13, 267
Saint-Aubin-du-Pavail	47, 197	Saint-Méloir-des-Bois	269
Saint-Barthélemy-des-Bois	65	Saint-Meloir-des-Ondes	248
Saint-Benoît-des-Ondes	51, 247	Saint-Méloir-des-Ondes	51
Saint-Brieuc-des-Iffs	86, 142	Saint-Ouen-des-Alleux	140, 161
Saint-Broladre	32, 109, 166	Saint-Pair	67
Saint-Christophe-de-Valains	161	Saint-Péran	64
Saint-Coulomb	51	Saint-Père	51, 156
Saint-Crespin	140	Saint-Père-Marc-en-Poulet	**245**
Saint-Didier	105, 274	Saint-Pern	**249**

Saint-Rémy-du-Plain	18, 32	Terteraye (la)	49
Saint-Sauveur-des-Landes	95, 140, 192	Tertre (le)	196, 209
Saint-Senou	12, 15	Tertre-Allot (le)	213
Saint-Sulpice (abbaye)	33	Tertrée (la)	34
Saint-Sulpice de Fougères	97, 124	Tertres (les)	128
Saint-Sulpice-des-Bois (abbaye)	31, 109, 256	Tertres de la Claye (les)	109
		Teslé	72
Saint-Sulpice-des-Landes	261	Tesnières (les)	131
Saint-Symphorien	20, 86, 114, 142, 277	Tessé (comte de)	96
Saint-Thurial	57	Texue	**262**
Saint-Tual	156	Thélin (le)	65, 200
Sainte-Catherine	275	Thélouët	64
Sainte-Christine	111	Théloyer	270
Sainte-Colombe	121	Thorigné	131, 271
Sainte-Foi	216	Tiercent (le)	10, 99
Sainte-Foy	217	Tinténiac	20, 86, 142, 220, **266**
Salle (la)	120, 183	Tizé	**271**
Salle de Chasné (la)	81	Torcé	105, 253
Saulbois (le)	148	Touche (la)	69, 125, 161, 243
Sauldecourt	196, **253**	Touche-Allard (la)	154
Sauldraye (la)	52, 205	Touche-Milon (la)	80
Saulnières	15, 92, 194, 206	Touche-Parthenay (la)	240
Savigné (abbaye)	109, 159	Touche-Rolland (la)	30
Scardaye (la)	177	Touche-Saint-Amand (la)	154
Séguintière (la)	175	Toucheronde (la)	27
Sel (le)	15, 92, 120, 206	Tour (la)	249
Sénéchaussière (la)	160	Tour-des-Moines (la)	21
Sens	18	Tourantes près les Chesnes	247
Sensie (la)	102	Tourbranerie (la)	126
Séplaye (la)	154	Tourie	170
Sérigné	**256**	Tourie (vicomté)	111
Servon	104, 105, 129, 224	Touriel	42
Sion	261	Tourneraye (la)	58
Sollier (le)	191	Tourniolle (la)	246
Soret	154	Toussaints de Rennes	62, 72, 92, 214, 216, 228
Souchay	154		
Sougeal	18, 68	Trait de la Lande	132
Sucé	224, 259	Trans	68, 232
Sur-Minette	140	Tréal	64
Taden	22	Trécouët	200
Taillepied	131	Trécouyère (la)	46
Talensac	28	Treffendel	57, 199
Talhouët	29	Trégomain	164
Talmachère (la)	86	Tréhallière (la)	46
Tanouarn (forêt)	270	Tréhet	69
Tastoux	104	Tréluzon	138
Tatoux	131	Tremblay	9, 18, 99
Téhellière (la)	164	Trémoille (de la)	196
Téhillac	44	Tresbœuf	92, 112, 206, 261
Teil (le)	170, 222, **258**	Trésoleil	158
Teillay	**260**	Trésouët	206
Teillay (forêt)	14, 41	Trévérien	158
Teillaye (la)	94	Trévorian	75
Telaye (la)	217	Trimel	243
Terchant	108	Trimer	269

Trincaudaye (la)	13	Vieuville (la)	131
Trinité de Fougères (la)	186	Vieuxviel	18, 67
Trinité de Fougères (prieuré)	159	Vieuxville (la)	217
Tronchay (le)	209	Vieuxvy	18, 97, 161
Tronchet (le, abbaye)	231	Vigne (la)	118
Trousselière (la)	259	Vigne de Montbourcher (la)	183
Trudo	64	Vignoc	20, 86, 117, 142, 182, 275
Truelle	181	Villamée	102, 190
Trunière (la)	149	Villavran	186
Urbanistes de Fougères (couvent)	123	Ville-Auvay (la)	213
Vairie (la)	10, 54, 58, 85	Ville-aux-Morais (la)	213
Vairies (les)	52	Ville-Grignon (la)	213
Val (le)	126, 128	Ville-Hattes (la)	233
Val-de-Couasnon (le)	209	Ville-Hermessant (la)	247
Vallée (la)	108, 196, 241	Ville-Odierne (la)	220
Vaublin	100	Ville-Olivier (la)	177
Vauchallet (le)	33	Ville-Pinolle (la)	213
Vaudoré (le)	246	Ville-Ruette (la)	213
Vaugon	92	Ville-Tesson	189
Vaugracin (le)	85	Villecartier (forêt)	67, 99, 169
Vauguérin (le)	53	Villechien	209
Vaurozé (le)	33	Villedenaye (la)	85
Vauruffier (baronnie du)	158	Villegeffroy (la)	33
Vauruffier (le)	249	Villejean (la)	76
Vautenet (le)	17, 41	Villemenguy (la)	247
Vaux (les)	53	Villeneuve	98
Veneffles	48, 92, 121	Villepot	170
Verge noble du Lou (la)	163	Villèscoz	121
Vergeal	110, 121, 254	Villiers	46
Verger (le)	29, 76, 126, 128	Villouyère (la)	154, **275**
Vergers (les)	213	Vinouyère (la)	142, 275
Vern	72, 92, 216	Vionnay (le)	56
Vezin	203	Visseiche	121, 177
Vieille-Tour (la)	249	Vitré	93, 193
Vieille-Villernoul (la)	251	Vitré (baronnie)	103, 111, 169, 176, 257, 274
Vieilles Salles (les)	209		
Vieuville (la, abbaye)	147, 182	Vivier (le)	49, 51, 167

INDEX DES NOMS DE PERSONNES

Nous n'avons indiqué que la première occurrence de chaque nom par notice. Certains noms apparaissaient plusieurs fois, car ils ne désignent pas toujours la même personne : le marquis d'Acigné *peut ne pas être membre de la famille* d'Acigné.

Acigné (d')   35, 60, 76, 87, 90, 157, 165, 205, 211, 215, 235
Acigné (marquis d')   23, 42, 219
Acigné (sire d')   132
Aiguillon (d')   188
Ailly (d')   268
Alègre (d')   57, 199
Alençon (d')   57
Alençon (duc d')   168, 225, 253
Aligné (d')   126
Alleaume   157
Alleux (seigneur des)   101
Allineuc (d')   230
Ambito (sieur d')   127
Amboise (d')   105, 109, 235
Amproux de Lorme   36
Ancenis (d')   129
Andelot (seigneur d')   57, 121
Andigné (d')   64, 77, 83, 242, 244, 252
Angennes (d')   47, 151, 227, 232
Anger   49, 105, 195
Angevin (l')   168
Angier   88, 91
Anguignac (seigneur d')   129
Anthenaise (d')   139
Antigny (d')   39
Antraigues (d')   108
Ardennes (v)   185
Argentaye (seigneur de l')   50
Argentré (d')   32, 145, 188, 195, 272
Arnault de Guényveau   241
Aronde   211
Arthur   157
Artois (seigneur d')   26
Assérac (marquis d')   31
Aubert   163
Aubigné (dame d')   53
Aubigné (sire d')   99
Aulnays (seigneur des)   20, 36, 86, 116

Avaugour (d')   22, 64, 142, 231, 236, 267
Avril   157, 204, 215
Aydie (d')   166
Bagatz (de)   10
Bain (de)   13, 204
Bain (marquis de)   147
Balluère (seigneur de la)   188
Barasouyn (de)   126
Barbette   112
Bardelays   272
Bardoulaye (seigneur de la)   108
Barre (de la)   30, 207, 238
Barre (seigneur de la)   144, 188
Barrin   28, 140, 264
Baston de la Riboisière   186
Bauçay (de)   94
Baud   148, 201, 275
Baud (de)   77
Baude   127, 158, 246
Baude de la Vieuville   220
Baudouin   38
Baudran   246
Baulac (de)   70
Baulon (de)   150, 226
Baume Le Blanc (de la)   11
Bavière (de)   174
Bazouge (de)   18
Bazouges (de)   18
Bazouges (seigneur de)   114
Bazouges-sous-Hédé (seigneur de)   263
Beaucé (de)   54, 160
Beaucés (seigneur de)   208
Beaucours (de)   110
Beaucours (seigneur de)   272
Beaufort (de)   22
Beaufort (seigneur de)   85, 263
Beaufort (sire de)   36, 46, 126
Beaumanoir (de)   22, 36, 42, 61, 106, 107, 114, 133, 194, 219, 246

Beaumont (de)	19, 25, 172		151, 264
Beaumont (seigneur de)	263	Boberil (du)	26, 38
Beaupoil (de)	166	Bodin	149
Beaupréau (duc de)	14	Bodin de Boisrenard	48
Beaupuy (baron de)	55	Bœuvres (de)	41
Beauvais (comte de)	149	Bohio (de)	134
Beauvais (seigneur de)	23	Bois (du)	183
Beauveau (de)	199	Bois-de-la-Motte (dame du)	77
Becdelièvre (de)	64	Bois-de-la-Motte (seigneur du)	194, 236
Bécherel (dame de)	94, 267	Bois-Garel (seigneur du)	125
Bécherel (sénéchal)	143	Bois-Garnier (seigneur du)	185
Bécherel (sire de)	231	Bois-Hus (seigneur du)	137
Bédée (marquis de)	264	Bois-Le-Bon (du)	101
Bédoyère (de la)	28	Boisadam (du)	45
Bédoyère (seigneur de la)	268	Boisbaudry (du)	80, 148, 202, 229, 232, 240
Bégasson (de)	119		
Belin	205, 268	Boisduliers (du)	44
Belinaye (de la)	195, 276	Boisduliers (seigneur du)	70
Bellangeraye (seigneur de la)	55	Boiséon (de)	15, 146, 179, 205
Bellay (du)	19, 101, 160	Boisfeillet (seigneur du)	130, 212
Bellière (vicomte de la)	25, 204, 258	Boisfévrier (marquis du)	77
Bellière (vicomtesse de la)	90	Boisgeffroy (seigneur du)	28, 140
Bellouan (de)	28, 185	Boisgeslin (de)	195
Beloczac (de)	19, 35, 60, 178	Boisgeslin (du)	203
Béré	120	Boisglé (de)	273
Béringhen (de)	50, 91, 246	Boisguerry (seigneur du)	88
Berland	54	Boishamon (du)	107, 163
Bermondière (seigneur de la)	96	Boishamon (seigneur du)	113
Bernard	146	Boislouet (dame du)	115
Bernezay (de)	126	Boislouët (seigneur du)	20, 86
Berrault	149	Boismaqueau (seigneur du)	202
Berthou (de)	91	Boismartin (dame du)	247
Berthou de Kerversio	15, 146, 205	Boisorcant (seigneur du)	26, 86, 151, 183, 215, 226, 230, 232, 249
Bertrand	165		
Bertry (dame du)	152	Boisorhant (seigneur du)	134
Berue (de la)	107	Boispéan (du)	45
Beschart	79, 239	Boisthomelin (seigneur du)	269
Besso (vicomte du)	106, 107	Boisvin	215, 230
Betton (seigneur de)	39, 151, 238, 265	Bonaban (de)	49
Betton (sire de)	226	Bonamour (comte de)	219
Beufves	41	Bonde d'Yberville (de la)	71
Bichetière (dame de la)	106	Bonenfant	193
Bidault	273	Bonespoir (dame de)	242
Bidé	101	Bonespoir (seigneur de)	115
Bienassis (seigneur de)	186, 196	Bonnefontaine (baron de)	99
Biette	33	Bonnier	79, 165, 239
Bignon (seigneur du)	50	Bonnier de la Coquerie	160
Bintin (de)	19, 38, 114, 201, 262	Bonteville (dame de)	136, 178
Bintinaye (de la)	28, 153	Bonteville (de)	82
Bizien (de)	221	Bordage (marquis du)	257
Blanchet	123, 275	Bordage (seigneur du)	79, 82, 136, 176, 183, 239
Blois (de)	60		
Blosne (seigneur de)	70	Boschet (dame du)	179
Blossac (de)	35	Boschet (du)	201
Blossac (seigneur de)	20, 57, 59, 86, 116,	Bossac (seigneur de)	129

Bot (du)	195	Brieux (sire des)	105
Botheleraye (seigneur de la)	134	Brillaut	211
Botherel (de)	101	Brillet	184
Botherel de Bédée	264	Brisard	112, 246
Botherel de Quintin	250	Brissac (comte de)	90, 205
Botloy (de)	219	Brissac (duc de)	9, 17, 133
Bouan	178, 239, 272	Brissac (maréchal de)	143
Bouays (du)	70, 114, 185, 239	Broce (seigneur de la)	76
Bouchet (du)	215	Broons (de)	126
Bouëdrier	148, 275	Broons (seigneur de)	11, 173
Bouexic (du)	132, 133	Brosse (de)	142
Bouexic de Campel (du)	64	Bruc (de)	88
Bouexière (de la) 12, 41, 54, 60, 120, 171, 190, 204, 222		Brunel	148, 201, 263
		Brunet du Guillier	214
Bouexière (seigneur de la)	32	Bruslon	23, 26, 148, 152, 188, 263
Bouillé (de)	11	Budes	207
Bouillon (duc de)	57, 130	Budos (de)	174
Boulaye (de la)	262	Busnel	79, 106, 143, 145, 239
Boulaye (seigneur de la)	76, 148, 275	Busson	107, 129, 171, 178
Bourblanc (du)	23	Cadaran (de)	242
Bourbon (de)	14, 174, 195, 199	Caderan (de)	188
Bourdais	163	Cadio	146
Bourdonnaye (de la) 15, 20, 36, 57, 86, 91, 116, 146, 151, 205, 211, 264		Cahideuc (de)	28, 76, 83, 244
		Cahideuc (seigneur de)	84
Bourgbarré (seigneur de)	121	Callouel	251
Bourgneuf	194	Camarec (de)	195
Bourgneuf (de)	19, 145	Cambout (du)	276
Bourgneuf de Cucé (de)	44	Camus de la Guibourgère	43
Boutier	67, 107, 147, 211	Camus de Pontcarré	43
Boutin	32	Canaber (de)	140
Bouttier	47	Cancouët (de)	83
Boux	148, 212	Caradeuc (de)	32, 91, 188
Boylet	100	Carcaradec (seigneur de)	158
Boys (du)	91	Carheil (vicomte de)	276
Brancas (de)	45	Carmené (seigneur de)	86, 115
Bréal	227	Carnavalet (marquis de)	165
Brégain (prieur du)	107	Carné (de)	149
Bréhant (de)	77, 84, 273	Carron	198
Bréhigné (dame de)	165	Carte (seigneur de la)	55
Breil (du) 108, 142, 201, 212, 232, 236		Cassin	139
		Castel	227
Breil (seigneur du)	76, 165, 201	Castellan (de)	220
Breil de Pontbriand (du)	157, 163	Caud	26
Breil de Raiz (du)	64	Cervelle (de la)	67, 137
Brémanfany (seigneur de)	121	Cesson (de)	271
Breneuc (de)	201	Chalain (comte de)	139, 216
Bréquigny (seigneur de)	44, 61, 116	Chalonge (seigneur du)	108
Bréron (de)	136	Chambellé (dame de)	183
Bretagne (de)	14, 141, 232, 234, 260	Chambellé (seigneur de)	160
Brétesche (dame de la)	123	Champagne (de)	268
Brezolles (comte de)	47	Champagné (de) 54, 78, 157, 177, 184, 211	
Briand	32, 212		
Bricart	235	Champagné (seigneur de)	36, 60
Brie (de)	144, 187, 223	Champalaune (de)	249
Brie (seigneur de)	36, 55	Champion	26, 101
Brieux (des)	74, 76		

Champion de Cicé	41	Chaumeré (dame de)	123
Chanczon	114	Chaumont (de)	110
Chandrier	31, 151, 226	Chausson	38
Channé (de)	79	Chauvel	127
Chantelou (de)	38	Chauvelière (seigneur de la)	88
Chanteloup (seigneur de)	153, 205	Chauvigné (de)	99
Chapelle (de la)	41, 49, 74, 150, 162, 173, 215, 219, 226, 239, 261	Chauvin	242
		Chavagnac (de)	32
Chapelle-Bouëxic (seigneur de la)	39	Chef-du-Bois (de)	202
Chapelles (seigneur des)	227	Chereil de la Rivière	252
Chappedelaine (de)	119	Cherville (seigneur de)	26
Charette	203	Chesnay (vicomte du)	67
Charonnière (de la)	136	Chesnaye (seigneur de la)	39, 202
Charost (seigneur de)	208	Chesnel	25, 31, 235
Charpentier	242	Cheveigné (de)	78, 109, 171, 272
Chasné (de)	185, 276	Cheverue (de)	186
Châsse (seigneur de la)	64, 77, 242, 244	Chevière (de la)	77
Chasseloir (comte de)	123	Chevière (de)	84
Chasseloir (seigneur de)	191	Cheville	96
Chastel (du)	157, 211	Chèze (dame de la)	76
Chastellier (du)	22, 67, 87, 91, 157, 195	Chèze (de la)	162
Chastellier d'Éréac (du)	11, 173	Chèze (seigneur de la)	123
Château-d'Assy (seigneur de)	47	Chilleau (marquis du)	186
Châteaublanc (seigneur du)	133	Choiseul (de)	12
Châteaubourg (sire de)	273	Chouan	79
Châteaubriand (de)	101	Chouart	145
Châteaubriant (baron de)	13, 26, 90, 120, 204, 236, 258, 259, 260	Chouet	140
		Chrestien de Tréveneuc	237
Châteaubriant (de)	22, 36, 41, 46, 53, 86, 126, 172, 178, 190, 193, 211, 227, 231, 249, 263, 267	Cicé (baron de)	26, 147
		Cigogne (de la)	136, 183
		Clairefontaine (dame de)	262
Châteaubriant (doyen de)	144	Clarté (de la)	105
Châteaufremont (marquis de)	188, 228	Claye (de)	107
Châteaugiron (baron de)	91	Cleuz (de)	28, 152
Châteaugiron (comte de)	149	Clugny (de)	110
Châteaugiron (de)	26, 90, 144, 204, 272	Cochetière (seigneur de la)	88
		Coësmes (de)	109, 129, 136, 171, 182, 221
Châteaugiron (seigneur de)	47		
Châteaugontier (seigneur de)	253	Coësmes (seigneur de)	105
Châteauletard-Mellet (de)	91	Coëtlogon (de)	20, 45, 71, 76, 129, 153, 162, 194, 238, 264
Châteaumur (baron de)	68		
Châteauneuf (comte de)	246	Coëtmadeuc (de)	223
Châteauneuf (marquis de)	158	Coëtmen (de)	222
Châteauneuf (seigneur de)	49, 157	Coëtquen (de)	14, 99, 130, 132, 136, 188, 205, 249, 251, 268
Châteauvieux (seigneur de)	244		
Châtel (du)	263	Coëtquen (e)	53
Châtelliers (seigneur des)	246	Coëtuhan (seigneur de)	113
Châteloger (baron de)	147	Cojallu	28
Châteloger (seigneur de)	206	Colbert	57, 75, 119, 151, 199
Châtillon (de)	118	Coligny (de)	57, 121, 268
Châtillon (sire de)	56	Colinière (baron de la)	203
Châtillon d'Argenton (de)	227	Colombier-Lanvallay (seigneur du)	165
Châtillon-en-Vendelais (seigneur de)	268	Combourg (baron de)	218, 230
Châtillon-en-Vendelais (sire de)	231	Combourg (comte de)	101
Chattière (de la)	188	Combourg (seigneur de)	9, 23, 53
Chaudebœuf (seigneur de)	139		

Index des noms de personnes

Combourg (sire de)	108, 167
Condé (de)	259, 260
Condé (prince de)	174
Coniac (de)	230
Conques (baron de)	160
Corbery (baron de)	207
Corderie (sieur de la)	127
Cormier	163, 202
Cornulier (de)	44, 113, 188, 202, 227, 273
Corpsnuds (de)	87
Cossé (de)	9, 17, 42, 90, 133, 205
Costardaye (seigneur de la)	251
Couaisnon (de)	187
Coudrais (seigneur des)	100
Coudray (seigneur du)	79, 239
Couellan (dame de)	250
Couëtion (seigneur de)	36
Coupegorge	145
Couppu	90, 182
Couppuaye (dame de la)	90
Courbe (de la)	253
Courbe (seigneur de la)	160
Courceriers (de)	182
Courgeon	106
Couriolle	97, 112
Courneuve (seigneur de la)	163
Cournon (seigneur de)	29
Courpéan (seigneur de la)	39
Coursonnière (sieur de la)	26
Courtavel (de)	50
Courtays	123
Courtoux (de)	203
Craon (de)	172, 198
Crapado (seigneur de)	88, 91, 195
Craville (dam de)	239
Crenay (comte de)	158
Creux (du)	107
Crochaye (seigneur de la)	236
Crocq	96
Crozille (de la)	114
Crozon (comtesse de)	153
Cucé (marquis de)	203
Cucé (seigneur de)	145
Dacosta	149
Daillon (de)	268
Danjou	70
Danycan	29
Davy	227
Denée (de)	31, 187, 253
Denyau	88, 145, 153, 205, 264
Derval (de)	87, 250, 252
Derval (seigneur de)	258
Descartes	108, 195
Désert (le)	259
Déserts (des)	44, 70
Desmaretz	47
Desmazières de Séchelles	128
Desmiers de Chenon	250
Dinan (baron de)	231
Dinan (de)	14, 85, 90, 120, 232, 235, 260
Dobiaye (seigneur de la)	19, 160, 258
Dol (de)	9, 231, 267
Dol (évêque de)	23, 166
Domaigné (de)	171
Dombes (prince de)	139
Donges (comte de)	223
Dreneuc (de)	148
Dresnay (du)	236
Dreux (de)	235
Driennaye (vicomte de la)	133
Drouet	26
Durand	186, 237
Durantaye (seigneur de la)	232
Duras (duc de)	15, 53, 251
Duras (duchesse de)	137
Durfort (de)	15, 53
Duval	112
Écosse (d')	59
Engoulvent (d')	76
Éon du Vieuxchâtel	196
Erbrée (d')	76, 123, 188, 267
Ernault	160
Escoire (marquis d')	166
Espinay (d')	11, 22, 23, 44, 60, 70, 106, 110, 143, 173, 218, 253, 256
Espinay (sire d')	36
Espine (de l')	106
Espine (l')	182, 229
Espinoze (d')	79, 195
Espivent de la Villeboisnet	217
Estouteville (d')	44
Estuer (comte d')	273
Fail (seigneur du)	275
Faouët (baron du)	153
Farcy (de)	27, 64, 188
Farcy de Cuillé (de)	158
Fauvel	122
Feillée (seigneur de la)	160
Ferré de la Villèsblancs	77, 84, 108
Ferret	20, 36, 43
Ferrière	76
Ferrière (de la)	19, 262, 276
Ferron	86
Ferronnaye (seigneur de la)	134
Feuillée (de la)	31
Fleuriaye (sieur de la)	149
Fleuriot de la Sauldraye	12
Foix (de)	57, 90, 120, 258
Fontaine (de la)	87, 122, 165
Fontenay (de)	49, 82, 132

Fontlebon	220	Gennes (de)	187
Forest (dame de)	276	Geoffrion (de)	216
Forêt (baron de la)	212	Geslin	124
Forêt (de la)	109	Gibon du Pargo	195
Forsanz (de)	23, 250	Giffart	41, 271
Fort (seigneur de)	67	Gilbert	51
Fouesnel (seigneur de)	255	Gitton-Lefranc	167
Fougeray (seigneur de)	41	Glé	11, 251
Fougères (baron de)	17, 99, 136, 159, 167	Godart	45
Fougères (de)	9, 182, 225	Gondrecourt (de)	29
Fougères (sire de)	93, 95	Gondy (de)	14, 91, 133, 205
Fouillot (le, parc)	174	Gonzée (la)	263
Foulletorte (seigneur de)	185	Goret	108
Fouquet	139, 216	Gouault	42
France (de)	108, 115, 161	Gouesnière (seigneur de la)	49
Francheville (de)	219	Goulaine (de)	79, 153
Freslon	23	Gouray (du)	211
Freslon (de)	219	Gouyon	23, 44, 46, 49, 130, 136, 157, 211, 256
Freslon de la Freslonnière	164		
Fresnay (de)	49	Gouyon de Beaufort	219
Fresnaye (seigneur de la)	165	Gouyon de la Moussaye	257
Fresnaye de Crissé (seigneur de la)	227	Goyon (de)	88
Frête (de la)	44	Goyon de Vaudurant (de)	111
Frignicourt (seigneur de)	39	Grandseigne (de)	57
Frotet	19, 157, 160, 246	Grasserie (seigneur de la)	191
Froulay (de)	96	Grazay (de)	178
Gaalon (de)	108	Grée (seigneur de la)	83
Gadisseul (seigneur de)	250	Greffier	26
Gaël (baron de)	75, 199	Grignonnaye (seigneur de la)	153
Gaël (seigneur de)	243	Grimault	31
Gahard (prieur de)	176	Grivel (de)	185
Galissonnière (seigneur de la)	264	Grivel de Gamaches (de)	36, 219
Galurdon (baron de)	110	Groumillaye (dame de la)	194
Garaye (comte de la)	153	Grout	12, 127
Gardin	113	Gué (du)	54, 129, 136, 178, 188, 194
Gardin du Boishamon	45	Gué de Servon (seigneur du)	54, 194
Garel	33	Guéhenneuc (de)	12, 106
Garlaye (comte de la)	91	Guémadeuc (du)	36, 42, 50, 60, 130, 185, 211, 218, 245
Garmeaux (de)	112		
Garo (du)	84	Guémené (sire de)	157
Garoulaye (seigneur de la)	50	Guémeraye (sieur de la)	75
Gaste	253	Guer (seigneur de)	119
Gasté (de)	140	Guerche (seigneur de la)	172
Gastière (seigneur de la)	113	Guerche (sire de la)	221
Gaudemont (de)	115	Guerche (sire de)	13
Gaudin	172	Guérin	123, 191
Gaudinaye (seigneur de la)	79, 239	Guérin de la Rocheblanche	137
Gaultier	67	Guerriff	193
Gausserand (de)	106	Guerry (de)	88
Gavre (du)	171	Guesclin (du)	22, 90, 94, 96, 108, 126, 156, 231, 232, 236, 249, 262, 268
Gazon (dame de)	107		
Gazon (seigneur de)	129, 178	Guezille (de la)	227
Gédouin	19, 160	Guibé	190, 223
Geffelot	101	Guibert	26
Geffrard	127, 187	Guibourgère (seigneur de la)	163, 215

Guignen (seigneur de)	144	Jamois	26
Guildo (baron du)	212	Jarret	87
Guillon	100	Jarsaye (seigneur de la)	45
Guinemenière (seigneur de la)	143	Jonchère (seigneur de la)	110
Guiny (du)	50, 112	Juliennaye (seigneur de la)	188
Guitonnière (seigneur de la)	55	Keraer (seigneur de)	239
Guitté (de)	36, 60, 218, 245	Keranrais (de)	222
Hadington (seigneur de)	268	Keravéon (seigneur de)	86
Hallay (du)	67, 100, 111, 136, 145, 178, 202, 208, 221, 235	Kerboudel (de)	39
		Kergariou (de)	53
Halluin (d')	256	Kergouanton (dame de)	137
Halluin (duc d')	253	Kergroadez (marquis de)	71
Hamelinaye (de la)	234	Kergu (de)	39
Hamelinière (seigneur de la)	203	Kerhoent (de)	224
Hamilton	268	Kerhoz (seigneur de)	112
Hamon	83	Kerléau (seigneur de)	108
Han (du)	152, 219, 264, 276	Kerlouet (comte de)	140
Harcourt (d')	14, 127, 130	Kermagaro (dame de)	83
Harpin	100	Kermainguy (de)	106
Hattes	114, 139	Kernezne (de)	165
Haultaye (seigneur de la)	91, 196, 254	Kerninon (seigneur de)	45, 71
Hautbois	171	Kerret (de)	134
Hay	172, 178, 180, 227, 273	Kerroignant (de)	273
Hay des Nétumières	72, 184	Kersauson (de)	32
Haye (de la)	120, 138	La Vache	85
Haye de Mordelles (seigneur de la)	242	Laage (de)	64
Haye-Saint-Hilaire (la)	96	Labbé	208
Hayers (des)	202	Ladvocat	236
Hédé (de)	141	Laillé (de)	144
Henry	39, 202	Laillé (seigneur de)	50, 130, 153
Henry de la Chesnaye	252	Lambert	133
Hérissier (du)	29	Landal (seigneur de)	190
Hévin	39	Landal (sire de)	223
Hingant	129	Lande (de la)	41, 49, 144, 152, 162, 171
Hino (seigneur du)	208	Lande (seigneur de la)	194
Hirgarz (de)	165	Landelle (seigneur de)	246
Hochedé	149	Landes (des)	212
Hoguerel	125	Landes (seigneur des)	145
Hommeaux (seigneur des)	142	Landevy (sire de)	114
Hôpital (de l')	238	Langan (de)	67, 77, 147, 179
Houssaye (de la)	162, 249	Langle (de)	113, 199, 224
Houx (du)	11	Langonnet (abbé de)	146
Huart	42, 179	Langourla (de)	223
Huby	83	Lanvallay (de)	262
Huchet	28, 268	Larlan de Kercadio (de)	45, 160
Huguetières (seigneur des)	11	Lassy (de)	150
Hunaudaye (sire de la)	236	Lattay (seigneur du)	45, 242
Hurlières (seigneur des)	123	Laubinière (seigneur de)	184
Hus	137	Launay (de)	96, 112, 152
Husson	136	Launay-Bertrand (seigneur de)	165
Illiers (d')	236	Launay-Comatz (seigneur de)	23
Isle du Gast (de l')	239	Launay-du-Han (seigneur de)	277
Ismaëlite	267	Launay-Ravili (seigneur de)	112
Jaille (de la)	134	Launay-Romelin (dame de)	97
Jamoays	55	Laval (comte de)	56, 64, 171, 176, 193,

251, 253	
Laval (de) 14, 55, 56, 64, 90, 93, 118, 120, 142, 173, 198, 204, 231, 236, 258, 260, 268	
Le Bart	194
Le Bauldrier	197
Le Bel	158, 251, 263
Le Bouteiller 96, 145, 190, 195, 202, 210, 223	
Le Bret	71
Le Breton	45
Le Chat	207
Le Chevalier	202
Le Chevoir	28
Le Clavier	153
Le Clerc	110
Le Corvaisier	273
Le Drenec	257
Le Duc	28
Le Febvre de Laubrière	88, 137
Le Fer	51, 202
Le Filhux	50
Le Forestier	108
Le Gendre de Berville	137
Le Gobien	247
Le Gonidec	20, 36, 61, 86, 116
Le Gouz	185
Le Grand de Vergoncey	51
Le Gras	208
Le Gris	99
Le Hérici	47
Le Hidoux	50
Le Jay du Pré	127
Le Jeune	100
Le Lardeux	113
Le Lièvre de la Villeguérin	97
Le Lionnays	238
Le Lou	212
Le Loup	123, 191
Le Lyonnais	272
Le Maistre	91
Le Marchand	276
Le Meignan	153
Le Meneust	61, 70, 116
Le Mintier	86, 115
Le Mintier de Carmené	20
Le Painteur de Norményé	80
Le Pelletier	28
Le Pelletier de la Houssaye	20, 36
Le Porc	22, 178, 201
Le Prestre	47, 68, 149
Le Prévost	86, 249
Le Rasle	171
Le Roulx	110
Le Roux	71, 241
Le Roy	249
Le Sénéschal	95, 139
Le Tresle	36
Le Vacher de la Chaize	39
Le Vasseur	126
Le Vayer	105, 109, 136, 148, 179, 222
Le Verrier	126
Le Vicaire	81
Le Vicomte	115
Leaumont (de)	47
Legge (de)	106
Léon des Ormeaux	222
Lescouët (de)	76, 246
Lescu (de)	149, 165
Lesnen (de)	156
Lesparler	45
Lespinay (de)	23, 86, 211
Lesquen (de)	50
Letort	208
Lévaré (comte de)	185
Lévesque	242
Lezonnet (seigneur de)	68
Lezot	54
Lignières (dame de)	129
Lignières (de)	139
Ligouyer (seigneur de)	163, 249, 262
Linières (de)	159
Loaisel	36
Loaysel	123
Locmaria (seigneur de)	249
Loges (seigneur des)	23, 55, 121
Lohéac (de)	25, 63, 133, 198
Lohéac (seigneur de)	63
Lohéac (sire de)	35, 56
Lohière (seigneur de la)	64
Lohingat (dame de)	273
Lolivier de Saint-Maur	250
Loménie de Brienne (de)	227
Lopriac (de)	223, 259
Lorgerais (seigneur de)	165
Lorgeril (de)	190, 223, 249
Lorges (seigneur de)	54
Loroux (dame du)	223
Louet (du)	130, 146
Louis Le Roux	45
Louvel	148, 263
Louvigné (dame de)	178
Loyat (vicomte de)	82
Loz	137
Loz de Beaucours	97
Lusignan (de)	136
Lys (de)	186, 208
Magnane (de la)	38, 87, 139
Magnane (seigneur de la)	32
Magnelais (de)	142

Magon	91
Magon de la Gervaisaye	146
Magon de la Lande	240
Maillé (de)	32, 105, 109, 174
Maillechat (de)	143
Maimbénart (de)	275
Maimbier (de)	123, 253
Maineuf (dame de)	136
Malenoë (de)	101
Malestroit (de)	26, 31, 35, 53, 90, 188, 204, 239, 258, 272
Malestroit (sire de)	275
Mallet	96
Malor	74
Mancelière (de la)	165
Marbœuf (de)	47, 50, 130, 143, 153, 219, 227
Marcadé	215
Marcé (baron de)	156
Marcel	62, 71
Marchée (seigneur de la)	45
Marcille (de)	209
Marck (de la)	130
Mareil (de)	49
Mareschée (de la)	143
Marguerie (de)	47
Marigné (de)	121
Marigny (de)	101
Marnière (de)	119
Marot	153
Marquer	145
Marre (seigneur de la)	86
Martigné-Ferchaud (seigneur de)	126
Martin	32, 106, 188, 247
Martin de la Balluère	45
Marzain (seigneur de)	74
Marzelière (de la)	14, 42, 99, 130, 143, 178, 188, 205, 249
Marzelière (marquis de la)	42, 147, 205, 268
Mathefelon (de)	194
Mathellon (de)	171
Matignon (de)	190, 216, 223
Matignon (sire de)	256
Matz (du)	108, 130, 137, 171
Mauny (de)	156, 249, 256
Maupeou	264
Maupertuis (seigneur de)	202
Maure (de)	49, 74, 105, 118, 151, 190, 199, 218, 223, 238
Mauviaye (seigneur de la)	145
Mayneuf (seigneur de)	195
Meaussé (de)	110
Méel (de)	162
Meilleraye (duchesse de la)	133
Méjusseaume (seigneur de)	39, 76, 194
Méjusseaume (vicomte de)	129
Melesse (M. de)	153
Melesse (seigneur de)	55
Melléart	19
Meneust	70
Mengin	32
Menou (de)	74
Mercœur (duc de)	83, 143
Merléac (dame de)	77
Mésaubouin (sieur de)	96
Mesnard	68
Mesneuf (dame de)	239
Mesneuf (seigneur de)	91, 185
Mesnil (du)	22
Mesnil-Garnier (marquis du)	71
Mettrie (seigneur de la)	152
Meulant (de)	194
Mézière (seigneur de la)	264
Milon	249
Miniac	50
Miolays	185
Mirabeau (vicomte de)	216
Molac (dame de)	74
Molac (sire de)	173
Molant (dame du)	39, 178
Montafilant (sire de)	232, 236
Montalais (de)	47
Montauban (baron de)	163
Montauban (de)	17, 31, 76, 168, 222, 235
Montaudouin (de)	32
Montbouan (seigneur de)	137
Montbourcher (de)	32, 36, 60, 77, 78, 82, 136, 176, 184, 218, 230, 239, 257, 271
Montbourcher (seigneur de)	277
Montbrault (seigneur de)	67
Montcuit (de)	188
Monteclair (de)	19
Montecler (de)	273
Monteclerc (de)	183
Montejean (de)	14, 17, 90, 205
Montespedon (de)	14, 42, 195
Montfort (baron de)	164
Montfort (de)	25, 56, 63, 76, 90, 94, 141, 198, 232, 235, 238, 242
Montfort (seigneur de)	63
Montfort (sire de)	13, 25
Montgermont (de)	148
Montgommery (dame de)	239
Montgommery (de)	23, 54, 110, 120, 211
Monthulé (de)	148, 186
Montigny (de)	11, 23, 36, 64, 75, 199, 264
Montluc (comte de)	15, 91
Montluc (seigneur de)	146, 205
Montmartin (seigneur de)	108

Montmorency (de)	173, 258, 260	Noyant (comte de)	166
Montmoron (dame de)	137	Oger	89
Montmoron (de)	115	Orange (d')	22
Montpensier (duc de)	143	Orcant	46
Montreuil (M. de)	153	Orenges (d')	160, 183
Montreuil-le-Gast (seigneur de)	277	Orenges (seigneur d')	190
Morais (de)	47	Ourouer (comte d')	36, 219
Morant (de)	61, 71	Ourouer (marquis d')	185
Morel	168, 188, 224	Paen	114
Morice	28	Pailpré (seigneur de)	276
Morinaye (de la)	76	Paisnel	185
Mornay (de)	15, 205, 268	Paisnel (seigneur de)	64
Mortemart (de)	223	Palluelle (de la)	207
Mortemart (duchesse de)	75	Pan (du)	11
Mortemart (marquis de)	57, 119, 151, 191, 199	Pantin	203
		Papin	178
Mortier de Trévise	70	Parc (du)	96, 107, 249
Motte (de la)	19, 49, 120, 129, 190, 263, 269	Parc (seigneur du)	96, 108
		Pâris	46
Motte (seigneur de la)	57, 75, 119, 151, 153, 163, 199, 276	Parthenay (de)	87, 105, 183, 190, 218, 222
Motte (sieur de la)	64	Pastour	45
Motte de Broons de Vauvert (de la)	277	Paulmier de la Bucaille	43
Motte de Gennes (seigneur de la)	31, 140	Paynel	194
Motte de Lesnage (de la)	99	Pé (du)	46
Motte-Boutier (seigneur de la)	107	Pellan (de)	150, 226
Motte-Hay (sieur de la)	251	Penfentenio de Cheffontaines (de)	212
Motte-Morel (de la)	140	Penhoët (de)	74
Motte-Picquet (de la)	277	Penmarc'h (de)	26
Mouazé (seigneur de)	31	Penzé (comte de)	71
Moucheron (de)	244	Pepin	146
Moussaye (baron de la)	46, 157	Pépin	50
Moussaye (de la)	277	Pepin de Belle-Isle	127
Moussaye (sire de la)	211	Perrault	115
Moussy (de)	127	Perrien (de)	91
Muce (de la)	41	Perrier (du)	11, 173
Muce (seigneur de la)	26, 152	Perronnay (seigneur de)	68, 232, 249
Muélien (dame de)	218	Perronnay (seigneur du)	148
Murettes (sieur des)	69	Perroudel	139
Musse (seigneur de)	263	Petau de Manneville	43
Mutelien (de)	107	Petit	224
Muzillac (de)	130	Pezé (marquis de)	50
Nesle (marquis de)	57	Picault	33, 242
Nétumières (baron des)	273	Pichot	225
Nétumières (comte des)	227	Picot	130, 157, 158
Nétumières (seigneur des)	178	Picquet	55, 57, 75, 119, 151, 153, 163, 196, 199, 276
Neuville (de)	70		
Nicolay (de)	85	Piedevache	218
Noailles (de)	12	Pierre (de la)	154, 212
Noë (de la)	76	Piguelaye (de la)	67
Noë (sieur de la)	42	Pinczon	178, 273
Nort (comte de)	88	Pinel	95, 139
Nos (des)	215	Pinel (du)	182
Noue (de la)	242	Pinot de la Gaudinaye	39
Noyal-sur-Vilaine (seigneur de)	272	Piré (marquis de)	153, 179, 240

Piré (seigneur de)	75, 119	Porcon (de)	184
Planches (des)	22	Pordo (seigneur du)	44
Plesse (seigneur de la)	148	Porée	108
Plessix (du)	19, 90, 152	Porte (de la)	26
Plessix (seigneur du)	79, 152	Portzay (vicomtesse de)	153
Plessix d'Argentré (du)	61	Pouancé (de)	178
Plessix de Grénédan (du)	212	Poulmic (baron de)	264
Plessix de Melesse (le)	140	Poulmic (baronne de)	153
Plessix de Melesse (seigneur du)	152	Poulpry (du)	257
Plessix-Anger (seigneur du)	105	Poupon	126
Plessix-Balisson (seigneur du)	11, 173	Prade (sieur de la)	139
Plessix-Beaucé (seigneur du)	54, 121	Préauvé (du)	87
Plessix-Bertrand (dame du)	126	Préauvé (seigneur du)	87
Plessix-Bertrand (seigneur du)	236	Prévalaye (seigneur de la)	230
Plessix-Chalonge (seigneur du)	202	Prévotaye (sieur de la)	201
Plessix-de-Coësmes (seigneur du)	109	Prez (des)	276
Plessix-de-la-Couyère (seigneur du)	113	Princé (seigneur de)	127
Plessix-Tizon (seigneur du)	242	Proisy (de)	42
Plouays (de)	27	Puy de Murinais (du)	29
Plouer (de)	114, 159	Puy du Fou (du)	47, 151, 227
Plouër (de)	211	Puy-Gaillard (seigneur du)	47
Plumaugat (de)	211	Québriac (de)	36, 42, 59, 67, 82, 156, 218, 226, 245, 272
Plumaugat (sire de)	236		
Poigny (baron de)	47, 227, 232	Québriac (seigneur de)	59
Poilley (comte de)	185	Quédillac (de)	28, 132
Poilvilain (de)	158	Quéhéon (seigneur de)	242
Poisson	119	Quelen (de)	50, 75, 160, 173, 199
Poissonnière (seigneur de la)	31	Quelennec (du)	85, 105
Poix (de)	108, 185	Quentin	247
Polignac (de)	268	Quesnel	99
Poligné (baron de)	147	Quimberteau	252
Poligné (de)	204	Quintin (comte de)	173
Poluche	64	Quistinic (de)	11
Pommeraye (seigneur de la)	133	Rabaud	136, 194
Pommereul (de)	102	Rabaudière (seigneur de la)	194
Pommerit (vicomte de)	157	Rabinard	64
Pompadour (de)	50, 223	Rado	29
Pons (de)	173	Raguenel	25, 74, 89, 194, 204, 258
Pont (baron du)	105	Rahier (de)	165
Pont (du)	49, 105, 276	Ranconnet (de)	166
Pont-Courlay (marquis de)	36	Raoul	215
Pont-l'Abbé (baron de)	105	Raoul de la Guibourgère	43, 163
Pontavice (du)	207	Raudot	50
Pontavice (seigneur du)	137	Raujon	212
Pontbriand (comte de)	232	Rebourcière (sieur de la)	276
Pontbriand (seigneur de)	212	Redillac (dame de)	28
Pontbriant (seigneur de)	163	Refuge (du)	110
Pontcallec (marquis de)	163	Regnarsière (seigneur de la)	184
Pontcourlay (marquis de)	185, 219	Renaudières (seigneur des)	195
Pontharouard (seigneur du)	157	Rennes (évêque de)	184, 206
Ponthay (seigneur du)	238, 272	Retz (dame de)	56, 118
Pontrouaud (du)	26	Retz (duc de)	14
Pontrouaud (seigneur du)	41	Rhuys	127
Pontrouault (du)	46, 150, 178, 226	Ribaudière (seigneur de la)	31
Pontual (de)	154, 210	Riboisière (dame de la)	161

Rieux (de) 14, 26, 31, 57, 90, 118, 157, 204, 258
Rigaudière (seigneur de la) 259
Rigné (seigneur de) 115
Rimou (de) 114
Riquetti 216
Rivière (dame de la) 263
Rivière (de la) 10, 71, 129, 218
Rivière (seigneur de la) 145, 275
Rivière-Texue (la) 263
Roberie (seigneur de la) 232
Robert 55, 143
Robert de la Bellangeraye 153, 276
Robien (de) 47, 79, 216, 239
Robinaud 242
Robinault 75
Roche (de la) 229
Roche (marquis de) 165
Roche (seigneur de la) 142
Roche-Bernard (de la) 63
Roche-Bréhant (seigneur de la) 67
Roche-Colombière (seigneur de la) 195
Roche-Épine (de la) 262
Roche-Giffart (seigneur de la) 41, 261
Roche-Macé (de la) 216
Roche-Saint-André (de la) 101
Roche-sur-Yon (prince de la) 195
Rochechouart (de) 119, 151, 191, 199, 223
Rochefort (baron de) 160
Rochefort (comte de) 45
Rochefort (de) 31, 49, 256
Rochefoucault de Roye (de la) 223
Rochejagu (seigneur de la) 215
Rocher-Seneschal (seigneur du) 139
Roë (dame de la) 126
Roë (de la) 109
Rogier 145
Rogier de Beaufort 105, 109
Rogon 158, 223
Rohan (de) 31, 50, 105, 157, 190, 223, 238
Rohan-Chabot (de) 15
Rollée (de) 20, 71, 86, 115
Rollon de Kergongar 134
Romelin (de) 23, 262
Romieu 223
Romilley (de) 185, 276
Roncière (de la) 49
Rondiers (des) 68
Rondoitte (de la) 246
Roscoat (du) 203
Rosmadec (de) 64, 79, 208, 238, 252
Rosnyvinen (de) 12, 75, 119, 153, 179, 194, 235, 240

Rostrenen (baron de) 105
Rotours (des) 160
Roubaud 51
Roucheran 133
Rougé (de) 110, 258
Rousseau 212
Rouvraye (dame de la) 129
Rouxel 237
Ruellan 36, 91, 110, 133, 161, 185, 219, 264
Ruffier 157, 249
Runefaut (comte de) 149
Sacé (seigneur de) 207
Saget 110
Saint-Aignan (seigneur de) 212
Saint-Amadour (de) 31, 35, 54, 239, 272
Saint-Aubin (de) 87
Saint-Aubin-des-Bois (abbé de) 128, 139, 161
Saint-Aulaire (comte de) 166
Saint-Briac (de) 211
Saint-Brice (marquis de) 123
Saint-Brice (seigneur de) 191
Saint-Brice (sire de) 208
Saint-Didier (de) 178
Saint-Gilles (de) 23, 30, 41, 67, 115, 136, 147, 187, 232, 235, 238, 249, 264
Saint-Jacut (abbé de) 128
Saint-Jagu (abbé de) 219
Saint-Jean (de) 28, 242
Saint-Jean (seigneur de) 121
Saint-Jean de Laillé (seigneur de) 272
Saint-M'Hervé (de) 178
Saint-Malo (évêque de) 210
Saint-Mars-de-Coutais (seigneur de) 212
Saint-Meleuc (de) 29
Saint-Père (de) 242, 245
Saint-Pern (de) 45, 163, 228, 242, 249, 262
Saint-Remy (de) 190
Saint-Thomas (dame de) 148
Saint-Tual (seigneur de) 157
Sainte-Maure (de) 57
Saisbouët 106
Salles (des) 28
Samsonnaye (seigneur de la) 165
Sanzay (de) 26
Sauldraye (seigneur de la) 33, 242
Sauldre (seigneur de la) 202
Sauldre (sieur de la) 51
Saulnier 64
Sauvaget 223
Sauvaget (de) 243
Sauvé (seigneur de) 163
Savary 32

Scepeaux (de)	14, 195	Tournemine	236
Schomberg (de)	253, 256	Tournemine (de)	19, 36
Sens (seigneur de)	168	Tourniole (dame de la)	218
Sérent (de)	276	Traissan (comte de)	61
Sérigné (de)	256	Tranchant du Tret	113
Sesmaisons (de)	111	Trans (baron de)	232
Sévigné (de)	23, 87, 129, 137, 145, 171, 245	Trans (seigneur de)	148
		Trans (seigneur du)	202
Sion (de)	129, 136	Tréal (de)	23, 86, 142, 245
Sollier (seigneur de)	185	Trécesson (de)	28, 149, 232
Sonnay (seigneur de)	144	Trégaranteuc (de)	76
Soubise (dame de)	105	Trégomain (seigneur de)	162
Souchay	277	Trélan (de)	145
Sourches (seigneur de)	215	Trémaudan (de)	112
Sticotti	29	Tremblaye (seigneur de la)	227
Suze (comte de la)	268	Tremblaye-Mellet (seigneur de la)	84
Tail (du)	110	Tréméreuc (de)	108
Talhouët (de)	86, 219	Trémoille (de la)	29, 64, 85, 118, 164, 180, 199, 244, 253, 256
Talhouët de Boisorhant (de)	13, 134		
Tallie (de)	171	Tret (du)	219
Talmont (prince de)	104	Trezel (seigneur de)	273
Tanouarn (de)	101	Trimollerie (de la)	153
Téhel de la Bouvais	28	Trinité (prieur de la)	123
Téhillac (de)	22, 44, 70	Tronchet (abbé du)	24
Teil (du)	259	Troys (de)	185
Teillay (seigneur de)	127	Trozé (seigneur de)	87, 254
Tertre (sieur du)	26	Turpin	142, 143, 227
Tévinière (seigneur de la)	178	Tymeur (marquis du)	36
Texue (de)	26, 262	Tyvarlan (de)	77
Thaumatz (seigneur de)	130	Uguet	88
Thibault	55	Ursins (des)	174
Thierry	26, 46, 86, 151, 152, 183, 215, 226, 230, 232, 249	Ust (d')	39, 136, 178
		Vair (seigneur de)	242
Thierry de la Prévalaye	70, 145	Val (seigneur du)	246
Thiroux de Saint-Cyr	91	Valette de Champfleury	39
Thomasse	44	Valleaux (de)	159
Thomé	112	Vallière (marquis de la)	11
Thomelin	126	Vanssay (de)	144
Thorigny (comte de)	191, 223	Varenne (seigneur de la)	148
Thou (de)	145	Vassé (de)	185
Thouars (de)	22, 105	Vassé (marquis de)	51
Thouars (duc de)	57	Vassy (marquis de)	47
Thunot	43	Vau (du)	55
Tiercent (baron du)	91, 161, 219, 264	Vauclair (seigneur de)	19
Tiercent (seigneur du)	185	Vauclerc (seigneur de)	263
Tilly (de)	32	Vaucouleurs (sire de)	245
Tinténiac (de)	94, 170, 182, 231, 266	Vauferrier (du)	76
Tizé (dame de)	178	Vaufleury (seigneur du)	194
Tizé (seigneur de)	54, 239	Vaujuas (de)	61
Touche (de la)	54, 148	Vauluisant (dame du)	153
Touche (seigneur de la)	106, 115, 158	Vaulx (des)	171, 185
Touche (sieur de la)	19	Vendôme (de)	172, 199
Touche-Parthenay (seigneur de la)	115	Verdelles (seigneur de)	110
Toucheprez (marquis de)	68	Vergier de Kerhorlay (du)	250
Touraude (seigneur de)	23	Vernon	11, 173

Vertus (comte de)	31
Viard	259
Viarmes (seigneur de)	43
Vieilleville (maréchal de)	255
Vieuville (seigneur de la)	246
Vignerot (de)	36, 185, 219
Vigneuc (de)	165
Villandry (marquis de)	45
Villarmois (de la)	178, 195
Villaubry (sieur de la)	64
Villavran (seigneur de)	122
Ville-au-Maître (seigneur de la)	68
Ville-ès-Cerfs (seigneur de la)	164
Villeaubert (de la)	49
Villeblanche (de)	11, 126, 173
Villedubois (seigneur de la)	27
Villegaignon (marquis de)	186
Villegontier (seigneur de la)	168
Villejacquin (seigneur de la)	127
Villeneuve (comte de)	145
Villéon (de la)	212
Villequeno (seigneur de la)	134
Villerevault (seigneur de)	211
Villernoul (la)	250
Villèsbrunes (seigneur de la)	84
Villethéart (seigneur de la)	79, 240
Villethébaud (de la)	145
Villiers du Hommet (de)	157
Vincent	246
Vion (de)	269
Visdelou	20, 79, 186, 196, 240, 264
Vitré (baron de)	105, 109, 121, 176, 180, 182, 189, 193, 253, 256
Vitré (baronne de)	53
Vitré (de)	152
Vitré (seigneur de)	93
Vitré (sire de)	103, 169, 221, 268
Volvire (de)	123, 188, 191
White d'Albyville	247

Dans la collection Histoire

Les pages des écuries du roi, l'école des pages, par Gaston de Carné, 112 pages, 2023 (édition originale 1886).
Souvenirs d'un page à la cour de Louis XVI, par Félix de France d'Hézecques, 252 pages, 2023 (édition originale 1873).
Les grands écuyers de la grande écurie de France, par Édouard de Barthélémy, 130 pages, 2023 (édition originale 1868).
Les ducs et les duchés français, avant et après 1789, par Édouard de Barthélémy, 254 pages, 2023 (édition originale 1867).
L'Assise au Comte Geoffroi, suivi de *Les appropriances par bannies*, par Marcel Planiol, 154 pages, 2023 (éditions originales 1887-1890).

Dans la collection Mémoires

Mémoires du marquis de Bouillé, par François-Claude-Amour du Chariol, marquis de Bouillé, 270 pages, 2023 (d'après l'édition de 1859).

Dans la collection Biographies

Le capitaine Breil de Bretagne, baron des Hommeaux, gouverneur de Granville, d'Abbeville et de Saint-Quentin, par Élie de Palys, 178 pages, 2023 (édition originale 1887).

Dans la collection Territoires

Châteaubriant, baronnie, ville et paroisse, par Charles Goudé et Amédée Guillotin de Corson, 368 pages, 2023 (édition originale 1870).
Les grandes seigneuries de Haute-Bretagne, première série : Les châtellenies d'Ille-et-Vilaine, par Amédée Guillotin de Corson, 308 pages, 2023 (édition originale 1897).
Les grandes seigneuries de Haute-Bretagne, deuxième série : Les baronnies, marquisats, comtés et vicomtés d'Ille-et-Vilaine, par Amédée Guillotin de Corson, 334 pages, 2023 (édition originale 1898).

Découvrez tous nos titres parus et à paraître sur
https://livres.pinsonnais.org

Ce livre est une nouvelle édition d'un ouvrage paru en 1897. Il s'agit d'une nouvelle composition, avec une typographie et présentation moderne, afin d'augmenter le confort de lecture. En dehors de ces modifications et des rares corrections orthographiques, nous n'intervenons pas sur le texte original.

Cette nouvelle édition s'inscrit dans un projet qui chercher à faciliter l'accès à des ouvrages rares et épuisés, ayant été ou étant toujours des ouvrages de référence, conservant un réel intérêt pour les amateurs et chercheurs. Néanmoins, certains passages peuvent avoir été renouvelés ou complétés par la recherche historique récente : nous ne pouvons qu'inviter le lecteur à compléter utilement sa lecture par celle des publications récentes sur le même sujet.

Votre avis compte !

Nous recherchons sans cesse à améliorer nos livres : en partageant votre avis avec nous, vous influencerez directement nos prochaines parutions et nous permettrez de les rendre encore meilleures.

Merci de nous laisser un avis via la page *Nous écrire* de notre site https://livres.pinsonnais.org ou bien par mail à livres@pinsonnais.org.

Printed in France by Amazon
Brétigny-sur-Orge, FR